Studies on Rules for the Religious Life
in Buddhism and Jainism:
An Introduction

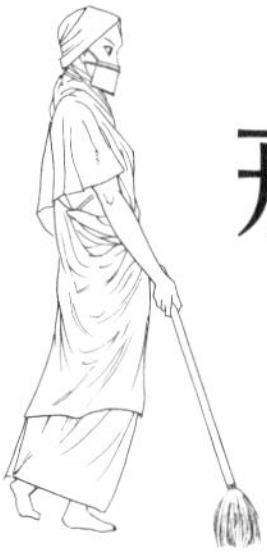

戒律研究へのいざない

Ryoji Kishino
岸野　亮示
［編］

臨川書店

目　次

総説——インド仏教戒律テキスト概観

岸野亮示

本書は、古代インドにおいて同時期に生まれた仏教とジャイナ教という二つの思想グループに関する学術的な知見を提示するものであり、両者についての論考を、それぞれ三篇ずつ含んでいる。このようにインド仏教とジャイナ教の両者に関する論考を一冊に収録した学術書は、決して珍しいものではない。と言うのも、現行のインド仏教研究もジャイナ教研究も、遡れば、その端は同じであり、両者は密接な関係にある学問だからである。両者とも、十八世紀後半のヨーロッパにおいて、ギリシア古典やキリスト教の文献学（philology）の手法をインド古典に適用することで成立したインド学（Indology）の一領域として生まれた。

また、日本は、この西欧で生まれた文献学的アプローチを主体とするインド学を、いち早く輸入し、二十世紀初頭には、日本各地の高等教育機関において「インド学」の講座が誕生した。その講座においては、とくにインドの古典語の一つであるサンスクリット語（梵語）のテキストの解読を中心とした、インド仏教の研究、ジャイナ教やそれ以外のインドの古い諸思想（一括して「インド哲学」さらに略して「イン哲」と呼ばれることが多い）の研究、さらには、インドの古典文学（一括して「サンスクリット文学」さらに略して「梵文《ぼんぶん》」と呼ばれることが多い）の研究が専門的に進められ、そして、その学流が今でも——かろうじて——現存している。要は、インド仏教研究もジャイナ教研究も、「インド学」という大きな枠組みで見た場合、同門であると言うことができるのである。

このように、インド仏教研究とジャイナ教研究は同門とも言えるため、両者の論考を一冊にまとめた学術書は、これまでにも少なからず出版されているのだが、本書には、他書とは異なる重要な特徴が、少なくとも二点見られる。一つは、本書のタイトルの前半に「戒律」という語がついていることからも分かる通り、六篇の論考のいずれもが「戒律」というテキストに焦点をあてているという点である。また、いま一つは、本書のタイトルの後半に「いざない」という語がついていることからも察せられる通り、六篇の論考のいずれもが、インド仏教研究やジャイナ教研究に必ずしも充分に通じていない読者をも対象に、インドの戒律テキスト研究の意義や醍醐味を各々の論点から提示することを狙いとしているという点である。

これら二つの特徴を踏まえて、この総説においては、そもそも「戒律」なるものは、いかなるテキストであるのかということを、予備的な知識を必ずしも充分には持っていない初学者を想定して概説しておく。なお、予め断っておくと、筆者は、ジャイナ教ではなく仏教を専門としている。また、そもそも「戒律」という二字熟語は、もともとは仏教の言葉（中国においてインドの仏教テキストを中国語に翻訳するさいに作られた言葉）である（平川一九六四：一〇八頁）。そのため、ここでの戒律テキストの説明は、ジャイナ教のそれではなく、仏教のそれについての説明となる。

また、ここでの説明は、仏教の戒律テキストにまつわることを網羅的に説かんとするものではない。そうしたことを意図した論考は――その意図が真に果たされているかどうかは定かでは無いものの――すでにいくつか出版されており（例えば、森一九九三、S. Prebish 1994など）、また、ここで与えられた紙数に限りがあることに鑑みても、この場で筆者がそうした解説を試みることは適当ではない。むしろ、筆者は、初学者を念頭に、本稿が煩瑣《はんさ》なものにならぬこと、他書が説くところの繰り返しにならぬこと、本書が収録する六篇の内容にかかわる情報を重点的に提示したものになること、さらには、初歩的なことから専門的なことへと段階を踏んだ内容のものになることをこころがけている。そのため、本稿は、すでに戒律に精通した方々にとっては、ときに物足りなくも迂遠にも感じられるかもしれない。しかしながら、それは、以下に続く六篇の論考が大前提としている基本的な事項の解説・確認にもなっている。賢明な読者におかれては、これらの点をご了承のうえ、先ずはこの総説を六篇の論考を読み進めるためのウォーミングアップとして気楽に読んでいただければ幸いである。なお、そのあらましとしては、前半は、主として「戒律」という言葉についての説明である。そして、後半は、仏教の戒律テキストについての具体的な説明となっているが、とくに、本書におさめられた論考と関わりの深い「パーリ律」と「根本説一切有部律」についての説明が中心となっている。

「戒律」という言葉の多義性

「戒律」という語を聞いて、即座に何を思い浮かべるか。この問いは、筆者が大学などにおいて、戒律に関する講義や演習授業をおこなうさいに、真っ先に受講生に投げる問いである。ためしに、昨今得られた実際の回答の一例を列挙すると「厳しい」「寒い」「修行」「違反」「罰則」「縛り」といった抽象的なものから、「お坊さん」「お酒を飲まない」「結婚しない」「棒で背中を叩く」「滝に打たれる」といった具体的なものまで、あるいは、「豚肉を食べない」「モーセの十戒」「ブルカ」といった仏教とは無関係のものから「五戒《ごかい》」「受戒《じゅかい》」といった仏教の専門用語にいたるまで、実に多岐にわたっている。このことからは、「戒律」という言葉が多様なものを指しうる意味の幅の広い言葉であることが窺い知られる。なかでも特徴的なのは、日本においては、「戒律」が、仏教にかかわること以外のものも指す言葉として用いられることが一般的になっているという点である。たとえば『広辞苑』（第七版）を引いてみると、そこには、「戒律」という項目において、以下のような二つの説明が並べられている。

①〔仏〕出家者・在家者の守るべき生活規律。「戒」は自発的に規律を守ろうとする心のはたらき、「律」は他律的な規則。
②一般に、宗教における生活規律。

この『広辞苑』の説明の①が示唆すること、すなわち「戒律」は「戒」と「律」の二つから成るということに関しては、また後ほどとりあげるとして、ここで注目すべきは②の説明である。と言うのも、ここからも、「戒律」という言葉は、もともとは仏教語でありながら（①における〔仏〕という略語は、それが仏教語であることを意味している）、仏教以外の、概してわれわれが「宗教」と呼ぶものに属する者たちに要請される誓約や規則——先の回答の例で言えば、

『旧約聖書』に説かれる「モーセの十戒」や、イスラム教徒が豚肉を口にしないことなど――を言い表しうる言葉であることが確認されるからである。

このように「戒律」という言葉は、仏教だけではなく、さまざまな宗教に対しても用いられうる。そのことが「戒律」という語に多義性をもたらしていることは間違いなさそうである。と言うのも、世に「宗教」と呼ばれるものは数多く存在するため、その各々において「戒律」と呼ばれるものも数多く存在することになるからである。しかしながら、「戒律」という語の多義性の要因はそれだけではない。「仏教」というコンテキストに限った場合であっても、「戒律」が指すものは、やはり必ずしも一つではないのである。さらに言えば、そのことが「戒律」についての議論や認識を容易ならざるものにする大きな要因の一つにもなっている。仏教というコンテキストを共有している状況下においても、ある人が「戒律」という語を用いてAというものを言い表しているにもかかわらず、それを聞いた別の人は、Bという別のものを想定するという行き違いが、しばしば――仏教学者のあいだにおいてさえも――生じることがあるのである。こうした行き違いを避けるためにも、われわれは、まず何よりも、仏教のコンテキストにおいて「戒律」という言葉が指しうるものには、具体的にどのようなテキストがあり、そして、自分は（あるいは相手は）そのうちのどれを念頭に置いているのかということを明確にしておかなければならない。

仏教語辞典における「戒律」

それでは、仏教のコンテキストにおいて「戒律」という言葉は何を意味するのかを考えてみよう。こうした仏教の専門用語の意味内容や用法に関する疑問を解消するのに、もっとも手っ取り早い方法は、仏教語の辞典を引くことである。実は、日本における仏教研究の重要な特徴の一つとして、精度の高い仏教語の辞典が、数多く出版されていることが世界的に知られてもいる（Silk 2004: 99）。そこで、先ずは、そうした仏教語に特化した辞典において「戒律」がどのように説明されているかを確認することから始めるとしよう。もっとも、結論を先取りしてしまうと、「戒律」という用語に関して言えば、これらの辞典においては、必ずしも歯切れの良い説明がなされているとは言い難い。それらを引いてみても、結局は「戒律」がいかなるものであるのかということは明確には分からないのである。ひょっとすると、それは「戒律」が仏教学者によっても容易に説明されえないほど難解なものであること、ないしは、未だ充分には研究されていないことを意味しているのかもしれない。いずれにせよ、先ずは、仏教辞典のなかの「戒律」の説明を見てみるとしよう。ここでは、数ある辞典のなかでも定評のある新旧二つの辞典を参照する。一つは「インド学」の輸入後の最初期の労作として名高い、織田得能《とくのう》（生田得能）（一八六〇—一九一一）という破格の学僧が、その深い学識すべてを注いで完結させた『佛教大辭典』（一九一七）である（研究者からは、時に親しみを込めて『オダブツ』と略称される）。また、いま一つは、今なお日本で最も有名な仏教学者であろう中村元《はじめ》（一九一二—一九九九）によって仏教を「平易な邦語で表現する」という固い信念のもとに編纂され、事実、平易で明快な日本語で書かれた辞書として広く参照されている『広説佛教語大辞典』（二〇〇二）である。それでは『オダブツ』の方から見てみよう。それは、次のようなものである。

> カイリツ　戒律［術語］：五戒十善戒乃至二百五十戒など、佛徒の邪非を防止する法律を云。梵語、尸羅。Śīla 譯、戒、防非止悪の義、梵語、優婆羅叉。Upalakṣa 譯、律【浄影】。梵語毘尼 Vinaya 譯、律【南山】、法律の義。

まず補足しておくと、この説明のなかの「浄影《じょうよう》」「南山《なんざん》」という言葉は、それぞれ、その直前に記された語句説明の典拠を示している。すなわち、「浄影」というのは、浄影寺という寺院に住持していた慧遠《えおん》（五二三—五九二）という中国の学僧が編纂した『大乗義章《だいじょうぎしょう》』という仏教用語の解説書を指しており、「南山」というのは、中国の南山に住していた道宣《どうせん》（五九六—六六七）という学僧が著した『四分律含注戒本疏《しぶんりつがんちゅうかいほんしょ》』を指している。実際、ここで引用した織田の説明の直後には、それらのテキストの原文の転載が続いている。もっとも、ここで引用されている説明文のなかの「浄影」と「南山」という言葉の意味が分かったとて、織田の説明の全文の意味するところが、必ずしも明快なものになるわけではない。と言うのも、そもそも、織田得能の『佛教大辭典』は、古い文語調の文体で書かれているため、令和の時代に生きるわれわれにとっては、いささかとっつきにくく、また、この「戒律」の説明に関しては——他の仏教語の説明とは異なり——名詞の羅列のようにもなっているため、要領が得にくいからである。しかしながら、ここからは、少なくとも二点のことが確認しうる。

一つは「戒律」という言葉が指しうるものとしては「五戒」「十善戒」「二百五十戒」などの複数のものがあるという点であり、いま一つは、その「戒律」という言葉の背後にあるサンスクリット語（梵語）としては「śīla」「upalakṣa」「vinaya」というように、やはり複数の言葉が想定されるという点である。

続いては、公刊された時代がもう少し新しい、中村元の『広説佛教語大辞典』の中の「戒律」の説明を見てみよう。同説明においては、①から⑤までの五つに分けた説明がなされている。先と同様に、そこで示されている典拠などを省略して、それらを提示すると、五つのうちの①は「つつしみ。人間完成への修行生活の規則。一般的には道徳的な徳を実現するための修行上の規範」、⑤は「おそらく仏教外の諸宗教の戒律」というように、必ずしも仏教のコンテキストに限らない一般的な用法の説明になっている。また④は「律蔵のこと」という極めて簡素なトートロジーのようにも思える説明となっている（「律蔵」については後述する）。そのため、これら①④⑤はあまり参考になるようには思えない。一方、②と③については、仏教用語としての「戒律」の説明になっており、特に②の方は、①④⑤とはうって変わって、いささか冗漫にも思えるほど長いものになっている。その②から見ると、それは次のとおりである。

②戒と律の合併語。戒（パーリ語 sīla サンスクリット語 śīla）とは規律を守ろうとする自発的な心のはたらき、律（パーリ語・サンスクリット語 vinaya）とは他律的な規範を意味する。戒は、防非止悪（非を防ぎ悪を止める）の意、律は、僧団の規律とも解される。仏教教団が確立されることによって、教団の秩序維持には規範が必要となったから、このためにつくられた種々の規律条項や、違反の際の罰則を規定したのが律で、これを内心から自発的に守ろうとして誓う点を戒というのである。したがって戒と律とは切り離されたものではなく、ともに平行して教団の秩序維持に大きな役割を担うものであるため、これを「戒律」と併用した。戒と律とは、もと別義のものであったが、シナ仏教において熟語となり、仏道者の修行の原理・規範となった。

ここでは、特に難解な専門用語が使われているわけではないので、説明の内容自体は、さほど不明瞭なものではないであろう。いささか聞き慣れない言葉があるとすれば、それは「パーリ語」ぐらいであろうか。「パーリ語」というのは、サンスクリット語と同様に古いインド語の一つである。「古いインド語」と聞くと、あたかも、それは、現在、日常的には全く使われていない古典語のような印象を持たれるかもしれないが、決してそのようなことはない。現在のスリランカや東南アジア諸国の仏教者たちは、今なおインドの仏典を読誦するさいには、このパーリ語で読誦するのが最も一般的である。このことは、日本や韓国や台湾に在住する仏教者たちがインドの仏典を読誦するさいに、インド語から中国語に翻訳された中国語訳ヴァージョンを読誦するのが一般的であること、あるいは、チベットやブータンやモンゴルの仏教者たちの多くが、インドの仏典を読誦するさいには、インド語からチベット語に翻訳されたチベット語訳ヴァージョンを読誦することが一般的であることと対照的である。要は、現在のスリランカや東南アジア諸国の仏教者たちの多くは、古いインド語そのものでインドの仏典を読誦しているのである。

　このパーリ語は、サンスクリット語と、文法や語彙に関して根本的にはよく似ている。しかしながら、文法上の厳密なルールが極めて多いサンスクリット語に比べると、パーリ語は、文法的にいささかルーズであることがよく知られている。例えば、サンスクリット語では、単語が「男性」「中性」「女性」と三つの「性（gender）」に明確に分かれるが、パーリ語は、「中性」の単語が「男性」の単語と同一の変化をする場合も少なくなく、結果、単語の「性」の区分に関して、サンスクリット語ほど厳格ではない。また、サンスクリット語では、名詞が「単数形」「双数形」「複数形」という三つの形に分かれるが、パーリ語には「双数形」はない。そして何より、サンスクリット語には、「主格」「目的格」等の格変化が八つもあることが、その学習を難解なものにする厄介な特徴の一つとしてよく知られているのであるが、パーリ語では、その格変化が極めて曖昧で、実質的に三〜四つぐらいの変化しかしない言葉も少なくない。さらに言うと、このような文法的な厳密性の違いに加えて、パーリ語とサンスクリット語とのあいだには、言葉の表記や発音についても違いがある。少し余談にはなるが、筆者は、学生時代、京都で六年間ほど本庄良文《ほんじょうよしふみ》先生よりパーリ語を学んだ。本庄先生と言えば、『倶舎論《くしゃろん》』（詳細は後述）や浄土学の大家として知られるが、もともとはパーリ仏典を研究されており、また学生時代には大地《おおじ》原豊《はらゆたか》（一九二三―一九九一）という、フランスのルイ・ルヌー（Louis Renou 一八九六―一九六六）という大インド学者をして「ムシューオオジハラは、サンスクリットの天才」と言わしめた古代インド語の大天才より、サンスクリット語をスパルタ式に学ばれたこともあって（本庄二〇二三：四八頁）、パーリ語を含む古代インド語全般についての造詣も極めて深い。その本庄先生は、パーリ語を学ぶにはサンスクリット語との比較が極めて重要であると常々仰られ、両者の表記・発音の違いも丹念に説明されていた。そして、その説明にさいしては、しばしば、ジョーク交りに日本語の「書き言葉」と「話し言葉」の違いの譬えを用いていらっしゃった。例えば、サンスクリット語の「mīmāṃsā（観察・思惟）」という言葉は、パーリ語では「vīmaṃsā」というように表記・発音される。この場合、語頭に関して言えば「m」が「v」に交代していると言えるが、このことを本庄先生は、日本語でも「書き言葉」では「寒《さむ》い」と言うが、「話し言葉」では、しばしば「さぶい」と発音されるようなものかもしれないと笑みを浮かべながら説明をされていた。確かに、ローマ字表記すると、「寒《さむ》い」の方は「samui」であり、「さぶい」の方は「sabui」ないしは「savui」と発音・表記することができ、後者の場合mがvに変化しているとみなすことができそうである（日本語ではbとvとはあまり区別されない）。このように、パーリ語では、サンスクリット語を基準に考えた場合、そこから表記や発音が――ときに口語的に――変化しているように見られることがしばしばあるのである。ここで引用した『広説佛教語大辞典』の②で言及されているもので言えば「シーラ（戒）」に関しては、パーリ語とサンスクリット語では、それぞれ「sīla」「śīla」というように「シー」に相当する表記・発音が異なっている（sとśでは発音も異なる）。一方、「ヴィナヤ（律）」に関しては、ともに「vinaya」というように同一であることが分かる。

全体的な内容のことで言えば、ここで引用した『広説佛教語大辞典』の②の説明は、先に見た『広辞苑』の①の説明とも似通っており、それをさらに詳しくしたものと言えそうである。すなわち、この説明においては、その主旨として、「戒律」が「戒」と「律」という二つのものから成ること、その二つは、もともとインドの原語では、それぞれ「sīla/śīla」と「vinaya」と表記され、意味内容も異なり、後者は、出家修行者たちが守るべき罰則を伴う諸規定を意味し、前者は、それを守ろうとする心構えを意味するものであること、そして、その両者を合わせた「sīla/śīla-vinaya」という熟語はインドには存在しないものの、中国においては、そのような「戒律」という熟語が成立・流通したことが説かれているのである。

このように「戒律」が「戒（sīla/śīla）」と「律（vinaya）」という異なる二つのものから成るという説明は、『広辞苑』にも見られることからも察せられるとおり、一般的なものである。事実、『広説佛教語大辞典』は、この「戒律」の項においては全く言及していないが、「sīla/śīla」は、原義としては「習慣」「傾向」「性質」などを意味する言葉であり、一方、「vinaya」の方は、もともとは「（何かを除去するよう）導くこと」「取り去ること」を意味する。ゆえに、前者は、自ら習慣的・生来的に悪いことを行わないことを指し、後者は、他より導き働きかけられて悪いことを行わないことを指すのが原義である。例えば、「飲酒」は——それを浄土宗の開祖として知られる法然《ほうねん》（一一三三—一二一二）は「まことには飲むべくもなけれども、この世の習《ならい》」と絶妙に評したことで知られるが（石上二〇一七：一五六〜一五七頁）——インド仏典全般においては、ブッダによって再三にわたって誡《いまし》められている（岸野二〇二四：四三〜四四頁）。この「飲酒」に関して言えば、そもそもお酒を飲めない人がお酒を飲まないことや、その人に飲ませないようにしている習慣や体質が「sīla/śīla」であり、一方、お酒が大好きな人が車の運転をしなければならない場合に、その人に飲酒を我慢させるもの（例えば、検問や道路交通法）が「vinaya」である。このような違いに勘案すると、「戒律」を、異なる二つのもの——言わば、前者は自発的な心構えで、後者は他律的な規則——から成る成語とする説明は、決して誤りではなさそうである。しかしながら、われわれが「戒律」についてより正確な知識を得ようとする場合には、さらに留意しておかねばならない点が、少なくとも二点ある。一つは、「戒」という漢語と「sīla/śīla」というインド語の対応と、「律」という漢語と「vinaya」というインド語の対応は、必ずしも常に成立するわけではないという点である。そもそもインド語から中国語に翻訳された漢訳の仏教テキストというのは、概して、Aというインドの言葉に対して、常にA'という中国語を適用するという機械的な翻訳がなされているわけではない（この点については、岸野二〇二〇：二一〜二二頁を参照）。「戒」と「律」に関しても同様で、漢語テキストにおいて「戒」というように表現されていても、その背後にあるインド語が常に決まって「sīla/śīla」であるわけではない。「戒」という訳語の背後には、複数のインド語が想定されるのであるが、その一つとして「vinaya」である可能性も考えられる。また同様に、「律」という漢語の背後には、常に「vinaya」が存在するわけではなく、「sīla/śīla」である可能性もあるのである。このことを補足的に言及するかのごとく、『広説佛教語大辞典』では「戒律」の③の説明として次のような説明を提示している。

③律（パーリ語・サンスクリット語 vinaya）は経蔵に対して禁止箇条の全体を意味し、戒は律の中での一つ一つの戒めを意味することもある。

この説明には、「経蔵《きょうぞう》」という専門用語が使われているにもかかわらず、それについての説明がなされていないため、いささか言葉足らずであり、あまり明瞭なものではないと言えるかもしれない（「経蔵」については、本稿において後ほど説明する）。しかしながら、ここでは「vinaya」の構成要素を指すのに「戒」という言葉が用いられる場合があることが説かれているのは明らかである。このことは、見方を変えると、漢語の仏教テキストにおいては、「戒」という言葉が、実質的には「vinaya」（出家修行者たちが守るべき罰則を伴う諸規定）を指す場合があることを示唆していると見なすこともできよう。

「戒（sīla/śīla）」と「律（vinaya）」について留意すべきことの二点目としては、両者は漢語テキストだけでなく、インド語テキストにおいても、必ずしも明確に区別されているわけではないという点である。例えば、「菩薩戒《ぼさつかい》」と呼ばれる「戒律」を説く仏教テキストが存在する。「菩薩戒」とは、詳細は他の良書（例えば、船山二〇二〇）にゆずるが、ざっくり言うならば、ブッダのように他者を救済する指導者になることを目指して修行する「菩薩」（サンスクリット語のボーディ・サットヴァ bodhi-sattva に相当する音写語）なる者たちの戒律である。この「菩薩戒」という漢語は「菩薩」と「戒」という言葉を合わせた複合語であるので、その背後にあるサンスクリット語としては、当然「bodhi-sattva」と「śīla」を合わせた「bodhisattva-śīla」という複合語が想定され、事実、インド語テキストには、その用例が頻出する。しかしながら、話はそれだけに終わらない。その「bodhisattva-śīla」が「「bodhsattva-vinaya」という言葉とシノニムで使われる用例も確認されているのである（船山二〇一一：二三二頁）。このことは、「bodhisattva-śīla」が「bodhisattva-vinaya」と同義であること、すなわち、インドにおいても「śīla」と「vinaya」が同じものを指す場合があることを示唆していると言える。

このように、漢語においてもインド語においても「戒

(sīla/śīla)」と「律（vinaya)」とがシノニムとして用いられる場合があることに勘案すると、「戒律」が「戒（sīla/śīla)」と「律（vinaya)」という異なる二つのものから成るという一般的な説明は、厳密に言えば、必ずしも正確であるとは言い難い。その意味において『広説佛教語大辞典』の「戒律」の説明は、不充分なものと言えるかもしれない。しかしながら、同辞典において、より不充分であるのは、織田得能の『佛教大辭典』とは異なり「戒律」が指すものの具体例が一切示されていない点であろう。また、織田が提示する「五戒」「十善戒」「二百五十戒」も、「戒律」の具体例としては充分なものではない。そこで、本稿においては、以下より仏教テキストとしての「戒律」が具体的にどのようなものであるのかという点について、さらに説明をしておく。もっとも、この論点は、「戒律」という仏教テキストはいかに分類しうるのかという論点と不可分であり、またそれは戒律テキストを含む仏教テキスト全般は、いかに分類しうるのかという論点と不可分でもある。さらに言えば、仏教テキストの分類を正確に理解するためには、インド仏教史のおおまかな流れをおさえておくことが重要になってくる。そのため、以下の説明は、仏教テキストの分類とインド仏教史の話を交えたものになる。いささか回りくどく感じられるかもしれないが、いましばらくお付き合い願いたい。

仏教テキストの分類について

仏教の大きな特徴の一つとして、とくに聖典として権威を持つテキストの数が膨大であることを指摘できよう。これにはいくつか要因があるのだが、その一つとしては、インドで生まれた仏教は、インドとは言語体系が大きく異なるアジア広域に伝わり、結果、仏教聖典は、インド語のみならず、アジアの諸言語でも数多く現存するようになったことが挙げられる。このことは、逆の見方をすれば、仏教がインドからアジア各地に広く伝播することができたのは、インドの仏教聖典が、各地の言語に積極的に翻訳されたからと見なすこともできようが（船山二〇二四：三頁）、いずれにせよ、われわれのもとには膨大な数の仏教聖典が伝わっている。本書がとりあげている戒律テキストも、その膨大な数の仏教聖典の中の一角であり、インド語のみならず漢語やチベット語などのアジアの諸言語で多数現存することは言うまでもない。

この膨大な数の聖典を含む仏教テキスト全般を便宜的に区分けする方法は、いくつかある。例えば、それを、インド語で現存するもの、漢語で現存するもの、チベット語で現存するものといったように、言語によって区分することも可能であろう。あるいは、もう少し厳密に、インドで成立したもの、中国で成立したもの、日本で成立したものというように、成立地域で区分することも可能であろう。実際、チベット仏教のテキストに関しては、インドで成立したテキスト（インド語などからチベット語に翻訳された翻訳テキスト）が、概して「チベット大蔵経」と呼ばれるテキスト集成に集められている一方で、チベットで成立したテキスト（チベット人自身が著した非翻訳テキスト）は、しばしば「蔵外チベット文献」（「大蔵経の外にある文献」の意）と呼ばれ、結果的に大きな二つの区分を形成している（御牧一九八七：二七八頁）。では、話を「インドで成立した仏教テキスト」に限った場合どうかと言えば、それを区分けする方法もいくつかあるが、もっとも基本的な区分としては、「大乗《だいじょう》（mahāyāna）」と呼ばれる潮流のコンテキストのものであるか否かという観点から二つに大別して捉えることができる。この点について、もう少しくわしく説明しておこう。

　インドにおいて、仏教の開祖であるブッダが教えを説き広めたのは、紀元前五世紀頃のことと推定されている。彼は、それまでに確立されていたバラモン（brāhmaṇa）という司祭階級を頂点とする強固な身分制に基づく社会システムのなかで、とくにそのバラモンのあり方や彼らが専一的に執り行う祭祀の権威に対して批判的な新思想家の一人として登場した。同時代において、そうした新たな思想家は、ブッダ以外にも数多く現れたようであり、彼らは、一括してサンスクリット語で「シュラマナ（śramaṇa「努力する者」の意）」と呼ばれていたことが知られている。要は、ブッダは、数多のシュラマナの一人であったのである。仏教テキストには、ブッダ以外のシュラマナの代表格として、六名の思想家たちがしばしば言及される。漢字文化圏において、しばしば「六師外道《ろくしげどう》」という総称で呼ばれる者たちである。その一人が、ニガンタ・ナータプッタ（Nigaṇṭha Nātaputta）、すなわち、ジャイナ教の開祖とされる者に他ならない。このことからも、仏教とジャイナ教が同時代に生まれた新たな思想グループであったことが知られる。ちなみに、この「シュラマナ」という言葉は、のちに中国において「沙門《しゃもん》」という音写語で翻訳されるのだが、それが、程なくして仏教の出家修行者だけを指す言葉として流通するようになった。そのため、漢字文化圏に生きるわれわれにとっては「沙門」という言葉は、仏教修行者を指す語として馴染みがあるかもしれないが、先述したとおり、本来、それは、仏教修行者だけではなく、ブッダと同時代の新思想の修行者たちを包括的に指す言葉である。

ブッダの生涯は、八〇年にもおよぶ長いものであったらしいが、彼の死後、仏教教団は、様々なグループ――本邦では一般に「部派《ぶは》」と呼ばれる――に分裂したと推定されている。この推定は、後代につくられた仏教の歴史を説いた仏教テキストが、ブッダ亡きあとの仏教教団は何を争点にどのような名称の部派に分かれたのかということを詳細に述べていること、また、実際にインド各地において、仏教修行者の名前だけでなく、その者が属する部派名を銘記していると考えられる碑銘が発見されていること、さらには、現存する仏教テキストのなかには――戒律テキストのなかにも（この点は後述）――ある特定の部派が保持していたという伝承とともに現在にまで伝わっているものもあること等の複数の論拠に基づくものである。これらの複数の論拠に鑑みると、おそらく、インドにおいて仏教教団が分裂し、部派が成立したこと自体は確かなことであると思われる。一方で、この仏教教団の分裂ないし部派についてはは不確かなことも少なくない。例えば、部派の成立が、最初にいつ生じたのかという点は、決して定かではない。先述した部派名が刻まれた碑文のなかには、紀元前二世紀に遡りうるものもあるため、それが確かであれば、紀元前二世紀頃にはすでに具体的な名称をもった部派が成立していたと考えられる。では、それ以前はどうかと言えば、残念ながらはっきりしない。しかしながら、その点に関して、いま一つ手がかりとなる古い資料が存在する。それは、広大なインド亜大陸の大部分の地域を統一したことで知られるアショーカ（Aśoka）という高名な国王が、インド亜大陸各地に残した、いわゆる「アショーカ王碑文」である。彼が残した石碑のなかには、仏教教団の分裂をいさめる言葉が刻まれているものがあるのである（塚本一九七六：六九～七二頁）。彼の在位は紀元前三世紀半ばであることが確定している（佐々木二〇一三：一四〇頁）。また、その石碑には、どういうわけか、具体的な部派の名称はまったく言及されていない。このことから、現在の仏教学界の一般的な認識としては、紀元前三世紀の半ばには、具体的な名称を伴ったグループであったかどうかは定かではないものの、仏教教団の分裂自体はすでに生じており、そして、遅くとも紀元前二世紀頃には具体的な名称を伴った部派が成立していたと考えられている。なお、付言すると、アショーカ王碑文には、仏教だけでなく、ジャイナ教についても言及がなされている（塚本一九七六：一三三頁、一九〇頁）。

インド仏教史上、新たに何かが成立したという大きなメルクマールを挙げるとするならば、先ずは、いま述べた諸々の部派の成立が挙げられるが、いま一つの大きなものとしては「大乗」の成立を挙げることができる。すなわち、アショーカ王が在位してから、さらに二五〇年ほどを経た紀元前後のあたりに、自らを「偉大な乗り物（大乗）」であると自負する一方で、従来の仏教のあり方やテキストを「劣った乗り物（小乗）」と批判し、それだけに依拠することを是としない数多くの経典（一般に「大乗経典」と呼ばれる）が新たに登場し、それらがブッダの直説《じきせつ》（ブッダが直に説いたこと）として受容・考究されるムーヴメントが起こったようなのである。そうした経典群の成立およびそれらが示唆する教理・実践体系こそが、われわれが概して「大乗仏教」という総称で呼ぶ、仏教の新潮流に他ならない。この新潮流が、明確にいつ生じたのかという点については、先の部派の発生と同様に、あまり定かではない。大乗経典のうち、最古の中国語訳は、二世紀に翻訳されたものである。そのため、どれほど遅くとも、二世紀までには、インドにおいては大乗仏教が成立していたことは間違いなさそうである。さらに言えば、インドの北西部の、概して研究者が「ガンダーラ（gandāra）」と総称する地域から発見された、その地域特有のいささかクセのある、昨今の研究者が「ガンダーラ語（gandārī）」と呼ぶインド語——それは、仏教写本や碑文の解読の大家として知られるリチャード・サロモン（Richard Salomon）博士によれば「親言語であるサンスクリット語と密接に関わり、姉妹言語であるパーリ語とも密接に関わる」（Salomon 2004: 299）のだそうである——で書かれた仏教写本の研究がここ二十年ほどのあいだに飛躍的に進み、それらのなかには、大乗経典が含まれていること、さらには、そのなかには一世紀頃のものと測定される写本があることが明らかになっている（松田二〇一一：一六五～一六九頁）。この年代測定に誤りがなければ、遅くとも一世紀のインドにおいて大乗仏教が成立していたことになる。いずれにせよ、われわれはインドの仏教史を俯瞰したときに、

ブッダ（紀元前五世紀頃）↓
教団の分裂・部派の成立（紀元前三世紀半以降）↓
大乗仏教の成立（紀元後一世紀までのあいだ）

という流れを想定することができるのである。ただし、ここで留意すべきは、複数の部派が並列する仏教のあり方が、大乗仏教の成立以降、急速に無くなってしまって、インドの仏教は大乗一色になったわけではなさそうだという点である。大乗仏教が成立した後でも、それまでの仏教と大乗仏教は必ずしも相互排除の関係にあったわけではなく、むしろ併存関係にあり、また、それまでの仏教のテキストと大乗仏教のテキストも併用して修められていたと考える方が理にかなっていることが多くの識者によって指摘されている（例えば Schopen 2004 など）。

それでは、話を仏教テキストの分類に戻そう。インドの仏教テキストというのは、ここで確認したインド仏教史の大まかな流れからも分かるとおり、荒っぽく分けると、大乗仏教のものと、それ以前の仏教——本稿では、それを「小乗仏教」という蔑称ではなく、かりに「従来仏教」というフラットな呼称で呼んでおく——のものという二つに大別することができる。このことは、極めて基本的なことであるにもかかわらず、漢字文化圏に生きるわれわれの多くにとっては、あまり明確に意識されることがないと言えるかもしれない。と言うのも、漢字文化圏においては、インドから中国に従来仏教と大乗仏教の両者が伝わったのち、かなり早い段階から、大乗仏教の研究・信奉・実践が優勢になり、それが大きくは変わらず現在にまで至っているため、結果、われわれの多くは、大乗仏教のテキストには馴染みがある一方で、それ以前の従来仏教のテキストについては、あまりよく知らないからである。卑近な例を挙げると、例えば、筆者が仏教に関する講義をおこなったさいに、受講生に対して「知っている「お経」の名前を挙げてください」という質問をすると、ほぼ決まって「法華経」「般若心経」「阿弥陀経」「華厳経」「維摩経」といった答えが返ってくるが、これらは全て「大乗経典」である。従来仏教の「お経」——例えば『スッタ・ニパータ（*Sutta-nipāta*）』や『ダンマ・パダ（*Dhamma-pada*）』など——の名が挙げられることは皆無に等しい。同様に「古い時代の有名なインドのお坊さんの名前を挙げてください」という質問をすると、たいていの場合は「よく分からない」「知らない」という回答がかえってくるが、ときに、仏教によく通じた受講生から「龍樹《りゅうじゅ》（インド名はナーガルジュナ Nāgārjuna）」と「世親《せしん》（インド名はヴァスバンドゥ Vasubandhu）」という名が挙がることがある。両者は、日本仏教の諸宗にも少なからず関わりがあることから、日本でも比較的有名なインド人学僧であるが、やはり大乗仏教者と目されている。さらに言えば、龍樹に帰されている、いわゆる「空《くう》」の思想を説く『中論《ちゅうろん》（根本中頌《こんぽんちゅうじゅ》）（*Mūlamadhyamaka-kārikā*）』という学術テキストは、高校の倫理の教科書において言及されることがあるほど日本では有名であるが、大乗のテキストである。また、世親に帰されている、サルヴァースティヴァーダ（Sarvāstivāda）という部派（漢字文化圏では、しばしば「説一切有部《せついっさいうぶ》」と表記される）の教理を詳細に説くことで知られる『倶舎論《くしゃろん》（阿毘達磨倶舎論《あびだつまくしゃろん》）（*Abhidharma-kośa-bhāṣya*）』という学術テキストも、日本では、早くも平安時代から盛んに研究されていることもあり、比較的よく知られているが、こちらも、大乗の重要性や優位性を示唆する立場から作られたテキストであると主張されることがある（もっとも、この主張は、昨今あまり賛同を得られていない）。一方で、例えば、本書において青野氏が取り上げているブッダゴーサ（Buddhaghosa）という従来仏教徒の学僧や、彼に帰されている『清浄道論《しょうじょうどうろん》（*Visuddhi-magga*）』という従来仏教の教理を解説する学術テキストは、われわれのあいだで、龍樹・世親や、『中論』『倶舎論』ほどは知られていないであろう。

このように、漢字文化圏に生きるわれわれの多くにとっては、従来仏教のテキストよりも大乗仏教のテキストの方がより馴染みがあるという事実は、戒律テキストについても当てはまる。戒律テキストも、大乗のものと、それ以前から成立していた従来仏教のものという二つに分けることができるが、漢字文化圏――なかでも、とくに日本――においては、前者の方がより広く知られていると言えるのである。本書を手に取られた方のなかにも、そのタイトルの「戒律」という言葉を目にして、「菩薩戒《ぼさつかい》」の論考を期待されている方も少なくないかもしれない。と言うのも、この「菩薩戒」は、大乗の戒律に他ならず、それについて説くテキストの読誦やそれに依拠した儀礼の実践が、日本仏教の諸宗において伝統的になされており、結果、日本では比較的よく知られているからである。一方、戒律には、大乗テキストの成立以前から存在していた従来仏教のものも存在する。そして――いささか残念なお知らせになるかもしれないが――本書がおさめる仏教の戒律テキストに関する三篇の論考は、いずれもそうした従来仏教のテキストに分類される戒律を扱うものである。そこで、以下には、この従来仏教のテキストに分類される戒律についての説明を専一的におこなう。

従来仏教のテキストの分類

従来仏教のテキストをいかに分類するのかという問題に関しては、先に少し言及した、現在のスリランカや東南アジア諸国の多くの仏教者たちが依拠しているパーリ語仏典の分類に準拠するのが最も手っ取り早い方法であろう。と言うのも、彼らが依拠しているパーリ語で現存するインド仏典は、基本的には全て従来仏教に関わるテキストだからである。このことを敢えて極端な見方で見れば、われわれの多くが慣れ親しんでいる漢字文化圏の仏教が、ほぼ大乗一色であるのとは対照的に、スリランカや東南アジア諸国の仏教は、現在、従来仏教の方が大半を占めていると見なすことができる。

　現存するパーリ語のインド仏典は、大きく分けると、「ティ・ピタカ（ti-piṭaka）」と「ティ・ピタカ以外」との二つに大別することができる。「ティ・ピタカ」の「ティ（ti）」とは、サンスクリット語の「トリ（tri）」すなわち、英語の「トリプル（triple）」の「tri」に相当し、「三つ」を意味する。一方「piṭaka」の方は、サンスクリット語でも表記・発音は同じであり、「籠」を意味する。すなわち、「ti/tri-piṭaka」は、原義としては「三つの籠」を意味する。そして、この言葉は、仏教のコンテキストにおいては——それがいつからなのか、また何故なのかはまったく定かではないものの（von Hinüber 1996: 7）——仏教テキストの三つの大きなカテゴリーを意味する仏教用語となっている。漢訳テキストでは、それを「三蔵《さんぞう》」という訳語で示す（「piṭaka」を「蔵」と訳す）のが一般的であり、漢字文化圏に生きるわれわれの多くにとっても、この「三蔵」という言葉は比較的馴染みがあると思われるので、本稿でも以下より「三蔵」と呼ぶ。では、そのパーリ仏典の「三蔵」とは、どのような三つのカテゴリーであるかと言えば、それは

- 「スッタの蔵（sutta-piṭaka）」
- 「ヴィナヤの蔵（vinaya-piṭaka）」
- 「アビダンマの蔵（abhidhamma-piṭaka）」

の三つである。「スッタ」とは、サンスクリット語の「スートラ（sūtra）」に相当し、それは、漢字文化圏では概して「経」と呼ばれることからも察せられる通り、いわゆる「お経」のことである。すなわち、ブッダ（や、場合によってはブッダの弟子）の教説が説かれているテキストである。続いての「ヴィナヤ（vinaya）」とは、先ほどどらい何度も出

てきている通り、サンスクリット語でも同じ表記・発音であって、それは漢字文化圏では、漢字一字で表す場合は「律」と表されることが——「戒」と表されるよりも——多い。そこには、主として出家修行者個人や教団全体が遵守すべき諸規定が説かれている。そして、最後の「アビダンマ」は、サンスクリット語では「アビダルマ（abhi-dharma）」であり、「経」「律」と並べられると「論」という漢字一字で表されるのが一般的であるが、その元のインド語を直訳するならば「ダルマについて」とでも訳すことができる（櫻部一九六九：一三〜二二頁）。「ダルマ（dharma）」とは、しばしば「法」と訳され、仏教のコンテキストにおいては、概して「仏法」すなわち、ブッダのさとった真理や、それに基づくブッダの教法を意味する。このことからも察せられる通り、「アビダンマ」は、主として「スッタ」に説かれる仏教の教理について、それを体系的にまとめた、いわば仏教の教理要綱のようなものである。

以上のように、パーリ語のインド仏典は、その内容に応じて「三蔵」という三つの大きなカテゴリーに分けられている。これらの三者に分類される仏教テキストは、いずれも、スリランカや東南アジア諸国における、パーリ語仏典に基づく仏教を信奉・実践している仏教者たちによって、ブッダの教えを色濃く含む聖典テキストとして伝承されており、他の仏教テキストがそこに入る余地がないほど強く固定化されている（そうした固定化がいつ生じたのかという議論については、例えば、馬場二〇二一：一二二〜一二七頁を参照）。なかでも「スッタ・ピタカ」と「ヴィナヤ・ピタカ」は、大凡その全てが、「ブッダの直説」とみなされ、最重要視されている。一方、「三蔵以外」のテキストというのは、その「三蔵」に対する後代の学僧たちが著した注釈書を基本とするが、それ以外の学術書——例えば、さきほど少し言及した、ブッダゴーサの『清浄道論』など——や歴史書なども含まれる（森祖道一九八四：三〜一五頁）。そのため、それらは、ブッダの教えを直接的に含むという意味での聖性を帯びたものではない。では、この「三蔵」と「三蔵以外」のどこに、われわれが「戒律」と呼びうるテキストが含まれているのかと言えば、真っ先に挙げられるのが「ヴィナヤ・ピタカ（律蔵）」である。「ヴィナヤ・ピタカ」には、さきほど少し述べた通り、主として出家修行者個人や教団全体が遵守すべき諸規定について説かれたテキストが含まれているのである。もっとも、ここで「含まれている」という表現を用いることは、厳密に言えば、あまり適切ではないかもしれない。と言うのも、パーリ語仏典の「ヴィナヤ・ピタカ（律蔵）」は――「スッタ・ピタカ（経蔵）」と「アビダンマ・ピタカ（論蔵）」とは異なり――一つのテキストしか含まれておらず、実質的には、そのテキストだけを指すからである。この点も、戒律テキストについて正確に理解するうえで重要な点であるので、「ヴィナヤ・ピタカ」に関する具体的な説明に入る前に、少し説明をしておく。

パーリ語仏典の「三蔵」のうち「スッタ・ピタカ（経蔵）」には、さらに五つのサブカテゴリーが存在する。それは「長部（dīgha-nikāya「長いものの部」の意）」「中部（majjhima-nikāya「中ぐらいのものの部」の意）」といったようにテキストの長さや、あるいはその特徴などに応じて形成されており、そのサブカテゴリーのなかに、様々なお経が含まれているのである。例えば、先に少し述べた『ダンマ・パダ』と『スッタ・ニパータ』というお経は――より正確に言うと、『スッタ・ニパータ』は、それ自体も複数のお経の集成であるが――、いずれも「小部（khuddaka-nikāya「雑多なものの部」の意）」というサブカテゴリーに含まれている。また「アビダンマ・ピタカ（論蔵）」に関しては、特にサブカテゴリーもなく、七つのテキストが含まれている。一方、「ヴィナヤ・ピタカ（律蔵）」に関しては、「蔵」という言葉が用いられながらも、そこには、実質的には一つのテキストしか含まれていない（もっとも、そのテキストは、後述するように、いくつかのパーツから成るため、そのパーツ一つ一つを独立したテキストと見れば、複数のテキストから成ると見なすこともできなくはない）。そのため「ヴィナヤ・ピタカ」という言葉は、その一まとまりのテキストそのものを指すこともある。要は、「ヴィナヤ・ピタカ」という言葉は、三蔵という三つのカテゴリーのうちの一つを指すのに用いられることもあれば、そこに含まれている特定の戒律テキストの名称として用いられることもある、いささか用法が特殊な言葉なのである。両者の違いを明確にするため、カテゴリーを指す場合は「ヴィナヤ・ピタカ（律蔵）」と言い、一方で、そこに含まれている戒律テキストそのものを指す場合には、そのテキスト名として、シンプルに「パーリ語で現存するヴィナヤ」の意として「パーリ律（英語であるならばPāli Vinaya）」という言葉を用いる研究者も少なくない。本書でも、これよりは、混乱を避けるために「ヴィナヤ・ピタカ」をカテゴリー名として用い、そこに含まれている戒律テキスト名としては「パーリ律」という名称を用いることにする。

「スッタ・ピタカ」に散見される戒律

それでは、その「パーリ律」とは、どのような戒律テキストであるのであろうか。以下には、本稿の主題の一つとして、当然、その点について説明を続けたいのであるが、その前にさらに一点だけ言及しておきたいことがある。それは、パーリ仏典の三蔵においては「ヴィナヤ・ピタカ（律蔵）」だけでなく、「スッタ・ピタカ（経蔵）」にも、仏教徒が守るべき規定に言及するお経が少なからず存在するという点である。たとえば、さきほど名を挙げた『スッタ・ニパータ』には、「ダンミカ（Dhammika）」と呼ばれる経が含まれているが、それは在家信者であるダンミカという名の者が、仏教者がいかに振る舞うべきかをブッダに尋ね、ブッダがそれに答えるという構成になっている。そのため、そこには、仏教徒が守るべき規定についても、まとまった量の言及がなされている。筆者のパーリ語の恩師である本庄先生の手掛けた翻訳から一例を挙げると、それは次の通りである。

「それでは、比丘たちが聞け。まず、おまえたちに純白の真理を語ろう。しかと身につけよ。ものの本質を見究め、理知をもって、出家者にふさわしい立ち居振舞いをなせ。比丘は、午後に食を求めて出歩いてはならぬ。しかるべき時にのみ、人里へ托鉢に出よ。時ならぬのに出歩く者には、煩悩がまとわり付いて、拭っても拭いきれなくなってしまう。諸仏が時ならぬのに托鉢されないのはこのためである。」

（本庄二〇一五：一〇二～一〇三頁）

ここでは、ブッダの言葉として、比丘《びく》（男性の正式な出家修行者。サンスクリット語のbhikṣu「乞う者」に対応する何らかのインド語の音写語。パーリ語表記はbhikkhu）が「午後に食を求めて出歩くこと」が禁じられている。このように、「スッタ・ピタカ」に含まれる経典にも、仏教徒が守るべき規定について述べる一節が確認されることがあるのである。こうした一節も、「戒律」と呼びうるものであるため、その内容についても、ここで言及しておく必要があろう。とは言うものの、筆者は、「スッタ・ピタカ」に含まれているお経すべてについて熟知しているわけではない。また、そうした「戒律」は、種々の経典に散見されるために、それらを紙数が限られている本稿において網羅的に提示することは、必ずしも本稿の目的にかなうものではない。そこで、ここでは「スッタ・ピタカ（経蔵）」において説かれる、われわれが「戒律」と呼びうる仏教徒が守るべき規定のなかでも、特にまとまった形で体系づけられて頻出する代表的なものを挙げるにとどめておく。それは、以下の三者である。

●五つのシッカーパダ（sikkhā-pada）
●八つの部分より成るウポーサタ（uposatha）
●十の善いカンマ（kamma）の道

これら三者については、漢字文化圏においては、それぞれ「五戒《ごかい》」「八斎戒《はっさいかい》」「十善業道《じゅうぜんごうどう》」という定型的な熟語で表記されることが多いので、読者のなかにも、それらの熟語の方で馴染みのある方も少なくないかもしれない。たとえば「五戒」に関しては、織田得能の『佛教大辭典』の「戒律」の項目において、その具体例の一つとして挙げられていることを、すでにわれわれは確認した通りである。しかしながら、本稿において、筆者は、敢えてそれらの漢語を用いていない。その主なる理由は、インド語原典においては、それらの三者に対して、必ずしも「シーラ」や「ヴィナヤ」という言葉が用いられていないことを確認するためである。くわしくは、また後ほど解説するが、「シッカーパダ」というのは、サンスクリット語では「シクシャーパダ（śikṣā-pada）」という語であり、前半の「シクシャー（śikṣā）」は「学習」を、後者の「パダ（pada）」は、「足」「足元」「基盤」を意味する。また「ウポーサタ」というのは、サンスクリット語では「ウパヴァサタ（upavasatha）」と表記されるが（ただし仏教文献では、そのパーリ語とサンスクリット語の中間のような「ウポーシャダ（upoṣadha）」や「ポーシャダ（poṣadha）」という表記がなされることが多い）、それは、仏教が興隆する以前からインドにあった、禁則を守って清浄に過ごすという伝統的な慣習を実践する特定の日を指す言葉である（佐々木一九八七：一頁）。そして、最後の「十の善いカンマの道」であるが、筆者が「道」と訳したのは、「patha」というパーリ語（サンスクリット語も同表記）であって、まさしくそれは「通路」「道路」を意味する言葉である（「カンマ」については後ほど説明する）。

　以上のように、「五つのシッカーパダ」「八つの部分から成るウポーサタ」「十の善いカンマの道」については、どこにも「シーラ（sīla）」や「ヴィナヤ（vinaya）」というパーリ語は確認されない。この点を踏まえたうえで、続いては、それら三者が、それぞれどのようなものであるのかを見ていくことにしよう。と言っても、本稿においては、それらの内容や意義を詳細に考察することはしない。そうしたことを意図した論考はすでにいくつか出版されていることは、冒頭にも述べた通りである。そこで、本稿では、そうした論考においてもあまり示されていない視点からの考察にとどめておく。すなわち、三者が、実際に「スッタ・ピタカ（経蔵）」のなかでどのように説かれているのかということを既刊の現代語訳を通じて具体的に確認し、そのうえで若干の解説を加えるに留めておく。まずは、「五つのシッカーパダ」から確認するとしよう。それは、たとえば「長部」に収録されている、日本では概して『等誦経《とうじゅきょう》』と呼ばれるお経において言及されている。このお経は、仏教の教理を一から十までの数字にちなんで列挙した内容となっており、そのなかの「五」でまとめられた教説を説く箇所において「五つのシッカーパダ」が言及されているのである。この経典についてもすでに幾つかの現代語訳が出版されているが、ここでは、先の『清浄道論』という大著の全訳を二〇二三年より公刊しはじめた、パーリ仏典全般に広く通じている在野の学僧として知られる浪花宣明《なにわせんみょう》の翻訳を提示するとしよう。それは、以下の通りである。

五つの修学すべき基礎がある。殺生から離れること、盗みから離れること、性行為から離れること、うそをつくことから離れること、スラー酒やメーラヤ酒という放逸の原因から離れることである。

（『原始仏典（第三巻・長部経典Ⅲ）』三一二頁）

ここでは「シッカーパダ」が「修学すべき基礎」と訳されているが、それが具体的に五項目として列挙されていることが分かる。すなわち、伝統的な漢語を用いてコンパクトに言うならば、不殺生《ふせっしょう》、不偸盗《ふちゅうとう》、不邪婬《ふじゃいん》、不妄語《ふもうご》、不飲《ふおん》酒《じゅ》の五つである。これらの五項目を誰が守るべきなのかは、この『等誦経』には明記されていない。しかしながら、たとえば、さきほど引用した『スッタ・ニパータ』のなかの「ダンミカ経」においては、それが在家者であることが明言されている。そこでは、その五項目の一つ一つが、もう少し言葉を足した長いかたちで列挙されており、その列挙の直前において、ブッダの言葉として「さてこんどは、わが教えの信奉者が、どのように振舞えばよいか、もっぱら在家者について説こう。というのも、財産をもって生活する俗人が、無一物の比丘の守るべき規律を、一から十まで守りきることは所詮無理だからだ。」（本庄二〇一五：一〇三頁）と、それら五項目が在家者を対象にしたものであることが明言されているのである。付言すると、これらの五つのうち、少なくとも四つは、ジャイナ教においても、在家信者が遵守すべき五項目に共通している。この点については、本書の堀田氏の論考において詳しくとりあげられている。

続いては「八つの部分より成るウポーサタ」を確認しよう。こちらも『スッタ・ニパータ』のなかの「ダンミカ経」において言及されている。今度は、本庄訳よりも、三〇年ほどまえ（一九八四）に岩波文庫として出版され、以来、版を重ね続けている中村元の翻訳から該当箇所を引用するとしよう。それは次の通りである。

（1）生きものを害してはならぬ。（2）与えられないものを取ってはならぬ。（3）嘘をついてはならぬ。（4）酒を飲んではならぬ。（5）淫事たる不浄の行いをやめよ。（6）夜に時ならぬ食事をしてはならぬ。（7）花かざりを着けてはならぬ。芳香を用いてはならぬ。（8）地上に床を敷いて臥《ふ》すべし。これこそ実に八つの項目より成るウポーサタ（斎戒）であるという。苦しみを終滅せしめるブッダが宣示したもうたものである。

そうしてそれぞれ半月の第八日、第十四日、第十五日にウポーサタを修せよ。八つの項目から成る完全なウポーサタを、きよく澄んだ心で行え。また特別の月においてもまた同じ。

ウポーサタを行った〈ものごとの解った人〉は、次に、きよく澄んだ心で喜びながら、翌朝早く食物と飲物とを適宜《てきぎ》に修行僧の集いにわかち与えよ。

（中村一九八四：八二頁）

ここでは、「八つの部分から成るウポーサタ」——中村訳では「八つの項目より成るウポーサタ」となっているが——を構成する八つの禁則が具体的に列挙されており、またそれを実践すべき日も具体的に挙げられている。八つの内容に関していえば、（1）から（5）までは、さきの「五つのシッカーパダ」と同一であり、そこにさらに別の三つが加わっていることが分かる。では、この八つの禁則を誰が守るべきであるのかと言えば、これも在家信者である。それは、ここで引用した経文が、さきほど言及した「わが教えの信奉者が、どのように振舞えばよいか、もっぱら在家者について説こう。」云々に続くものであることからも明らかである。また、そのことは、ここで引用した経文の最後の一節からも明らかであろう。そこで「集い」と訳されているのは、パーリ語の「saṅgha」という言葉であり、これは仏教の出家修行者が形成する集団（漢字文化圏では、しばしば、それに対応する何らかのインド語の音写語である「僧伽《そうぎゃ》」という言葉で言い表される）を意味する。出家修行者の集団を食物と飲物の提供によりサポートするのは、在家信者に他ならない。以上の点に勘案すると、ここで挙げられている八つの禁則の実践を推奨されているのは、出家修行者ではなく、やはり在家者であることが分かる。

つづいては「十の善いカンマの道」である。これは、例えば、先に引用した「長部」に収録されている『等誦経』において言及されている。さきと同様に浪花宣明《なにわせんみょう》の翻訳を提示すると、それは以下の通りである。

> 十の善い行為の通路がある。生き物の殺害から離れていること、盗みから離れていること、邪な性行為から離れていること、嘘から離れていること、中傷のことばから離れていること、荒々しいののしりあいのことばから離れていること、無益な冗舌から離れていること、貪欲から離れていること、憎しみから離れていること、誤った見解から離れていることである。
>
> （『原始仏典（第三巻・長部経典Ⅲ）』三五三〜三五四頁）

浪花宣明は、筆者が「善いカンマの道」と言い表している言葉を「善い行為の通路」と訳しているが、そこからは「カンマ」が「行為」と対応する語であることが知られよう。「カンマ（kamma）」というのは、サンスクリット語では「カルマン（karman）」と表記・発音され、漢字文化圏においては「業《ごう》」という訳語で表現される——「十善業道」の「業」に相当する——ことが一般的であるが、現代の英語圏においても「karma」という、その主格のかたちで人口に膾炙《かいしゃ》している（筆者が「カンマ」とカタカナ表記で示したのもそのためである）。その一般的な意味としては、浪花訳が示唆する通り「行為（およびその行為がもたらす影響）」である。実際、ここで引用した一節においても、仏教徒が為すべきではない十の行為が、身・口・意の三点から、すなわち身体、言語、思考の三点から列挙されている。一つ目の「生き物の殺害」から三つ目の「邪な性行為」までが身体的行為、四つ目の「嘘」から六つ目の「無益な冗舌」までが言語的行為、七つ目の「貪欲」から十番目の「誤った見解」までが思考である。

この『等誦経』に説かれる「十の善いカンマの道」——浪花訳では「十の善い行為の通路」——は、三つ目の「離れること（パーリ語でveramaṇī）」において、その離れるべき対象を、単なる「性行為」ではなく「邪な性行為」としている。そのため、『等誦経』では、それを在家信者が守るべき十のこととして列挙していることが窺い知られる。と言うのも、仏教の出家修行者は、「邪な性行為」だけではなく、一切の性行為から離れることが求められるからである。「十の善いカンマの道」は、「スッタ・ピタカ」に収められた諸経のうち、およそ九十もの経典に説かれ、そのうち一経をのぞく全てが「邪な性行為」からの離脱を説くこと、またその例外的な一経に関しても、それは「十の善いカンマの道」に相当する十項目だけを説いたものではなく、むしろ広く比丘の修行法を列挙する内容であることが、勝本（二〇〇三）によって指摘されている。この勝本の指摘を踏まえると、どうやら「十の善いカンマの道」は、少なくとも「スッタ・ピタカ」に説かれるものだけに基づくかぎりは、在家者向けの規定と捉えてもよさそうである（先に言及した『倶舎論《くしゃろん》』では、そのかぎりではない理解も示されているようである。この点は大竹二〇二〇：二四頁を参照）。付言すると、この「十の善いカンマの道」として列挙される十項目は、諸々の大乗仏教のテキストにおいては、菩薩が守るべき十の「戒（śīla）」として説かれるようになることが知られている（平川一九六四：一四八～一五〇頁）。そして、それを指す呼称として、漢字文化圏では「十善戒」という漢語が用いられることも少なくない。さきほど、織田の『佛教大辭典』において、「戒律」の具体例の一つとして「十善戒」が挙げられていることをわれわれは確認したが、まさしくそれは、この大乗の菩薩が守るべき「菩薩戒」としての十項目を指しているのであると思われる。ただし、この「十善戒」という言葉は、インド語にさかのぼることのできる言葉ではなく（つまり、インド語の翻訳語ではなく）、あくまで中国において生まれた、漢字文化圏に特有の呼称のようである（平川一九六四：一六〇頁、脚注二）。

以上、「スッタ・ピタカ」において説かれる代表的な三つの「戒律」について概説した。総じて見ると、この三者に共通する特徴的な点として、少なくとも三点を指摘することができそうである。一つ目は、先に言及したとおり、いずれも「ヴィナヤ」や「シーラ」という言葉で言い表されてはいないという点である。二つ目としては、これもすでに確認したとおり、それらは、出家修行者ではなく在家信者が守るべきものとして説かれているという点である。そして、最後の三点目としては、それら三者は、守ることができなかった場合のことがまったく明示されていないという点である。先に引用したのは、いずれも経典の一部であるが、その前後を見てみても、それらを守らなかった在家信者たちがどうなるのか、罪や罰に問われるのか、問われるとするならば、それはどのような罪や罰なのかということについて、どこにも説かれていないのである。これらの三点は、これから見る「ヴィナヤ・ピタカ（vinaya-piṭaka）」、すなわち「パーリ律」に説かれる諸規定とは大きく異なる。このことは、あらかじめここで留意しておいてもよいであろう。それでは、いよいよ「ヴィナヤ・ピタカ」について、すなわち「パーリ律」についての解説に移ろう。

「パーリ律」について

「パーリ律」は、先述の通り、出家修行者個人や教団全体が遵守すべき諸規定を、その主たる内容とする。「主たる」という言い方をしているのは、そこには、後述するように規定以外のテキスト――たとえば仏教史など――も含まれているからである。また「諸規定」と言っても、それらは、単に衣食住についてのものだけではない。こちらについても後述するように、出家修行者たちが集団でおこなう儀礼や行事の執行方法についての諸規定も説かれている。このように多様な内容を備えている「パーリ律」は、大きく分けると三つのパーツから成る。その三つとは、

- 「スッタ・ヴィバンガ（sutta-vibhaṅga）」
- 「カンダカ（khandhaka）」
- 「パリヴァーラ（parivāra）」

と呼ばれるものである。「パーリ律」を含む全てのパーリ三蔵は、いち早く『南伝大蔵経』という翻訳シリーズ（一九三五～一九四一）において日本語訳が提示されている（ただし、それは、のちほど確認するように、織田得能の『佛教大辭典』のような古式ゆかしい文語体の日本語である）。それは、ヨーロッパ流の「インド学」を日本に根付かせることに大きく寄与した、日本の近代仏教学の草創期の大家の一人である高楠順次郎《たかくすじゅんじろう》（一八六六―一九四五）という仏教学者が監修したものである。そこでは、「スッタ・ヴィバンガ（sutta-vibhaṅga）」、「カンダカ（khandhaka）」、「パリヴァーラ（parivāra）」の三者は、それぞれ「経分別《きょうぶんべつ》」「犍《けん》

度《ど》」「付随《ふずい》」という漢語で翻訳されており（翻訳者は、宮本正尊［一八九三―一九八三］、上田天瑞［一八九九―一九七四］、渡辺照宏［一九〇七―一九七七］）、以来、日本の仏教学界では、この訳語が用いられることが多い。本書で言えば、青野氏の論考においても、これらの語が用いられている。以下には、それらの三者が、どのようなものであるのかを、順に簡単に説明するとしよう。

「スッタ・ヴィバンガ（経分別）」の「スッタ（sutta）」というのは、サンスクリット語でいうところの「スートラ（sūtra）」であり、漢字文化圏では、概して漢字一文字で「経」と表されることは、すでにわれわれの知るところである。一方「ヴィバンガ（vibhaṅga）」というのは、サンスクリット語でも同じ表記・発音であり、「分配」「分別」ないしは「解釈」を意味する。要は、「スッタ・ヴィバンガ」というのは、直訳すると「経の解説」である。しかしながら、この場合の「経」というのは、いわゆる「お経」（すなわち「スッタ・ピタカ」所収の諸テキスト）を指すのではなく、どうやら出家修行者たちが遵守しなければならない規定の条文集を指すようである。と言うのも、その条文集は、「パーティモッカ（pātimokkha）」という呼称のもとに、それだけで独立したテキストを形成しており、それがサンスクリット語では「プラーティモークシャ・スートラ（prātimokṣa-sūtra）」というように、「スートラ」という言葉が付せられたかたちで呼ばれることがあるからである（ただし、いささか複雑なことに、パーリ仏典においては、あくまで「パーティモッカ」と呼ばれるばかりで「パーティモッカ・スッタ」なる言葉は出てこない。この点は青野二〇二〇：一八頁を参照）。事実「スッタ・ヴィバンガ」の内容は、後述するように、出家修行者たちに課せられた規定の条文集と、その各々についての解説という内容になっている。ちなみに、この「パーティモッカ」を「パーリ律」の第四番目のパートと見なす伝承もある（馬場二〇〇八：一六〇頁、一六九頁）。しかしながら、それは、実質的には「スッタ・ヴィバンガ」において説かれる条文と全く同一であるため、たいていは、「パーリ律」のパーツとしてわざわざ言及されることはない。さらに付言すると、その「パーティモッカ（pātimokkha）」という言葉は、サンスクリット語のテキストでは「プラーティモークシャ（prātimokṣa）」と表記される語であるのだが、その意味するところはあまりよくは分かっていない。そのため、日本の仏教学界においては、それは、その音写語である「波羅提木叉《はらだいもくしゃ》」という漢訳語を用いて表記されることが多い。おそらく、そのように表記する慣習も『南伝大蔵経』に由来するのであろう。

「スッタ・ヴィバンガ」の「スッタ」に相当するであろう部分、すなわち、出家修行者たちに課せられた規定の条文は、いずれも単なる「〜してはいけない」という禁止令だけではなく、「〜してはいけない。〜すれば●●という罪／処分になる」というように、それに違反した場合、その者が具体的にどうなるかという点についても言及している。また、その「ヴィバンガ」に相当する部分としては、①その規定がブッダによって制定されるに至った経緯を説く物語（概して日本では「因縁譚《いんねんたん》」と呼ばれる）と、②その条文に見られる語句や表現の説明、さらには、③その禁則に抵触することになるかどうかを示す判例、という三つの要素を含むことが多い。一例を挙げよう。例えば、殺人にかかわる規則の条文は、『南伝大蔵経』によると、つぎの通りである（句読点やふりがなを適宜加え、旧字体は新字体に改めて提示している。同書からの引用は、これ以後も、すべてそのようにして提示する）。

> 何《いず》れの比丘と雖《いえど》も、故意に人体の生命を奪ひ、或はその為に殺具を持つ者を求め、或は死の美を賛歎し、或は死を勧めて「咄《とつ》、男子、この悪苦の生は汝にとりて何の用ぞ。死は汝にとりて生に勝るべし」と云ひ、斯《か》く心意《おも》ひ、斯く決心し、種々の方便を以て死の美を賛歎し死を勧むれば、これ亦、波羅夷《はらい》にして共住すべからざるものなり。
>
> 『南伝大蔵経』第一巻・律蔵一、一二〇頁

『南伝大蔵経』は、明治生まれの学匠たちが手掛けた文語体の翻訳を提示するものであるため、令和の時代に生きるわれわれにとっては、いささか読みにくい翻訳になっていることは、先に少し述べた通りであるが、この条文も同様である。しかしながら、ここでは、直接手を下すことだけでなく、第三者に殺させようとすることや、自ら死に向かうよう教唆することが禁止されていることは、比較的容易に読み取れよう。そして、留意すべきは、最後に出てくる「波羅夷《はらい》」という言葉である。これは、パーリ語のpārājika（サンスクリット語も同表記）という言葉に対応する音写語である。日本語訳であるにもかかわらず、音写語のまま表記されていることからも察せられる通り、その言葉の原義や語源は、あまりよく分かっておらず、諸説ある。しかしながら、それが、少なくとも原則としては仏教教団からの追放という重い処分を伴う罪、ないしは、その罪を犯した

者を指す言葉のようであることとは、比較的よく知られている。そのことは、引用した条文においても「共住すべからざるものなり」と明記されていることからも察せられよう。このように「スッタ・ヴィバンガ」の「スッタ」に相当するであろう部分に説かれる条文においては、禁止行為だけでなく、具体的な処分についてまでもが言及されているのである。

そして、「ヴィバンガ」としては、先ずは、その条文をブッダに制定させるに至った出来事を説く因縁譚が説かれている。それは二つの出来事を説くものであり、一つは、いわゆる「不浄観《ふじょうかん》」（肉体をはじめ、この世界が不浄であることを観じて、欲望を打ち消す修行法。主に肉体が死後、腐敗して白骨に変化する過程を観ずる）を実践する比丘たちが、自らの肉体を嫌悪するようになって集団自殺したり、殺し合ったり、あるいは、ある別の沙門に依頼して殺してもらうようになったという、いささか残酷な物語である。そして、いま一つは、いつも悪巧みばかりする六人グループの比丘たち（漢字文化圏では、しばしば「六群比丘《ろくぐんびく》」と呼ばれる）が、ある在家信者の美しい妻に惹かれ、その女性を奪うために、その夫である在家信者に死ぬことを讃嘆して自殺せしめたという、かなりドギツイ物語である。これら二つの因縁譚を受けて、ブッダがさきほど引用した条文を制定するに至るのである。そして、その後、その条文における語句や表現の説明が示されている。さきほどの引用で言えば「生命を奪う」「その為に殺具を持つ者を求める」「死の美を賛歎する」「死を勧める」「咄、男子」等が、どのような意味であるのかを明確にするため、それらが別の表現で言い換えられているのである。一例を『南伝大蔵経』から引くと、例えば、

「死を勧む」とは、或は「刀を持て」と言ひ、或は「毒を飲め」、或は「縄にて絞りて死すべし」と言ふなり。

『南伝大蔵経』第一巻・律蔵一、一二一頁

といった具合である。このように条文中の語句や表現のいくつかが説明されるのであるが、それらは、必ずしもブッダによる説明であることは明示されていない。そして、その説明がひととおり終わると、今度は様々な判例が示されることになる。また『南伝大蔵経』から一例を引くと、例えば次の通りである。

その時、一比丘、食せる肉、咽喉《のど》にかかれり。他比丘、

かの比丘の頸を打ち、血と共に肉落ちて、かの比丘死せり。彼に悔心生ぜり。「我、波羅夷《はらい》罪を犯せるに非ずや」と。時にかの比丘は、世尊にこの事を白せり。「比丘、汝、如何なる心なりしや」。「世尊、我、殺意なかりき。」「比丘、殺意なきは不犯なり」と。

『南伝大蔵経』第一巻・律蔵一、一三二頁

ここでは、喉に肉をつまらせた比丘を助けようと、他の比丘が彼のくびもとを慌てて叩いたところ、打ちどころがわるく、その比丘が死んでしまったというケースの判例が示されている。この場合、その叩いた比丘は、殺そうという意図を持って叩いたわけではないので、波羅夷《はらい》にはならないということがブッダの言葉として示されている。「パーリ律」の殺人に関する規定においては、このような判例が、合計三十三のパターンによって連続して説かれている。そして、それらが終わると、次の規定が始まることになる。

以上のように、「スッタ・ヴィバンガ」においては、諸々の規定が、「条文＋その解説」というひとまとまりのもと、因縁譚↓条文の制定↓条文の語句や表現の説明↓判例の提示というパターンで、重罪となる規定から軽罪の規定にいたるまで、罪の重い順に提示されている。また、規定によっては、その一部として「カンマ（kamma）」のやり方が説かれる場合もある。「カンマ」とは、サンスクリット語で言うところの「カルマン（karman）」であり、それは、漢訳仏典では、概して「業」と訳されることはすでに述べた通りである。しかしながら、この戒律テキストにおいて規定の一部として説かれる「カンマ／カルマ」は、いわゆる「業」の意味ではないため、「業」よりも、むしろ「羯磨」という音写語（日本では「かつま」ないしは「こんま」と読まれる）で訳される方が一般的である。そのため、以下でも「羯磨」という表記を用いることにする。この羯磨というのは、仏教教団の構成員である出家修行者たちのあいだで、なんらかの重要案件の決定や承認をするさいに開催される会議のようなものである。具体例としては、ちょうど本書の青野氏の論考において、『十誦律《じゅうじゅりつ》』という戒律テキスト（詳細は後述）に見られる、亡くなった比丘の衣や鉢を相続するさいに開催される羯磨が引用・翻訳されているので、そちらをご覧いただきたい。

このように規定によっては羯磨のやり方を説くものもあるが、「スッタ・ヴィバンガ」は、概して「条文＋その解説」というひとまとまりの連続から成る。そのひとまとまりの一つ一つについては、一九六〇年に『律蔵の研究』という戒律研究の不朽の名著を公刊し、以降、戒律に関する重要な論考を数多く発表したことで知られる平川彰《ひらかわあきら》（一九一五―二〇〇二）という、戒律研究のパイオニアの一人が、その学見の集大成とも言える『二百五十戒の研究』という四冊本（一九九三―一九九五）において詳しく解説しているので、ここでは、これ以上は触れない。なお、その平川の労作のタイトルにもなっている「二百五十戒」という言葉であるが、これは、実質的に「スッタ・ヴィバンガ」に収められている比丘向けの条文のことを指す。そこには全部で二三七の条文が説かれているのだが（藤吉一九六四：一二〇頁）、漢字文化圏においては「パーリ律」よりも『四分律《しぶんりつ》』という漢訳の戒律テキストの方が伝統的によく知られており（詳細は後述）、そこでは比丘向けの条文が、全部で二五〇あることから「二百五十戒」という呼称が伝統的に用いられることが多いのである。先に、『オダブツ』の「戒律」の説明において、その具体例の一つとして「二百五十戒」が挙げられていることを確認したが、それはまさしくこの比丘向けの規定を指している。また、『広説佛教語大辞典』の「戒律」の説明の③においても「戒は律の中での一つ一つの戒めを意味することもある」という説明が見られることを確認したが、それは、このように比丘向けの規定が、総じて、二百五十の「戒」と呼ばれること、さらには、漢字文化圏では、実際に、その条文一つ一つが「●●戒」という呼び名で呼ばれる場合があることを考慮した説明である（例えば、さきほど一例としてあげた「殺人」に関する規定は、本邦においてしばしば「断人命戒」と呼ばれる：平川一九九三：二五五頁）。付言すると、「スッタ・ヴィバンガ」には、女性の正式な出家修行者である比丘尼《びくに》（サンスクリット語のビクシュニー bhikṣuṇī という言葉に対応する何らかのインド語の音写語）向けの規定も説かれており、それは、比丘向けのものと重複する規定も含めると総数として三一一条であるのだが、『四分律』においては三四八条である。にもかかわらず、漢字文化圏では、比丘向けの「二百五十戒」に対して、比丘尼向けのものを「五百戒」という呼称で呼ぶ慣しがある。平川は、『二百五十戒の研究』に続いて、そちらを主として扱った解説書も上梓しているが、そのタイトルを『五百戒の研究』ではなく、『比丘尼律の研究』（一九九八）というものにしている。そして、序文において、その「比丘尼の五百戒」という語には根拠がないことを指摘し、「巷間にこの語が流布されていると考えたので、戒律の立場からは、その理由のないことを一言した」と述べている（平川一九九八：ii頁）。

では、次に「カンダカ（犍度）」の説明に移ろう。「カンダカ」という言葉は、サンスクリット語のテキストでは「スカンダ（skandha）」と表記される語であり、原義としては、「胴体」「体幹」等の、大きなひとまとまりの主要部を意味するが、そこから転じて、書物などの「章」を意味する。事実、「パーリ律」の「カンダカ」は、「スッタ・ヴィバンガ」が、罪の軽重に応じて規定を配列していたのに対して、扱うトピックに応じて、そのトピックに関連した諸規定をひとまとまりにして提示するという構成になっており、そのひとまとまりの各々が「●●カンダカ」という名称で呼ばれる。その総数は二十二であるため、結果、「カンダカ」は、二十二の「●●カンダカ」すなわち、二十二の「●●の章」から成るテキストとして見なすことができる。本稿では、それら二十二の章をすべて列挙して、その一つ一つの内容や特徴を説明するということはしない。それは、本稿に与えられた紙数や筆者に備わった学識の範囲をはるかに超える大きな仕事だからである（二十二章の名称の列挙だけならば、古くから比較的よくなされている。例えば、長井一九三六：一七二～一七五頁、藤吉一九六四：一二四～一二五頁、青野二〇二〇：二一頁など）。一方で、それら二十二の章が扱う内容は、実に多岐にわたるため、それらを一般化してコンパクトな形で提示することも全く容易ではない。そのことを承知のうえで、敢えて大雑把にまとめるならば、「カンダカ」の内容は、大きく分けて次の四つに大別することができると言える。

- 出家修行者たちが団体で執行する行事や儀式の適切なやり方を説く規定
- 特定の日用品に関する、適切な入手方法・使用方法を説く規定
- 比丘尼に関する諸規定
- ブッダが亡くなった後に開催された、教義や規則に関する出家修行者たちの会議の描写

このうち「比丘尼に関する諸規定」というのは、まさしく「比丘尼カンダカ」という名であり、そこには、ブッダが比丘尼教団の成立を容認するに至った過程を説く物語や、「スッタ・ヴィバンガ」に収められた比丘尼向けの諸規定とは別の、比丘尼が守るべき細々とした諸規定（主に彼女たちの日常的な振る舞いに関する規定）、さらには、比丘が比丘尼に対して羯磨や懺悔《さんげ》などの作法を教えることを容認

する諸規定が含まれている。これらは、古代インドにおいて仏教の女性出家修行者の置かれていた状況や比丘との男性出家修行者について知る上で有益であることは言うまでもないが、カンダカ全体から見れば、その分量は二十二章のうちの一章に過ぎない（近年、この「比丘尼カンダカ」全体の明快な現代日本語訳がサッチャーナンディーによって公刊されている。しかもそれは、ブッダゴーサに帰せられる『サマンタ・パーサーディカー（Samantapāsādikā）』という注釈書の該当箇所の現代日本語訳を含んだ詳細なものとなっている：サッチャーナンディー二〇二三、二〇二四）。また「ブッダが亡くなった後に開催された、教義や規則に関する出家修行者たちの会議の描写」というのは、規定そのものを提示しているわけではなく、むしろ仏教史を説くものである。そのため「カンダカ」に説かれる中心的な規定としては、「出家修行者たちが団体で執行する行事や儀式の適切なやり方を説く規定」と「特定の日用品に関する、適切な入手方法・使用方法を説く規定」の二つであると言える。前者は、たとえば、ある者を仏教の正式な出家修行者にするために執行される、出家修行者にとって――さらに言えば、その存続を左右するために、仏教教団全体にとっても――極めて重要な「ウパサンパダー（upasampadā）」と呼ばれる儀式（漢字文化圏では一般に「受戒」ないしは「授戒」と呼ばれる）や、出家修行者たちが半月に一回集まって、パーティモッカ・スッタを唱え、自分たちの行いを反省する「ウポーサタ」と呼ばれる定例行事（さきに見た「八つの部分より成るウポーサタ」の「ウポーサタ」と同じ言葉であるが、さきのは在家信者が実践するものであり、こちらは出家修行者たちが集団で行うものである。名称は同じであるが、内容は異なる：佐々木一九九九：二五一頁、注七）に関する諸規定である。また、後者は、たとえば、「衣（cīvara）」「薬（bhesajja）」「臥座具《がざぐ》（senāsana：座ったり寝たりするときに用いる大きな布など）」といった日用品に関する諸規定である。数ある日用品のなかでも、「衣」「薬」「臥座具」といった特定の物品が、「カンダカ」の一章を形成するかたちでとりあげられているのは、それらが他よりも慎重な扱いを要する――もっと言えば、資産として争いや災いのタネになりうる――物品であったことを意味しているのであろう。そのことは、本書におさめられた、この「カンダカ」のなかの「衣カンダカ」と「臥座具カンダカ」を扱っている青野氏の論考からも窺い知られるところである。

「カンダカ」で説かれる諸規定も、「スッタ・ヴィバンガ」に説かれる諸規定と同様に、条文だけの列挙から成るわけではない。それらは、多くの場合、因縁譚を伴っている。一方で、条文の語句説明や判例の提示は、必ずしも付随するものではない。その意味では、「カンダカ」は、「スッタ・ヴィバンガ」ほど、システマティックな構造をとっているわけではないと言えるかもしれない。また、「カンダカ」の大きな特徴としては、「スッタ・ヴィバンガ」とは異なり、「●●してはならない」という禁止令が中心であるというよりは、「（●●のようにするのではなく）●●のようにするのが適当である」といったように、適切な作法や手順を説くことの方に力点が置かれる場合が多いことを指摘することができる。一例を挙げよう。雨季の定住生活——漢語では、概して「安居《あんご》」ないしは「夏安居《げあんご》」と呼ばれることが多い——に関するやり方や規則を説いた『入安居カンダカ（Vassūpanāyika-kkhandhakaṃ）』という章には、その定住地から例外的に外出することを認める規定が次のように説かれている。

> 比丘等よ、此処に優婆塞《うばそく》（男性の在家信者）あり。僧《そう》伽《ぎゃ》（仏教教団）の為に精舎を建立す。若し彼、比丘等の許《もと》に使を遣して「来りたまへ、我、布施を与へ、法を聞き、比丘等を見んと欲す」と言ひ、比丘等よ、七日間の所用の為に使を受けなば往くべし、使を受けずば然らず。七日にして還るべし。
>
> 『南伝大蔵経』第三巻・律蔵三、二四九頁

仏教教団は、雨季には定住生活を送らねばならず、外出することは基本的には禁じられている。ところが、ここでは、雨季の定住中であっても、在家信者から「仏法が聞きたい、比丘に会いたい」というリクエストを伝える使者が送られてきた場合に限って、七日間だけ外出が認められることが、ブッダの言葉として説かれている。要は、ここでは、雨季の定住中の適切な外出方法ないしは手順が説かれているのである。

また、「カンダカ」にも、先述した羯磨のやり方を説く箇所が散見されるが、それも、言わば、適切な作法や手順を説くものとして捉えることができる。このように「パーリ律」には、「●●してはならない」という禁止令だけではなく、適切な作法や手順を説く規定も数多く含まれている。そして、これは、必ずしも「パーリ律」に限った話ではない。他の『十誦律』などの戒律テキスト（詳細は後述）においても同様である。このことから、漢字文化圏に

おいては、戒律テキストのなかの禁止令を「止悪戒《しあくかい》」や「止持戒《しじかい》」と呼び、他方、適切な作法や手順を説く規定を「作善戒《さぜんかい》」や「作持戒《さじかい》」と呼ぶ慣しもある（水野一九七二：一九四～一九五頁）。その呼び方はともあれ、とにかく仏教の「戒律」には、禁止令だけではなく、適切な作法や手順を説く規定も含まれていることには留意すべきであろう。と言うのも、このことは、仏教の戒律テキストの内容的な特徴として重要であるにもかかわらず、必ずしも充分には知られていないようだからである。ややもすれば、われわれは「戒律」という言葉からは、「スッタ・ヴィバンガ」に説かれるような、個々人に対する「●●してはならない」という禁止令ばかりを連想しがちである。おそらく、このことは「カンダカ」の総合的な研究が、「スッタ・ヴィバンガ」ほどは進められていないことと無関係ではないと思われる。「カンダカ」については、特定の章を重点的に扱った研究や、あるいは逆に、全体を広く概説するような研究はこれまでにもなされているものの、平川彰が『二百五十戒の研究』において「スッタ・ヴィバンガ」に対しておこなったような、全てを詳細に扱った研究は未だなされていない。そして、このことは、「パーリ律」の第三番目の要素である「パリヴァーラ」についても、さらに強くあてはまると言える。「パリヴァーラ」については、それに焦点を当てた先行研究が皆無に等しく、その内容や意義の考察が充分になされていないのである。以下には「パリヴァーラ」の説明に代えて、この点について簡単に触れておこう。

「パリヴァーラ (parivāra)」は、日本の仏教学界において、概して「付随」と呼ばれることは、先に述べた通りであるが、サンスクリット語でも同じ表記である。その原義としては、何らかの主要なものの「覆い」や「囲み」を意味し、そこから転じて、何らかの副次的なもの、従属的なものを意味する。この点に勘案すると「付随」という翻訳も、決して不適当ではなさそうである。そして、その語義からは、「パリヴァーラ」が、「スッタ・ヴィバンガ」や「カンダカ」という主要テキストに対する副次的・従属的なテキストとして位置付けられていることが窺い知られる。実際、現存する「パリヴァーラ」は、全部で十九の小篇テキストから成るのだが、それらは、概して「スッタ・ヴィバンガ」や「カンダカ」で説かれている内容を前提に、それらの要点や疑問点をまとめて提示するようなものとなっている。また現存する「パリヴァーラ」の最後には、ディーパ (Dīpa) という名の比丘がその編纂にかかわったことを示唆するような一節が見られる。それは『南伝大蔵経』によると「大智慧あり博聞にして聡明なるディーパなる［大徳］、古師の道を各処に問ひて読誦、道による中庸に於て広略を思惟して諸弟子の楽を齎《もたら》す、これを筆写せしめたり」（『南伝大蔵経』第五巻・律蔵五、三八七頁）という一節である。以上のことから、「パリヴァーラ」は、「パーリ律」の付録――英語ではしばしば「appendix」と訳される――であって、かなり後代になってから成立したものとする見解が一般的である。しかしながら、その見解をいっぺんの曇りもなく是とするだけの研究は未だなされておらず、不明なことも数多く残されたままであるのが現状である。

例えば、「パリヴァーラ」は、現存するテキストは明らかに十九の小篇テキストから構成されているものの、注釈書においては「十六」と表されることが知られている（馬場二〇〇八：一六九頁、青野二〇二〇：二二頁）。また、「パリヴァーラ」の第十四番目のテキストの終わりには、どういうわけか、それが「パリヴァーラ」自体の終わりであることを明示する一節が見られる（『南伝大蔵経』第五巻・律蔵五、三〇四頁）。さらに言えば、それに続く第十五番目のテキストは、いわゆる「ウパーリ問答」（ブッダの弟子の一人であるウパーリ（Upāli）が、ブッダに対して戒律に関する質問をして、それに対してブッダが回答するという問答が連続して説かれるテキスト）であるが、「ウパーリ問答」は、「パーリ律」以外の戒律テキスト（詳細は後述）においては、「カンダカ」に相当する部分にもしばしば散見されるため、少なくとも「ウパーリ問答」に限っては、かなり後代の付録とは必ずしも言い切れない。このように、現存する「パリヴァーラ」には不可解な点が多く、にもかかわらず、あまり考究がなされていないというのが実情なのである。この実情を踏まえて、インドの古典語全般に広く深く通じ、インド学の世界的権威として名を馳せているオスカー・フォン・ヒニューバー（Oskar von Hinüber）博士は、パーリ仏典全般を平易に概説した『*A Handbook of Pali Literature*』という入門書において、「パリヴァーラ」を「パーリ律」の「極めて重要なハンドブック」と位置付けたうえで「精査が必要である」と、その研究が充分になされていないことを指摘している（von Hinüber 1996: 21）。同書は、一九九六年に出版されたものであるが、管見のかぎり「パリヴァーラ」をめぐる研究状況は、当時とあまり変わってはいない。

以上、インドの従来仏教の戒律テキストを、パーリ語仏典に基づき概観した。先述の通り、インド仏典は、パーリ語テキストとしてだけでなく、漢訳テキストとしても、チベット語訳テキストとしても大量に現存している。そして、それらのなかには、「スッタ・ピタカ」に含まれる「お経」に対応するテキストも、また「ヴィナヤ・ピタカ」に比しうる（すなわち「パーリ律」に比しうる）テキストも存在している。そのため、従来仏教の戒律テキストについてさらに広く知るためには、漢訳とチベット語訳で現存する戒律テキストについても、具体的にどのようなものがあるのかを確認しておく必要があろう。以下には、その確認を試みるが、「スッタ・ピタカ」に含まれる「お経」に対応するテキストについては割愛しておく。と言うのも、漢訳の「スッタ・ピタカ」に対応する「お経」に説かれる戒律は、先に「スッタ・ピタカ」からの引用を通じて確認したものと大差はなく、またチベット語訳テキストに関しては、そうした「スッタ・ピタカ」に対応する「お経」が、どういうわけかほとんど存在しないからである（そもそも、チベットでは、従来仏教のテキスト自体、あまり翻訳されなかったようである）。そのため、これよりは、「ヴィナヤ・ピタカ」に比しうる、すなわち「パーリ律」に比しうる漢訳テキストとチベット語訳テキストについてのみ解説をしておく。

「パーリ律」に比しうる漢訳・チベット語訳テキスト

「パーリ律」に比しうる漢訳テキストは、少なくとも五つ現存している。このことは、「パーリ律」の漢訳ヴァージョンが五つ存在していることを意味しない。そうではなく、インド語から中国語に翻訳された膨大な数の漢訳仏典を見たとき、「パーリ律」を構成する「スッタ・ヴィバンガ」「カンダカ」「パリヴァーラ」という三つのパートのうち、少なくとも「スッタ・ヴィバンガ」と「カンダカ」の二つに内容的・構造的に対応すると見なすことのできるテキストを、ひとまとまりのものとして備えた仏典が五つ存在するということを意味している。その五つとは、翻訳年代の古い順に名を挙げると『十誦律』『四分律《しぶんりつ》』『摩訶僧祇《まかそうぎ》律《りつ》』『五分律《ごぶんりつ》』『根本説一切有部律《こんぽんせついっさいうぶりつ》』である。これらの五つ以外にも、漢訳で現存する従来仏教の戒律テキストのなかには「スッタ・ヴィバンガ」にのみ相当するテキスト（例えば、『鼻奈耶《びなや》』というテキスト）や、「スッタ・ヴィバンガ」や「カンダカ」において散見されるカンマ（羯磨）だけを集めたテキスト（例えば『根本説一切有部百一羯磨《ひゃくいちこんま》』）、あるいは、「スッタ・ヴィバンガ」でも「カンダカ」でもなく、また、「パリヴァーラ」でもなさそうなテキスト（例えば『毘尼母経《びにもきょう》』）なども多数、単独のテキストとして今に伝わっている。しかしながら、先に挙げた五つの方が、「パーリ律」とならんで、研究対象として参照されることが多い。その理由として考えられるのは、おそらく、それらは、数あるインド由来の戒律テキストのなかでも、量と質ともに、もっともまとまったものであるからであろう。また、それらの五つの漢訳テキストのうち、「根本説一切有部律」だけは、チベット語訳としても現存している。そして、この「根本説一切有部律」のチベット語訳こそが、先に言及した「ヴィナヤ・ピタカ」に比しうるチベット語訳テキストに他ならない。要は、インドから中国には「ヴィナヤ・ピタカ」に比しうるテキストが、少なくとも五つ伝わったのに対して、インドからチベットには、そのうちの一つである「根本説一切有部律」だけが伝わり、結果、われわれのもとには、現在「パーリ律」以外に、『十誦律』『四分律』『摩訶僧祇律』『五分律』「根本説一切有部律」(漢訳とチベット語訳)という五つのまとまった戒律テキストが伝わっているのである。

これらの戒律テキストは、「パーリ律」とともに、日本の研究者によって一括して「律蔵」と呼ばれたり、あるいは「広律《こうりつ》」というテクニカルな総称で呼ばれたりすることがある。前者は、「ヴィナヤ・ピタカ」自体が、漢語では「律蔵」という言葉で言い表しうるものであり、かつ、『十誦律』『四分律』『摩訶僧祇律』『五分律』「根本説一切有部律」のいずれもが「パーリ律」に比しうる、すなわち「ヴィナヤ・ピタカ」に比しうるからであると考えられる。この点に鑑みると、この「律蔵」という呼び方には——それは総称であって、個別のテキストを指す言葉ではないという自覚がある限りは——一定の合理性はあると言えそうである。一方、「広律」という総称に関しては、いささか問題がある。と言うのも、この「広律」という語——日本仏教のコンテキストにおいて「広」は「略」の対義語として使われることがあるので(例えば「広懺悔」と「略懺悔」)、おそらく「略していない律」の意であると思われる——は、もともとは「スッタ・ヴィバンガ」に相当する部分を指す語としてすでに鎌倉時代には用いられていた言葉であり、昨今の日本の研究者のなかにも、そうした古来の用法で用いる研究者もいないわけではないからである(Kishino 2018)。本書では、そのように「広律」という言葉が指すものが必ずしも研究者間で一致していないことに鑑みて、その語は用いないことにする。

ここで列挙した五つの戒律テキストの大きな特徴としては、いずれも、インドにおいてそのテキストを伝持した部派が特定されたものとして今に伝わっているという点を挙げることができる。たとえば、『十誦律』は、サルヴァースティヴァーダ（sarvāstivāda 漢訳では、しばしば「説一切有部」と表記される）、『四分律』は、ダルマグプタカ（dharmaguptaka 漢訳では、しばしば「法蔵部」と表記される）、『五分律』は、マヒーシャーサカ（mahīśāsaka 漢訳では、しばしば「化地部」と表記される）といった具合である。そのため、それら五つのテキストは、例えば、『十誦律』であれば、「サルヴァースティヴァーダ（説一切有部）の律蔵」、『四分律』であれば、「ダルマグプタカ（法蔵部）の律蔵」、『五分律』であれば、「マヒーシャーサカ（化地部）の律蔵」といったように、「●●部の律蔵」という呼ばれ方をすることがある。ちなみに、現在「パーリ律」をはじめとするパーリ語の仏典に基づいた仏教を伝承・実践しているスリランカや東南アジアの仏教者たちは、伝統的に、自分たちが「上《じょう》座部《ざぶ》（theravāda）」というグループであることを自認しているため、「パーリ律」も「上座部の律蔵」という呼び方がなされることがある。ただし、彼らの言う「上座部」というのが、古いインドの部派の一つに遡りうるものであるのかどうかは定かではない（佐々木二〇一一：七四〜七五頁）。

また、ここで列挙した五つの戒律テキストの内容を「パーリ律」も加えて仔細に比較してみると、全体の分量はおろか、個々の規定の文面、条数、さらには因縁譚などにいたるまで、さまざまな点で興味深い差異が確認される場合があることもよく知られている。例えば、さきほどの殺人についての規定（いわゆる「断人命戒」）で言えば、「パーリ律」では、先述したとおり、二つの因縁譚が見られるのだが、「根本説一切有部律」においては、どういうわけか六つもの因縁譚が含まれており、しかも、そのすべてが、当該の殺人を禁止する規定が制定されるにいたった背景を説く物語にはなっていないことが知られている（平川一九九三：二五九〜二六二頁、李二〇一七：一三六〜一四〇頁、Clarke 2021）。またその規定の文面についても、「パーリ律」は、先に引用したとおり「人体（manussa-viggaha）」の命を奪うことを禁止しているのに対して、たとえば『十誦律』は「人もしくは人の類《たぐい》」の命を奪うことを禁止している（李二〇一七：一五四〜 五五頁）。

このように、「パーリ律」に比しうる五つの漢訳テキストは、それを伝持したとされる部派名が異なっていることに加えて、そのテキストの内容にも差異が見られる場合があることから、われわれは、しばしば、古代インドにおいては、すべての部派が、独自の「律蔵」を伝持していたかのような、すなわち、部派が違えば、「律蔵」も全く異なるかのような、さらに言えば、部派の違いは、「律蔵」の違いに由来するかのような印象を持ちがちである。事実、そのように断じる仏教学者も少なくない。しかしながら、「律蔵」を仔細に検討する限り、そのような印象を明確に裏付けるだけの論拠は必ずしも充分には得られない。このことは、本書と同じ出版社から同じ編集者のもとで出版された別書において、もう少しくわしく言及しているので、関心のある読者は、そちらをご一読いただきたい（岸野二〇二〇：二四～二七頁）。

これら五つの戒律テキストのうち、日本を含む漢字文化圏において、歴史的にもっとも有名なものは、間違いなく『四分律』であろう。と言うのも、中国においては、遅くとも七世紀以降は、正式な出家修行者を輩出するのに、同律の「ウパサンパダーの章」に説かれる儀礼を執行するのが最も一般的となり、日本においても、かの有名な鑑真《がんじん》（六八八―七六三）が、その正式な作法を日本に伝えることによって、それが広く一般的なものになったからである。そのため、漢字文化圏における伝統的な仏教教団による戒律研究においては、それら五つのなかでは、『四分律』を扱ったものが圧倒的に多い。一方、ヨーロッパ流の近代仏教学が誕生した後の世界の仏教学界においては、少なくとも二十世紀末からは「根本説一切有部律」の研究が最も盛んになっていると言える。その大きな要因としては、一九三〇年代に、それに対応する、まとまった量のサンスクリット語写本が見つかり、その校訂テキストが二十世紀半ば以降に出版されはじめたこと、さらには、それは、先述のとおり、チベット語訳テキストとしても現存しているため、漢訳テキストに加えて、サンスクリット語とチベット語訳テキストからもアクセスできるという資料上のアドヴァンテージがあることが挙げられる。実際、本書におさめられた八尾氏の論考は、そのサンスクリット語写本にかかわるものであり、筆者の論考は、そのチベット語訳テキストも扱うものである。そこで、本稿においては、最後に、この昨今研究が盛んな「根本説一切有部律」をとりあげて、さらなる説明を加えておきたい。もっとも、この戒律テキストの特徴については、先に言及した拙著のなかでも比較的くわしく説明しているので（岸野二〇二〇：二九～三七頁）、ここでは、「根本説一切有部律」がどのような構造であり、そして、それが、漢訳、チベット語訳、サンスクリット語テキストとして、どのように現存しているのかという基本的なことを、おおまかに説明するにとどめておく。

「根本説一切有部律」について

「根本説一切有部律」というのは、現代の研究者が便宜的に用いる、複数のテキストをまとめて指す総称であり、実際にそのような名称の単一の文献があるわけではない。漢訳は、中国からインドへ渡った唐代の名僧の一人として知られる義浄《ぎじょう》（六三五―七一三）が、インドより中国に持ち帰り、そして自ら翻訳したものであるが（と言っても、その翻訳は、彼一人の手によるものではなく、実際には、多くの文人官僚とともに遂行された国家プロジェクトであった：平田一九九五：五一頁）、義浄は、それをどういうわけか複数の独立したテキストから成るテキスト集成として翻訳しているのである。その各々は、いずれも『根本説一切有部●●●』という名称が付されている。例えば、ちょうど「スッタ・ヴィバンガ」に相当する『根本説一切有部毘《び》奈耶《なや》』、「薬カンダカ」に相当する『根本説一切有部毘奈耶薬事《やくじ》』といった具合である。現代の研究者の多くは、それらをひとまとまりにして呼ぶ便利な総称として「根本説一切有部律」という呼称を用いている。ちなみに、それは欧米でも同様である。すなわち、「根本」に対応する「ムーラ（mūla）」、「説一切有部」に対応する「サルヴァースティヴァーダ（sarvāstivāda）」、「律」に対応する「ヴィナヤ（vinaya）」というサンスクリット語を用いて、「ムーラサルヴァースティヴァーダ・ヴィナヤ（Mūlasarvāstivāda-vinaya）」という呼称が用いられるのが欧米でも一般的である。

このように、義浄は「根本説一切有部律」を複数の独立したテキストから成るテキスト集成として訳出している。加えて、彼は、同律よりも明らかに後代に成立したと考えられる同律の関連テキスト（重要な内容だけを集めた綱要書など）の翻訳もいくつか残している。そして、いささか厄介なことに、それらもまた『根本説一切有部●●●』というタイトルが付せられている。そのため、彼の訳した諸々の戒律テキストのなかには、われわれが「根本説一切有部律」と呼ぶテキスト集成にカウントすべきものであるのか、あるいは、そうではなく、後代に成立した同律の関連テキストとみなすべきものであるのか、その判別が容易ならざるテキストも存在する。そのため、「根本説一切有部律」の全貌を義浄訳から明確に確定することは容易ではない。しかしながら、「パーリ律」や、その他の『四分律』などの四つの漢訳の戒律テキストとの対応という観点から、現時点で多くの専門家が「根本説一切有部律」を構成するテキストと見なしている義浄訳テキストを挙げると、それは以下の十一のテキストである。

❶根本説一切有部毘奈耶《びなや》
❷根本説一切有部苾芻尼《びしゅに》毘奈耶
❸根本説一切有部毘奈耶出家事《しゅっけじ》
❹根本説一切有部毘奈耶薬事《やくじ》
❺根本説一切有部毘奈耶安居事《あんごじ》
❻根本説一切有部毘奈耶羯恥那衣事《かちなえじ》
❼根本説一切有部毘奈耶随意事《ずいいじ》
❽根本説一切有部毘奈耶破僧事《はそうじ》
❾根本説一切有部毘奈耶皮革事《ひかくじ》
❿根本説一切有部毘奈耶雑事《ぞうじ》
⓫根本説一切有部尼陀那目得迦《にだなむくたか》

これらのうち、最初に挙げた❶『根本説一切有部毘奈耶』と❷『根本説一切有部苾芻尼毘奈耶』は、それぞれ、比丘向け、比丘尼向けの「スッタ・ヴィバンガ」に相当する（義浄は、「比丘《びく》」ではなく「苾芻《びしゅ》」という別の音写語を、何らかの理由で——たとえば、そちらの方がインド語の bhikṣu の音により近いからといったことが考えられる——用いている）。また三つ目の❸『根本説一切有部毘奈耶出家事』から十番目の❿『根本説一切有部毘奈耶雑事』までの「●●事」というタイトルがついているものは、「カンダカ」に相当する（「事」というのは、サンスクリット語の「ヴァスツ（vastu）」に対応する訳語である。「根本説一切有部律」では、「カンダカ」という語は用いられず、代わりに「ヴァスツ」という語が用いられる。その原義は「事物」であり、転じて、テキストの「内容」や「主題」を意味する）。そして、最後の⓫『根本説一切有部尼陀那目得迦』は、前半が『尼陀那（Nidāna ニダーナ）』というテキスト、後半が『目得迦（Muktaka ムクタカ）』というテキストというように、二つの異なるテキストを合併した形をとっているのであるが、両テキストともに「スッタ・ヴィバンガ」にも、「カンダカ」にも対応しない。また、どうやら「パリヴァーラ」にも対応しないようである。そのため、両者は、かつては、「根本説一切有部律」としてカウントすべきかどうか曖昧な扱いを受けていたが、昨今は、両者ともれっきとした「根本説一切有部律」を構成するテキストであることが複数の観点から明らかにされている（Kishino 2013; 2016）。両テキストのうち、とくに『尼陀那』については、本書の筆者の論考においても取り上げているので、その内容の一端については、そちらでご確認いただきたい。

　義浄訳の「根本説一切有部律」は、以上のような構成になっているのに対して、その義浄訳と内容的にも構造的にも概ねよく対応するため、あきらかに「根本説一切有部律」であると見なしうるチベット語訳の方を見ると、そちらも義浄訳のように、複数の独立したテキストから成るテキスト集成として訳出されている。ただし、そちらは、義浄訳ほどは細分化されていない。もう少しおおきなまとまりとして訳出されているのである。それらを、義浄訳「根本説一切有部律」との対応という観点から列挙すると、以下の通りである（なお、テキスト名は、チベット語訳から推定される元のインド語名を挙げておく）：

①『ビクシュ・ヴィナヤ（*Bhikṣu-vinaya*）』
②『ビクシュニー・ヴィナヤ（*Bhikṣuṇī-vinaya*）』
③『ヴァスツ（*Vastu*）』
④『クシュドラカ・ヴァスツ（*Kṣudraka-vastu*）』
⑤『ウッタラ・グランタ（*Uttara-grantha*）』

これらを義浄訳との対応という観点から、その対応ぶりを説明すると、最初の①と②の二つは、それぞれ義浄訳の❶『根本説一切有部毘奈耶』と❷『根本説一切有部苾芻尼毘奈耶』に相当する（ただし、この②と❷に限っては、両者の内容を仔細に比較すると、ときに著しい違いも確認されることが、いち早く日本の研究者により指摘されている：櫻部文鏡一九二八：二〇八頁）。また三つ目の③『ヴァスツ』というのは、義浄訳で「●●事」としてバラバラに訳出されて現存する諸テキストのうち、❸から❾までを含んでいる。また④は、義浄訳の❿『根本説一切有部毘奈耶雑事』に相当する（サンスクリット語の「クシュドラカ（kṣudraka）」というのは、まさしく「雑多なもの」を意味するので「雑」という訳語にもピッタリ合う）。そして、最後の⑤は、⓫『根本説一切有部尼陀那目得迦』、すなわち『尼陀那』と『目得迦』を含んでいる。先の列挙に、これらの情報を加えると以下のようになる：

①『ビクシュ・ヴィナヤ』（❶に相当）
②『ビクシュニー・ヴィナヤ』（❷に相当）
③『ヴァスツ』（❸～❾までを含む）
④『クシュドラカ・ヴァスツ』（❿に相当）
⑤『ウッタラ・グランタ』（⓫を含む）

このように、義浄訳とチベット語訳で伝わる「根本説一切有部律」を対照したうえで、両者のあいだに見られる差異について、この場ですぐに説明できる明白なものを挙げるとすると、少なくとも二つを挙げることができる。一つは、右の対照からも分かるとおり、チベット語訳では、どういうわけか「●●ヴァスツ（●●事）」が、『クシュドラカ・ヴァスツ（雑事）』とそれ以外という分け方で訳出されているという点である。この差異が何に由来するものであるのかは定かではない。チベット語訳は、義浄訳よりも一世紀ほど遅い九世紀の翻訳であるため、その違いは、時代の差に由来するものなのかもしれない。あるいは、義浄が持ち帰った「根本説一切有部律」が、実際に使われていたインドの地域（おそらくは義浄自身が滞在していたナーランダー僧院のあたり）と、チベットに伝わった「根本説一切有部律」が、実際に使われていたインドの地域（チベット語訳の翻訳者の一人であるジナミトラ Jinamitra は、カシミールとのかかわりが深いことが指摘されることがあるので、それが事実だとすれば、そのあたりか?）とのあいだの地域差に由来するものなのかもしれない。いずれにせよ、確定的なことは分からないが、あるインドの「根本説一切有部律」の注釈書（チベット語訳でのみ現存）においても「●●ヴァスツ」を『クシュドラカ・ヴァスツ』とそれ以外のヴァスツに分ける捉え方が確認されるので（Kishino 2013: 31, n.26）、その捉え方自体は、インドに遡りうるものであることは間違いなさそうである（このことは、これまでに発見されている「根本説一切有部律」のサンスクリット語写本において、『クシュドラカ・ヴァスツ』を含まない「●●ヴァスツ」だけから成る写本が発見されていることからも裏付けられるが、この点は後述する）。

義浄訳とチベット語訳で伝わる「根本説一切有部律」とのあいだに見られる明白な差異の二つ目としては、チベット語訳でしか現存しないテキストがいくつか存在するということを挙げることができる。たとえば、「パーリ律」の「衣カンダカ」に相当する「衣ヴァスツ」は、義浄訳では現存しないが、チベット語訳では現に伝わっている。このような、義浄訳とチベット語訳とのあいだにおけるテキストの有無に関する差異の要因は、比較的よく知られている。それは、義浄訳の「根本説一切有部律」が部分的にしか今に伝わっていないからである。中国の古い仏典目録や、義浄の伝記に基づくかぎり、どうやら、義浄は「根本説一切有部律」を、現にわれわれのもとに伝わっている以上の量のものとして将来したものの、残念なことに、そのすべてを翻訳する前に亡くなってしまったか、あるいは、彼が翻訳を果たしたのちに、いくつかが散逸してしまったようなのである（加藤一九九七：一一一頁、平川一九六〇：一四八〜一四九頁、Hirakawa 1982: 12）。その翻訳がなされなかったか、あるいは翻訳後に失われたかしたテキストが、具体的に何であったのかは誰も明確には知るよしはない。しかしながら、われわれは、現存する義浄訳とチベット語訳とのあいだに見られるテキストの有無を確認することで、それを推し量ることはできる。先に挙げた①から⑤までのテキストのうち、①と②と④に関しては、そうしたテキストの有無は確認されない。一方、③の「ヴァスツ」は、チベット語訳では全部で十七のヴァスツが現に伝わっているものの、義浄訳には、すでに見た通り、七のヴァスツしか現存していない。また⑤の『ウッタラ・グランタ』について言えば、それはチベット語訳では、全部で十一の（十一番目のテキストをコロフォンとしてみれば、全部で十の）小篇テキストから成るが、義浄訳では、そのうちの二つ、すなわち『ニダーナ（*Nidāna*）』と『ムクタカ（*Muktaka*）』しか存在しない。このようにチベット語訳と比べた場合、少なくとも③と⑤に関しては、義浄訳は明らかにテキストが少ない状態で現に伝わっているのである。このことから、われわれは、その義浄訳では現存せず、チベット語訳でのみ現存するテキストこそが、義浄が翻訳し損ねたか、あるいは翻訳後に散逸したテキストであるかのように考えてしまうかもしれない。しかしながら、話はそう単純ではない。

われわれは、そもそも義浄が見ていた「根本説一切有部律」のインド語原典と、チベット語訳者たちが見ていた「根本説一切有部律」のインド語原典が、全くの同一であったと断じることはできない。義浄訳で現存しないテキストは、ひょっとすると、もともと義浄が見ていたインド語原典においてすでに存在しなかったのかもしれないのである。しかしながら、「ヴァスツ」に関しては、義浄がインドにおいて見聞きしていたものも、『クシュドラカ・ヴァスツ（雑事）』を除いて、総じて十七であった可能性は低くはない。と言うのも、「根本説一切有部律」のインド語テキストそのものであるサンスクリット語写本においても、チベット語訳と同じ十七のヴァスツが、これまでに発見されているからである。続いて、この点について簡潔に説明しておこう。

「根本説一切有部律」のサンスクリット語写本は、もっともまとまった形では、概して「ギルギット写本（Gligit Manuscripts）」と呼ばれる写本コレクションのなかに含まれている。ギルギットというのは、パキスタンの高山地帯に位置する、ある都市の名前であり、その近くから一九三一年に大量の仏教写本が見つかったのである（松田二〇一〇：一三七〜一三九頁）。では、この「ギルギット写本」のなかの「根本説一切有部律」のサンスクリット語写本には、どのようなものが存在するのかと言えば、先のチベット語訳テキストの①から⑤に限って言えば、すべて③の「ヴァスツ」に相当する。つまりは、われわれのもとには、十七の「●●ヴァスツ」に相当するサンスクリット語写本一本が伝わっているのである。この「十七」という数字は、先に言及したとおり、チベット語訳で現存する「ヴァスツ」の総数と同じであり、しかも両者の内容を検証すると、比較的よく対応することが判明している。このことから、「根本説一切有部律」の「ヴァスツ」は、「クシュドラカ・ヴァスツ」以外に、全部で十七の「●●ヴァスツ」から成り、そしてその全てが、チベット語訳とサンスクリット語テキストで現存している可能性が高いことが分かる。ただし、このサンスクリット語写本は、必ずしも保存状態が良く、すべてのテキストを明瞭に留めたものではないという点には留意しなければならない。それは、途中が欠落してしまっていたり、ほとんど判読できないようになってしまっていたりする部分もあり、結果、そこから全てのテキストを回収することができない「●●ヴァスツ」も複数存在しているのである。では、その十七の「ヴァスツ」が具体的にどのようなものであり、また、そのうちどの「ヴァスツ」がどれほどのサンスクリット語テキストを留めているのかという点に関しては、例えば、古くは、平川（一九六〇：九六〜九七頁）において、近年では、さらにその情報をアップデートして網羅的なものにしたClarke（2014: 18-31）において詳細に説明されているので、ここでは、それらについては述べない。その十七のうち、ギルギット写本から、おおかた全てのテキストを回収できるのは「衣ヴァスツ」をはじめとする十のヴァスツであることを述べるに留めておく。

さいごに

以上、「戒律」について、それが具体的にどのようなテキストであるのかを、従来仏教の戒律テキストに限って、大まかに説明した。この従来仏教の戒律テキストを用いて、昨今の仏教学界では、十九世紀に成立したヨーロッパ流の仏教研究の伝統のもと、洋の東西においてさまざまな研究がなされている。たとえば、出家修行者を対象とした諸規定からは、かれらが社会生活や信仰活動を実際にどのように営んでいたのか（あるいは理想としてどのように営むべきであると考えていたのか）その一端を明らかにする研究がしばしばなされる。本書におさめられた筆者の論考や青野氏の論考は、その一例と言えるであろう。また、戒律テキストのなかに含まれる因縁譚に注目した研究も少なくない。一つには、そこにも、往年の出家修行者たちの具体的な様子が、物語仕立てでさまざまに描かれているからである。また、それらの因縁譚が、他の仏教説話集におさめられている物語と内容的に酷似する場合も少なくなく、そうした場合は、往々にして両者の関係性についての考察がなされる。すなわち、どちらが先行するのか（あるいは、どちらも先行しないのか）が議論されることが多いのである。本書におさめられた論考で言えば、筆者のものもその議論に言及するものであるが、とくに八尾氏の論考は、サンスクリット語の新写本を視野にいれたものでもあるため、そうした議論の最新のものとして刮目に値すると言える。

他方、こうした従来仏教の戒律テキストを用いた研究には、さまざまな困難や将来的な課題があることも事実である。たとえば、そこからは、在家信者の動向は充分には知られがたい。従来仏教の戒律テキストは、出家修行者に向けられたものであるので、かれらの動向について知る有益な情報源にはなるものの、かれらを支えたり、かれらの「前身」とも言うべき存在の在家信者たちの動向についての情報を豊富に与えてくれるものではないのである。この点、本書におさめられた堀田氏の論考が示すように、ジャイナ教の戒律テキストとは対照的であると言えるかもしれない。また――これは、戒律テキストに限らないことではあるが――パーリ語以外のインド語の写本が、未だ断片的ないしは部分的にしか発見されていないことも、その研究を容易ならざるものにしていると言える。これればかりは、新たな発見を待つより他ないので、致し方ないことではあるが、このことも、本書におさめられた上田氏の論考、ないしは、上田氏のインドにおける写本調査の成果に勘案すると、ジャイナ教の戒律テキスト研究と対照的であると言えるかもしれない。そして、最後にもっとも重要な点を挙げると、それはやはり研究自体の少なさである。本書におさめられた河﨑氏の論考を見てもわかるとおり、ジャイナ教の戒律テキストに関する優れた研究成果は、近年に限ってもかなりの数におよび、なかには、インドの研究者によるものも少なくない。一方で、仏教の方はと言えば、残念ながら、そのような状況ではない。このことは、インドにおいて、ジャイナ教が、二十一世紀の今現在にいたるまで連綿と信仰され続けている「活きた宗教」である一方で、仏教は十三世紀に大きく衰微してしまった、言わば「過去の宗教」であることとも無関係ではないかもしれない。要は、とくにインドの人々にとっては、現に存するジャイナ教徒たちの動向の方が、仏教徒たちのそれよりも、学術的な関心を集めやすい身近なテーマなのかもしれないのである。また、世界的に言えば、とくに近代以降の仏教研究が、教理や教義を中心に進められてきたことが、仏教の戒律テキスト研究の少なさに、大きな影響を与えていることも考えられる。そのことを指摘するかのごとく、駒澤大学の名誉教授である佐藤達玄《さとうたつげん》という高名な戒律研究者は、退任記念講演において、最後のメッセージとして「学問的立場から仏教の普遍的原理を追求するときには、思弁的な教理研究を優先する態度は改めるべきです」と強く訴えている（佐藤一九九五：一〇頁）。しかしながら、この点に関しては、その後、少しは変化の兆しが見え始めている。九〇年代半ばころから、佐々木閑《ささきしずか》やグレゴリー・ショーペン（Gregory Schopen）といった大学者による優れた研究成果が次々と発表されることにより、彼らの薫陶を強く受けて戒律研究に従事する次世代の研究者も少しずつ現れているのである。筆者も、その一人に他ならない。本書が、今後の戒律研究の醍醐味や意義の一端を示すものとして、今後の戒律研究のさらなる蓄積や発展の一助となることを強く願いつつ、この総説を擱筆することにする。

第一章　インドにおける「観化」
チャンダカをめぐる一考察

岸野亮示

はじめに

『破戒と男色の仏教史』（二〇〇八）など、日本仏教をタブーなき鋭い切り口で分析し、刺激的な知見を次々と提示し続けている松尾剛次《けんじ》は、日本の中世を「勧進《かんじん》の世紀」と名付け、当時の仏教界の動向を「勧進」という観点から次のように分析している（［ ］は本稿の筆者の補足である）。

［勧進は］もともとは、仏教用語で人に勧めて仏道に入らせ、善根・功徳を積ませることを意味したが、平安時代の終わりごろからは、寺社の堂塔や仏像の造立・修理のために、人々に勧めて米・銭の寄付を募ることを意味するようになった言葉である。この勧進に従事したのは勧進聖《ひじり》と呼ばれる、どちらかといえば、学僧というよりも実践をむねとする僧侶、あるいは僧侶の風体をした俗人であった。……中世（ここでは十二世紀から十六世紀末を考えている）は、「勧進の世紀」ともいえるほど、日本のあちこちで勧進活動が行なわれていた。勧進聖たちは勧進帳（いわば趣意書）をもって諸国をめぐり、橋のたもとや、寺社の門前などで、寺社の縁起《えんぎ》（由来や霊験）を説き、勧進芸能を行なって寄付を募ったのである。安宅関《あたかのせき》で弁慶が源義経を救った、あの有名な「勧進帳」の話からも、勧進聖

図1　勧進帳

が諸国を巡ることが一般的であったことが読み取れる。

（松尾一九九五a：八〜九頁）

松尾も指摘する通り、この「勧進」という言葉は、歌舞伎の「勧進帳」という演目でもよく知られた言葉ではあるが、実は特定の仏教用語の一つであり、また「勧化《かんげ》」という仏教語のシノニムであることが知られている（厳密に言えば、「勧化」と「勧進」の間には、若干の差異があることも指摘されているが、その点はここでは立ち入らない。詳しくは、鈴木一九九六：九〜一〇頁を参照）。そのことは、これまでに日本で出版されてきた数多の仏教用語辞典を紐解いてみても、その多くに「勧進」と「勧化」という項目が立てられており、両者に対して同様の説明が付されていたり、両者が指すものが同一であることが明言されていたりすることからも確認される。例えば、先の「総説」においても言及した織田得能《とくのう》の『佛教大辭典』には「勧進」に対して、

人に善根功徳を勧誘策進すること。……後には單に三寶に寄附を勧むることに用ふ。

という説明が付されており、また「勧化」に対しては、

人を勧めて三寶に浄財を寄附せしむるを云。

という説明が付されている。また、同じく先の「総説」においても言及した中村元《はじめ》の『広説佛教語大辞典』には

「勧進」「勧化」に対して、それぞれ次のような説明が付されている（そこに示されている典拠は略す）。

【勧進】①刺激すること。勧めること。②勧化ともいう。人を勧めて仏道に入らせ、善根・功徳を積ませること。他を教化して善に向かわせること。↓勧化③中世以後、日本では堂塔・仏像の造立・修理などのため、寄付を募ること、またそれにたずさわる人びとを勧進というようになった。勧財・勧募などともいわれる。勧進の趣意を記した寄付帳を勧進帳という……。

【勧化】①人を説き勧めて仏教に帰依させること。②仏教のために財物を寄進するように勧募すること。

これらの仏教語辞典の説明からも窺い知られる通り、特に中世以降の日本の仏教界が、「勧進」ないしは「勧化」という名のもとに、民衆より積極的に財物を収集する働きかけをしていたという事実は——時に、それは税制に組み込まれた形で半ば強制的に行われていたという極めて興味深い松尾の指摘（松尾一九九五b：三三〜三四頁）をのぞくと——現代日本に生きるわれわれにとっても、さほど驚きに値するものではないと言えるかもしれない。と言うのも、われわれは、一人の檀信徒として自身の属する檀那寺《だんなでら》（菩提寺《ぼだいじ》）から何らかの寄進を明確に求められたり、あるいは逆に、一人の僧侶として自身の住持する寺院の改築等に際して檀信徒から直截的に寄進を募るということは、比較的よくあることだからである［平林二〇二二］。

しかしながら、こうした仏教のあり方を、本来の仏教のあり方にたちかえって見たとき、すなわち、インドにおける仏教のあり方、もっと言えば、ブッダ没後、数百年の時を経て成立したと考えられている「大乗《だいじょう》」という新たな仏教のあり方から離れた「従来仏教」のあり方から見たとき、それは、かなり特殊な——敢えて語弊のある言い方をすれば「かなり逸脱した」——あり方と見なしうるかもしれない。と言うのも、インドにおける本来の仏教のあり方としては、出家者は在家者からの自発的な寄進にのみ依っており、出家者がそれを求めて能動的に働きかけることは、できる限り避けられていたという理解が一般的だからである。例えば、インド仏教に関する研究を、戒律、アビダルマ、初期大乗といった様々な領域から進め、それぞれの領域において重要な論考を数多く発表し、日本の仏教学界を牽引し続ける佐々木閑《しずか》は、「パーリ律」の内容や要点を平易な言葉で明快に示した名著として知られる『出家とはなにか』（一九九九）において「僧団の生活原理」として次のように述べている（一部が太字になっているのは本稿の筆者による強調表示である）。

> ……出家者達は原則として毎朝托鉢に行って人々から余った食料を分けてもらい、それを生活の糧とする（これを乞食という）。その日もらった食事はその日のうちに食べなければならず、明日のためにとっておくことは許されない。これはあくまで原則であるから、もし在家者が特別の好意で比丘達を食事に招待してくれたり、僧団まで食事を届けてくれたなら、これを有り難くいただくことは許される。しかし**こちらからそれを要求することはできない**。あくまで在家信者が自主的に行為を示してくれた場合の特例である。**出家者が自分の方から積極的に食物を求める行動としては唯一、乞食しか許されていない**。……その乞食にしても、家の中までずかずかあがりこんで「ご飯下さい」などと言うわけにはいかないのであって、鉢を持ったまま**無言で家の前に立ち、家人が鉢の中へ入れてくれるのを待つばかりである**。食べ物が貰えないときは**黙ってそこを立ち去り**、次の家へ向かう。
>
> （佐々木一九九九：二四頁）

ここでは、食事に限定した形ではあるが、インドにおける仏教の出家修行者たちの生活原理として、彼らが在家信者に自ら寄進を求めることが強く憚られていたことが明確に指摘されている。生命を維持するための必要最低限の消耗品とも言える食事にさえも適用されるこの生活原理が、他の耐久性の高い日用品や、生きる上で必ずしも必要不可欠なわけではない嗜好品などの財物全般にもあてはまることは容易に推察されるところであろう。事実、出家修行者が身につける衣についても、それを自ら執拗に乞い求めることを禁ずる規定が、複数の戒律テキストにおいて確認される。それらによると、衣は、原則、急になくしたとき以外には、自ら乞い求めてはならず、さらには、そのように乞い求めて衣を得るにあたっても、原則、最低限の数しか取得してはならない（佐藤一九七二：一三二～一三三頁）。また、衣そのものではなく衣の代金が出家修行者に寄進された場合は、彼らはそれを直接受け取ることはできず、別の第三者が受け取って、それを衣に替えるのであるが、出家修行者たちが、その代金を託された第三者に衣を乞い求めるにあたっても、彼らは二度三度までは「私は衣を必要としている」と直接口に出して要求できるものの、それでも得られないときは、第四回目から第六回目までは、その第三者の者の前に沈黙して立つことしか許されず、それでも衣が得られないときは、もはや黙って立ち去るより他ないことも戒律において定められている（佐藤一九七二：一三八頁）。これらの規定からも、出家修行者が、自ら能動的に物品を乞い求めるということは――少なくとも原理的には――かなり忌避されていたことが窺い知られよう。

こうした点を踏まえると、確かにわれわれは、在家信者より寄進物を積極的に集める働きかけを歴史的にも長らく行ってきた日本の仏教教団を、本来のあり方から逸脱した――さらに語気を強めるならば「堕落した」――ものとして批判的に捉えることは可能であるかもしれない。ただし、それは、インドにおける仏教の出家修行者たちが、その自らは寄進を求めないという原理を強固に守っていた場合に限られる。そして、実際のところ、そうした原理は既にインドにおいても、必ずしも充分には果たされていなかったようなのである。

本稿は、主として戒律テキストを用いて、そこに見られる物語や規則を通じて、インドにおける仏教の出家修行者たちが――あたかも「勧進聖」のように――自ら積極的に寄進物の徴収に関わっていた姿を明らかにすることを大きな目的の一つとしている。そしてそのためのキーワードとなるのが、本稿のタイトルにもある「チャンダカ（chandaka）」というパーリ語ないしはサンスクリット語の言葉と「勧化」という漢語である。本稿は、この二つの言葉に焦点をあてて議論を進める。先ずは、「チャンダカ」についての考察から始めるとしよう。

一、パーリ仏典にあらわれる「チャンダカ」

「パーリ律」において言及される「チャンダカ」

一般に「パーリ語」と呼ばれる古いインド語でその全文が伝わり、スリランカや東南アジア諸国の仏教教団によって今なお伝統的に準拠されている「パーリ律」には、「チャンダカ」という用語の用例が四つ確認される。いずれも比丘尼《びくに》（女性の正式な出家修行者。パーリ語表記はbhikkhunī）を対象にした規定群において連続して見られるものである。より具体的に言えば、所有物に関する規定群（本邦では、しばしば「捨堕《しゃだ》法」と呼ばれる）の第六、第七、第八、第十番目の規定にまつわる因縁譚《いんねんたん》において確認される（因縁譚とは、規定が制定されるに至った経緯を説く物語の部分である）。順序と内容に鑑みると、第九番目の規定の因縁譚にも、その用例があってしかるべきであるのだが、筆者の参照しているパーリ文献協会（Pali Text Soceity）の出版した、いわゆる「ＰＴＳ版」という刊本――それはパーリ仏典研究において最も一般的な刊本である（青野二〇二〇：二三頁）――においては、当該箇所が「第八番目の規定を見よ」というように省略されている。そのため、結果的に、第九番目の規定には「チャンダカ」の用例は見られない。

　そのような省略がなされた第九番目の規定の因縁譚を除いた、第六、第七、第八、第十番目の規定の因縁譚における四つの用例のうち、第六、第七番目のものは、全く同一であり、第八番目のものも、その二者とほぼ同一である。また、第十番目のものも、前三者と内容的にはよく似ている。それらをこれより順に提示するが、「パーリ律」は、その全訳が『南伝大蔵経』（一九三五～一九四一）というパーリ語仏典の体系的な日本語訳シリーズ（全七〇冊）の中に収録されているため、そこから当該箇所を引用する。もっとも、このことは、その日本語訳が、明快で精度が高いことを意味しているわけでは決してない。むしろ、その日本語訳は、旧字体を用いた句読点の少ない文語であることもあり、令和の時代に生きるわれわれにとっては、いささか読みにくく、またパーリ語の仏教用語を漢語のそれで置き換えただけの箇所も少なくないため、必ずしも明確な翻訳とは言えない。そのことを承知で敢えてここで用いるのは、一つには、本稿には、戒律研究の手引きとして先行研究をできる限り丹念に紹介するという意図があるためであり、いま一つには、「チャンダカ」が、これまでにどのように理解されてきたのかということを具体的に確認するためである。それでは、以下に、捨堕法の第六・第七、第八、第十番目の規定の因縁譚における「チャンダカ」の用例を『南伝大蔵経』より引用しよう。なお丸括弧によるパーリ語等の補足、ならびに傍線・太字での強調表示は、本稿の筆者によるものである。また句読点についても適宜加え、旧字体も新字体に改めている。

　その時、諸優婆塞《うばそく》（upāsaka 男性の在家信者）は、比丘尼僧伽《そうぎゃ》（saṅgha サンガ、教団）の衣の為に**随意の寄付（chandaka）**を集め（saṃharitvā）、ある衣服商の家に資財（parikkhāra）を預け置き、比丘尼等の許に到りてかく言へり。「諸尊姉、某なる衣服商の家に資財を置けり。尊姉等、そこより衣を持ち来らしめて配分せられよ」と。

（捨堕法の第六・第七番目の規定の因縁譚『南伝』第二巻、四〇六、四〇八頁；Vin. IV: 250, 251–252）

時に、かの衆社は、諸比丘尼の粥の為に**随意の寄付**（**chandaka**）を集め、ある商家に資財を預け置き、諸比丘尼の許に到りてかく言へり。「尊姉等、某なる商家に粥の為の資財を預け置けり、尊姉等、そこより米を持ち来らしめ粥を煮て用ひられよ」と。

（捨堕法の第八番目の規定の因縁譚『南伝』第二巻、四〇九～四一〇頁；Vin. IV: 252）

その時、偸蘭難陀《ちゅうらなんだ》（Thullanandā 人名）比丘尼の房舎（pariveṇa）破壊せり。諸人は偸蘭難陀比丘尼に斯く言へり。「尊姉、何が故にこの汝等の房舎は破壊せるや。」「賢者、施与者なく、作者なきなり」と。かくてかの諸人は偸蘭難陀比丘尼の房舎の為に**随意の寄付**（**chandaka**）を集め、偸蘭難陀比丘尼に資財を施与せり。

（捨堕法の第十番目の規定の因縁譚『南伝』第二巻、四一二頁；Vin. IV: 254）

ここで引用したのは、いずれも各規定の因縁譚の冒頭部分に相当するが、内容的には、比丘尼たちに何を提供するためにチャンダカが集められているのかという点を除けば同一である。すなわち、これらの因縁譚においては、在家信者が比丘尼たちに「衣」「粥」「房舎」を提供するためにチャンダカを集めており、そしてそれを、その「衣」「粥」「房舎」を賄うための「資財」として比丘尼たちに与えたことが説かれているのである。さらに言えば、この冒頭以降に関しても、いずれも内容的には同様である。すなわち「衣」「粥」「房舎」といった特定の用途のために集められた「資財」であるにもかかわらず、比丘尼たちは、それを他の用途に使ってしまい、結果、「資財」を集めた者たちの非難を招くようになったため、ブッダがそのことを禁ずる規定を定めたという話になっているのである。これらの「チャンダカ」の用例からは、「チャンダカ」という言葉が、実質的には「資財」と同じものを指すこと、またその「チャンダカ」ないしは「資財」を集める行為の主体が、在家信者であることが窺い知られる。一方で、それ以上のことはあまりよく分からない。と言うのも、これらの因縁譚では、いずれにおいても「チャンダカ」が、既によく知られた当たり前のもののように言及されているばかりで、それがどのように集められるものであるのかということについては、詳細な説明が全くなされていないからである。また「チャンダカ」という語そのものをどのように解せばよいのかという点も、この「パーリ律」の用例からだけでは、よく分からない。むろん、サンスクリット語やパーリ語に通じた者であれば、「チャンダカ」という言葉が、「√chad（意にかなう）」という語根からの派生語である「chanda（意志、意欲、欲求）」という名詞に接尾辞の -ka をつけた言葉であることは容易に察せられるところではある。ところが、その学術的な推察に基づいても、在家信者が集めた「資財」が、なぜ「チャンダカ」と呼ばれるのかということを説明するのは容易ではない。つまりは、それが「意にかなう」資財を意味していると解したとしても、誰の意にかなっているのか、どのような意にかなっているのかという点が、必ずしも定かではないのである。『南伝大蔵経』の「随意の寄付」という訳語も、それらの点を――おそらく敢えて――曖昧なままにした訳語であると言えよう。

この「チャンダカ」について明確な理解を得ることが困難であるという問題は、われわれや『南伝大蔵経』の翻訳者たち（具体的に言えば、上田天瑞一八九九―一九七四たち）だけでなく、他のパーリ学の先達たちも同様に抱えていたようである。そのことは、十九世紀以降の世界的なパーリ語仏典研究の進展とともに、これまでに出版されてきた数多のパーリ語辞書においても「チャンダカ」に対して充分な説明がなされていないことから窺い知られる。例えば、本邦におけるパーリ語仏典研究の最大級の大家として知られる水野弘元《こうげん》（一九〇一―二〇〇六）が、学生向けに編纂した『パーリ語辞典』（一九六八）の序文において「今日現存するパーリ辞書の中でもっとも詳細なもの」「研究者にとってはなくてはならないもの」と紹介している、トーマス・ウィリアム・リス・デーヴィッツ（Thomas William Rhys Davids）と、ウィリアム・ステード（William Stede）の共著である『パーリ文献協会パーリ語・英語辞典（*The Pali Text Society's Pali-English Dictionary*）』（1921–1925）においては、先に引用した「パーリ律」の一節に見られる「chandaka」に対して「a voluntary collection (of alms for the Sangha)」という意味が提示されている（ちなみに水野弘元の『パーリ語辞典』においては「志ある（施食）」という意味が付されているが、おそらくこれは『パーリ文献協会パーリ語・英語辞典』を参考にしたものであろう）。しかしながら、この「a voluntary collection (of alms for the Sangha)」という説明も必ずしも明瞭なものではない。現代日本語に直訳すれば「(サンガのための施しの)自発的な収集」とでも訳せるのであろうが、誰の「自発」であるのか、どのような「自発」であるのかという点が、やはり定かではないのである(ちなみに「パーリ律」は、パーリ語テキスト研究の第一人者の一人であり、パーリ文献協会の会長をつとめていたことでも知られるホーナー[I. B. Horner][一八九六―一九八一]が、いち早く全訳を英語で出版しているが、そこでは「チャンダカ」は『パーリ文献協会パーリ語・英語辞典』の訳語である「a voluntary collection」をそのまま踏襲する形で訳されている; Horner 1942 [1969]: 228)。

ではわれわれには「チャンダカ」の意を明らかにする手がかりが全くないのかと言えば、そうでもない。本稿の結論の一部をいささか先取りすることにもなるが、例えば、「パーリ律」の注釈テキスト――五世紀頃の人物とされるブッダ・ゴーサ(Buddhaghosa)という大学僧に帰せられている、パーリ語で伝わる『サマンタ・パーサーディカー(Samanta-pāsādikā)』というタイトルの注釈テキスト――には、当該の「チャンダカ」の意味説明が見られる。こちらの注釈書は、律本体に比べると研究はほとんど進んでおらず、洋の東西においてまとまった量の信頼に足る現代語訳も未だ発表されていない(本邦においては、佐々木閑と山極伸之による共訳の出版計画が進められているようである。実現が待たれる)。そのため、ここでは筆者による拙訳によって、その意味説明の一節を提示する。それは次の通りである。

> 「チャンダカ」(chandaka)というのは、[それを集める者が]「わたしたちは、これこれという、仏法のために為すべきこと(dhamma-kicca)を為そうではないか。おまえたちが可能なものをお前たちは与えよ」というように、他者たちの意欲(chanda)と喜び(ruci)とを生ぜしめて得られた資財(parikkhāra)と同じ意味である。
> (Sp, Vol. IV: 918)

この一節からは、まずは「チャンダカ」が、やはり実質的には「資財」とシノニムであることがすぐに知られる。またチャンダカの集め方として、ある者が、他の者たちに仏教教団のために寄進するよう呼びかけ、そして、それに応じた者たちが資財を寄進するという手法が採られていたことも窺い知られる。そして、さらに注目すべきは「他者たちの意欲(chanda)と喜び(ruci)とを生ぜしめて得られた」という一節であろう。と言うのも、ここからは「チャンダカ」が、やはり「意欲」という意味と深く関わる言葉であり、そして、それは、寄進を呼び掛けられた「他の者たち」の「意欲」や「喜び」であると、ブッダゴーサというパーリ語仏典に通じた大学僧が説明していることが知られるからである。

このように、われわれは『サマンタ・パーサーディカー』の解説を通じて、チャンダカを集める手法の様子や、「チャンダカ」という用語の云われをおぼろげながらに窺い知ることができるのであるが、その解説をリス・デーヴィッツとステードが『パーリ文献協会パーリ語・英語辞典』において参照した形跡は見られない（先述したホーナーは、明確に参照している：Horner 1942 [1969]: 228, n.1)。そのため、彼らが提示している「(サンガのための施しの)自発的な収集」というチャンダカの説明は、主として「パーリ律」の用例と、『サマンタ・パーサーディカー』以外の何らかの別のテキストにおける用例に拠ったものであることが推察される。事実、リス・デーヴィッツとステードは、「チャンダカ」の項において、パーリ語テキストとしては、「パーリ律」以外に「ジャータカ (jātaka)」と呼ばれる仏教物語集を、その典拠として挙げている。より具体的に言えば、彼らは、パーリ語の「ジャータカ」に収録されている六つの物語に「チャンダカ」の用例が見られるとされていることを指摘しているのである。実際に、それらの用例をパーリ語テキストにあたって調べてみると、六つの物語のうち、少なくとも五つは、確かにチャンダカに関して、「パーリ律」よりも、より具体的な情報を与えてくれるものであることが分かる。他方、残る一つは、「chandaka」ではなく、「navachandaka」という用例（素直に考えるかぎり「nava（新しい)」という形容詞がchandakaという名詞の前に合わさった言葉であると考えられる）を一例だけ含むものであり、かつそれは、老婆に飼われているブタが、同じ老婆に飼われている兄ブタに対して、自分たちに与えられたエサのことを短い詩句で伝える場面において唐突に現れるものである。そのため、その弟ブタが短い詩句において用いた「navachandaka」という言葉が、果たしてわれわれの議論している仏教教団への寄進と関係するかどうかは定かではない。そのコンテキストを踏まえるかぎりは、あまり関係はないような印象を受けるが、関係があったとしても、それが、われわれが議論しているチャンダカの全貌を知るうえで、何かしらの重要な情報を与えてくれるようには見受けられない。そこで、次項では、仏教教団への寄進物としてのチャンダカについて、さらに詳しく知るために、『パーリ文献協会パーリ語・英語辞典』が指摘する「ジャータカ」の六つの物語のうち、その兄弟ブタの話をのぞく五つの物語をとりあげ、そこに見られる「チャンダカ」の用例を一つ一つ確認することにしよう。

『ジャータカ』において言及される「チャンダカ」

「ジャータカ」とは、パーリ語でもサンスクリット語でもjātakaと表記され、もともとは「生まれてあったときのこと」というような意味であるが、仏教においては、概して「この世に生まれてくるより前の生涯の物語」の意味で用いられ、特にブッダの前世の物語を集めた物語集、ないしは、その個々の物語を指す（干潟一九七二）。現在、われわれのもとには、サンスクリット語、パーリ語、漢訳（漢訳では、しばしば「本生」「本生経」などと訳される）、チベット語訳等のテキスト資料（textual materials）はもちろんのこと、浮彫や絵画などの視覚資料（visual materials）を通じても、さまざまなジャータカが伝わっている。そのうち、パーリ語で伝わっている物語集としての「ジャータカ」は、五四七の物語から成っている（厳密に言えば「ジャータカ」というのはスッタ・ピタカに収められた偈文のみから成る「経」である。後代、それに対する散文の註釈が成立した。その散文の註釈はスッタ・ピタカには収められることはなかったが、今日、われわれが「ジャータカ」と言う場合、その偈文と散文の註釈を併せて指すのが一般的である）。それらのなかには、『イソップ寓話（イソップ物語）』や『千夜一夜物語《せんやいちやものがたり》（アラビアンナイト）』さらには『今昔物語集《こんじゃくものがたりしゅう》』に見られる物語と、よく似たプロットを持つものもある。そのため、われわれにとっても馴染みのあるジャータカも少なくない。例えば、飢えた修行者に対して、我が身を火に焼いて献上したウサギの話（「ウサギ・ジャータカ」）などは、本邦でもよく知られるところであろう。

その五四七話から成るパーリ語の「ジャータカ」は、中村元の監修のもと、全ての物語が現代日本語訳に訳され、全一〇冊のシリーズ本として出版されている（翻訳者は一冊ずつ異なる）。その現代日本語訳によると、先述の六つの物語の邦題は、それぞれ「樹神への供養前生物語」（第一〇九話：訳者は田辺和子）、「スシーマ王前生物語」（第一六三話：訳者は田辺和子）、「布施前生物語」（第一八〇話：訳者は田辺和子）、「黄衣前生物語」（第二二一話：訳者は前田専學）、「グッティラ前生物語」（第二四三話：訳者は前田専學）、「兄弟ブタ前生物語」（第二八八話：訳者は前田専學）

となっている。これより、「兄弟ブタ前生物語」をのぞく五つの物語における当該箇所を引用して提示するが、その提示にあたっても、その現代日本語訳を用いる。繰り返しになるが、それは先学たちが「チャンダカ」をどのように理解していたのかということを確認するためでもある。先ずは、番号順に「樹神への供養前生物語」（第一〇九話）の当該箇所から見るとしよう。それは以下の通りである（なお、丸括弧によるパーリ語等の補足、ならびに傍線・太字による強調表示は、本稿の筆者が加えている）。

　サーヴァッティーでは、一家族だけで、仏をはじめとする僧団に供養をしたり、あるいは三、四軒がいっしょになって、あるいはある集団が、また町内の人々がいっしょになって、あるいは町全体が**志ある施食(chandaka)**を集めて、供養をしていた。このときは町内の供養であった。そこで人々は、「ほとけをはじめとする僧団に粥を布施しなさい。また、菓子を捧げるように」と言って歩いた。

（『ジャータカ全集』二、一二八頁：cf. JA, I: 422.6–.11）

ここでは「チャンダカ」が、水野弘元の『パーリ語辞典』が提示する「志ある施食」という訳語をそのまま踏襲した形で翻訳されていることが明らかであるが、より留意すべきは、ここでは、チャンダカが、一人の人間によってなされる寄進ではなく、複数の人々が共同で行う寄進であることが示唆されている点である。しかも、人々が、それを集めるにあたっては、周囲の人々に仏教教団に対して寄進物を差し出すよう呼びかけながら集めていたことも示唆されている。われわれは、さきほど『サマンタ・パーサーディカー』におけるチャンダカの解説を通じて、チャンダカの集め方としては、ある者が、他の者たちに仏教教団のために寄進するよう呼びかけ、そして、それに応じた者たちが資財を寄進するという手法が採られることをおぼろげながらに確認したが、この「樹神への供養前生物語」においては、その集め方が、いくぶんか明確に示されていると言えよう。

　続いて「スシーマ王前生物語」（第一六三話）における「チャンダカ」の用例を確認しよう。そこでもチャンダカは、複数の人々によって共同で寄進される寄進物であることが同様に示唆されている。それは以下の通りである。

　これは、師がジェータ林に滞在しておられたとき、**布**

施を志すもの（chandaka-dāna）について語られたものである。サーヴァッティーでは、ある場合には一軒の家が、仏をはじめとする修行僧団に布施をし、またある場合には、人々は、別の外道の教えのものに布施をした。そしてある場合には、おおくの人々が一団となって布施をし、またある場合は町内全体が一つになって、またある場合は、全都の住民が**思いのままの施食（chandaka）**を集めて布施をした。ところで、そのとき、都の住民たちはすべて、**思い思いの施食（chandaka）**を集めて、すべての必需品を布施しようと用意をしていたが、二派にわかれてしまった。あるものたちは、「この必需品のすべてを、外道の教えの人々に布施しよう」と言い、あるものたちは、「仏をはじめとする修行僧団に布施しよう」と言った。こうして何度も何度も議論が行われたが、外道の信者たちは、外道の教えの教団に布施をしたいと言い、仏教信者たちは、仏をはじめとする修行僧団に布施したいと言うので「それでは、おおいほうにしよう」と、多数決をとると、仏をはじめとする僧団に与えようと言う人々のほうがおおかった。それで、かれらの議論が通ったので、外道の教えの信者たちは、仏たちへの布施の邪魔をすることができなかった。

（『ジャータカ全集』二、二九〇頁；cf. JA, II: 45.11–.25）

ここでは「チャンダカ」の用例が三例確認されるが、一見して明らかなように、それら三つの「チャンダカ」に対する訳語は統一されていない。しかも、その一つ目の「chandaka-dāna」に対する「布施を志すもの」という訳語は、いささかアクロバティックなもののように筆者には思える。「dāna」を文字通り「与えること」と解して「チャンダカを与えること」ないしは「チャンダカを与えることを為す者」と訳す方が、より素直であろう。おそらく、こうした翻訳の混乱は、学識の深い先学者たちにとっても「チャンダカ」の意味を正確に理解するのが容易ではなかったことを意味していると思われる。そして、ここで引用した「スシーマ王前生物語」の一節には、その理解が容易ならざる「チャンダカ」について、われわれの理解をより深めてくれるような重要なことが少なくとも二つ説かれている。一つは、チャンダカが一人の人間が寄進するものではなく、複数の人間が合同して寄進するものとして説かれている点であるが、こちらは、先の「樹神への供養前生物語」と同様であるので、われわれにとっては目新しいものではない。より重要なのは、もう一方の点である。それは「チャンダカ」が、必ずしも仏教教団にだけ差し出されるものではなく、他の宗教グループに対しても差し出されうるものとして説かれているという点である。ここからは「チャンダカ」というのは、決して仏教特有のテクニカルタームではなく、それを集めて差し出すことも決して仏教特有の専門的な手法ではないこと、むしろ様々な宗教グループに対して広く用いられていた手法が、仏教教団にも採用されただけにすぎないことが窺い知られよう。

続いて「布施前生物語」(第一八〇話)の当該箇所を見てみよう。ここからも、われわれは、チャンダカについて、いくぶんかの有益な情報を得ることができる。それは次の通りである。

これは、師がジェータ林に滞在しておられたとき、おおくの会衆(訳者注「会衆とは集会に集まった人々の意」)の布施について語られたものである。サーヴァッティーで、仲のよい二人の地主の息子が、**志のある施食(chandaka)**を集めて、一切の必需品の布施をしてから、仏をはじめとする修行僧団を招き、七日のあいだ、大いなる布施を行ったという。そして七日目に、必需品をすべて与えてしまった。これらの会衆の年長のものが、師を礼拝し、片隅に坐して、「尊師よ、この布施では、おおく布施をするものもいますが、少ない布施のものもいるのです。かれらすべてに、この布施が(ママ)、大きな功徳がありますように」と言いながら、布施をするのであった。師は、「おまえたちは、仏をはじめとする僧団に布施をして、このように贈与するにあたって、大いなる行為をなしたのである。むかしの賢人たちもまた、布施をして、このように贈ったのである」と言って、かれにこわれて過去のことを話された。

(『ジャータカ全集』二、三三三頁;cf. JA II: 85.6–.16)

ここでもチャンダカが「志のある施食」というように水野弘元の『パーリ語辞典』に基づいた翻訳がなされていることが窺い知られるが、われわれがより注目すべきは「会衆の年長のもの」とブッダのやりとりである。「会衆の年長のもの」は、チャンダカを寄進した者たちのなかには、少量の(あるいは、少額の)寄進しかできなかった者もいることを指摘しつつ、そのような彼らにも集まった大量の(あるいは、多額の)寄進による功徳がもたらされることを保証するようブッダにお願いをしている。そして、そのお願いを受けたブッダは、彼らもまた「大いなる行為をなした」と明言している。つまり、ブッダは、小口の寄進者にも、――大口の寄進者と同様の――大きな功徳がもたらされることを保証しているのである。このやりとりからは、チャンダカを集めることの目的が垣間見えると言える。すなわち、チャンダカ集めは、あまり裕福ではない者にも、身の丈に合った寄進を行うことで、大きな功徳にあずかることができるチャンスを与えるためのものであることが窺い知られるのである。

古代インドにおいては、聖者に対して寄進を行うことで、寄進者は、現世ないしは来世においてその利益《りやく》を得ることができるという考え方が一般的であり、仏教教団もそうした考え方のもとに食事の提供や物資の贈与を得ていたことは広く知られている。例えば、パーリ仏典においては、修行者として高い段階に到達した者は「プンニャ・ケッタ(puññakkhetta)」という呼称で呼ばれることがあるが、それは、漢訳では、逐語的に「福田《ふくでん》」と訳される通り(puñña=福、khetta=田)、在家者が彼らに施与という種を撒けば、のちに福利が生ずると考えられているからである(中村一九七二：三四一頁)。この点を踏まえると、この「会衆の年長のもの」とブッダのやりとりから窺い知られるチャンダカの目的は、寄進を差し出す在家信者にとっては、特に重要な意味を持っていたことが推察されよう。

続いて「黄衣前生物語」(第二二一話)を見てみよう。そこにもチャンダカの寄進が集団で行われることが示唆されているが、それに加えて、その集められたチャンダカが、その後どうなるのかということを示唆する興味深い一節が見られる。それは以下の通りである。

> これは、師がジェータ林に滞在しておられたとき、デーヴァダッタについて語られたものである。その一件はラージャガハで起った。あるとき、〈法の将軍〉(=サーリプッタ)が五百人の修行僧たちとともに竹林園に滞在していた。デーヴァダッタも、自分と同じようなならずものたちにとりかこまれて、ガヤーシーサに滞在していた。ちょうどそのとき、ラージャガハの住人たちが**寄附**(**chandaka**)を集めて布施の用意をしていた。すると商用でやって来た一人の商人が、「この衣を寄付するから、わたしも仲間にしてほしい」と高価な、よい香りのする黄色の衣をさし出した。市民たちはおおがかりな布施を始めた。すべて**寄附**

(chandaka)として集められたものは貨幣の形になっていた。その黄色の衣は半端であった。人々は集まって、「このよい香りのする黄色の衣は半端だ。いったい、だれに贈ろうか？　サーリプッタ長老にしようか？　それともデーヴァダッタにしようか？」と考えた。

(『ジャータカ全集』三、八六頁；cf. JA II: 196.14–25)

ここでは、チャンダカが単に「寄附」と訳されているが、この訳し方も、その意味を充分に反映した訳し方ではないことは、すでにこれまでの考察からだけでも明らかであろう。しかしながら、本稿が、この翻訳を提示しているのは、その訳し方の妥当性を議論するためではない。むしろ、チャンダカの性質を考察するためである。そして、その目的にそった場合、ここで注目すべきは、黄色の高価な衣を寄進した商人の「わたしも仲間にしてほしい」というセリフである。と言うのも、このセリフからは、チャンダカの寄進が、複数の者たちが一体となって行われるものであること、そしてそれに寄進者たちが――おそらく、それによって得られる功徳のために――自ら望んで自発的に参加していることが窺い知られるからである。この場合のチャンダカは、先に見た『サマンタ・パーサーディカー』の言葉を借りると、どうやら、その黄色の衣を提供した商人に「意欲（chanda）と喜び（ruci）とを生ぜしめて」得られたものであると言えよう。

また、この「黄衣前生物語」には、さらに注目すべき一節がもう一つある。それは、集められたチャンダカが「貨幣の形になっていた」という一節である。この日本語訳は、いささか回りくどい表現になってしまっているが、それはおそらく「貨幣」と訳されているパーリ語の「kahāpaṇa（Skt. kārṣāpaṇa）」が、テキストにおいては具格（英語の「by ～」「with ～」のように解される格変化）になっているからであろう。しかしながら、サンスクリット語の具格が、物を売り買いする「代価」を表す場合にも用いられることを勘案すると（辻一九七四：二七〇頁）、ここでの「kahāpaṇa」は「カハーパナ」という貨幣の単位を表しているものと捉えて「[最終的には]諸々のカハーパナで[売られるに]至った」と訳す方がより文意が明らかであるかもしれない。いずれにせよ、ここでは、集められたチャンダカが、最終的には売られて金銭に換えられていることが示唆されているのである。このことも、「パーリ律」の用例からは窺い知られ難いチャンダカの興味深い一面であると言えよう。

つづいて、最後に「グッティラ前生物語」（第二四三話）の当該箇所を確認するとしよう。そこにも一つ「チャンダカ」にまつわる示唆的な情報が見られる。それは次の通りである。

　むかし、バーラーナシーでブラフマダッタ王が国を治めていたとき、ボーディサッタは音楽師の家に生まれた。かれはグッティラ童子と名づけられた。かれは成年に達して、音楽師の技に通達し、グッティラ音楽師と呼ばれて、全インドでもっともすぐれた音楽師となった。かれは妻をめとらず、盲目の父母を養った。そのころ、バーラーナシーに住んでいた商人たちが、商売のために、ウッジェーニーに行ったとき、祭礼（ussava）のふれ出しがあった。そこで**善意の施食（chandaka）**を集め、たくさんの花環・芳香・塗油や固形食を受けて、遊び場に集まり、「金を払って、音楽師をつれて来い」と言った。

（『ジャータカ全集』三、一四〇頁；cf. JA II: 248.24–28）

ここでも「善意の施食」というチャンダカの訳し方が気になるところではあるが、われわれの議論にとってより重要なのは、その直前の「祭礼のふれ出しがあった」という一節である。と言うのも、ここからは、チャンダカ集めが、その「祭礼」において実施されたことが読み取れるが、実は、チャンダカを集めることが、このように何らかの祝祭においてなされることを示唆するコンテキストは、他のテキストにおいても共通して確認されるからである。それらのテキストは、本稿のこれより以下の議論において提示するので、そのチャンダカと祝祭との密接な関わりという論点は、のちほどそこで再びとりあげるとしよう。

　以上、パーリ語の「ジャータカ」に収められている五つの物語におけるチャンダカの用例を順に確認した。そこからは、「パーリ律」だけでは、ほとんど明らかならざる、チャンダカそのものやチャンダカ集めについての特徴や諸相が徐々に浮かび上がってきた。それらを『パーリ文献協会パーリ語・英語辞典』の「a voluntary collection（of alms for the Sangha）」という説明が充分に言い尽くせているかと言えば、あまりそのようには思えない。しかしながら、そこでパーリの「ジャータカ」における重要な用例の存在が的確に指摘されていることには留意すべきであろう。そしてその『パーリ文献協会パーリ語・英語辞典』の「チャンダカ」の項においては、実は「パーリ律」と「ジャータカ」以外に、もう一つ重要な用例が見られる仏教テキストの存在が指摘されている。それは『アヴァダーナ・シャタカ（Avadāna-śataka）』という散文体に詩を交えて書かれたサンスクリット語で現存する仏教説話集である。『パーリ文献協会パーリ語・英語辞典』の「チャンダカ」の項には、シュパイアー（J.S. Speyer, 1849–1913）というオランダ人の言語学者が校訂出版した『アヴァダーナ・シャタカ』のサンスクリット語テキストのグロッサリーに「チャンダカ・ビクシャナ（chandaka-bhikṣaṇa）」という複合語（二つ以上の単語が結びついて一つの単語となったもの）が挙がっていることが指摘されているのである。確かに、これから見ていくように『アヴァダーナ・シャタカ』には、チャンダカについてさらに詳細な情報を与えてくれるような「チャンダカ・ビクシャナ」という複合語の用例が比較的多く確認される。だが、それは同文献においてだけではない。リス・デーヴィッツとステードは指摘していないものの、「根本説一切有部律《こんぽんせついっさいうぶりつ》（*Mūlasarvāstivāda-vinaya）」という戒律テキスト（詳細は総説を参照）においても、その用例を『アヴァダーナ・シャタカ』以上に確認することができるのである（『パーリ文献協会パーリ語・英語辞典』が出版された時点においては、まだ「根本説一切有部律」のサンスクリット語写本は発見されていなかったため、それは参照されていない）。そして、われわれにとって重要なことに、それらの『アヴァダーナ・シャタカ』と「根本説一切有部律」に見られる「チャンダカ・ビクシャナ」の用例は、われわれがこれまでに『サマンタ・パーサーディカー』やパーリ語の「ジャータカ」を通じて確認したチャンダカやチャンダカ集めについての諸相を、より具体的に説くものであり、さらには、それらとは別の興味深い諸相についても説くものでもある。そこで、次節からは「チャンダカ・ビクシャナ」の用例についての考察に移ることにしよう。

二、「チャンダカ・ビクシャナ」について

『エジャートン』が指摘する「チャンダカ・ビクシャナ」の用例

「チャンダカ・ビクシャナ」という言葉は、「チャンダカ（chandaka）」という言葉と「ビクシャナ（bhikṣaṇa）」という言葉を組み合わせた複合語――複合語というのは、例えば、「tooth（歯）」と「brush（ブラシ）」を組み合わせた「toothbrush」（歯のためのブラシ、歯ブラシ）など――である。その前半の「chandaka」に関しては、「√chad」（意にかなう）」という語根からの派生語であろうことは既に説明

した通りであるが、後半の「bhikṣaṇa」についても、それが「√bhikṣ（乞い求める）」という語根から派生した名詞であろうことは容易に察せられるところである（ちなみに、仏教の正式な出家修行者を指す「ビクシュ（bhikṣu）」や「ビクシュニー（bhikṣuṇī）」という言葉も、√bhikṣからの派生語であり、両者とも「乞う者」を意味する。前者は男性出家修行者を、後者は女性出家修行者を指し、漢訳では、それぞれ「比丘《びく》」「比丘尼《びくに》」と音写されることが多い）。そのため、これら二つをつなぎ合わせて複合語とした場合は「チャンダカを乞い求めること」と解するのが自然であると思われる。

　この「チャンダカ・ビクシャナ」という言葉は、インドの古典文献に頻出するようなメジャーな言葉では決してない。しかしながら、サンスクリット語で現存する仏教説話や戒律テキストに通じた者の間では、比較的よく知られている言葉であると言えるかもしれない。と言うのも、それが、サンスクリット語で現存する『アヴァダーナ・シャタカ』と「根本説一切有部律」のサンスクリット語で現存する部分とに共通して確認されること、さらには、それはコンテキストから察するに、仏教教団が寄進物を取得するための一手法を指す一種のテクニカルタームであることを、アメリカの言語学者フランクリン・エジャートン（Franklin Edgerton 一八八五―一九六三）が、いち早く指摘しているからである。彼は、自身が編纂した『*Buddhist Hybrid Sanskrit Grammar and Dictionary*（仏教混淆サンスクリット語文法と辞典）』（一九五三）（以下『エジャートン』と記す）において「チャンダカ（chandaka）」という項目をたて、その意味を説明するものとして「チャンダカ・ビクシャナ（chandaka-bhikṣaṇa）」という複合語の存在を指摘している。そしてその「チャンダカ・ビクシャナ」の意味するところを、『アヴァダーナ・シャタカ』と「根本説一切有部律」における用例（後述するように、エジャートンは合計五つの用例を指摘している）をもとに「自由意志に基づく寄進。比丘サンガのために寄進物を広く集めること。街中を行ったり来たりして、全市民から寄付を募ることによって為される（free-will offering, general collection of alms for the community of monks, made by going the rounds of the town and inviting subscriptions from all citizens）。」と説明し、それが仏教教団のために街を周回して市井の人々から寄進物を募る行為であることを指摘しているのである。さらに言えば「根本説一切有部律」研究の第一人者であるアメリカの仏教学者グレゴリー・ショーペン（Gregory Schopen）

も、この『エジャートン』が言及する特殊な寄進物の収集方法にいち早く関心を示し、それが「行像《ぎょうぞう》」（仏像を街中に巡行させる行事。詳細は、岸野二〇二〇を参照）とならぶ仏教教団の巧みな寄進物収集システムであったことをこれまでに再三にわたって指摘しており、まもなく、その集大成とも言うべき重要な論考が公刊されるようである(Schopen Forthcoming)。

『エジャートン』は、今なおサンスクリット語の仏教文献や説話文献を読むのに必携の辞書類の一つであり、インド学研究者であれば、誰もが参照すると言っても過言ではない。そのため、現代の研究者が「チャンダカ・ビクシャナ」に言及する場合は、洋の東西を問わず、その『エジャートン』の説明をそっくりそのまま拝借するか、あるいは少し言い換えるだけに終わっていることが少なくない。しかしながら、その『エジャートン』の説明は必ずしも十分に明瞭なものとは言えない。冒頭の「free-will offering」は、おそらく「chandaka」の翻訳であり、現代日本語に直訳するならば「自由意志に基づく寄進」とでも訳せるであろうが、この説明だけでは、その「自由意志（free-will）」という言葉が、誰のどのような「自由意志」であるのかは定かではない。そして何より、その後に見られる「going the rounds of the town（街中を行ったり来たりすること）」と「inviting subscriptions from all citizens（全市民から寄付を募ること）」という二つの動名詞句に関して、その意味上の主語が、すなわち、その going したり inviting したりする動作主体が明確には記されていないため、誰がそのようなことをするのかが全く定かではないのである。

以上のように、『エジャートン』の説明だけでは、「チャンダカ」の全貌を十分には知ることはできない。そこで本稿では、「チャンダカ」についてさらに明確な理解を得るために、先ずは『エジャートン』が指摘する「根本説一切有部律」と『アヴァダーナ・シャタカ』における「チャンダカ・ビクシャナ」の用例を具体的に確認し、その意味内容を検討する。なおこれらの検討にあたっても、当該テキストの翻訳を提示する形で行うが、そのうちのいくつかは、先述したショーペンの新しい論考においてもとりあげられており、そこで精巧な英訳も提示されている。しかしながら、本稿においては、読みやすさを考慮して、できる限り邦語で発表されている日本人研究者の先行研究を優先的に引用することにする。

『アヴァダーナ・シャタカ』における「チャンダカ・ビクシャナ」の用例一

先述した通り『エジャートン』が「チャンダカ・ビクシャナ」の用例として指摘しているのは、「根本説一切有部律」と『アヴァダーナ・シャタカ』に確認される用例である。より具体的に言うと、「根本説一切有部律」に関しては、同律を構成する諸テキストのなかの『バイシャジュヤ・ヴァスツ（Bhaiṣajya-vastu, 薬事《やくじ》）』と『チーヴァラ・ヴァスツ（Cīvara-vastu, 衣事《えじ》）』という二つのテキストに見られるものである。『アヴァダーナ・シャタカ』に関しては、同説話集に収録されている「ヴァストラ（Vastra, 衣服）」「ウッタラ（Uttara）」「マウドガリヤーヤナ（Maudgalyāyana, 目連）」というタイトルの三つの説話に見られるものである。これら五つのうち、最も詳細な情報を含んでいるのは『アヴァダーナ・シャタカ』の「衣服」であるため、先ずはそこに見られる用例から確認することにするが、それに先立ち『アヴァダーナ・シャタカ』という説話集そのものについて本稿の議論に関わる必要最低限の情報を提示しておく。

『アヴァダーナ・シャタカ』の「アヴァダーナ」とは、先述した「ジャータカ」と並置されるような用語であり、内容としては、ジャータカ同様に、過去世の物語である。ただし、ジャータカとは異なり、その登場人物にブッダは現れない。登場人物は、ブッダの弟子や信者などの場合が大半である。そのため、ジャータカの場合は、ブッダが最後に登場し、それまでに説かれた過去世の物語の登場人物の一人を「実は、それは自分である」と現世の自身に比定するのがお約束となっているが、アヴァダーナの場合は、そうした比定はない（山崎二〇二四：五～八頁）。一方、「シャタカ（śataka）」とは、数字の「百」を意味する「シャタ（śata）」という語に接尾辞の -ka を添じた「百から成るもの」を意味する語である。すなわち、『アヴァダーナ・シャタカ』は、そのタイトルが示す通り、百のアヴァダーナから成るアンソロジーである。撰者は不明であり、成立年代も不明であるが、その全文がサンスクリット語で現存するため、インドの古典文学研究者による研究は少なくない。早くも十九世紀初頭に、一本のサンスクリット語写本に基づいたフランス語の全訳が出版されており（Feer 1891）、その後程なくして、複数のサンスクリット語写本を参照した校訂本が出版されている（Speyer 1902–09）。またチベット語訳でも漢訳でも現存するため、異なる三つの言語からのアクセス、及びそれら三者の比較対照も可能である。

概して、インドの仏教テキストは、その漢訳テキストが現存する場合は、インドにおけるその成立年代の推定を、その漢訳テキストの翻訳年代に依拠してなされることが多い。そもそもインドの仏教テキストは、インド語写本で現存したとしても、その写本自体の年代がかなり新しいものである場合がほとんどであり（例えば、この『アヴァダーナ・シャタカ』で言えば、最古の写本であっても十七世紀のものである）、写本そのものからは、そのテキストがインドで成立した年代について有益な情報を得ることは困難な場合が少なくない。またそれはチベット語訳も同様である。インドからチベットへの仏教の伝播は八世紀頃であるため、当然インド語の仏教テキストがチベット語に翻訳されるのもそれ以降のことであり、チベット語訳の翻訳年代からインドにおけるテキスト成立の年代についてはあまり多くを知り得ない。一方で、漢訳テキストは、インドから中国への仏教の伝播が、紀元前後あたりとチベットへのそれよりもかなり古く、翻訳の年代もチベット語訳のそれよりも古い場合が多い（最古の漢訳テキストの翻訳年代は二世紀である）。こうしたことから、漢訳で現存するインド仏教テキストに関しては、その漢訳年代が、インドにおける同テキストの成立年代の下限（時代の新しい方の限界）となることが多いのである。『アヴァダーナ・シャタカ』も、御多分に漏れず、その漢訳テキスト（『撰集百縁経《せんしゅうひゃくえんきょう》』）の翻訳年代が、インドにおける『アヴァダーナ・シャタカ』成立の下限とされている。アヴァダーナ研究の妙手である出本《でもと》充代《みつよ》は、この『撰集百縁経』と『アヴァダーナ・シャタカ』の関係を精緻に論じた博士論文を提出しているが、それによると、『撰集百縁経』の訳出は六世紀頃であり、そのため、インドにおける『アヴァダーナ・シャタカ』の成立は「五世紀以前」とのことである（出本一九九八：一七〜二六頁）。なお『撰集百縁経』は、現存するサンスクリット語とチベット語訳テキスト（その両者はよく似ている）よりも内容的に簡素で、長さも短く、概してその祖型に近いと考えられていることも、出本は同著において指摘しているが、この点は本稿において、後に少し触れる。

また『アヴァダーナ・シャタカ』は「根本説一切有部律」と深い関わりのある説話集として知られている。両者の間には、全く同じ説話、プロットの酷似した説話、同じ定型句を含む説話などいわゆる「パラレル」が数多く確認されているのである。こうしたパラレルからは、両者の関係について少なくとも三つの可能性が考えられる。一つは、『アヴァダーナ・シャタカ』が、「根本説一切有部律」から説話を抜き出し、それらを集めることで形成されたという可能性であり、いま一つは、その逆、すなわち「根本説一切有部律」が『アヴァダーナ・シャタカ』より説話を抜き出して、同律に組み込んだという可能性である。そして残るもう一つは、『アヴァダーナ・シャタカ』と「根本説一切有部律」の両者が、第三の同一テキストを参照し、そこから説話を抜き出したり、模倣したりすることで、現在の姿になったという可能性である。現時点では、これら三つの可能性の中から一つにしぼることはできない。「根本説一切有部律」の中に見られる『アヴァダーナ・シャタカ』とのパラレルを網羅的に収集し、それら全てを詳細に検討するような比較研究は未だなされていないからである。だが、いずれにせよ、両テキストの間には何かしらの密接な関係があることは間違いない。

それでは、その『アヴァダーナ・シャタカ』に含まれている「衣服」という説話（第五十五番目の説話）に見られる「チャンダカ・ビクシャナ」の用例を確認することにしよう。それは物語冒頭において、篤信の仏教信者として知られるアナータピンダダ長者（Skt. Anāthapiṇḍada; 日本では、その漢訳語の「給孤独《ぎっこどく》長者」という名称の方が馴染みがあるかもしれない）が「チャンダカ・ビクシャナ」の実施を思いつき、そしてそれが実行に移される過程を描く場面において見られるものである。なお、先述の通り『アヴァダーナ・シャタカ』には先行研究が数多く存在するのであるが、この「衣服」に関しては、管見の限り、未だ日本語訳は公表されていないようである。そのため、ここでも拙訳を提示する。

アナータピンダダ長者によって、ブッダをはじめとする比丘サンガに、ジェータ太子の林苑が寄与されて、次第に、百コーティ（koṭi）が、ブッダの教えに対して与えられたとき、彼に考えが起こった。「私が布施をなしたり、功徳（puṇya）を積んだりすることに関して、［それが］どうして奇特であろうか？ 貧しい人を利益《りやく》すること（anugraha）のために、シュラーヴァスティーの住人たちの群れから**チャンダカの乞い求め（chandaka-bhikṣaṇa）**をして、声聞《しょうもん》（仏教の出家修行者のこと。詳細は後述）のサンガを伴っている世尊《せそん》（バガヴァット bhagavat という尊称に対応する代表的な漢訳語。ブッダを指す）に仕えてはどうだろうか？ このように、私によって多くの人を利益《りやく》することが為されたならば、これによって多くの功徳が生じるだろう。」

（中略）

それから、アナタータピンダダ長者によって、この顚末が王に知らせられた。王は、シュラーヴァスティー全域において、鐘鳴を伴った宣令（ghaṇṭā-ghoṣaṇa）をさせた：「みなさん！　シュラーヴァスティーに住んでいる市民たちは聞きなさい。今や、第七番目の日に、アナータピンダダ家長が、象の肩に乗って、声聞のサンガを伴った如来《にょらい》（タターガタ tathāgata という修行完成者への敬称に対応する漢訳語。ブッダを指す）に対して**チャンダカの乞い求め**を行うことを欲しています。あなた方のうち、ある者に手放されるだけの量（mātra）［の財物］があるならば、それが施与されるべきです。」

第七番目の日の間に、アナータピンダダ長者が、象の肩に乗って、**チャンダカの乞い求め**を行うことを始めた。すると、ある程度の量の財物がある者たちは、それだけの量［の財物］を施与し始めた。ある者たちはネックレス（hāra）を提供した。ある者たちはブレスレット（kaṭaka）を、ある者たちはアームレット（keyūra）を、ある者たちは……（中略）。家長も他者を利益《りやく》することのために受け取った。

（Speyer i: 313.5–314.7; cf. Schopen forthcoming: 114–115）

以上の場面を通じて、われわれは、エジャートンが「チャンダカ・ビクシャナ」を仏教教団のために街を練り歩いて寄進物を収集する行為として理解していることの妥当性を確認することができるとともに、そのエジャートンの説明では明確に示されていない、チャンダカに関する重要な特徴を少なくとも三点窺い知ることができる。その三点とは、すなわち、（一）チャンダカは、在家信者の主導によって集められるということ、（二）それを集めるにあたっては、国王の宣令を伴うような大々的な機会が設けられるということ、（三）その意義としては、仏教教団に対して、アナータピンダダのように大口の寄進ができない者であっても、身につけている装飾品の提供などの小口の寄進が気軽にできるようにするためのものであるということ、という三点である。これらの三点は、すでにわれわれがパーリ語の諸テキストを通じて確認したこととほぼ一致すると言える。「パーリ律」においても「ジャータカ」においても、チャンダカを集めているのは在家者であった。また「ジャータカ」の「グッティラ前生物語」（第二四三話）においては、チャンダカ集めが祭礼にちなんで実施されていた。そして、「ジャータカ」の「布施前生物語」（第一八〇話）においては、チャンダカとして小口の寄進しかできなかった者にも、その寄進による功徳が確実にもたらされることをブッダが保証するという一節が見られ、その一節を通じてチャンダカ集めが小口でも寄進を気軽にできるようにするためのものであることが窺い知られたことは、すでに先述した通りである。このチャンダカ集めの意義に関しては、この「衣服」という説話において、チャンダカとして差し出されているものが、寄進者が身につけている装飾品などであることを踏まえると、より明確であると言えるかもしれない。と言うのも、寄進者たちは「ブレスレット」や「アームレット」等の、自分たちが身近に持っている、まさしく身の丈にあった財物を提供していることが具体的に示されているからである。また、このチャンダカ集めの意義は、この説話の主人公である貧女が登場する場面、すなわち、その貧女がチャンダカ集めを実施しているアナータピンダダを目撃し、その意図を別の在家信者に尋ね聞く場面においてさらに明確に説かれていると言える。それは、先に引用した場面に続く次のような場面である。

その間、とある女性が最も貧しい者であった。彼女によって、三ヶ月間にわたる艱難辛苦によって、綿布が手に入れられた。彼女は、その綿布を身に着けて、道・巷に入った。そして彼女によって、アナータピンダダが遠くから、ホラ貝と太鼓（paṭaha）を鳴らすことを伴って、やって来るのが見られた。

（中略）

ある別の在家信者が彼女によって尋ねられた。「……なぜこの者（＝アナータピンダダ長者）は、他の家々から乞食によって得られるものを［求めて］歩きまわっているのですか？」彼女は、在家信者によって言われた。「他者を利益《りやく》することのためです。声聞サンガを伴った世尊を饗応することができない者たちを利益《りやく》しているのです。」

(Speyer i: 314.8–315.3; cf. Rotman 2021: 21; cf. Schopen forthcoming: 117)

このように主人公である貧女とある在家信者とのやりとりを通じて、われわれは、チャンダカが、小口の寄進であっても、それによる利益《りやく》（anugraha）にあずかることができるようにするためのものであることを、さらに明確に知り得るのである。実際、このやりとりによってチャンダカ集めの趣意を知った貧女は、現に身に纏っている衣服を自身が差し出すことのできる唯一の財物としてアナータピンダダに差し出すことになるのだが、そのことを決意するに至った彼女の言葉も注目に値する。それは次のようなものである。

「私は、とにもかくにも、功徳を積んだことのない者である。私には一人で、声聞サンガを伴った世尊に饗応にあずかってもらうことを可能にする力もない。今や私は、ここで何かしら差し出そう。」

(Speyer i: 315.3–.5)

この貧女の言葉からは、彼女の寄進が、自らの強い「意欲」に基づくものであること、さらには、それが——明確には説かれていないもののコンテキストを踏まえる限り——たとえ小口であったとしても、それによる功徳にあずかることができるという「喜び」に満ちた行為であることが窺い知られる。そして、このことからは、われわれは再度——「ジャータカ」の「黄衣前生物語」(第二二一話)における、黄色の高価な衣を寄進した商人の「わたしも仲間にしてほしい」というセリフからもそうであったように——先に見た『サマンタ・パーサーディカー』の「チャンダカ」の解説を想起せずにはいられない。すなわち、チャンダカは、どうやら『サマンタ・パーサーディカー』の解説の通り、寄進物を集める者の呼びかけに応じて財物を差し出す者の「意欲」や「喜び」にちなんだ言葉のようなのである。要は、チャンダカというのは、呼びかけに応じて差し出されるものではあるものの、その差し出しは、強制的なものではなく、飽くまで、差し出す人間の自主性によるものであることを含意した言葉であると考えられるのである。付言すると、こうした貧女の提供した衣服や、あるいは他の者たちが差し出したブレスレットなどは、それらがセカンドハンドなものであり、かつ女性が身につけているものであることを勘案しても、そのまま出家修行者たちによって利用・活用されたとは到底考えられない。さきほどパーリ語で現存する「ジャータカ」の「黄衣前生物語」(第二二一話)においては、集められたチャンダカが金銭に換えられることが示唆されている点を確認したが、この『アヴァダーナ・シャタカ』の「衣服」も、チャンダカとして集められたものが、まとめて金銭に換えられるということを前提としたコンテキストであると考えられる。

以上のように『アヴァダーナ・シャタカ』の「衣服」と

いう説話のなかに見られる用例からは、具体的なチャンダカの集め方や、それを差し出すことの意義、さらには「チャンダカ」という言葉の由来が確認されるが、ここで留意すべきは、この用例においては出家修行者の姿が全くといっていいほど見られない点である。この話だけを見れば――「パーリ律」や「ジャータカ」の用例でもそうであったが――出家修行者は、チャンダカを集めることには一切関与していなかったかのような印象を受ける。ところが、話はそう単純ではない。『エジャートン』の指摘する他の用例からは、出家修行者もそれに深く関与していたことが窺い知られるのである。続いてはその点を確認することにしよう。

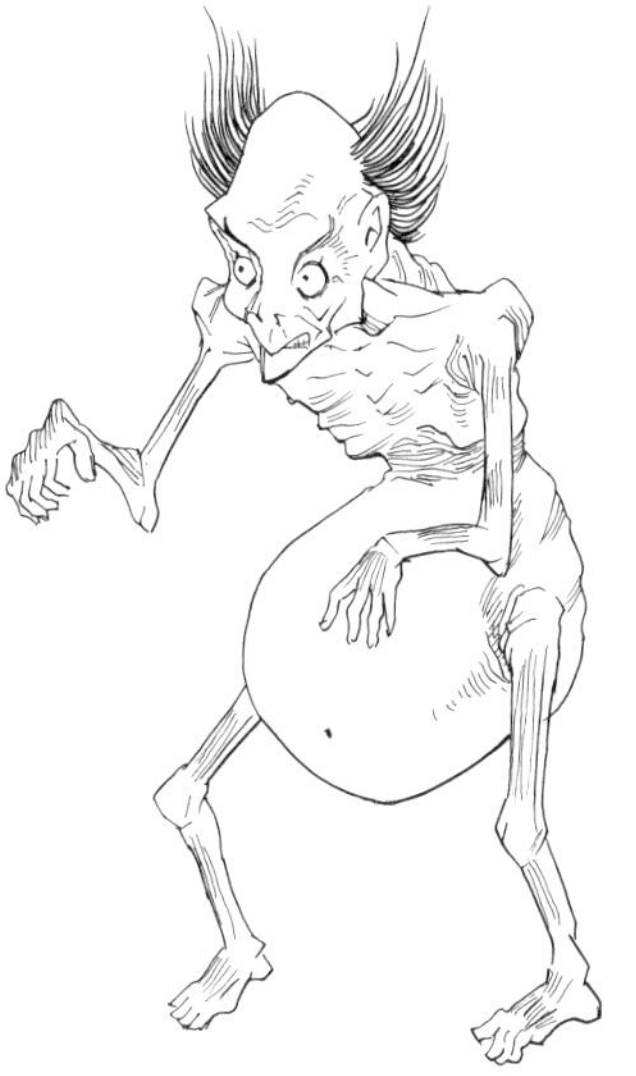

図2　餓鬼

『アヴァダーナ・シャタカ』における「チャンダカ・ビクシャナ」の用例二

先述の通り、『エジャートン』が『アヴァダーナ・シャタカ』に見られる「チャンダカ・ビクシャナ」の用例として指摘しているのは、先に見た「衣服」以外では、「目連(Maudgalyāyana)」と「ウッタラ (Uttara)」というタイトルの付せられた二つの説話に見られるものである。「目連」というのは、かの有名な仏弟子の目連尊者のことであり、「ウッタラ」というのも、ある比丘の名前である。その二つの説話は、タイトルが示す通り、それぞれ目連とウッタラが主人公であるのだが、『アヴァダーナ・シャタカ』において連続して見られ（それぞれ第四十五番目と第四十六番目に相当）、いずれもプレータ (preta) が登場する話になっている。

　プレータというのは、仏教の世界観において、地獄(naraka) よりは上位であるが、動物 (tiryag-yoni) よりは下位の世界に生きる存在であり、漢訳では「餓鬼《がき》」と訳されることが多い。その性質としては「餓鬼」という漢訳語からも察せられる通り、概して常に飢えに苦しんでいる。現代日本の仏教界においては、お盆の時期などに、浄土真宗を除く諸宗の多くが「施餓鬼《せがき》」という法要を伝統的に行っているが、これはまさしくプレータを呼び寄せて、彼らに食べ物や飲み物を施し、その功徳を積むことを主眼とした法要である。この点に鑑みると、プレータは、現代人にとっても比較的馴染みのある存在と言えるかもしれない。実際、現代の研究者によるプレータに関する研究成果は少なくなく、ここで取り上げる「目連」と「ウッタラ」についても、プレータ研究という観点から既に現代語訳が提示されている。その二つの説話においては、いずれにおいてもプレータが、目連ないしはウッタラの前に出没し、彼らと言葉を交わし、そして、そのプレータとの会話の中で、チャンダカ・ビクシャナが言及されている。先ずは、アヴァダーナ研究の大家であり、『アヴァダーナ・シャタカ』に収録された説話の翻訳も散発的に発表している岡野潔《おかのきよし》によって現代語訳が提示されている「ウッタラ」の方から該当箇所を見てみよう（丸括弧を用いての補足は岡野によるものであるが、太字と傍線は本稿筆者による強調表示である）。

餓鬼女は答えました。「せがれよ、私は慳貪心に支配されて、布施をせず、福徳を作らなかったのだ。すべてのあの金銭は悪心により、火坑に埋めた。それ故、せがれよ、今親族の家々に行って、**寄付を募る催し**（*chandaka-bhikṣaṇa）をなし、私の名前をもって、仏を上首とする比丘僧団に食事させてくれ。布施行の功徳（dakṣiṇā）を［私に］指定させてくれ。指名をしてもらってくれ。そのようにすれば、私は餓鬼の胎から解放されるだろう。」……その後、ウッタラは親族の家々から**寄付を募る催し**をして、仏を上首とする比丘僧団に翌日の食事に招待しました。鐘が打ち鳴らされる時に、仏を上首とする比丘僧団は集まって来ました。

（岡野二〇一三：二一八頁）

ここでは、主人公であるウッタラが、プレータとして再生したかつての自分の母親からチャンダカ・ビクシャナ（岡野訳では「寄付を募る催し」）を実施するよう依頼され、そして、そのチャンダカを集めることによって得られる功徳を自分のものに転化するよう依頼されている。ここからは、仏教教団への寄進によって積まれる功徳を、寄進者その人のものではなく、既に亡くなったその人の近親者のものにするという、現代日本の仏教行事においてもしばしば確認される「廻向《えこう》」（善行によって得られる功徳を単に自己のものとするだけではなく、他のものに振り向けること）の原理が用いられていることが確認されるが、そのことは、われわれの現在の議論にはあまり関係がない。むしろ、より重要なのは、傍線で示した一節、すなわち、ウッタラその人がチャンダカを集めていることが説かれている点である。と言うのも、そこからは、チャンダカ集めには、出家修行者も関与していることが窺い知られるからである。

続いて「目連」における当該箇所を見てみよう。こちらも今引用した「ウッタラ」の一節と同様に、プレータが、主人公（目連）に語りかける場面であり、その内容もテキストの文構造も、先に引用した「ウッタラ」のものと非常によく似ている。こちらに関しては、サンスクリット文学を専門としながら国文学にも深く通じ、京都大学の国文学講座においても授業を担当した奇才として知られる岩本裕《ゆたか》（一九一〇―一九八八）が、『目連傳説と盂蘭盆』（一九六八）という名著の中で翻訳を提示しているので、先ずはそれを見てみよう（太字と傍線による強調表示、丸括弧内のサンスクリット語の補足は本稿筆者による）。

「目連尊者よ、わたくしども五百人は、もと、王舎城の商人でした。わたくしどもは慾が深く吝嗇で、手に入れた物は絶対に手離しませんでした。そればかりでなく、わたくしどもは他の人々に喜捨とか布施をすることもなく、またその邪魔をし、尊敬すべき方々（ブッダとその弟子たち）を罵っていました。［その報いで］わたしどもは死んだのち、このような餓鬼の境遇に生まれかわりました。目連尊者よ、わたくしどもの親族の者たちが王舎城に住んでいます。かれらに、わたくしどもが前世の業《ごう》に繋がれて、［現世の憐れな境遇に］いることを知らせてください。そして。［わたくしどものために］**教団への布施や寄進**（**chandaka-bhikṣaṇa**）をし、ブッダをはじめとして比丘の方々に饗応をし、わたくしどもの名で布施をするように命じてください。そしてわたくしどもを餓鬼の胎から脱出させてください」と依頼した。長老目連は直ちに承諾し、餓鬼どもを悦こばせた。そこで、長老目連はかれらの親族の家々に**教団への布施・寄進をさせ**、その翌日にはブッダをはじめとして比丘たちを招待させた。

（岩本一九六八：一七七頁）

この岩本の翻訳からは、彼がチャンダカ・ビクシャナを

「教団への布施や寄進」と訳していること、また先の「ウッタラ」と同様に、チャンダカ・ビクシャナを通じて積まれた功徳は、プレータが、その境遇から脱するためのものとして転用されることが知られるが、注目すべきは傍線で示した「長老目連はかれらの親族の家々に教団への布施・寄進をさせ」という一節である。いささか専門的なことを言えば、ここは原文のサンスクリット語においては「親族の家々」という語が、与格（英語の「for ~」のように解される格変化）とも奪格（英語の「from ~」のように解される格変化）とも解せる形で書かれている。そして、それを岩本は「親族の家々に」と奪格ではないものとして訳している。また「布施・寄進をさせ」と訳されている箇所は、実際の原文のサンスクリット語では「~させる」という使役形が使われているわけではない。ところが、そこを岩本は、使役形のように翻訳している。おそらく、これは出家修行者である目連がチャンダカ・ビクシャナを行うということを奇異に感じた岩本のいささかアクロバティックな読み方なのであろうが、やはり、あまり厳密ではない。そして何より、この一節の原文のサンスクリット語は、実は、先に見た「ウッタラ」の傍線部とほぼ同一である。単に「ウッタラ」が「目連」に代わっているだけなのである。

その点に鑑みても、ここでのチャンダカ・ビクシャナの行為主体は、素直に目連その人として解読するのが妥当であると考えられる。実際、他にもそのように解読している研究者がいる。例えば、アンディ・ロットマン（Andy Rotman）という、仏教説話にもよく通じたアメリカのインド古典文学研究者は、近年出版された、その名も『*Hungry Ghosts*』というプレータに焦点を当てた著書の中で、この「目連」の翻訳を提示しているが、そこでは「親族の家々」の箇所は「親族たちの家々から（from the homes of the relatives）」と奪格で翻訳され、またチャンダカ・ビクシャナ――それをロットマンは「エジャートン」の訳語そのままに「寄進物を広く集めること（a general collectioon of alms）」と訳しているが――の行為主体についても使役形を使うことなく、それが目連その人によるものであることが明示されている。すなわち「尊者目連が、親族たちの家々から寄進物を広く集めることに着手して（the venerable Mahāmaudgalyāyana initiated a general collection of alms from the homes of the relatives...）」という具合である（Rotman 2021: 94）。これらのことをすべて勘案すると、この「目連」における問題の傍線部は、岡野の「ウッタラ」に倣い、かつ「教団への布施・寄進」を「チャンダカ集め」として、

> 長老目連はかれらの親族の家々**から**教団への**チャンダカ集めをして**、

といったように、目連自身がチャンダカ集めを行ったことを明示する翻訳が妥当であろう。となると、その少し前の「教団への布施や寄進（chandaka-bhikṣaṇa）をし」という、動作主体が明示されていない一節に関しても、その「教団への布施や寄進」と岩本が訳している「チャンダカ集め」をしているのは、目連自身ということになろう。

　ちなみに、『アヴァダーナ・シャタカ』には、その派生文献の一つとして、そこに収められている幾つかの説話を詩の形にして再録した『スバーシタ・マハーラトナ・アヴァダーナ・マーラー（*Subhāṣitamahāratnāvadānamālā*）』というアンソロジーが存在し、全文がサンスクリット語で現存している。そこに収録されている「目連」の詩ヴァージョン（タイトルは「プレーティカ・アヴァダーナ（pretikāvadāna）」）を見ると、そこでも「チャンダカ・ビクシャナ」が言及されている。では、その行為主体は誰になっているかと言えば、先の一節と同様に「チャンダカ・ビクシャナをして」と説かれているばかりで、誰がそれをしたのかは明確にはなっていない（Takahata 1954: 207）。しかしながら、われわれがすでに検討した『アヴァダーナ・シャタカ』の「目連」を踏まえる限り、それはやはり目連その人であると解するのが妥当であろう。なお、その『スバーシタ・マハーラトナ・アヴァダーナ・マーラー』に収録されている「プレーティカ・アヴァダーナ」については日本語訳が公刊されている。それは、プレータに関する優れた論考を数多く発表している奈良康明《やすあき》（一九二九―二〇一七）の手によるものである。そこでは「チャンダカ・ビクシャナ」は「町の人々から食物を集める機会」と意訳されているが（奈良一九八八：一九一頁）、この意訳は必ずしも適切とは言い難い。と言うのも、チャンダカは必ずしも「食物」だけを指すものではないからである。そのことは、これまで見てきた用例からも明らかである。

　話を『アヴァダーナ・シャタカ』に戻そう。本稿で見た『アヴァダーナ・シャタカ』に見られるプレータにまつわる二つの説話からは、チャンダカを集めることに出家修行者も関わっていることが窺い知られる。そしてこのことは『エジャートン』が指摘する「根本説一切有部律」の『薬事』に見られる用例においても同様である。続いてその点を確認するとしよう。

三、「根本説一切有部律」における「チャンダカ・ビクシャナ」

『薬事』と『衣事』に見られる「チャンダカ・ビクシャナ」

「根本説一切有部律」というのは、その名の通り「説一切有部」という部派（Skt. Sarvāstivāda サルヴァースティヴァーダ）が伝持していたと考えられている律テキストである。それは、単一のテキストではなく、複数の律テキストから成る、ひとまとまりの律テキストグループであって、サンスクリット語、漢訳、チベット語訳という三つの異なる言語で現存している。この三者のうち、サンスクリット語テキストと漢訳テキストは、チベット語訳テキストに比べると、それぞれ、その四分の一、三分の二程度しか伝わっていない。サンスクリット語テキストは、発見された写本が、もっともまとまった量のものでも部分的であり（ギルギットから出土した七〜八世紀の写本；cf. Clarke 2015, 73）、また漢訳に関しては、それをインドから中国に将来し、翻訳に従事した義浄《ぎじょう》（六三五―七一三）の翻訳テキストが、やはり部分的にしか現存しないからである（このあたりのことは、本書の「総説」を参照）。

『薬事』というのは、その「根本説一切有部律」を構成する律テキストの一つであり、その名の通り、出家修行者が用いてよい薬効性のある物についての規定を含んだテキストである。残念ながらサンスクリット語では全文が現存しているわけではないが、義浄訳とチベット語訳では、その全文が今に伝わっており、本書の筆者の一人である八尾史が、その三本を対照した、主として現存するサンスクリット語テキストに基づく精緻な全文和訳を出版している（さらに言えば、近年、八尾は、ギルギットから出土した写本以外にも、スコイエンというノルウェーの富豪と、アメリカのヴァージニア州に在住するある富豪が所蔵するサンスクリット語写本のなかに含まれている、ギルギット写本では回収できなかった『薬事』のテキストを研究しており、そのサンスクリット語テキストも、まもなく発表するようである）。

本稿が議論している「チャンダカ・ビクシャナ」を含む部分は、幸いサンスクリット語（ギルギット写本）でも現存している箇所であるが、それを八尾の現代語訳により提示すると、以下の通りである（太字・棒線による強調表示、読み仮名、角括弧による補足は本稿の筆者による付加である）。

［ブッダは仰った］「比丘らよ、かつてこの賢劫《げんごう》［bhadra-kalpa の代表的な漢訳語。「多くの賢人が出に

出る優れた長いスパンの時代」の意〕において、人々の寿命が二万歳であったとき、カーシャパという教主が世間に出現された。……その方の**声聞《しょうもん》たちは自発的な布施を求める乞食［chandaka-bhikṣaṇa］をし、**仏法僧［ブッダとブッダの教えと僧伽］に対して行いをなした。正等覚者《しょうとうがく》［samyak-sambuddha の代表的な漢訳語。「正しく覚った者」の意］であるカーシャパ世尊の教説が広く（詳しく）なかったとき、自発的な布施を求める比丘は僅かであった。広く（詳しく）なったとき、自発的な布施を求める比丘は多くなった。そのとき、ある会堂に五百人の優婆塞《うばそく》たちがある用事のために集まっていると、自発的な布施を求める多くの比丘がかれらのもとに来て、与えさせようと望んだ。かれらは激しい衝動によって、荒い言葉を発し、**『これらカーシャパの沙門《しゃもん》は、餓鬼に生まれたようにいつも手を差し出す』**と言った。」

（八尾二〇一三：二七八頁）

ここに見られる「餓鬼」という言葉が「プレータ（preta）」に対する一般的な漢訳語であることはすでに述べた通りであるが、「声聞《しょうもん》」「優婆塞《うばそく》」「沙門《しゃもん》」というのも、それぞれ、「シュラーヴァカ（śrāvaka）」「ウパーサカ（upāsaka）」「シュラマナ（śramaṇa）」というサンスクリット語に対するよく知られた漢訳語（「優婆塞」「沙門」は音写語）である。「シュラーヴァカ」は、概して仏教の出家修行者を指し、「ウパーサカ」は、仏教の男性の在家信者、「シュラマナ」は、基本的には仏教を含む様々な宗教の出家修行者全般を指す。これらの語義を踏まえると、この『薬事』の一節は、カーシャパという過去仏（シャカムニよりも前に現れたブッダのこと。仏教においては、仏教の開祖であるシャカムニが覚りを開いてブッダとなるはるか以前にも、覚りを開いてブッダとなった者がいたと考えられている）がいた時代の、いわゆる「過去物語」の一部ではあるが、仏教修行者たちが、チャンダカ・ビクシャナ――八尾訳では「自発的な布施を求める乞食」――を行ったこと、しかもそれは、時に在家信者たちから「プレータのよう」と揶揄されるほど頻繁ないしは執拗であったことを示唆していることが読み取れよう。なお、これらのチャンダカ集めに関しては、それが『アヴァダーナ・シャタカ』の「衣服」において説かれているような「国王の宣令を伴うような大々的なもの」であるかどうかは定かではない。むしろ、もっとカジュアルな形で、日常的に為されるものとして説かれているような印象も受ける。このことは、チャンダカ集めには、その規模や程度に関して、大々的なものとそうではないものがあったことを意味しているのかもしれない。いずれにせよ、この『薬事』においても、『アヴァダーナ・シャタカ』の「ウッタラ」や「目連」と同様に、チャンダカ集めは、出家修行者も関わっているものとして説かれていることは確かである。

「エジャートン」の指摘する「チャンダカ・ビクシャナ」の用例の残りの一つは「根本説一切有部律」の『衣事』に見られるものである。それは『アヴァダーナ・シャタカ』の「衣服」という説話に見られるものと同様に、その功徳を求めて在家信者が実行するものとして言及されており、特に目新しい情報を含んでいるわけではないが、一応、どのようなものであるのかを確認しておこう。

『衣事』は、義浄訳では現存しないものの、サンスクリット語とチベット語訳で全文が現存する。そこには、その名の通り出家修行者が身に付ける衣服についての規定が含まれているが、それだけではない。興味深いことに、そこには出家修行者が死亡した場合、その者が身に付けていた衣服等の遺品をどのように相続するかという、いわば出家修行者の遺産相続に関する規定も含まれている。その興味深い内容は、ショーペンによって繰り返し取り上げられてはいるが（例えばSchopen 1995など）、残念ながら、『衣事』全体の現代語訳は未だ公刊されていない。そのため、以下に挙げるのも筆者の拙訳である。「チャンダカ・ビクシャナ」は、先の『薬事』の場合と同様に、ブッダが過去世のことを語る、いわゆる「過去物語」の一部において次のように言及されている。

> [ブッダは、言った。]「比丘たちよ、過去世において、ヴァーラーナシーという都城で、ある家長の息子が死に至った。彼の、その妻は、常に息子を欲していた。…（中略）…。またその時、ヴァーラーナシーに、クリキという名前の王がいた。彼によって、世尊・正《しょう》等覚《とうがく》者であるカーシャパの、四種の宝石から成る仏塔(stūpaの代表的な漢訳語。仏や聖者の記念の印として、その遺髪・爪などを埋めて土を盛り、周囲をかためて構築されたもの）が建立された。そこで、息子がいない、息子を欲していたかの女は老女となって、その仏塔への奉仕をしていた。彼女によって、**チャンダカの乞い求め(chandaka-bhikṣaṇa)**がなされて、その仏塔が供養されて、そして『私によって、世尊・正等覚者であ

るカーシャパの仏塔へ諸々のことがなされた。この私の善根《ぜんこん》（クシャラムーラ kuśala-mūla の代表的な漢訳語。「善い果報をもたらす善い行い」「功徳のもと」の意）によって、多くの息子が生じるように』という請願がなされてから、彼女は出立し都城に入った。

(GMNAI, vol. I: 152, fol. 257r1–4; cf. GMs iii 2: 77.8–18)

先述の通り、この『衣事』に見られる「チャンダカ・ビクシャナ」の用例からは、それが、功徳を求める在家信者によって実行されるものであることが窺い知られるばかりであり、それ以上の目新しい情報は見られない。

以上、『エジャートン』が指摘する『アヴァダーナ・シャタカ』と「根本説一切有部律」に見られる「チャンダカ・ビクシャナ」の用例を全て検証した。そこからは、チャンダカについて、エジャートンの説明だけでは十分に知り得ない幾つかの具体的な様相が知られるとともに、それが在家信者によって実行されるばかりでなく、時に出家修行者も関わるものであることが判明した。おそらく、エジャートンが、自身の説明において、その行為主体を明記していない理由は、そのことによるのであろう。すなわち、エジャートンも『アヴァダーナ・シャタカ』の「ウッタラ」「目連」や「根本説一切有部律」の『薬事』を通じて「チャンダカ・ビクシャナ」が在家者だけでなく出家者によって実施されていたことを示唆する用例の存在を知っていたため、自身の説明においては、その行為主体を在家者とも出家者とも取れるように敢えて明記しなかったものと考えられる。

『エジャートン』は、インド語テキストに基づく辞書・文法書であるため、それは、言うまでもなく、インド語テキストにおける用例を主とするものである。そのため、サンスクリット語等のインド語で現存しないテキストについては、充分には取り上げられていない。その結果、「根本説一切有部律」に関しても、サンスクリット語で現存する部分に関しては、綿密な参照がなされている一方で、サンスクリット語で現存しない部分、すなわち、チベット語訳や義浄訳でのみ現存する部分に関しては、全くと言っていいほど言及はされていない。しかしながら「チャンダカ・ビクシャナ」に関しては、それについてさらなる詳細な情報を提供する用例が、「根本説一切有部律」の『ニダーナ(Nidāna)』というチベット語訳と義浄訳でのみ全文が現存するテキストに含まれている。それは、まさしく「チャンダカ・ビクシャナ」に焦点をあてた一連の規定であり、そこからは出家修行者がどのようにチャンダカ集めに関わっていたのかということがより具体的に知られるのである。次項では、この重要でありながら、未だほとんど知られていない『ニダーナ』の用例をとりあげ、さらに、チャンダカないしは、チャンダカを集めることの詳細に迫ることにしよう。

『ニダーナ』に見られる「チャンダカ・ビクシャナ」の用例

これより提示する『ニダーナ』における「チャンダカ・ビクシャナ」についての記述は、その内容から大きく二つに分けることができる。前半は「チャンダカ・ビクシャナ」がいかにブッダに認められるに至ったのか、その経緯を説くものである。後半は「チャンダカ・ビクシャナ」が具体的にどのようになされるべきものであるのか、そのやり方を説くものである。これより前半と後半とに分けて提示するが、その提示にあたっては、チベット語訳と義浄訳の両者を順に提示する。そうすることで、われわれは二つの翻訳テキストの類似点と相違点を確認することができ、さらには「チャンダカ・ビクシャナ」の訳語についても議論することができるからである。提示に先立ち、二つの翻訳テキストの関係について少し説明しておく。

「根本説一切有部律」のチベット語訳は九世紀の翻訳であり、義浄訳は八世紀の翻訳である。つまりは、翻訳作業に関しては、義浄（たち）の方が、チベットの翻訳官たちよりも百年ほど早く手掛けている。ならば、その翻訳の元となったインド語原本も、義浄（たち）が参照したものが、チベットの翻訳官たちが参照したものよりも古い伝承をとどめたものであるのかという点については、残念ながら定かではない。その可能性は充分に考えられる一方で、翻訳の新旧と、もとのインド語テキストの内容の新旧が必ず一致するという保証はどこにも存在しないからである。また、両翻訳テキストの内容からも、その新旧を断ずることは容易ではない。両翻訳の全ての章を仔細に比較した研究は未だなされておらず、また義浄訳には、先にとりあげた『衣事』のように、今に伝わらない章もあるため、そもそも全ての章を比較することができないからである（むろん、比較できたとしても、それによって新旧が判明するとは限らない）。現時点で、両翻訳の関係について明言できることがあるとすれば、それは、両者は内容的におおむねよく似ているものの、隅々まで一致するものではなく、ゆえに全く同一のインド語原典に基づいて翻訳されたものではない、つまりは、両者の基となったインド語原典は、それぞれ多少異なるものであった、ということぐらいである。このことは、これより引用する『ニダーナ』のチベット語訳と義浄訳のテキストからも明らかとなろう。

それでは「チャンダカ・ビクシャナ」がいかにブッダに認められるに至ったのか、その経緯を説く前半部分を確認するとしよう。チベット語訳には①という白丸の番号を振り、義浄訳には❶という黒丸の番号を振っている。

①ブッダ・世尊は、シュラーヴァスティーにおけるジェータ林にあるアナータピンダダ園にいらっしゃった。シュラーヴァスティーには、多くの異教徒が住んでいた。世尊がシュラーヴァスティーにいらっしゃる時には、他教徒たちの勢力は弱まり、利得は少なくなった。彼らは**チャンダカ・ビクシャナ**をして（Tib. ji tsam ’dod pa blangs nas）、他教としてすべきことをし始めたところ、家長アナータピンダダは、いつものように朝早く起きて世尊にまみえるために出かけた。

後のとある時に、家長アナータピンダダは朝早く起きてジェータ林に行ったところ、他教徒たちが**チャンダカ・ビクシャナ**をしており（Tib. ci ’dod pa blangs te）、彼らは、彼（家長アナータピンダダ）にも勧めた（Tib. skul-ba）ので、彼は思った。「この者たちは、悪しく説かれた法・律の他教徒たちである。**チャンダカ・ビクシャナ**をして（Tib. ci ’dod pa blangs te）、他教徒のすべきことをしている。世尊も経典のあちこちにおいて『浄信をもたない者たちが浄信でいっぱいになるよう勧めよ、［仏教に］注意を向けさせよ、［仏教に］安住させよ』と仰っている。世尊がお認めになるならば、私は、多くの者たちにも［仏教の］サンガに布施を差し出させて［仏教に］安住させよう。」［家長アナータピンダダは、このように］思ってから世尊のいるところに行って、着いてから世尊の御足に頂礼して、一隅に立った。一隅に立ってから、家長アナータピンダダは世尊にこのように申し上げた。「大徳よ、悪しく説かれた法・律の他教徒たちであるこの者たちは、**チャンダカ・ビクシャナをして**（Tib. ci ’dod pa blangs nas）、他教徒としてすべきことをしています。そこで世尊がお認めになられるならば」云々から「［仏教の］サンガに布施を差し出させて［仏教に］安住させよう」までは前述の通りである。世尊は仰った。「そのようならば、私は、家長よ、追認するので、**チャンダカ・ビクシャナ**をして（Tib. ci ’dod pa blangs te）、仏と法と僧に対してなすべきことをさせよ！」

(Kishino 2013, §2.2.1; Schopen forthcoming: 123)

❶そのときブッダはシュラーヴァスティーにいらっしゃった。時にこの街においては、はじめから多くの外道《げどう》（仏教以外の異教徒）の者たちが定住していた。ブッダが来たことによって、諸々の外道の者たちは、また威光がなくなってしまい、利得が少なくなってしまった。時に外道の者たちに信を寄せる諸々の俗人たちは、みな尽く乞い求めをなし、外道の者たちのために供養をおこした。

アナータピンダダ長者は、いつも朝早くにブッダのもとに参詣していたが、道端において外道の者に遭遇した。［彼らは］アナータピンダダ長者からも乞い、長者は外道の者たちのために供養をおこそうとした。長者は目の当たりにしてから、次のように考えた。「外道の者たちを信奉する邪教徒たちは、悪しき法を修習しているにもかかわらず、**告乞**《ごうこつ》（Skt. *chandaka-bhikṣaṇa）をうまくおこない、自分の師匠を供養している。ブッダ・世尊は、もろもろの経典において、次のようなことを説いておられる。『もしも［ある者が仏教に対する］信仰心を持たないのであれば、［その者に］勧めて信仰心を生じさせよ。調伏《じょうぶく》（正しく導くこと）をして、正しい法の中にとどまるようにさせよ』と。そのようにするために、もし大師（ブッダ）によって許認してもらえるのであれば、私は、衆人たちに、この福《ふく》田《でん》に対して供養をおこすよう告げよう」と。このように思念してから、ジェータ林に入り、世尊に頂礼して、一隅に立った。そして上述の状況をつぶさに世尊に申し上げて「ひたすら願わくは、私が情のままに**告乞**をおこない、ブッダやサンガを供養することを許認してください」と［請願した］。すると世尊は「意のままにせよ」とお告げになった。

(Kishino 2013, §2.2.1)

この前半部分からは、先ず何よりも、チベット語訳と義浄訳の二つのテキストが、内容的に非常によく似ていることが分かる。細かいところには差異も見られるものの——例えば、アナータピンダダが目の当たりにしたチャンダカ・ビクシャナの実行者は、チベット語訳では他の宗教グループの出家修行者である一方で、義浄訳では、その信徒となっている——話のおおまかな流れやブッダとアナータピンダダのやりとりは、酷似している。そして次に留意すべきは、義浄訳においては「チャンダカ・ビクシャナ」に対応する箇所において「告乞」という表現が用いられている点である。このことは、「告乞」が、義浄なりの「チャンダカ・ビクシャナ」の訳語の一つであることを暗示しているが、その可能性は極めて高いと思われる。と言うのも、実は、先に提示した『薬事』においても、義浄訳では「チャンダカ・ビクシャナ」に相当するものが、「告乞」という訳語で表現されているからである。それは次のごとくである。

〔ブッダは仰った〕「おまえたちよ、よく聴きなさい。今となっては昔のことであるが、この賢劫《げんこう》において、人々の寿命が二万歳であったとき、カーシャパ（迦攝波）という如来が世間に出現された。……〔その如来の〕声聞たちは巡行して**告乞をし**、三宝（仏・法・僧）を供養した。後に、カーシャパ如来は、教化を徐々に広めると、乞告する者たちもまた甚だしく多くなった。その後、あるときに、五百人の優婆塞たちが、ある家屋において用事のために一同に集まっていると、数多くの乞告する比丘たちがおり〔その五百人の優婆塞たちのもとに〕向かい、そこに到着して、いつもの通り、乞索した。すると〔優婆塞たちは〕激しい怒りを抱いて、荒い言葉を発し、『これらカーシャパの沙門の者どもは、常に告乞を行う。あたかも餓鬼のようだ』と言った。」

（大正新脩大蔵経第二四巻、五一頁上段；cf. 西本一九三三：一八二頁）

これは、先に八尾の翻訳によって引用した『薬事』のサンスクリット語テキストに対応する箇所である。とくに下線部を比べると、「チャンダカ・ビクシャナ」という言葉に対して「告乞《ごうこつ》」という訳語が対応していることが見てとれよう。このことは、「告乞」が「チャンダカ・ビクシャナ」の訳語の一つである可能性を示唆している。と同時に、先に引用した、サンスクリット語では現存しない「ニダーナ」のテキストが、まぎれもなく「チャンダカ・ビクシャナ」について言及しているものであることも示唆している。この点について、さらに説明を加えておこう。

概してインドの仏教テキストのチベット語訳は、その原文（おそらくはサンスクリット語）を一定の訳語によって逐語的に翻訳したものが多いことがよく知られている。研究者の中には、その機械的な逐語訳ぶりを評して、チベット語訳テキストからはインド語の原文が「透けて見える」

とまで言う者もいるようである（船山二〇一三：六頁）。一方で、漢訳テキストは、同じインド語からの翻訳でありながら、訳語がチベット語訳の場合のようには機械的に統一されておらず、むしろ訳者や時代によっても異なることが少なくないため、そこから元のインド語テキストを確証をもって再現することは決して容易ではない（例えば、義浄訳の「告乞」という言葉だけを見て、その背後に「チャンダカ・ビクシャナ」というサンスクリット語を速やかに想定することはおよそ不可能であろう）。そのため、サンスクリット語等のインド語テキストが現存しないインド仏教テキストを研究する場合は、その代替としては、漢訳テキストよりもチベット語訳テキストの方が、優先的に用いられやすい。このチベット語訳テキスト全般に通じた特性を踏まえると、サンスクリット語の「チャンダカ・ビクシャナ」という複合語のチベット語訳に関しても、諸テキストにおいて一貫して同じ訳語が用いられていることがただちに予想ないしは期待されるところではある。ところが、「チャンダカ・ビクシャナ」については、少なくとも、これまでに見た、サンスクリット語で現存する『アヴァダーナ・シャタカ』や「根本説一切有部律」のチベット語訳においては、必ずしも全て同一の訳語が用いられているわけではない。『アヴァダーナ・シャタカ』の「目連」と「ウッタラ」においては同一の訳語が用いられているものの、それら以外においては、サンスクリット語の「チャンダカ・ビクシャナ」に対して、次のような微妙に異なった訳語が提示されているのである。それらを箇条書きにして示すと次の通りである。

- dad-pa sdud-pa（『アヴァダーナ・シャタカ』の「衣服」）
- dad-pa dris (nas/la)（『アヴァダーナ・シャタカ』の「目連」「ウッタラ」）
- dad-pa las bslangs (nas)（「根本説一切有部律」の『薬事』）
- 'dun-pa'i slong-mo (byas nas)（「根本説一切有部律」の『衣事』）

このように、「チャンダカ・ビクシャナ」に対応するチベット語の訳語は、テキストによって微妙に異なっている。おそらくこのことは、「チャンダカ・ビクシャナ」という言葉が、訳語が明確に統一された、仏典に頻出する仏教語――例えば「ブッダ（仏）」（Tib. sangs rgyas）や「ニルヴァーナ

(涅槃《ねはん》)」(Tib. mya ngan las ’das pa) など——では決してないことを意味しているのであろう。あるいは、その複合語をどのように翻訳するのが適当であるのかという問題について、チベットの翻訳官たちでさえも統一的な見解を出すことが困難であったことを意味しているのかもしれない。いずれにせよ、「チャンダカ・ビクシャナ」に対するチベット語の訳語は、厳密に統一されたものではないことは明らかである。

とは言え、これらの訳語を比較すると、その大枠は一致していることも事実である。複合語の前半である「チャンダカ(chandaka)」に対する訳語としては、多くにおいて「dad pa(望み求める)」という言葉が用いられているが、これはサンスクリット語の「chandaka」の訳語としての用例も確認されている語であるので、さほど違和感はない(なお「’dun pa」も、ほぼ dad pa と同じような意味であり「chanda」というサンスクリット語の訳語としての用例が確認されている)。また、後半の「ビクシャナ(bhikṣaṇa)」については、いささかヴァリエーションに富んでいると言えるが、そのいずれもが同じ方向の意味である。すなわち「sdud-pa」「dris-pa」「slang-ba」は、それぞれ「集める」「尋ね求める」「乞い求める」という意味であり、いずれも「bhikṣaṇa」の訳語になりうる言葉である(なお bslangs も slong-mo も slong ba に由来する語である。前者は slong ba の完了形であり、後者は slong ba の名詞形である)。

これらの訳語を勘案して、『ニダーナ』における「ji tsam ’dod pa blangs (te)」「ci ’dod-pa (dag) blangs (te/nas)」という表現を見ると、前半の「’dod pa」という言葉に関しては、「dad-pa」と同じ意味を含む語であるため、それが「チャンダカ」に対応する可能性は充分に考えられる(dag というのは複数形を表す語である)。一方、後者の「blangs」という言葉は、素直に読めば「len-pa」(手にする、受け取る)という言葉の完了形であるため、そこから「bhikṣaṇa」という語との対応を速やかに連想することは容易ではない。また、先の「’dod-pa (dag)」に関しても、そこには「ji tsam」ないしは「ci」という疑問詞にも関係詞にもなりうる言葉が付随しており、そのような形は、他の『アヴァダーナ・シャタカ』と「根本説一切有部律」のチベット語訳テキストの中の用例には見出せないことも事実である。つまりは、『ニダーナ』における「ji tsam ’dod pa blangs (te)」および「ci ’dod-pa (dag) blangs (te/nas)」は、コンテキストや「’dod-pa (dag)」という「チャンダカ」に相当しうる言葉から、「チャンダカ・ビクシャナ」の訳語である可能性は相応に考えられるものの、それと完全に一致する用例を他に見出せないため、百パーセントそうだと断定することは、必ずしも妥当ではないのである。では、われわれのもとには、さきほど引用した『ニダーナ』のテキストが、紛れもなく「チャンダカ・ビクシャナ」に言及しているということを支持する別の傍証は皆無であるのかと言えば、そうでもない。それこそが、先に言及した義浄訳の「告乞」という訳語である。

義浄は、『薬事』の「チャンダカ・ビクシャナ」を説く箇所——それはサンスクリットでも現存するために「チャンダカ・ビクシャナ」を説いていることが紛れもなく明らかな箇所である——において、それを「告乞」という訳語で言い表していることはすでに指摘した通りであるが、それと同じ言葉を、この『ニダーナ』の❶においても使用している。このことは、❶が、『薬事』の当該箇所と同様に「チャンダカ・ビクシャナ」について説いていることを強く示唆している。そしてそのことは、❶に対応する①も、やはり「チャンダカ・ビクシャナ」について言及している、つまりは、「ji tsam 'dod pa blangs (te)」および「ci 'dod-pa (dag) blangs (te/nas)」は「チャンダカ・ビクシャナ」の訳語であることを示唆していると言える（付言するとblangsはbslangsと発音上は同じであるため、伝承の過程でsが脱落して後代に伝わったのかもしれない）。要は、「チャンダカ・ビクシャナ」という語に関しては、チベット語訳よりも、義浄訳においての方が、訳語の一致ないしは統一を確認することができるのである。インド仏教のテキスト解読においては、そのチベット語訳テキストの有用性が広く知られていることは先に述べた通りであるが、この「チャンダカ・ビクシャナ」のケースのように、チベット語訳よりも漢訳において訳語の一致ないしは統一が確認される場合があることを勘案すると、漢訳テキストも、チベット語訳テキストに負けず劣らず有用であることが明らかであると言えよう。

さらにまた、この①と❶を比較することから窺い知られる興味深い点を、もう一点挙げることが許されるならば、それは、チベット語訳テキストにおける「skul-ba」という表現が意味するところである。筆者は、いまそれを、語義通り「勧める」と——いささか曖昧に——訳したが、義浄訳では、それに対応する箇所の多くにおいて「乞」という表現が用いられている。このことは「勧める（skul-ba）」というのが、この文脈で言えば何かを「乞い求める」の意であること、すなわち、「寄進するよう勧める」の意で理解すべきであることを示唆していると言える。そして実際、その理解は正しいようである。と言うのも、「勧める」(skul-ba) が、明確に「寄進するよう勧める」の意で使われている用例を、われわれは「根本説一切有部律」を構成する他のテキストにおいても確認することができるからである。それは『ムクタカ (Muktaka)』というテキストにおいてである。

『ムクタカ』も、チベット語訳と義浄訳でのみ全文が現存している。今に伝わる「チベット大蔵経」に収録されているチベット語訳の「根本説一切有部律」においては、テキストの順番で言えば『ニダーナ』の次に置かれている。また義浄訳においては、『尼陀那目得迦(ニダーナ・ムクタカ)』というように、あたかも『ニダーナ』と『ムクタカ』が合わさって一体化しているかのような形式で今に伝わっている(前半の一〜五巻が『ニダーナ』であり、後半の六〜十巻が『ムクタカ』である)。さらには、『ニダーナ』と『ムクタカ』は、テキストの構成もよく似ている。それらの意味において、『ムクタカ』は、言わば『ニダーナ』と兄弟テキストのようなものであると言えるが、その『ムクタカ』のチベット語訳テキストにおいては、ブッダが、病気になった比丘に対して、その比丘を看病する比丘が「勧める (skul-ba)」ことを命じたこと、そして、看病する比丘が、彼に対して、そのブッダの言葉通りにしたことが説かれている。それは以下の通りである。

> ことの起こりは、シュラーヴァスティーにおいてである。世尊は「病者に勧めよ (skul cig)」と仰った。しばらくして、病気になった比丘の看病人が「具寿よ、サンガに少し差し上げよ」と言ったところ、彼も「私には少しも無いのだけれど、三衣《さんね》(比丘に必要な最低限の三種の衣服)を差し上げましょう」と言った。すると、その者(=看病人)は黙っていた。そこで彼(病気になった比丘)は、三衣を差し出したので、彼らは[それを]売って分けた。
>
> (Derge 7 Pa 165b6–156a1; cf. 岸野二〇二四:三六頁)

ここでは、ブッダによって、病人に「勧めよ」と命ぜられた看病人が、その命を受けて、病者である比丘に個人資産を差し出すよう勧めていることが説かれている。つまり、ここからは「勧める (skul-ba)」という言葉が、財物を差し出すよう勧めることとシノニムであることが窺い知られるのである。なお、義浄訳においてはブッダは、もう少しオブラートに包んだ言い方で、財物の寄進を促すよう命じている。先に引用したチベット語訳テキストとの対応箇所を示すと、それは以下の通りである。

> ことの起こった場所は、前と同じである。あるとき、比丘が身体的に病苦にかかった。ブッダが「病気の比丘には、サンガに対して、適宜、福業《ふくごう》（福をもたらす善い行い）を修めさせよ」と仰った通りに、あるとき、その病者を看病している者が、その病者に次のように言った。「サンガという福田に対して、少しでも施与を行うべきである」と。その病者は、次のように答えた。「私には、一つも財物がありません。いまや、私の三衣を手にしなさい。これを施与します」と。そこで、看病している者は、その三衣を手にして、慎んで［サンガに］施与した。サンガはそれを受け終えてから、売ってみなで分けた。
>
> （大正新脩大蔵経第二三巻、四四二頁中段）

この義浄訳においては、先のチベット語訳と違って、ブッダは「福業」を修めさせよと言ったことになっている。もっとも、その言い方はどうであれ、それが実質的には「施与」を行わせよという意味であることは、先のチベット語訳と同様である。ちなみに、この『ムクタカ』より引用した一節において、ブッダがかつてどこかで述べたとされている「病気の比丘には寄進を勧めよ」というブッダの言葉は、管見のかぎり、同戒律テキストの中には見当たらない。先に「根本説一切有部律」の『衣事』からの一節を引用した際に言及した通り、『衣事』には、比丘の遺産相続についての一連の規定が含まれている。そのことを勘案すると、当該のブッダの言葉も、比丘の遺産相続に関わる規定として『衣事』に見られてもおかしくないのであるが、『衣事』にも、当該の言葉は見当たらない。

では、話を本題に戻そう。先に引用した『ニダーナ』の一節（①／❶）は「チャンダカ・ビクシャナ」がどのような経緯でブッダによって認定されるに至ったかを説いている。チャンダカ集めが「パーリ律」においては既知のものとされており、それに対する説明が全くなかったことを考慮すると、この『ニダーナ』において、その端緒の説明が見られることは重要な意味を持っているかもしれない。つまりは——飽くまで可能性の一つとしてではあるが——「パーリ律」よりも、「根本説一切有部律」の方が、古い情報を含んでいると言えるかもしれないのである。また、内容のことで言えば、ここで説かれている経緯が、先に引用した『アヴァダーナ・シャタカ』の「衣服」において説明されている経緯と軌を一にしている点も注目に値しよう。チャンダカ集めは、『ニダーナ』においても、出家修行者たちによってではなく、在家者のアナータピンダダ長者によって提言されており、またそれは、すでに仏教以外の宗教グループによって先立って実行されていたものとされているのである。このコンテキストの合致からは、チャンダカの収集の由来に関しても「根本説一切有部律」と『アヴァダーナ・シャタカ』が極めて類似した伝承を共有していることが分かる。

では、『ニダーナ』における同物語の後半部分を見てみよう。こちらにおいて、いよいよ「チャンダカ・ビクシャナ」の詳細が説かれることになる。

> ②世尊が「**チャンダカ・ビクシャナをして**（Tib. ci 'dod pa blangs te）、仏・法・僧に対してなすべきことをなせ」と仰ってから、家長アナータピンダダは、勧めはじめた。すると、バラモンや家長たちは「聖者たちも勧めてくれたならば、私たちにさらに功徳が多くなるだろう」と言った。そこで世尊は仰った。「比丘たちも補佐をせよ」と。
>
> バラモンと家長たちは「もし私たちの名前を呼んでくれたら良いだろうに」と言った。そこで世尊は仰った。「寄進者が寄進をしたならば［その者の名前を］呼ぶべきである」と。すると［アナータピンダダ］家長も［寄進者の名前を］呼んだので、バラモンや［他の］家長は「もしも聖者たちが［寄進者の名前を］呼んだならば、私たちにさらに功徳が多くなるだろう」と言ったところ、世尊は仰った。「比丘たちも［寄進者の名前を］呼ぶべきである」と。
>
> バラモンと家長たちは、ヴィハーラにやって来て寄進をしたところ、世尊は「ヴィハーラにおいても［寄進者の名前を］呼ぶべきである」と仰った。
>
> かの［寄進者の名前を］呼ぶ者が、多くの人によって囲まれて見えなくなったところ、世尊は「台車の上に乗って［寄進者の名前を］呼ぶべきである」と仰った。すると、猛暑や雨や風が生じたので、世尊は「小屋が建てられるべきである」と仰った。
>
> (Kishino 2013, §2.2.2; Scl-open forthcoming: 123, 128–129)

❷アナータピンダダ長者はすぐに巡行して**告乞（*chandaka-bhikṣaṇa）**をおこなった。ときに在家信者

やバラモンたちが、みな口をそろえて長者に言った。「もし聖者たちが、一緒にやって来て乞うことをなしたならば、私たちの福利は、ますますさらに増大するであろう」と。このとき、アナータピンダダ長者は、このことにちなんでブッダに申し上げた。ブッダは比丘たちにお告げになった。「長者と一緒になって互いに相手の助けを借りるべきである」と。

ときに比丘たちは、［そのブッダの］教えを遵奉して、長者と一緒になって**告乞（*chandaka-bhikṣaṇa）**に従事した。人々は申し上げた。「もし私たちが布施をするときに、［あなたたちが］わたしたちの名前を称えて、ひろく告知してくだされば、喜ばしいことだと言えるのですが」と。世尊はお告げになった。「もし施主がいて、その者が物品を奉献するとき、その者の名前を唱えて呪願《じゅがん》（Skt. dakṣiṇādeśanā 施主の福利や願意成就を祈願すること）すべきである」と。

［比丘たちは］施物を受けたあと、在家者に［施主の］名前を唱えさせた。人々は言った。「もし聖者たちが、わたしたちの名前を唱えてくだされば、その福利は増大するであろうに」と。ブッダは言った。「比丘たちに、その名前を唱えさせるべきである」と。

ときに施主が、財物を寺院に持ってきて、着いてから［その財物を］施した。ブッダは言った。「もし寺院にまで［布施をするために］来る者がいたならば、その者の名前を唱えて、呪願してから受けるべきである」と。

ときにその［施主の名前を唱える］比丘が、周囲に宣告したところ［施主の名前を］先立って唱えるさいに、衆人たちが雲のように集まってきて、［人の］列が迫り、前に進み出る余裕がなくなってしまった。ブッダは言った。「［施主の名前を］先立って唱える者は、車に乗るか、高い輿に昇ることを可能とすべきである」と。

ときに、猛暑であったり、風雨に遭遇することがあった。ブッダは言った。「［施主の名前を先立って唱える者が乗る車や高い輿には］幌による覆いをつくって、その者の身があまねく覆われるようにするべきである」と。

［寺院の］一方［のみ］が開門していたところ、人々が多かったので［門のあたりは］人が満ち溢れて塞がってしまった。ブッダは言った。「［寺院の］四方［すべて］が開門されるべきであり、四人（各門一人

一人）の者に［施主の名前を］先立って唱えさせるべきである」と。
(Kishino 2013, §2.2.2)

この後半に関しても、チベット語訳と義浄訳は、かなりよく対応していることが分かるが、われわれの議論を深める上で、まず何よりも留意すべきは、出家修行者が、チャンダカ集めに協力すべきことが明確に説かれており、さらには、その際にどのような協力をなすべきかということが具体的に指示されている点である。ここでの規定が説くところに依れば、出家修行者は、チャンダカ集めの呼びかけに従事し、そしてそのチャンダカを差し出した者たちの名前を読み上げねばならない。また、その名前を読み上げるという行為が、チャンダカを差し出した者に福をもたらす行為として特に重視されている点も注目に値する。それは出家修行者によってこそなされるべきであり、さらには、文字通り目に見える形でなされなければならないのである。

図3　施主の名前の読み上げ

ここからは、出家修行者が行う宗教行為が、聴覚的にも視覚的にも重要な意味を持つものとされていることが窺い知られる。現代日本の仏教界においては、諸宗において様々な法要が伝統的に行われていることは周知の事実であるが、それらにおいても、しばしば僧侶が施主の名前を読み上げることがなされる。そしてその施主の名前の読み上げが、法要のハイライトであることが多い。このことを踏まえると、われわれは、この「チャンダカ・ビクシャナ」の規定を、現代の日本の仏教界においてしばしばなされている施主の名前を読み上げる作法の典拠の一つとして捉えることができるかもしれない。いずれせよ、この『ニダーナ』に説かれる一連の規定は、出家修行者たちがチャンダカ集めに深く関与していたことを示唆しているのは間違いない。

もっとも、この『ニダーナ』において規定されている「チャンダカ・ビクシャナ」が、われわれが先に見た『アヴァダーナ・シャタカ』の「ウッタラ」や「目連」、あるいは「根本説一切有部律」の『薬事』で言及されていた、出家修行者が能動的に行っていた「チャンダカ・ビクシャナ」と全く同一のものであるかという点については定かではない。すなわち、それらのテキストで言及されていたウッタラや目連やカーシャパの弟子たちが従事していた「チャンダカ・ビクシャナ」においても、彼らは、在家信者が行うチャンダカ集めの呼びかけを補佐する役目を果たしていたり、チャンダカを寄進した人物の名前を読み上げていたりしていたのかという点まではよく分からないのである。むしろ、コンテキストを踏まえる限り、ウッタラや目連やカーシャパの弟子たちは、在家者が主導する呼びかけの補佐をしていたというよりも、徹頭徹尾、自分たちが率先してチャンダカ集めを遂行していたようにも解しうる。もしそれが現実を反映した描写だとするならば、『ニダーナ』に説かれるチャンダカ集めと、他の「根本説一切有部律」系テキストにおいて説かれるチャンダカ集めとの間には差異があることになり、われわれはその差異が意味することについても、さらなる考察を加えなければならないことになる。しかしながら、現時点においては、筆者は、その考察を可能にするだけの資料を、少なくとも『アヴァダーナ・シャタカ』と「根本説一切有部律」そのものの中には見つけることはできていない。そのため、ここでは、ひとまず『ニダーナ』に説かれているチャンダカ集めが、複数ある形態のうちの一つにすぎない可能性を想定しつつも、それは明らかに出家修行者の関与を要するものとして説かれているという興味深い事実を指摘するにとどめておく。

四、漢訳仏典における「勧化」について

『撰集百縁経《せんじゅうひゃくえんぎょう》』における「勧化」

これまで見てきた通り「根本説一切有部律」においては、チャンダカを集める行為が「チャンダカ・ビクシャナ」という特定の呼称のもと、功徳を積む善行として明確に容認されており、それに関する細かい諸規定が制定されている。その行為の内容や性質を勘案すると、それは、まさしく本邦の仏教界において「勧化」ないしは「勧進」と呼ばれ繰り返し実行されてきたことと実質的に同じものとして解することができそうである。事実、興味深いことに、インド

語仏典の漢訳テキストの中には、チャンダカを集めることを「勧化」という訳語で表現しているような用例が確認される。例えば、本稿において「チャンダカ・ビクシャナ」の用例として最初に引用した『アヴァダーナ・シャタカ』の「衣服」という説話の漢訳ヴァージョン（『撰集百縁経』に収録されている「須達多《しゅだった》、象に乗りて勧化する縁」というタイトルが付せられた説話）を見てみると、その冒頭は次のようになっている。

> ブッダはシュラーヴァスティーのアナータピンダダ園にいらっしゃった。ときに、その城市に一人の長者がいた。名前はスダッタ（アナータピンダダの別名）と言った。百千の金銭をもってブッダに布施をして次のように思念した。❶「百千の金銭をもってブッダをはじめとするサンガに布施をすることも、［わたしにとっては］難しいこととするには足りない。いま、貧しい者たちや下賤の者たちに対して**勧化をなして**［彼らの日用品である］糸や針を分割させて、それを［ブッダをはじめとするサンガに］布施させることは、難しいことと言えるだろう。また［そうすれば］無量・無辺の功徳が得られるであろう」と。このような思念を起こしたあと、直ぐにプラセーナジット王のもとに向かい、そのことを申し上げた。［王は、可否を］尋ねられるやいなや「そのようにするがよい」と［容認し］、すぐに補佐役の家臣たちを派遣した。［彼らは］城市において鼓を打ち鳴らして、命令を唱えて、諸々の人々に次のように語り告げた。❷「スダッタ長者は、まさに今、衆人を**勧化**して、そのことによって恵施《えせ》を修めようとしている。第七番目の日の早くから大きな白象に乗って四衢路の路頭におり、街中でも人里離れた地でも、様々なところで**勧化をしようとしている**」と。
>
> （大正新脩大蔵経第四巻、二三〇頁中段～下段；cf. 杉本一九九三：一七七頁）

ここで注目すべきは、傍線で示した「勧化」という表現を含むアナータピンダダの独白（❶）と国王の宣告（❷）である。両者は、それぞれ、先に提示した『アヴァダーナ・シャタカ』の「衣服」のサンスクリット語テキストにおける次の一節に対応している（対応を明確にするために①と②という番号をふっている）。

①「私が布施をなしたり、福徳（punya）を積んだりすることに関して、［それが］どうして奇特であろうか？ 貧しい人を利益《りやく》することのために、シュラーヴァスティーの住人たちの群れから**チャンダカの乞い求め（chandaka-bhikṣaṇa）をして**、声聞サンガを伴っている世尊に仕えてはどうだろうか？ このように、私によって多くの人を利益《りやく》することが為されたならば、これによって多くの功徳が生じるだろう。」

②「みなさん！ シュラーヴァスティーに住んでいる都民たちは聞きなさい。今や、第七番目の日に、アナータピンダダ家長が、象の肩に乗って、声聞の僧伽を伴った如来に対して**チャンダカの乞い求め（chandaka- bhikṣaṇa）**を行うことを欲しています。あなた方のうち、ある者に手放されるだけの量［の財物］があるならば、それが施与されるべきです。」

これらを見比べると、「チャンダカ・ビクシャナ」と「勧化」が、内容的に対応していることが分かる。もっとも、既に述べた通り、『アヴァダーナ・シャタカ』の現存するサンスクリット語テキストと漢訳テキスト（『撰集百縁経』）とを比較した場合、両者は決して逐語的に合致するわけではなく、むしろ、往々にして漢訳テキストの方が簡素な形・内容になっており、それは漢訳テキストが古形を留めていることを意味していると解されるのが一般的である。つまりは、現存するサンスクリット語テキストと、漢訳テキストの背後にあるサンスクリット語テキストは、決して同じものではなさそうなのである。そのため、ここで挙げた一節に見られる「勧化」という言葉が「チャンダカ・ビクシャナ」の訳語であるとまで言い切ることは全く合理的ではない。しかしながら、ここで見ている用例からは、サンスクリット語において「チャンダカ・ビクシャナ」と言い表される、広く在家者からチャンダカを募る行為が、同テキストの漢訳ヴァージョンにおいて「勧化」と言い表されていることは指摘できる。このことは、チャンダカを集めることが、少なくとも内容的には「勧化」と呼ぶにふさわしい行為であることを示唆していると言えよう。そして、その「勧化」という語に注目して、「根本説一切有部律」以外の、漢訳で現存する律テキストを見てみると、とくに『摩訶僧祇律《まかそうぎりつ》』に興味深い用例があることが確認される。本稿の最後にこの点に触れておこう。

『摩訶僧祇律』に見られる「勧化」

『摩訶僧祇律』というのは、漢訳でのみ現存する戒律テキストである。翻訳者は、中国からインドに渡った勇敢な求法僧の一人として知られる法顕《ほっけん》（四世紀後半—五世紀前半）と、西域より中国にやって来たブッダバドラ（Skt. Buddha-bhadra; 中国名は覚賢《かくげん》）（三五九—四二九）という高名なインド人学僧である。中国史に名を留める高僧たちの伝記を集めた、慧皎《えこう》（四九七—五五四）の『高僧伝《こうそうでん》』における両人の伝記には、法顕が、帰国後に建業《けんぎょう》（今の南京）において、ブッダバドラの力を借りて『摩訶僧祇律』の翻訳に従事したことが記されている（船山・吉川二〇〇九：一九六、二四九頁）。また、五世紀初頭の西域・インドの情勢をつぶさに叙述している貴重な歴史資料としても名高い『法顕伝《ほっけんでん》』（一名『仏国記《ぶっこくき》』）という法顕の旅行記には、彼が、そのインド語写本を中インドにおいて入手したことが示唆されている。すなわち、「……中天竺《てんじく》に至る。摩訶衍《まかえん》の僧《そう》伽藍《がらん》において、一部の律を得たり。摩訶僧祇衆の律なり。仏が在世のとき、最初の大衆の行ぜしところなり」云々という具合である（長澤一九九六：一〇五～一〇七頁）。この一節にも見られる「摩訶僧祇」という言葉は、どうやらサンスクリット語のMahāsāṃghi（ka）に相当する音写語であることは間違いなさそうである。また、そのMahāsāṃghi（ka）というのは、素直に解せば「大きな」を意味するmahatという言葉と、「集団」や「共同体」を意味するsaṃghaという言葉が合わさった複合語の一つとして解することができる。したがって「摩訶僧祇律」は、その理解に基づくと「大集団の者たちの律」の意であると解せる。先に引用した『法顕伝』のなかの「大衆の行ぜしところなり」という一節も、それが「大集団の者たちの戒律」を意味する可能性を示唆していると言えよう。一方で、インドには、「Mahāsāṃghika」という名称の特定の部派（漢字文化圏では、一般に「大衆部《だいしゅぶ》」と表記される）が存在したことも知られている。そのため、『摩訶僧祇律』における「摩訶僧祇」という言葉は、単に「大集団の者たち」を意味するのか、あるいは「大衆部」という特定の部派を指すのか、少なくともその漢訳のタイトルだけでは定かではない。前者の理解は、例えば、僧祐《そうゆう》（四四五—五一八）という中国の大学僧が選述した『出三蔵記集《しゅつさんぞうきしゅう》』という仏典目録において確認される。僧祐は、同著のなかで、アショーカ王の在世時（紀元前三世紀半）のインドにおける仏教教団は、犢子部《とくしぶ》（Skt. Vātsīputrīya）という部派が多数派を占めるようになり、自分たちを「大衆」を意味する「摩訶僧祇」と称するようになったと説明しているのである（平川一九八〇：二二九～二三〇頁）。この僧祐の説明に基づくと、『摩訶僧祇律』というのは「大集団の者たちの戒律」の意であり、その「大集団の者たち」とは、具体的には犢子部を指すことになる。つまりは、僧祐の見解によれば『摩訶僧祇律』は、犢子部の伝持した戒律テキストということになるのである。また、鎌倉時代後期の東大寺の大学匠である凝然《ぎょうねん》（一二四〇―一三二一）も、「摩訶僧祇律」の「摩訶僧祇」を「大集団の者たち」の意で解していることが知られている。彼は『八宗綱要《はっしゅうこうよう》』という、仏教の教理と歴史を広く概説した、近代以降にも版を重ね続けてきた一大ベストセラー（Kishino 2018: 112-113）のなかで、インド仏教史にも触れ、そこで「摩訶僧祇」は「大集団の者たち」と「大衆部」という二つの理解が可能であることを指摘しつつ、「摩訶僧祇律」を、その前者の意味で説明しているのである（鎌田一九八一：一三七頁）。さらに言えば、この「摩訶僧祇律」の「摩訶僧祇」の意をめぐっては、江戸時代においてもなかなか決着がつかなかったようである。學《がく》如《にょ》（一七一六―一七七三）や密門（一七一九―一七八八）をはじめとする江戸時代後期に「根本説一切有部律」を宣揚・研究した真言僧たちの間で用いられていた戒律文献カタログにおいては、『摩訶僧祇律』の所属部派が「未決定」と説明されている（岸野二〇二二：八五頁）。

しかしながら、現代の仏教学界においては、『摩訶僧祇律』を「大衆部という部派の伝持した戒律」として捉える理解が一般的になっている。むろん、その理解には、れっきとした根拠があるのであるが、そのことはあまりよく知られていないようである。『摩訶僧祇律』を扱う研究の多くにおいては、それが大衆部に所属することが、あたかも自明のことであるかのように、その根拠が充分に示されぬまま断定されており、ここで紹介した「摩訶僧祇」という語が指すものをめぐる見解の相違についても充分に触れられることはない。そこで、本稿では、その根拠についても以下に言及するが、先ずは話を本題に戻して『摩訶僧祇律』におけるチャンダカを募る行為と思わしき「勧化」の用例を見ることにする。それは次の通りである。

また続いて、ブッダはシュラーヴァスティーに住んでいた。そのときに人々が**勧化**をして、大会《だいえ》（Skt. *mahā 諸種の法要・大祭）を設けて、九十六種類の出家修行者に対して飯食を供養しようと思った。［そのなかに］仏教の在家信者のところにやってきて**勧化**して、物を索求する者がいた。［その］仏教の在家信者は言った。「わたしは約束をなそう。もしも私の諸師を上席に着かせるのであれば、当然わたしはお前に物を与えると。」［すると］勧化人は言った。「お前は聴きなさい。もしも仏教以外の教えを信仰している者がいて、［お前に］このようなことを言ったとしよう。『もしも私の諸師を上席に着かせるのであれば、当然お前に物を与えよう』と。［その場合、お前は、そのような約束を交わすことはできないであろう。それと同様に］私は、どうして人々から［仏教の諸師が］その上席に着くという許しを得られようか（いや得られない）。お前は無条件に私に物を与えよ。わたしは、○月○日にアチラヴァティー川（Aciravatī）の岸上にいて、その場所を荘厳して、立派な法幢を施し、行列をなしている宝樹の間には細やかで柔らかな心地良い妙座を敷いて、餚饍《こうぜん》（ごちそう）を設供するというような大会《だいえ》をなそうと思っているのだ。諸々の出家修行者の中で、先にやってきた者がいれば［その者を］そのまま上席に着かせるだろう。」

（大正新脩大蔵経第二二巻、三五三頁上段；cf. 西本一九三〇：一〇七頁）

ここで引用したのは、エピソードの前段であり、後段では、ブッダたちが神通力を使って、その大会《だいえ》に一番乗りをはたし、結果、彼らが上座に座すことになることが説かれている。だが、その後段は、われわれの議論にはあまり関係がない。われわれが留意すべきは、この前段において「勧化」ないしは「勧化人」という言葉が用いられている点である。われわれは、すでにチャンダカ集めが祭礼にちなんで開催されるというコンテキストをいくつかの事例において確認した。このことも考え合わせると、ここで引用している『摩訶僧祇律』の一節の、大会《だいえ》を開催するにちなんで物品を索求して巡るというコンテキストからは、その「勧化」が、広く在家者からチャンダカを募る行為を指している可能性を見出すことができるのである。もっとも、それは一つの可能性に過ぎず、その「勧化」が、単なる信仰心の喚起や教化ないしは宣教を意味しないとも限らない。その「勧化」が、在家者からチャンダカを募る行為を指すという可能性をさらに高めるためには、同じ『摩訶僧祇律』に含まれている、別の「勧化」の用例をいくつか検討する必要があろう。そして、そうした用例としては、例えば、比丘尼を対象とした「捨堕法」の第三十七番目の規定の因縁譚と、「波逸提《はいつだい》法」（捨堕法よりも軽罪に問われる規定群）

の第七十番目の規定の因縁譚の冒頭部分を挙げることができる。それらにも、先と同様に「勧化」という言葉が見られ、かつ、それがチャンダカを募る行為を意味しているように見受けられるのである。それらを順に挙げると、以下の通りである（二つには❶❷と番号をふっている）。

❶ブッダはシュラーヴァスティーに住んでおられた。そのとき、ストゥーラナンダー（偸蘭難陀）という比丘尼は「**勧化**をして［サンガのために］食事を作ろう」と思って［とある］婦人に告げた。「優婆夷よ、私はサンガのために食事を作りたいと思っている」と。するとと、もろもろの優婆夷たちは、信心によって歓喜して［ストゥーラナンダー比丘尼に］食直（食事の値段［に相当する金品］）を与えて、次のように言った。「先生よ、食事を作る日になったら私に告げてください。当然のことながら、私も行って、食事を給仕します」と。

（大正新脩大蔵経第二二巻、五二五頁上段；西本一九三一：九五頁；Hirakawa 1982: 199）

❷ブッダはシュラーヴァスティーに住んでおられた。そのとき、六群比丘尼は、遊行して**勧化**をして［とある］女性に告げた。「私に物品を与えよ。諸々の比丘たちのために、私は食事を作りたいと思っている」と。すると［その］女性は、すぐに［物品を］与えて次のように言った。「食事を作る日になったら私に告げてください。当然のことながら、私も行って、食事を給仕します」と。

（大正新脩大蔵経第二二巻、五四三頁中段；西本一九三一：一六六頁；Hirakawa 1982: 368）

この❶と❷は、異なる二つの規定の因縁譚の冒頭部分であるが、内容も文面も極めてよく似ている。いずれにおいても、女性の出家修行者が、サンガのための食事を用意する目的で在家者に対して「勧化」をおこない、結果、その在家者から食事のための資財を入手しているのである。このコンテキストを勘案すると、われわれは、ここでも「勧化」が、チャンダカを募ることを意味している可能性を見出すことができる。また、この二者のうちの❶については、それが導く規定が、本稿の最初の議論で引用した「パーリ律」の捨堕法の第七条の規定に対応することが、平川彰によって指摘されている（平川一九九八：三六〇頁）。この点に鑑みても、❶は、「パーリ律」の捨堕法の第七条の因縁譚と同様に、チャンダカについて言及している可能性がさらに高くなると言える。と同時に、それとほぼ同文の❷も、やはりチャンダカについて言及している可能性が高くなると言える。ただし、これらもコンテキストに大きく依存した推定であることには変わりはない。『摩訶僧祇律』というテキストだけをとりあげている限り、結局は、コンテキスト以外に有力な傍証は得られないというのが実情である。では『摩訶僧祇律』以外に、その考察に役立つ何か別の有力な資料はないのかと言えば、実はある。それは、『摩訶僧祇律』と密接な関わりがあることが指摘されている、ローコッタラヴァーディン（Skt. Lokottara-vādin）という部派（本邦では、一般に「説出世部」ないしは「出世間部」「出世説部」と呼ばれる）の伝持した戒律テキストの部分的なサンスクリット語写本である。結論から言えば、そのサンスクリット語写本は、部分的なものでありながら、幸い❶と❷に対応するテキストも含んでおり、そして興味深いことに、そこには紛れもなく「chandaka」という言葉が確認される。最後にこのことを説明して本稿を終えるとしよう。

ローコッタラヴァーディンの戒律テキストに見られる「チャンダカ」

『摩訶僧祇律』は漢訳でのみ現存する戒律テキストであること、その所属部派を、少なくとも、そのテキストのタイトルからだけでは、必ずしも定かにすることはできないことは既に述べた通りである。しかしながら、内容的には、それはローコッタラヴァーディンの伝持した戒律の部分的なサンスクリット語写本と、よく対応すること、特に比丘尼に関する部分は酷似していることが、平川彰の研究により明らかにされている（Hirakawa 1982: esp. ix-x, 43–44; 平川一九九八：四二二頁）。そしてこの近似性こそが、『摩訶僧祇律』が「大衆部」という部派が所伝したものであるとする一般的な理解の重要な根拠となっている。と言うのも、ローコッタラヴァーディンは、大衆部と密接な関わりのあるグループ（大衆部から分派した一グループ）であるという伝承が広く知られているからである（静谷一九七八：一九～二四頁）。平川は、このことを次のように述べている（角括弧内は本稿筆者の補足である）。

「これらの律典［ローコッタラヴァーディンが伝持したことが、そのコロフォンに記されている戒律テキストのサンスクリット語写本」は漢訳の『摩訶僧祇律』と内容がきわめて合致している。とくにG・ロートの出版した比丘尼律の梵本については、漢訳の比丘尼律（『摩訶僧祇律』の巻三六より四〇まで）と内容がきわめてよく合致している。……このように漢訳と梵本とが密接に合致することが明らかになったことは、漢訳の『摩訶僧祇律』が大衆部の伝持したものであることと、梵本が説出世部の伝持したものであることとを、同時に証明することになると考える。」

（平川一九九三：四六頁）

このようにローコッタラヴァーディンが伝持したとされるサンスクリット語写本こそが、『摩訶僧祇律』が、大衆部によって伝持されたテキストであることを示唆する有力な根拠となっているのである。またそれは『摩訶僧祇律』の背後にどのようなサンスクリット語テキストが存在したかを探り当てるのにも有力な資料であることは言うまでもない。

では、そのローコッタラヴァーディンが伝持したとされるサンスクリット語写本において、先に挙げた『摩訶僧祇律』からの引用である❶と❷に対応する部分はどのようになっているのかと言えば、それは以下に示す通りである（❶❷に対して①②という白丸の番号をふっている）。なお、このローコッタラヴァーディンが伝持したとされるサンスクリット語写本の比丘尼にかかわる部分については、その冒頭からの現代日本語訳を吉澤秀知《よしざわひでとし》が継続的に発表しており（吉澤二〇一二、二〇一五a、二〇一五b、二〇一六）、また、その全てをエディット・ノロー（Edith Nolot）がフランス語に翻訳している（Nolot 1991）。両者が極めて有益な研究成果であることは言うまでもないが、本稿とのかかわりで言うならば、前者は、現時点では、本稿がとりあげる①と②に相当する箇所までは翻訳が及んでいない。また、後者は、本稿がとりあげる①と②に相当する箇所の翻訳も含まれているものの、その翻訳はテキストに忠実というよりは、往々にしてコンテキストに即した意訳であり、われわれの議論の中心である「チャンダカ」についても「（寄進物を）集めること」という漠然とした翻訳が提示されているに過ぎない。そのためここでは、拙訳を提示する。

①ブッダはシュラーヴァスティーに住していた。ストゥーラナンダー（Sthūlanandā）という比丘尼が、サンガにもろもろの食事を提供しようと思って、彼女は、

チャンダカに出つつ［婦人たちに］言った。「ご婦人よ、［わたしに］チャンダカを与えよ。わたしは、高貴な女性たちに食事を作らんと思っているのです」と。すると、かの婦人たちは、チャンダカを表出しつつ（*prajantīnti）言った。「高貴な女性よ、給仕がある日に、私たちも給仕者として行きます。」

(Roth 1970: 170–171 (§175); cf. Nolot 1991: 170)

*写本は prajantīnti「表明しつつ」となっているが、ここは②と同様に prayacchanti「差し出す」の誤りかもしれない。Nolot も、その可能性を指摘し prayacchanti で読んだ翻訳を提示している（Nolot 1991: 170, n. 25）。なお prajantīnti の「表明する」という、いささか特殊な語義については『エジャートン』を参照；cf. Roth（1970: 170）

②世尊はシュラーヴァスティーに住していた。そのとき、かの六群比丘尼は、チャンダカに出ていた。［そして婦人たちに言った。］「ご婦人よ、［わたしたちに］チャンダカを与えよ。わたしたちは、高貴な女性たちに食事を作らんと思っているのです」と。すると、かの婦人たちは差し出した（prayacchanti）。そして彼女たちは言った。「高貴な女性たちよ、あなたたちがサンガの食事をつくる日がきたら、そのときに私たちにも告げてください。私たちも給仕者として行きます。」

(Roth 1970: 291 (§251); cf. Nolot 1991: 321)

これらの①と②は、登場人物に関しても、話の内容に関しても、それぞれ、先に引用した❶と❷によく対応している。①では、❶と同様に、ストゥーラナンダー比丘尼が、比丘尼サンガを饗応するための資財を集め、資財を提供した在家者の女性は、その饗応の給仕を申し出ている。②についても、❷と同様に、六群比丘尼が、比丘尼サンガを饗応するための資財を集め、資財を提供した在家信者の女性は、その饗応の給仕を申し出ている。そして本稿の議論において何より留意すべきは、①と②の両者において「チャンダカ」という言葉が——「チャンダカに出る」といった、これまでに見てきた用例とは異なる動詞を伴う興味深い表現もあるものの——用いられており、それを集める行為が、❶と❷においては、まさしく「勧化」と訳されている行為と対応しているという点である。要は、これらの①と②からも、在家者からチャンダカを募る行為が、漢訳テキストにおいては「勧化」と言い表されている可能性が高いことが窺い知られるのである。このことは、『摩訶僧祇律』において「勧化」という訳語が見られる箇所の背後には、常に「チャンダカ」というサンスクリットが潜んでいるとは言えないまでも、そうしたケースも充分にありうることを強く示唆していると言える。そして、もしそのことが事実であるならば、『摩訶僧祇律』においても、「パーリ律」や「根本説一切有部律」やローコッタラヴァーディンの律テキストと同様に、「チャンダカ」が言及されていることになり、結果、チャンダカを募る行為は、——それを明確に規定として定めているのは、管見の限り「根本説一切有部律」だけではあるものの——複数の律において広く説かれる一般的な行為であった可能性が高いことになる。そして、さらにそれがもし事実であるならば、インドの仏教教団も、日本の仏教界が勧化（ないしは勧進）という名のもとに歴史的に長らく実行してきた寄進物を能動的に募る活動を——いつ頃からかは定かではないものの——広く積極的に行っていた可能性が高いことになる。だとすれば、われわれは、日本の仏教教団の伝統とも言うべき勧化（ないしは勧進）を、インド仏教にも遡りうる正統（?）なものとして捉えることができるかもしれない。いずれにせよ、インドにおいても仏教教団が寄進物の収集に積極的に関与するケースがあった可能性は、かなり高そうである。

まとめ

以上、本稿では、戒律や説話にもとづき「チャンダカ」および「勧化」について考察を重ねてきた。その要点を箇条書きにして列挙すると以下の通りである：

- チャンダカは、ある者の募集に応じる形で、複数の者が教団に対して自らの意志に基づいて寄進する資財のことのようである。
- 集められたチャンダカは、売られて金銭に代えられたようである。
- チャンダカ集めは、仏教教団に特有の宗教活動ではなく、他の宗教グループも広く実践していたものとして説かれている。
- チャンダカ集めは、裕福ではない者でも、身の丈にあった小口の寄進を行うことで大きな功徳が得られるようにするための方策、すなわち、寄進を受ける教団と寄進者との双方にとって好都合な方策であったと解せる。
- チャンダカ集めは、祭礼にちなんで大々的に実施されるものとしても説かれている。

●チャンダカ集めには、在家者だけではなく、出家修行者も能動的に関与していたことが窺われる。

●「根本説一切有部律」の『ニダーナ』には、チャンダカ集めの経緯を説く物語、さらには、出家修行者がそれにどのように関与すべきかということを具体的に説く諸規定が確認される。

●その『ニダーナ』の諸規定の中には、チャンダカを差し出した施主の名前を出家修行者が読み上げること、その姿が目の当たりにされることの重要性を示唆するものがある。

●チャンダカを集めることは、内容的には、本邦の仏教界が歴史的に長らく実行してきた「勧化」（ないしは「勧進」）と呼ばれる実践活動と類似している面があるが、実際、チャンダカを集めることが、漢訳テキストにおいて「勧化」という訳語で言い表されている事例も確認される。

●「パーリ律」、「根本説一切有部律」、ローコッタラヴァーディンの律テキストだけでなく、『摩訶僧祇律』においても、チャンダカを募る行為が説かれている可能性が高い。このことは、チャンダカ集めが、仏教の出家修行者のあいだで一般的な行為であった可能性が高いことを示唆している。

最後に、大きな問題として残っていることが一点ある。それは「チャンダカ」を、現代語にどう翻訳するのが適当であるのかという問題である。本稿を通じて、われわれは、チャンダカを集める行為と「勧化」という言葉の対応を目の当たりにした。したがって、チャンダカを集める行為については、邦語の場合、それを「勧化」と訳すことも可能であるかもしれない。だが、それが可能であったとしても、チャンダカそのものをどう訳すべきかという問題は残されたままである。われわれは、「パーリ律」の注釈書においては、それが「他者たちの意欲と喜びとを生ぜしめて得られた資財」と説明されていること、そして、その説明の妥当性は、他文献における「チャンダカ」の用例からも裏付けられる可能性が高いことも確認した。しかしながら、その「パーリ律」の注釈書の説明を充分に言い表すような的確な訳語を、筆者は考案できていない。逐語的に言うならば、われわれが封筒に入れて謝金などを支払うさいに、その封筒の上にしばしば書かれる「寸志《すんし》」や「懇志《こんし》」といった「志《こころざし》」に相等するようでもあるが、それではロークスト・ハイリターンとも言うべきチャンダカの特質を充分に言い表せているとは思えない。何か的確な訳語を思いつかれた読者におかれては、ぜひとも筆者にご教示いただきたい。

最後の最後に付言すると、本稿で考察してきたような、仏教教団がいかに寄進物を集めていたかという、言わば、仏教教団の現実的な活動の様子は、思想や教理の研究からだけでは、容易に可視化され難いものであろう。その意味において、戒律研究というのは、仏教者が「何を説いたか」ではなく「何をしたか」ということを明らかにするのに有効な手立ての一つとして重要であると言える。さらに言えば、とくに現代の日本においては、僧侶が宗教者と寺院経営者という二つの——往々にして相反する価値観を要する——立場を兼ね備えるあり方が至極当然のものとなっており、仏教者自身が——往々にして後者の立場を優先するあまり——宗教者として本来的にとるべき行動や示すべき態度について充分な議論を重ねているとは言い難い。この現状に鑑みても、戒律研究を通じて、仏教の発祥地であるインドにおいて仏教者たちが実社会の中で「何をしたか」を明らかにし、その真意や問題点を考察する意義は決して小さくはないであろう。

コラム｜船山　徹

中国初の漢訳律『僧祇戒心』の嘘とまこと

仏教の書物と言えば経《きょう》（ブッダの教説）・律《りつ》（出家教団の生活規則）・論《ろん》（後の仏教徒が著した教理学書）の三蔵《さんぞう》をいう。仏教は後漢《ごかん》時代（後一―三世紀）に中国に伝わったが、その後の漢訳（古典漢語訳）には今なお不明が多い。最初の漢訳の経『四十二章経《しじゅうにしょうきょう》』からして謎だらけ、同じく最初の漢訳の律にも闇だらけだ。昔からの伝説通りならば、初の漢訳律は三国魏《さんごくぎ》（曹魏《そうぎ》）の時代（三世紀）にインド僧曇柯迦羅《ダルマカーラ》（法時《ほうじ》、曇摩迦羅とも）が洛陽で訳した『僧祇戒心《そうぎかいしん》』だったらしい。しかし『僧祇戒心』は現存せず、また、現存最古の仏教経典目録として信頼できる僧祐《そうゆう》（四四五―五一八）『出三蔵記集《しゅつさんぞうきしゅう》』に対応記事がないなど、基本的なところで不明な事柄が多い。

一、曇柯迦羅伝

まず、基本資料として、梁《りょう》の慧皎《えこう》（四九七―五五四）『高僧伝《こうそうでん》』巻一の「魏《ぎ》の洛陽《らくよう》の曇柯迦羅《どんかから》伝」を紹介する。

曇柯迦羅、中国名は法時は、そもそも中天竺《ちゅうてんじく》の人である。家は代々の大富豪であり、常々大梵天《だいぼんてん》に生まれる福徳の修行につとめていた。迦羅は幼くして利発、資質容姿は人なみ優れ、書物に一度目を通しただけですべてにわたって文章の意味をすらすらと理解した。四囲陀論《しいだろん》に通暁し、風雲や星宿についての占断、予言記、運勢判断などすべてを博綜し、天下の文学哲学はすっかり自分の胸と腹の中に納まっていると自慢していた。二十五歳になって、とある僧坊に入って眺めまわしていたところ、偶然『法勝毘曇《ほうしょうびどん》』(1)が目にとまった。ためしに手に取って眺めてみるが、さっぱり何のことやら理解できず、繰り返し読んでみるが、一層頭はくらくらするばかりである。そこでこう嘆息した。「僕は長年にわたって学問を積み、経籍を自家薬籠中のものとし、古典の中に心を遊ばせ、その意味を二度と考えてみるまでもなく、その文章をあらためて読み直してみる必要もなかった。ところが今、仏典を目にしたところ、すっぱりと意想外のことばかり。きっと深みに釣針を垂れて探るように道理は深遠で、特別に精緻な要義が存するのであろう(2)」。そこでテキストを持って僧房に入り、一人の比丘《びく》にざっと解釈してくれるように頼んだ。かくて因果の理法を深く悟り、三世のことわりをみごとに理解し、仏の教えは広大無辺であって世俗の書物の及びもつかぬものであることが始めて分かった。そこで世俗的な栄誉をきれいさっぱりと棄て、出家(3)して精進し、大乗、小乗の経典や各部の毘尼《びに》(4)を諷誦《ふうしょう》した。

絶えず各地を行脚して教化を行うことを大切にし、一箇所だけに留まることを願わず、魏《ぎ》の嘉平《かへい》年間（二四九—二五四）に洛陽にやって来た。その時、魏の国内には仏法は存在したものの、しかし教風はさっぱり振るわず、僧侶たちの中にも三帰依戒《さんきえかい》を受けることなく、ただ剃髪《ていはつ》している点が俗人《ぞくじん》と違うというだけの者もあった。またたとえ懺悔《さんげ》の儀《ぎ》を行うにしても世俗の祭祀《さいし》のやり方にならっていたが、迦羅がやって来ると、大々的に仏法が行われるようになった。その時、僧侶たちはみんなして迦羅に戒律を訳出してくれるように要請したが、迦羅は律部は細々としたきまりであって、文句は繁雑で長ったらしく、仏の教えがまだ盛んに行われていない現状ではきっと受け入れられまいと考え、そこで『僧祇戒心《そうぎかいしん》』(5)を訳出し、ただ朝夕の用に備えるだけとした。さらにインド僧を招いて羯磨《こんま》の法《ほう》、すなわち受戒の法を設けた。中国の戒律はここから始まったのである。迦羅のその後については分からない。

当時また外国の沙門《しゃもん》の康僧鎧《こうそうがい》なる者がいた。やはり嘉平（二四九—二五四）の末に洛陽にやって来て、『郁《いく》伽長者経《がちょうじゃきょう》』などの四部の経典を訳出した。また安息国《あんそくこく》の沙門の曇帝《どんたい》がおり、やはり戒律の学問を得意とし、魏の正元《せいげん》年間（二五四—二五六）に洛陽に来遊して『曇無徳羯磨《どんむとくこんま》』(6)を訳出した。また沙門の帛延《はくえん》がおり、どこの出身の人であるのかは分からないが、やはり聡明で深い理解力を備え、魏の甘露《かんろ》年間（二五六—二六〇）に『無量清浄平等覚経《むりょうしょうじょうびょうどうがく》』など合わせて六部の経典を訳出した。彼のその後については分からない。

（吉川・船山二〇〇九：五七—六三頁）

曇柯迦羅、此云法時、本中天竺人。至年二十五、入一僧坊。看遇見『法勝毘曇』(1)、聊取覽之、茫然不解。殷懃重省、更増昏漠、乃歎曰、「吾積学多年、浪志墳典、遊刃経籍、義不再思、文無重覽。今覩仏書、頓出情外、必当理致鈎深、別有精要」。於是齎巻入房、請一比丘(2)略為解釈。遂深悟因果、妙達三世。始知仏教宏曠、俗書所不能及。

乃棄捨世榮、出家(3)精苦、誦大小乗『経』及諸部『毘尼』(4)。常貴遊化、不楽専守。以魏嘉平中来至洛陽。于時魏境雖有仏法、而道風訛替、亦有衆僧未稟帰戒、正以剪落殊俗耳。設復斎懺、事法祠祀。迦羅既至、大行仏法。時有諸僧共請迦羅訳出戒律。迦羅以『律部』曲制、文言繁広、仏教未昌、必不承用、乃訳出『僧祇戒心』、止備朝夕(5)。更請梵僧立羯磨法受戒。中夏戒律始自于此。迦羅後不知所終。

時又有外国沙門康僧鎧者、亦以嘉平之末来至洛陽。訳出『郁伽長者』等四部経。又有安息国沙門曇帝、亦善律学、以魏正元之中来遊洛陽、出『曇無徳羯磨』(6)。又有沙門帛延不知何人、亦才明有深解、以魏甘露中訳出『無量清浄平等覚経』等凡六部経、後不知所終焉。

（『高僧伝』巻一、大正五〇・三二四下～三二五上）

（1）『法勝毘曇《ほうしょうびどん》』は、説一切有部《せついっさいうぶ》という部派《ぶは》に属する法勝（ダルマシュレーシュティン）という僧が著した『アビダルマ（毘曇）論』。

（2）「沙門《しゃもん》」は苦行者。「法勝『毘曇』」との繋がりを考慮すると、同じく説一切有部の僧か。

（3）「出家」も、先の二つの注との繋がりを考えると、説一切有部への出家と見るのが自然か。

（4）「諸部《しょぶ》『毘尼《びに》』」は不審。「毘尼」は「ヴィナヤ（律）」の漢字音写。インドでは自派の律のみを学ぶのが一般的。他派の律まで学ぶことは通常はない。これは中国的に脚色した結果か。

（5）「訳出『僧祇戒心《そうぎかいしん》』、止備朝夕」ここに曇柯迦羅が漢語に訳した『僧祇戒心』という書名が現れる。繁雑な律の全訳を避けた結果の妥協的な翻訳だから、『僧祇戒心』は律の要点のみを説いた短く簡潔な律であり、必要最小限のことのみを説いた書であったのだろうと想像できる。

（6）唐の静泰《じょうたい》『衆経目録《しゅきょうもくろく》』巻一「『曇無徳羯磨』一巻〈四十一紙〉、魏正元年、曇諦《どんたい》於洛陽訳」（大正五五・一八八上）。曇諦と曇帝は同人。

魏の都、洛陽の仏教の有り様を次のように略記できるであろう。中国では後漢に仏教が伝来してより以来、仏教は信仰され続けたが、三蔵のうち、「律」については何も知られないまま、出家者はただ単に剃髪し特別な衣を着ていればよかった。律の情報はまったく不完全であり、律に従って日々を生きる僧はいなかった。中天竺（ガンジス河流域を含むインド中央部）から洛陽に来た曇柯迦羅は律に詳しかったので、洛陽の漢人僧から律を漢訳するよう懇願されたが、律は繁雑で、すぐ理解できるようなものではなかったので、曇柯迦羅は律の精髄のみを訳して『僧祇戒心』と名付け、暮らしに役立たせたという記事である。

二、『僧祇戒心』の旧説に対する疑念

『僧祇戒心』は『律（ヴィナヤ Vinaya 出家教団の生活規則を説く総合版）』の全訳版でなく、肝要な箇所のみを抽出したものだったようだ。それ故、後代の漢語原典資料中には『戒心』――逐語的な意味は『戒の精髄』『戒の中心』――を『戒本』（戒律項目の解説や由来を省略し、戒律規則のみを抜き出した規則一覧）と言い換えて説明する人も現れた。それを承けて現代の研究者も、『戒心』とは、『律』から戒律の条文のみを抜き出した最重要項目の抜粋版を意味する『プラーティモークシャ Prātimokṣa（律中の具体的な戒律の条文集・条文一覧、＝波羅提木叉《はらだいもくしゃ》）』のことであると解釈する者がほとんどで、それ以外の解釈をする者はいない。これが、『戒心』とは何かについての、これまでの経緯である。

旧説は、『僧祇戒心』の「僧祇」の語義についても特徴がある。等し並みに「僧祇」は摩訶僧祇部という声聞部派名の略称であると解釈するのだ。主な研究のみでも横超（一九五八）、Zürcher (1959)、平川（一九六〇／九九）、任継愈《じんけいゆ》（一九八一）、曹仕邦《そうしほう》（一九八四）等は、『僧祇戒心』とは『摩訶僧祇部《マハーサーンギカ》の波羅提木叉戒本《プラーティモークシャ・スートラ》』のことであると明言している。その典型として横超慧日《おうちょうえにち》の所論を紹介しておこう。横超は北宋九九九年成書の賛寧《さんねい》『大《だい》宋僧史略《そうそうしりゃく》』巻上（大正五四・二三七下）に触れ、こう論ずる。

> まず律が翻訳された最初は何時《いつ》かといふ点につき、宋の賛寧が撰した『僧史略』を見ることにしよう。賛寧は「毘尼《びに》を律《りつ》と翻じたのは誰に始まるかわからぬが、漢の霊帝《れいてい》の建寧《けんねい》三年庚戌《こうじゅつ》の歳（一七〇）、安《あん》世高《せいこう》がはじめて『義決律《ぎけつりつ》』一巻を出し、次に『比丘《びく》諸禁律《しょきんりつ》』一巻があった。曹魏《そうぎ》の世に至り、天竺《てんじく》の三《さん》蔵曇柯迦羅《ぞうどんかから》が雒陽《らくよう》に到り、魏境の僧に律範なきことを慨き、遂に嘉平《かへい》年中（二四九―二五四）に曇諦《どんたい》とともに『四分羯磨《しぶんこんま》』と『僧祇戒心《そうぎかいしん》』とを訳したと云ふ、それが此方《しほう》の戒律の始《はじめ》である」と述べてゐる（『僧史略』巻上講律《こうりつ》）。

横超（一九五八：二一頁。但し書名への『』の補足は引用者）

横超は更に『義決律』と『比丘諸禁律』を考証し、その実在を疑った結果、「律典の翻訳は、曹魏の世に於ける曇柯迦羅の『僧祇戒本』一巻が最も古いものと見られることになる」（同：二二頁）と結論した。

　こうした旧説に何ら疑念を挟まず信じ込むとしたら、極めて危ういことである。『義決律』と『比丘諸禁律』の存在を否定し架空の書とするなら、どうして曇柯迦羅訳『僧祇戒本』は実在したと断定できるのか。『僧祇戒本』は、現存せず、過去の諸文献中にこれまで誰一人として僅か一つの引用すら見出せない。

　また、曇柯迦羅訳『僧祇戒本』に言及する仏教史書として、先に慧皎『高僧伝』曇柯迦羅伝を引用したが、この伝は慧皎が模範として常に参照した僧祐が編纂した経典目録『出三蔵記集』には、「曇柯迦羅」なる名も、『僧祇戒心』なる書も、ただの一度すらも現れない。同様に、僧祐の直弟子だった宝唱《ほうしょう》の『名僧伝《めいそうでん》』（成書五一四年）の残存箇所（宗性《そうしょう》『名僧伝抄《めいそうでんしょう》』収）にも「曇柯迦羅」も『僧祇戒心』も見えない。要するに、南北朝末までに成った諸文献のうち、曇柯迦羅訳『僧祇戒心』に触れる文献は、ただ『高僧伝』のみである。これは曇柯迦羅訳『僧祇戒本』に不審を抱かせるに充分な状況である。

三、『僧祇戒心』の旧説に対する疑念（続）

　結論を一部先取りすることを許して頂きたいが、わたくしは曇柯迦羅訳『僧祇戒心』の実在したことに強い疑いを覚える。そして更に、仮に百歩譲って『僧祇戒心』が何らかの意味で世に存在したとしても、それが『摩訶僧祇部《マハーサーンギカ》の波羅提木叉戒本《プラーティモークシャ・スートラ》』というインド語原典の逐語訳だった可能性も極めて低い。

　わたくしが特に注目するのは「僧祇《そうぎ》」の意味である。それは果たして確かに「摩訶僧祇部《まかそうぎぶ》」という部派名から「摩訶」を削除した略称であろうか。わたくしは部派名でなく、別の意味で理解すべしと考える。

　これより以下に「僧祇とは摩訶僧祇部の略称なり」という旧説を、大別して三点から批判的に検討する。

批判第一　凡そ略称というものは、省略しない正式名称（つまりフルネーム）が知られていることを前提とするものではないか。例えば「説一切有部」という正式名称が知られている状況で初めて「有部《うぶ》」という略称が意味を持ち、人々の間で通行するように。また「大正新脩大蔵経」という正式名称が先に存在し人々に知られている状況があって初めてその後「大正」や「正蔵」等の略称を理解できるように。しかし三国魏の時代には、曇柯迦羅訳『僧祇戒心』が史上初の漢訳律であったという伝説が裏付けているように『摩訶僧祇律』の漢訳は存在せず、それ故、「摩訶僧祇部」という部派名も全然知られていなかった。そのような状況でいきなり「僧祇」を「摩訶僧祇部」の略称として突然使い始めることなどあり得ない。

批判第二　中国で「摩訶僧祇部」という部派名が認識されるようになったのは五世紀初頭である。それは後秦《こうしん》国《こく》の都、長安（現在の西安）にて鳩摩羅什《くまらじゅう》等が『十誦律《じゅうじゅりつ》』を漢訳し（四〇四年以降）、同じく長安で仏陀耶舎・竺仏念等が『四分律』を漢訳し（四一〇―四一二年）、その後に南朝宋の都、建康《けんこう》（現在の南京）にて仏駄跋陀羅《ぶつだばつだら》・法顕《ほっけん》等が『摩訶僧祇律《まかそうぎりつ》』を漢訳した（四一六―四一八）。このような諸律漢訳の次第は船山（二〇一九）に概説した通りである。漢訳『摩訶僧祇律』の登場により「摩訶僧祇部」という部派名は仏教徒に普及した。

更に同じ頃、中国僧は別の観点からも「摩訶僧祇部」という部派名を知るようになった。漢人僧は、インド本国には主要な五部派が存在したという妙説を、複数の偽経（偽作経典）を通じて弘めたのだった。主要五部派とは薩婆多《さつばた》部（説一切有《せついっさいう》部）、曇無徳《どんむとく》部（法蔵《ほうぞう》部）、摩訶僧祇部（大衆《だいしゅ》部）、弥沙塞《みしゃそく》部（化地《けじ》部）、迦葉維《かしょうい》部（飲光《おんこう》部）である。中国仏教史において、この五派はマウリヤ朝アショーカ王の時代（在位前二六八―二三二頃）に大勢力を誇った五部派であったと伝わる。しかしインドの史実はそれと異なり、部派はアショーカ王時代に根本分裂を、その後に枝末分裂を続け、十八部派等と呼ばれる二十前後の部派に分裂した。因みに中国で五部派説が知られ始めた時代は大凡四〇〇年代前半頃であり、それを弘めた経典は、『遺教三昧経《ゆいきょうさんまい》』等の偽経か『舎利弗問《しゃりほつもん》経《ぎょう》』のような編輯経典かのいずれかだった（船山二〇〇七参照）。

すなわち、中国人仏教徒が摩訶僧祇部という部派名を知るようになったのは西暦四〇〇年代前半頃が上限であり、曇柯迦羅が『僧祇戒心』を漢訳したとされる西暦二五〇年頃には『摩訶僧祇律』も「摩訶僧祇部」も知られていなかった。したがって「僧祇」を「摩訶僧祇部」の略称として、正式名称より二百年近く先に用いていたと想定することはできないと帰結されるのである。

批判第三　駄目押しと言うと語弊があろうが、同じ事柄を、上掲『高僧伝』曇柯迦羅伝に付伝される曇帝訳『曇無徳羯磨』との関連から検討する場合にも、曇柯迦羅訳『僧祇戒心』の信憑性は大いに疑わしい。

曇帝は、より広くは曇諦という名で知られる。曇柯迦羅の場合と同様に、曇諦もその漢訳『曇無徳羯磨』も僧祐『出三蔵記集』には記録が何ら見られず、そして同じく宝唱『名僧伝』の残存箇所にも見られない。

曇諦『曇無徳羯磨』については平川彰の研究がよく知られている。平川（一九六〇／九九：二〇八～二一六頁）によれば、『大正新脩大蔵経』巻二二は「曇諦訳『羯磨』一巻」（大正一四三三号）と「康僧鎧《こうそうがい》訳『曇《どん》無《む》徳《とく》部《ぶ》雑羯《ぞうこん》磨《ま》』一巻」（大正一四三二号）を収めているが、その内容を後秦《こうしん》の仏陀耶舎《ぶつだやしゃ》・竺仏念《じくぶつねん》等訳『四分律《しぶんりつ》』の語と仔細に比べると、曇諦訳『羯磨』も康僧鎧訳『曇無徳部雑羯磨』も共に『四分律』の訳文を抜粋して作成したものであると断定することができる。それ故、両者とも三国魏の訳ではなく、『四分律』の漢訳成立後に後人が曇諦と康僧鎧に付託したものに他ならない――これを論じた平川説は明晰であり、全面的に同意できる。更に上記の批判第二をも考慮すれば、摩訶僧祇部という部派名が三国魏の時代に知られていなかったのと同じく、「曇無徳部」という部派名も三国魏ではなく、五世紀初頭かそれ以後に知られ始めたから、『曇無徳羯磨』という書名そのものが三国魏より遥か後の捏造である。ここで付言しておくと、平川説と同じ趣旨は夙に西本（一九五五：九一～九二頁）が略記していた。故に曇諦訳『羯磨』と康僧鎧訳『曇無徳部雑羯磨』をめぐる批判的考察の功績は西本と平川の両人に帰すべきであろう。

四、『僧祇戒心』とは何だったか

ここまでの論述から曇柯迦羅訳『僧祇戒心』も曇諦（曇帝）訳『曇無徳羯磨』も実態性が乏しいことは、読者諸兄の同意を頂けるものと信ずる。では、『僧祇戒心』を我々はいかなる意味に解すべきか。

戒心　順序は逆になるが、「戒心」は「戒本」とほぼ同義と見なしても支障はあるまい。「戒心」は、「戒の心髄」や「戒の核心」を意味し、現代語訳するなら「〔出家者が〕日々守るべき禁戒の要点」と言えよう。仮にサンスクリット語を用いて解説することが許されるとすれば、prātimokṣa か saṃvara か prātimokṣasaṃvara 等を

「戒」の原語と推定することは不可能でない。一方「心」は sāra 等が考えられるが、抑も逐語的漢訳ではなく、曇柯迦羅の手になる略本に過ぎなかった可能性も考慮すべきであろう。

僧祇　次に、僧祇はどうか。既に論じたように「僧祇」が三国魏の頃に存在した漢字音写語ならば、それを「摩訶僧祇部」の略称とは考えられない。我々は「僧祇」を部派と切り離して解釈すべきである。

さて、ここからは多分に想像を含む、わたくしの臆測に過ぎない。わたくしは文献学の常套手段として「摩訶僧祇」以外の「僧祇」の用例を大蔵経に求め、用法と文脈から意味を追究したい。

現時点では網羅的調査を完了していない不十分を告白するが、注目すべき「僧祇」の用例は検出できる。

『十誦律』の部分的注釈である五世紀の失訳『薩婆多《さつばた》毘尼毘婆沙《びにびばしゃ》』九巻（漢訳地は蜀郡成都、船山二〇二三参照）には、戒律用語「僧祇」の用例が豊富である。例えば信者が布施する物品として「僧祇物」（寺に所属する物品）と「自物」（僧自らに所属する物品）とを対比的に併記する記述がある（巻三、大正二三・二五二下）。また、布施された物品を「僧祇臘《そうぎろう》／僧祈臘《そうき》」・「自恣臘《じし》」・「面門《めんもん》臘」の三種に分類する例が複数ある（巻五、大正二三・五三四中、五三四下。巻六、大正二三・五四四上）。同じ文脈で「僧祇臘」を「衆僧」と表す例（巻三、大正二三・五二三中）と「佛臘」と表す例もある（巻七、大正二三・五五二上）。これらを通覧すると「僧伽」が「教団・サンガ」を意味する名詞なのに対して、「僧祇」は「僧伽」の形容詞であり、「サンギ」に類する音素を含み、「教団・サンガの〜」「教団・サンガに所属する〜」の意と推測される。例えば「僧祇臘」と「僧祈臘」は同義であり、共に「常住サンガに所属する物品」を意味すると解して大過あるまい。

時代を異にするけれども、次の二文献も理解の一助となるだろう。

資料一　明《みん》の智旭《ちぎょく》『重治毘尼事義集要』巻四末の音義「「常臘、面門臘」。「常」即常住僧物。「面門」即現前僧物也。『毘婆沙』中、幷自恣物、仏塔物、通称為「臘」、未詳何義。或取以時受用意」（続蔵一・六三・二・二〇四表下）。訓読試案「〔常臘の〕「常」は即ち常住僧物（常住サンガに所属する事物）なり。〔面門臘の〕「面門」は即ち現前僧物（現前サンガに所属する事物）なり。『毘婆沙』（未詳）中に、幷びに自恣物と仏塔物とを通称して

「臘」と為すも、未だ〔「臘」とは〕何の義なるやを詳しくせず。或いは取るには時を以てし、受くるには意を用ってするものなるか」。

資料二　後秦の仏陀耶舎訳『虚空蔵菩薩経』に挙げる灌頂したクシャトリア王の五種根本罪（pañca mūlāpattayaḥ）の第一「善男子、所謂灌頂刹利王領国土、有自在力、取**兜婆物及四方僧物**、或教人取、是則名犯「**初根本罪**」」（大正一三・六五二下）＝yaḥ kulaputra kṣatriyo mūrdhābhiṣiktaḥ **staupikaṃ vastu** apaharati, **sāṃghikaṃ** vā **cāturdiśasaṃghe** niryātitaṃ vā, svayaṃ vā apaharati hārayati vā, iyaṃ **prathamā mūlāpattiḥ**.（Prajñākaramati's *Bodhicaryāvatārapañjikā* V 104, ed. Vaidya, p. 78）. この対比によって**兜婆物（＝塔物＝仏塔物）** *Skt.* staupikaṃ vastu ならびに**四方僧物（＝常住僧物）** *Skt.* cāturdiśasaṃghe sāṃghikaṃ vastu という二言語の対応関係を確かめることができる。また更に、漢訳「僧祇臘」「面門臘」等の「臘」はサンスクリット語「ラーバ／ラーバー lābha/lābhā」すなわち「獲得・取得」を意味する漢字音写であろうことを裏付ける用例も見付けることができたが、煩を避け、詳しい内容は割愛する。

次に、律を離れて、瑜伽行派思想の根本論書である玄奘訳『瑜伽師地《ゆがしじ》論』一〇〇巻に対する直弟子窺基《きき》（六三二―六八二）の注釈『瑜伽師地論略纂』巻一五に「僧祇というのは、僧伽（サンガ・教団）を「衆」（団体）と言うのに対してここで「僧祇」というのは「衆（サンガ・教団・団体）〔に所属する〕物品のことをそう名付ける」とある（大正四三・二一八下）。同内容の幾分か詳しい説明は、窺基の次世代である遁倫『瑜伽論記』巻一七上（大正四二・六八九上）に見られる。

「僧祇」の代表的な用例は以上である。ここから知られることは、もう明らかであろう。「僧祇」は、サンスクリット語 saṅgha＝saṃgha の漢字音写である。それは、仏教教団・僧団を意味する名詞「僧伽（saṅgha サンガ）」の形容詞であり、「僧伽の～」「サンガの～」あるいは「僧伽に所属する～」「サンガに所属する～」という意味である。

五、結び——わたくしの提案

『僧祇戒心』とは『マハーサーンギカ部の戒本』という意味であるという旧説はもはや成り立たない。

『僧祇戒心』とは、現代日本語で語を補って訳すならば、『仏教教団に所属する者たちの（＝仏教出家修行者たちにとっての）、〔日々守るべき〕禁戒の要訣』という意味である。ここで「僧祇」は「僧伽」の形容詞であり、「摩訶僧祇部」という部派名とは無関係である。

横超（一九五八）　横超慧日「広律伝来以前の中国に於ける戒律」同『中国仏教の研究』法藏館、一一～一八九頁。

西本（一九五五）　西本龍山『四分律比丘戒本講讃』為法館。

平川（一九六〇／九九）　平川彰『律蔵の研究Ⅰ』平川彰著作集第九巻（春秋社、一九九〇）。初出『律蔵の研究』山喜房仏書林、一九六〇。

船山（二〇〇七）　船山徹「経典の偽作と編輯：『遺教三昧経』と『舎利弗問経』」京都大学人文科学研究所編『中国宗教文献研究』臨川書店、八三～一〇七頁。

船山（二〇一九）　船山徹「隋唐以前の戒律受容史（概観）」同『六朝隋唐仏教展開史』法藏館、二一五～二四三頁。

船山（二〇二三）　船山徹「失訳仏典『薩婆多毘尼毘婆沙』九巻の漢訳年と漢訳地」『東方學』一四五、一～二四頁。

吉川・船山（二〇〇九）　吉川忠夫・船山徹訳注、梁慧皎撰『高僧伝（一）』岩波文庫、岩波書店。

Zürcher (1959)　Zürcher, Erik, *The Buddhist Conquest of China: the Spread and Adaptation of Buddhism in Early Medieval China*, Sinica Leidensia 11, E. J. Brill.

曹仕邦（一九八四）　曹仕邦「僧祇律在華的訳出、弘揚与潜在影響：兼論五分律的訳出与流伝」『華崗仏学学報』七、二一七～二三三頁。

任継愈（一九八一）　任継愈主編『中国仏教史　第一巻』中国社会科学出版社。

第二章　八尾　史

写本から見えるもの
律研究におけるサンスクリット語テクストについて

はじめに

本稿が扱うのは、インド仏教の律文献の研究におけるサンスクリット語写本というテーマである。

インド仏教の聖典は経蔵・律蔵・論蔵の三つに区分されるが、このうち律蔵（ヴィナヤ・ピタカ Vinayapitaka）は出家者集団の生活規則を定めたテクストの集成で、そこに収められたテクストとそのテクストに定められた規則をともに律（ヴィナヤ vinaya）と称している。現在までまとまった形で残っている律は六本あって、研究者のあいだでは一般にそれらがおのおの「部派」とよばれる複数の学派、ないしその中でさらに分かれた伝承系統のいずれかに属するものとみなされている。古代から中世にかけてのインドの仏教を現代のわたしたちが理解しようとするときのみならず、その後の、日本を含むアジア諸地域に展開した仏教を知ろうとするときにも、重要な資料となる。律の記述はそれが書かれた時点までのインド仏教の制度的枠組とその変遷を反映している一方で、それが書かれたのちの仏教世界を規定する力をもってきたからである。日本では奈良時代に伝来した律が早い段階で制度的に機能しなくなり、現在に至っているが、そのような地域にあっても書物としての律は読まれつづけ、仏教徒たちの思想や行動に影響をおよぼしてきた。

近代仏教学とよばれる学問の中で、律はさまざまな関心から研究対象とされてきた。そこでみいだされるのは僧院生活の具体的細部であったり、出家者と在家者の交渉の諸相であったり、律蔵と他の仏教聖典集成の相互関係であったり、部派同士の相違点や共通点であったりする。律を研究する者たちは現存する諸系統の律を読み、比較し、特殊な単語や言い回しの意味を検討し、千数百年の時を隔ててさまざまな規則や説話が語ることを解明しようと努力する。

しかし本稿が語ろうとするのは、その前にしなければならないことについてである。文献資料を読むには、まずもって文献資料が読める状態で存在していなければならない。読める状態とはどういうことで、どうすれば資料が読める状態になるのか、その過程で何がわかるのか。本稿が律の写本をめぐって語ろうとするのはそのようなことである。写本といっても時代、地域、言語は多岐にわたるが、本稿はインドの古典語であるサンスクリット語で書かれた写本を扱う。

はじめにお断りしておかなければならないことがある。本稿には「出家者集団の生活規則」に関する話は一つも出てこないということである。「戒律」についての本であるのに規則の話がないのでは、この章だけ看板にいつわりがあるようだが、これには二つわけがある。一つは、本稿は律という文献を現代の研究者にとって利用可能な資料にする営みについてのものであって、その中の個々の規則を関心の対象とするものではないということ。もう一つは、律という文献には「出家者集団の生活規則」だけが書かれているわけではないということである。律は多種多様な内容を含んでいて、本稿で重点的に取り扱う「根本説一切有部《こんぽんせついっさいうぶ》律《りつ》」という律ではその程度がことにはなはだしい。そこには仏弟子たちの行状やブッダの生涯の各場面についての物語、仏教聖典のはじまりや出家者集団（サンガ）の発展と危機をめぐる伝説、はてはブッダをはじめとする登場人物たちの前世の話までがひしめきあっているのであって、説教もあれば笑話もあり、恋物語も冒険譚もあり、対話もあれば詩も呪文もある。深遠な哲学的思索以外のあらゆるものが詰めこまれていると言ってもよい（ただしこれはわたしの偏見で、深遠な思索も探せば少しはあるのかもしれない）。律を冷厳で無味乾燥な法規の羅列とみなすことはこの意味で明白な誤りである。そして雑多で混沌とした記述の中からインドの仏教徒の思考とかれらの生きていた世界の風景とがはからずも立ちあらわれてくるところに、単に僧院規則の資料というだけでない律という文献のおもしろみがある。本稿の後半では律のなかのある一箇所を取り扱うが、その内容は生活規定とは無関係で、説話文学としての律の側面にかかわるものである。それは律の写本を扱ううえで特筆すべき事例がたまたまそのような箇所にあったからだと考えていただきたい。

以下の本稿では、はじめに律研究におけるサンスクリット語写本とは何かについて概観する（第一節）。続いて現存する六系統の律のうち、右に触れた「根本説一切有部律」に焦点を絞り、サンスクリット語写本から見たその研究史と研究の現況を解説する（第二節）。そして「根本説一切有部律」の写本から見えてくるものについて、筆者の最近の研究から具体例を紹介する（第三節）。

一、律研究と写本

わたしたちは何を読んでいるのか

現存する律の種類と、それらをめぐる研究が前世紀から今世紀にかけて洋の東西でどのように進んできたかについては、本書の編者である岸野亮示による要を得た概説がある（岸野二〇二〇）。ここではそれら律を「読む」というときに研究者が具体的に何をしているか、あるいは何をしなければならないかを考えてみたい。ひとまず、まとまった形で現存する律は次の六種である。「パーリ律」、『四分律《しぶんりつ》』、『五分律《ごぶんりつ》』、『十誦律《じゅうじゅりつ》』、「根本説一切有部律」、『摩訶僧祇律《まかそうぎりつ》』（ここでの二重鍵括弧は伝統的にテクストに付せられてきた題名あるいはその略称、一重鍵括弧は近代日本の学者による通称であることを示す）。これらはそれぞれ異なる聖典伝承グループに属し、大綱は共有しながらも規則や説話の内容、配列、章立て等々にわたって多くの相違点を有する。

まず「パーリ律」とよばれているのは、中期インド語の一種であるパーリ語で書かれ、スリランカおよびタイ、ミャンマーなど東南アジア大陸部の上座部仏教圏で今も用いられている律である。この律が何を言っているか知りたければ、イギリスのパーリ文献協会から出版されている『律蔵（*The Vinaya Pitakam*）』全五巻を手にとることになる。当該仏教圏の各地域で、それぞれの文字で書き記されていたパーリ語の写本を集めて、十九世紀にヘルマン・オルデンベルク Hermann Oldenberg（一八五四—一九二〇）というドイツ人がローマ字で校訂したテクストである（Oldenberg [1879–1883] 1982–1997）。英訳、日本語訳も出ている（Horner [1938–1965] 1992–1993、上田・渡邊・宮本一九三六—一九四〇）。校訂という言葉についてとりあえず大急ぎで説明すると、同じテクストが書かれた複数の資料（ここでは写本）をつきあわせて異同を調べ、相違があるところについては資料から得られる選択肢から一つを選んで、最終的に一つの文章を整形することである。たとえばこの『律蔵』第一巻の巻末を見ると、校訂者がもちいた五つの写本（正確には「パーリ律」の三つの写本と注釈書の二つの写本）が列挙され、本文中に出てきた単語や句の写本間における異同が注記されている。

日本を含む東アジアの仏教世界でスタンダードとなった『四分律』を読む場合はどうか。こちらは大正十三年から十年間にわたって出版され現在も販売されている『大正新脩大蔵経』（高楠・渡邊編一九二四―一九三四、以下、「大正蔵」）の当該の巻を開くか、あるいは大正蔵にもとづいて作られた電子テキストデータベース（SAT）でそのタイトルを探し出すということになるだろう。五世紀に翻訳され「四分律」と題された漢文のテクストは、大正蔵第二二巻の五六七ページから一〇一四ページまでを占める。翻訳のもととなったインドの原典は失われ、それと内容が対応するサンスクリット語写本の断片がいくばくか中央アジアで発見されているにすぎないから、この漢文の『四分律』が第一次的資料ということになる。『四分律』全体の書き下しが『国訳一切経』という叢書の一部として昭和時代の初頭に出版されている（境野一九二九―一九三三）一方、近代言語への翻訳はいまだ部分訳しか存在しないが（Heirman 2002 など）、現在英訳プロジェクトが進行中である（Bodhi Translation Committee 2014）。

『五分律』、『十誦律』、『摩訶僧祇律』は『四分律』と同じく五世紀前半に漢訳され大蔵経におさめられたもので、インド語のテクストが現存しないことも同様である。やはり大正蔵の二二ないし二三巻を開けば漢文で読めるし、『国訳一切経』で書き下し文も出版されているが（それぞれ西本一九三三、上田一九三四―一九三五、西本一九三〇―一九三一）、近代言語への翻訳はまだない。『十誦律』に内容が対応するサンスクリット語の写本断片、『摩訶僧祇律』と近縁の律の一部を写した仏教混淆サンスクリット語（サンスクリット語に近いが、中期インド語と総称される諸言語と共通の特徴を多くもつ言語）の写本が発見され、出版されているから、この二つの律についてのインド言語の情報はそれなりに得られる。

最後の「根本説一切有部律」は、ムーラ・サルヴァースティ・ヴァーダ Mūlasarvāstivāda（根本説一切有部）という伝承系統に属する律というほどの意味でこう呼ばれているテクスト群である（漢字で書いても片仮名で書いても長いのでこの後は「根本有部律《こんぽんうぶりつ》」と略す。あとに出てくる「根本説一切有部律薬事」になるともう「後京極摂政前太政大臣」なみである）。この律は現存資料の言語が多岐にわたることできわだっている。サンスクリット語写本と唐代の義浄（六三五―七一三）による漢訳、そしてチベット語訳、加えて漢訳からの西夏語訳、チベット語訳からのモンゴル語訳さらに満洲語訳までもが残っている。もっとも、最後に挙げた三つの重訳は通常、インド仏教の研究者によって扱われることはない。インド仏教の研究のためには漢訳とチベット語訳を見ればことたりる（と思われる）せいでもあるし、単に研究者にとっての言語の壁のせいでもある（一人の人間が習得できる言語の数には、大抵の場合、限度がある）。

ではサンスクリット語、漢訳、チベット語訳の「根本有部律」を「読む」というとき、研究者が読んでいるのはどのようなテクストだろうか。サンスクリット語であれば、それは律の中のどの部分を読むかによる。サンスクリット語写本をもとに近代の学者がつくったテクストが部分ごとに出版されているが、現存する写本の全体をおさめた出版物はないからである。このサンスクリット語写本をめぐる現状については後述する。漢訳であれば、前述の大正蔵第二三巻から二四巻にかけて収録されている。有益な注のついた『国訳一切経』の書き下しもある（西本一九三三―一九三八）。チベット語訳のほうは、いわゆるチベット大蔵経の「カンギュル」という部門（「仏説部」と訳しうる）の中の「律部」に入る。カンギュルにはいくつもの写本や版があるから、影印版や電子画像、電子テキストデータとして流通しているそれらのカンギュルを適宜対照しながら読むことになるだろう。ただし、全体から見れば僅かな量だが、写本、版本をもとに近現代の学者によって校訂され出版された部分もある（Eimer 1983など）。この根本有部律という浩瀚な文献のいくつかの部分は英語、ドイツ語、フランス語、日本語といった近代言語に翻訳されているが、それらは右のサンスクリット語、漢訳、チベット語訳のいずれかにもとづいて、場合によっては他のバージョンの助けを借りながら、訳されたものである。

インド写本のもたらすもの

右のごとく、ひとくちに律を読むといってもその内実は多岐にわたる。これら諸言語の資料はそれぞれが独自の資料的価値をもつが、インドにおいて律がどのように伝えられていたかを知ろうとするなら、インドの言語で書かれたテクストの重要性は言うを俟たない。残念ながら完全形で今に伝わるインド言語の律蔵は「パーリ律」しかないが、根本有部律のサンスクリット語写本は部分的に、といってもかなりの量が残っているし、それ以外の律のいくつかについても写本断片が見つかっている。特にプラーティモークシャ prātimokṣa（波羅提木叉《はらだいもくしゃ》）といって規則の条文だけを列挙したテクストがあるが、これは出家者の生活に直結するだけに各地でよく書写されたらしく、断片はおびただしい数にのぼる。中には現存する漢訳の律のどれにも一致しない波羅提木叉断片もあり、ことに二十一世紀に入って解読された一〜二世紀のガンダーラ語波羅提木叉写本はいまや律と部派のありかたについて考察する者の必須参照資料といえる。二〇〇〇年代以来ガンダーラ語写本についての重要な報告を発表しているインゴ・シュトラウフ Ingo Strauch によれば、それは両面にそれぞれ異なる波羅提木叉が書かれ、表側は「パーリ律」ないし『四分律』に、裏側は『十誦律』ないし「根本有部律」に近似するというものであった（Strauch 2008）。これが何のために、あるいはどのような事情で書写されたのかはあきらかになっていない。

いったいに写本断片のようなものは、研究者がローマ字に書きおこしたり、解説や翻訳を加えたりしたものが出版されてはじめて同業者に利用可能なものになる。そういった研究成果は、一冊の書籍として世に出ることもあれば雑誌その他に数ページの論文として掲載されることもあって、それが世界各地でばらばらにおこなわれているから、全体を把握することはしばしば容易でない。しかし律関係の写本研究については、湯山明が一九七〇年代末に厖大な資料を部派別に整理し、さらにそれを引き継ぐ形で二〇〇七年に山極伸之が新しい情報をまとめたので、その時点までの研究状況を一望することができる（Yuyama 1979; Yamagiwa 2007、ただし部派の分類や個別の資料の部派帰属については、近年の研究により修正ないし注意を要するところがある）。それでも断片は依然次々と個別に発表されているので、各研究者が最新の論文から論文へと芋づる式にたどって、地道に情報収集を続けてゆかなければならないのが現状である。

サンスクリット語写本は博物館の収蔵室や蒐集家の自宅の棚に置かれているだけでは「読める」資料とはいえない。誰かがそれを解読していかなる文献かをつきとめ、目録を作り、現代の文字に書きおこし、書きおこしたテクストに注記や修正をほどこし、できれば図版もつけて、出版してはじめて多くの研究者に利用可能な資料となる。古い写本が発見される現場の状況は松田和信によって臨場感ゆたかに描写されている（松田二〇二三a）。そして、近代的な方法による仏教研究がはじまって二百年近くが経とうとする今でもなお、新しく発見される資料はなくなる気配がない。この世界に仏教文献の写本——有名な文献の未知の写本から、誰も知らなかった文献の写本まで——があとどれほど残されているか誰も知らない。インド仏教研究の一分野として律研究も例外ではなく、律の内容についての議論が展開するかたわらで、議論のもとになる資料整備が営々と進められている。

二、「根本有部律」のサンスクリット語写本

「根本有部律」の構成と現存資料

第一節では現存する諸種の律をごくおおまかに見渡したが、ここからは「根本説一切有部律」という一つの律に焦点を絞りたい。ここ三十年ほどのあいだにこの巨大な律の研究は飛躍的に進み、今も進みつつある。この律の特徴と研究史についてはすでに挙げた岸野の論攷が最良の解説を与えているから、ここでくだくだしく述べることはしない。「根本有部律」は現在世界各地で次々に出版される研究成果の中で読み解かれ、分析され、比較され、その結果として古代インド仏教世界についてのさまざまな発見がなされつつある。その一方で、現存するこの律のサンスクリット語写本は、実はいまだに十分に読める状態に整えられていない。では実際どれほどのサンスクリット語写本が存在し、いかなる形で人々はそれを目にし、そしてそれを相手にすることで何がわかるのか、それが本節と続く第三節の主題である。

写本の話を進めるために、まずは「根本有部律」の構成と現存資料を簡単に見ておこう。インド由来の伝統では、この律は「ヴィナヤ・ヴィバンガ *Vinayavibhaṅga*（律《りつ》分《ふん》別《べつ》）」、「ヴィナヤ・ヴァスツ *Vinayavastu*（律事《りつじ》）」、「クシュドラカ・ヴァスツ *Kṣudrakavastu*（雑事《ぞうじ》）」、「ウッタラ・グランタ *Uttaragrantha*」の四部分に分けられる（アイマー一九八六）。「律分別」は、出家修行者が個人として守るべき規則の条文（前述の「波羅提木叉」）に解説を加えたテクストで、「パーリ律」でスッタ・ヴィバンガ *Suttavibhaṅga*、『四分律』で「経分別」と呼ばれている部分に相当する。比丘《びく》（男性出家者）用と比丘尼《びくに》（女性出家者）用の二つがあり、本稿では便宜的にそれぞれ「比丘律分別」、「比丘尼律分別」と呼んでおく。「律事」は出家者集団の運営にか

かる規則を衣食住や布薩《ふさつ》その他の行事といった主題別に十七の章に分けて説明したもの、「雑事」はその他の雑多な規則をまとめたものである。「ウッタラ・グランタ」はアメリカのグレゴリー・ショーペン Gregory Schopen、カナダのシェーン・クラーク Shayne Clarke、日本の岸野亮示といった諸学者の努力によってその重要性が知られつつあるが、それが全体としてどのような性格をもち、他の三つの部分とどのような関係にあるのかはいまだあきらかになっていない。またその中の章の分け方も、全部で十章なのか十一章なのかはっきりしない。この四部分のほかに、波羅提木叉の条文だけを集めたテクストや、集団行事の際にもちいられる定型文を集めたテクストである「カルマ・ヴァーチャナー karmavācanā（羯磨本《こんまぼん》）」が知られている。さらに、これらのテクストをもとに後代のインドやチベットの学者があらわした注釈書や綱要書といった厖大な著作があるが、これらは「律」そのものには含めない。

現存するサンスクリット語写本は残念ながら部分的なものにすぎない。それがこの律のどの箇所にあたっているかは後述するとして、この律を最も整った形で伝えているのはチベット語訳である。そこでは「律分別」「律事」「雑事」「ウッタラ・グランタ」の四部分が、それぞれ遺漏なく訳されている。一方、漢訳では比丘・比丘尼の「律分別」全体、「律事」の十七章のうち七章、「雑事」の全体、「ウッタラ・グランタ」の十章ないし十一章のうち二章が今に伝わっている。「律事」のうち七章しかないのは、訳者の義浄がすべてを訳す前に没したからである。「ウッタラ・グランタ」については、義浄の手元にあった原本がチベット語訳のそれと同じ構成であったかどうかわからない。ともあれ漢訳も量としてはかなりのもので、假にチベット語訳を基準に考えると「根本有部律」全体の七、八割はあるだろう。なお「ウッタラ・グランタ」というタイトルはチベット語訳に付されたサンスクリット語だが、漢訳にはこれに相当する題がない。漢語による簡便な訳がみつからないので、本稿では不統一ではあるがサンスクリット語のタイトルをそのまま使っている。

年代のことをいえば、後述する二本のサンスクリット語写本のうち比較的最近になって知られた方は、放射性炭素年代測定の結果、七世紀後半から八世紀後半のあいだのいずれかの時点で作られたと推定されている。もう一本の写本もおそらくそう変わらない。漢訳がなされたのも同じころで、七世紀末から八世紀初頭にかけてであり、チベット語訳はさらにくだって八世紀末から九世紀初頭のどこかで制作された。これに対して「パーリ律」は五世紀までには今見られるような形になったと考えられている。『四分律』、『五分律』、『十誦律』、『摩訶僧祇律』も五世紀前半に訳されている。

これらはすべて「下限年代」(学者は気取ってテルミヌス・アンテ・クエムなどとラテン語を使うことがある)を示す数字である。つまり、たとえばある文献が五世紀のはじめごろ漢訳されたという史実は、この文献が遅くともその時点までにはインドの言語で存在していたことを示すが、そのインドのテクストがいつその形になったのかはわからない。翻訳されるほんの数十年前だったかもしれないし、二百年三百年、それ以上前だったかもしれないのである。写本の年代にしても同じことで、テクストの成立時期については とにかく「それ以前」であることを示すにすぎない。日本の話を例にとると、『源氏物語』の写本は鎌倉時代以降に書写されたものしか残っていないが、だからといって光源氏の物語が鎌倉時代に初めて書かれたことになるわけではないようなものである。もちろん、『源氏物語』ならそれと直接間接にかかわる史料がいろいろあるのでそんな心配は無用だけれども、古い時代のインドのことは資料がごく少なく、年代がはっきりしないので、こういう「下限」を頼りに隔靴掻痒の論述をせざるをえない。なんにせよ「根本有部律」はその下限年代が新しく、かつ内容も他の律にない厖大な説話類を含むために、「新しい」資料とみなされることが多かった。これは「根本有部律」という文献がときに律研究者によって軽視されがちであったことと無縁ではない。

ついでに上限のことをいえば、重要な手がかりとして、「律事」にクシャーナ朝のカニシュカ王への言及がある(八尾二〇一三:二三七頁)。律はブッダの言葉というたてまえだから、それは当然ブッダの時代からみて未来に起こることの「予言」という形をとるのだが、なんにせよ「根本有部律」の少なくともこの部分はカニシュカ王以前に書かれたはずがないと言いうるわけである。カニシュカ王の即位年代については諸説あったが、現在のところ西暦二世紀前半とみておくのが穏当のようである(辛島編二〇〇四:八八頁、また Allon et al 2006)。

ギルギット写本:エディションと写真版

つい最近まで、「「根本有部律」のサンスクリット語写本」というとき、ほとんどの場合にそれが意味するものはただ一つの写本であった。一九三〇年代にパキスタンはギルギット近郊の遺跡から発見された写本群の中のひとつで、おそらく七世紀前後に樺《かば》の木の皮に書かれた「律事」全十七章、五二三葉《よう》におよぶ大部の写本だが、そのうち約五分の一は散逸して失われている。ここで葉というのは写本の用紙（今話題にしている写本の素材は紙ではないのでこう言うべきではないが）のことで、一葉の表裏両面に文字が書かれている。文字はギルギット・バーミヤーン第二型と呼ばれる字体で、日本でも見かけることのある「梵字」に似ている。同じ場所では「波羅提木叉」、「羯磨本」、また大乗経典や説話集などさまざまな種類の仏典写本が出土していて、それら全体を指してギルギット写本と総称する。他に中央アジアからみつかった写本断片の中にも「根本有部律」に同定されたものが多少あるが、後に述べる第二の「根本有部律」写本群を考慮に入れても、ギルギット写本の「律事」が最大の「根本有部律」サンスクリット語資料であることにかわりはない。

ギルギット写本「律事」が多くの学者たちにとってアクセス可能となったのは、一九四二年以降、ナリナクシャ・ダット Nalinaksha Dutt（一八九三―一九七三）というインドの学者によってそのエディションが四分冊で出版されてからである（Dutt［1942-1950］1984）。それは写本を書きおこしたテクストを、現代インドで広くもちいられるデーヴァナーガリー文字の活字に組み、解題と脚注を付した本であった。

今もちいた「エディション」という言葉はしばしば先述の「校訂」と同じように使われる言葉だが、やや注意が必要なのは、「校訂」は複数の写本や刊本の比較を前提とする語だということである（「校」という字にはひきくらべるという意味がある）。当然、写本が一つしかないテクストを「校訂」することはできない。したがってギルギット写本「律事」を活字にした書物は厳密な意味での校訂ではない。一方、英語の「エディット edit」という動詞ないし「エディション edition」という名詞は適用範囲が広く、日本語で校訂、校正、編集とよばれうるさまざまな作業、要するに生《なま》の文字資料を人々が読める形に整える行為一般を指して使われることがあるから、「ダットがギルギット写本をエディットした」とか「ギルギット写本のエディション」とか言うのは誤りでない。日本語の語彙にはうまく対応する語がないので、いささか見苦しいが片仮名語を用いることを許されたい。

さてこのダットによるエディションには看過しがたい問題があった。正確でないという問題である。これは単に書きまちがいが多いというだけのことではない。書きまちがいも多いのだが、加えてダットはしばしば原文のサンスクリット語を読者に無断で（つまり注記なしに）修正したり、写本が缺損している箇所でチベット語訳からサンスクリット語を復元して、その復元テクストをやはり断りもなくはめこんだりしている。つまり、ダット本を見ただけではその文章のどこからどこまでが写本に実際に書いてあるもので、どこからがエディターであるダットの手になるものなのかがわからない。となると、ダット本だけを読んで『根本有部律』にこう書いてある」と言うのは危険きわまりないわけで、最悪の場合にはありもしない「原文」をもとに立論をして、砂上の楼閣を築いてしまうことにもなりかねない。実際ダット本の問題は、サンスクリット語仏典を読むためにかかせないフランクリン・エジャートンFranklin Edgerton の辞書にも影をおとしている（Edgerton [1953] 1998）。『仏教混淆サンスクリット語文法と辞典（*Buddhist Hybrid Sanskrit Grammar and Dictionary*）』の第二巻として一九五三年に上梓されたこの辞書では、典拠のひとつとしてダットの「律事」が使われているが、その結果現実には存在しない単語がいくつも項目として取りあげられているのである。典拠のエディションまでは辞書編纂者の責任ではないのでエジャートンにはまことに気の毒なことではあるけれども、この辞書を引いて、用例の出典が「律事」しかない項目があったら、それはかなり注意を要すると考えたほうがよい。

ダットが出版したのは第一章から第十四章と、第十五、十七章のそれぞれ一部だが、そののち一九七〇年代後半に、ダットが利用できなかった葉をあらたに使ってイタリアのラニエロ・ニョーリ Raniero Gnoli が第十五、十六、十七章をローマ字のエディションとして出版し、ひとまず全十七章が活字で利用可能になった（Gnoli 1977–1978; 1978）。しかし困ったことにこのニョーリの本にも、程度の差こそあれダット本と同種の問題があちこちにみられる。

ダットとニョーリのエディションが「根本有部律」という文献の存在を広く世に知らしめ、これにかかわる研究を大きく進展させたことはまちがいない。特にダットの仕事は一九四〇年代というその「早さ」に意義があったといいうる。けれどもそれらの抱える問題は早晩学者の指摘するところとなり、両者にかかわる正確なエディションを作ることは後の研究者たちの課題となった。二〇二三年現在、全十七章のうち十一章については新しいエディションが出版されるか学位論文として提出されているが、それ以外の章についてはいまだ、ダット本ないしニョーリ本と写本の写真を見比べながら読まなければならない状況が続いている（「律事」各章のエディションについては、最新の情報が呉二〇二〇にまとめられている）。

写真の話もここでしておきたい。ギルギット写本を見るには、一九五〇年代に出版された白黒写真版が長らく用いられてきたが（Raghu Vira and Lokesh Chandra [1959–1974] 1995）、残念ながらその画質は劣悪としか言いようのないもので、判読不能の部分が多かった。二〇一四年、創価大学国際仏教学高等研究所とインド国立古文書館の協力によってギルギット写本写真版の刊行が始まり、その第一巻として「律事」、「波羅提木叉」、「羯磨本」が出版された（Clarke 2014）。この本は従来のものとは比較にならない鮮明なカラー写真を提供したが、それだけではなかった。この巻の編集を担当したクラークの綿密な調査によって、複雑な写本の現存状況が整理され（以前は目あての箇所のサンスクリット語文が白黒写真版のどこにあるのか、そもそもあるのかを知ることすら容易ではなかった）、フォリオの脱落や破損、漢訳およびチベット語訳との対応関係、さらには新しいエディションや近代言語への翻訳の有無といった情報が一望できるようになったのである。「根本有部律」のサンスクリット語テクストを扱う上での利便性はこれによって飛躍的に向上した。おそらく、今後も続く「根本有部律」研究の歴史のひとつの節目ともなるものだろう（図1、図2）。

あらたな写本群

「根本有部律」のサンスクリット語資料といえばギルギット写本、というのはダット本の出た一九四〇年代から今にいたるまで変わらない。しかしその一方で、二十一世紀になって新しく知られはじめた重要な写本群がある。それは経典および律に分類される複数のテクストを含む写本断片群で、「ディールガ・アーガマ Dīrghāgama（長阿含《ぢょうあごん》）」という経典集成が入っていたことで有名になったものである。出土地ははっきりせず、流通の過程で「長阿含」を含むその大部分は米国の、残りはノルウェイの個人蒐集家の購入するところとなった。アメリカの方は「ヴァージニア州個人蔵」というように地名で、ノルウェイの方は「スコイエン・コレクション所蔵写本」というように蒐集家マルティン・スコイエン氏の姓を冠して呼ぶことが多いので、ここではまとめてスコイエン―ヴァージニア写本と呼んでおきたい。この写本群のうち、「根本有部律」にあたるも

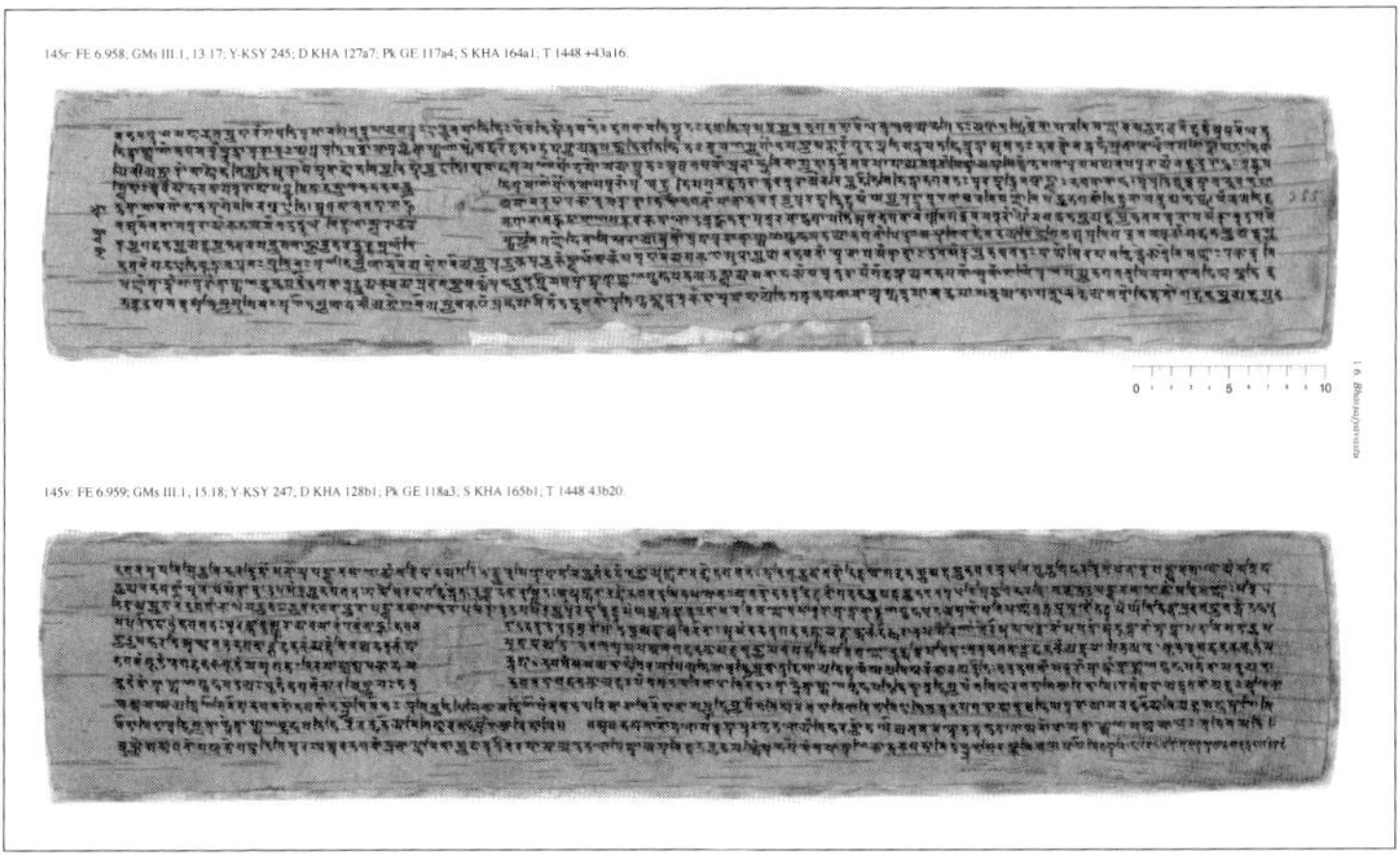

図1　ギルギット写本影印版の一ページ（Clarke 2014: 54）

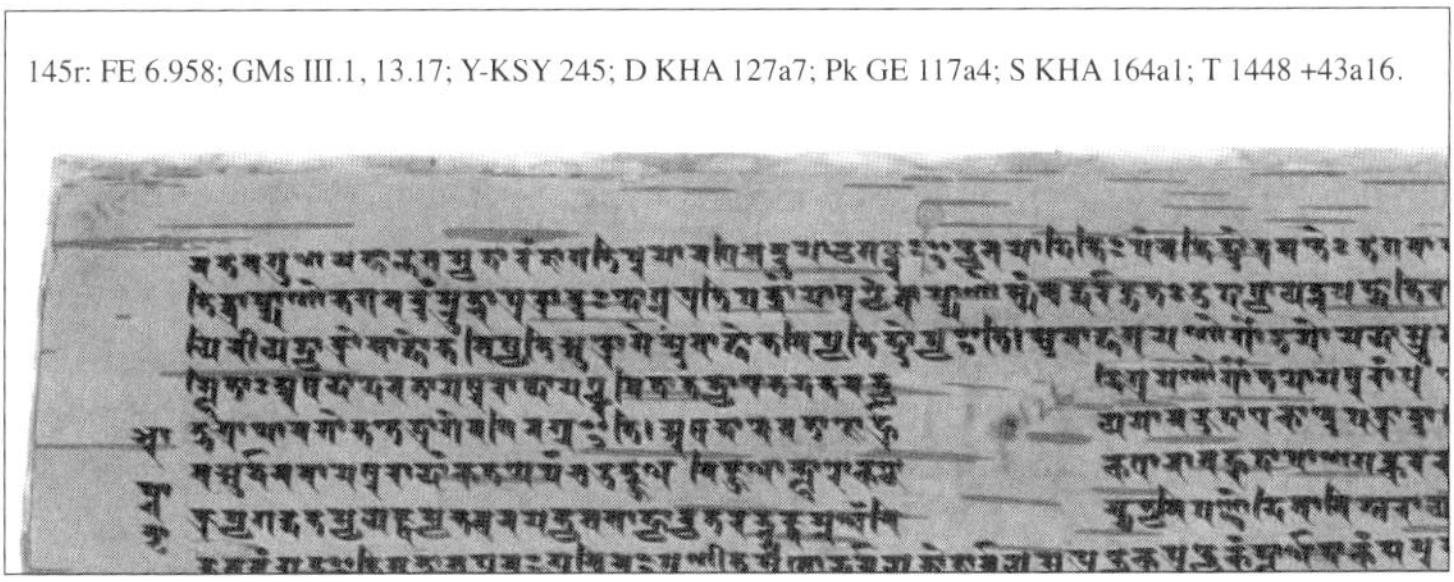

図2　上掲ページの部分拡大（フォリオ番号、旧写真版の写真番号、ダット本のページと行、日本語訳のページ、チベット語訳のページと行、漢訳のページと行が記載されている）

のは「比丘律分別」、「波羅提木叉」、「律事」の第六章「バイシャジュヤ・ヴァスツ *Bhaiṣajyavastu*（薬事）」、そして「ウッタラ・グランタ」のそれぞれ一部で、「ウッタラ・グランタ」の写本は二本ある（Hartmann and Wille 2014）。いずれも破損がいちじるしく、一つの文すら完全には得られないことが多い。そのような断片がそれでも重要なのは、これまで翻訳資料からしかその内容を知りえなかったテクストの、もとのサンスクリット語をいくばくかでも提供してくれるからである。これまで「比丘律分別」は漢訳とチベット語訳しか、「ウッタラ・グランタ」は漢訳のある二つの章を除いてチベット語訳しか、研究者に知られていなかった。また「薬事」はギルギット出土「律事」写本では大量の葉が散逸した箇所にあたっていて、章全体の半分ほどしかサンスクリット語のテクストがない。その欠落を補うようにスコイエン―ヴァージニア写本があらわれたのは僥倖というべきであった。

二〇〇〇年前後にドイツのクラウス・ヴィレ Klaus Wille（一九四九―二〇二三）によって最初の文字起こしがなされ、二〇〇五年にイェンス＝ウヴェ・ハルトマン Jens-Uwe Hartmann によってヴァージニアの断片の電子画像が作成された。「薬事」の断片はその大部分をヴィレが同定し、「ウッタラ・グランタ」写本の一方（写本A）はショーペンとクラークがいくつかの断片を同定した。もうひとつの「ウッタラ・グランタ」写本（写本B）と「比丘律分別」の大部分を同定したのは日本の生野《しょうの》昌範《まさのり》である（生野二〇二二、二〇一六、二〇一八a、b、二〇二〇a、b）。二〇一一年に筆者は「薬事」断片の研究を始め、二〇一九年から二〇二〇年にかけて三回、ノルウェーのイェンス・ブロールヴィック Jens Braarvig を中心とするグループの一員としてスコイエン氏所蔵の「薬事」写本と「ウッタラ・グランタ」写本Aの調査をおこなった。この二つの写本は実はひとつづきの写本なので、正確には「薬事―ウッタラ・グランタ」写本と呼ぶべきものである。そのことも含めて、この写本から何がわかるかについて以前専門家でない方むけに一文を草したことがあるので、関心のある方には御覧いただきたい（八尾二〇一九）。本稿第三節では、それを書いた時点ではまだ筆者が見いだしていなかった一つの事例を紹介する。

またスコイエン氏がこれと別に入手した蒐集品のなかには、今挙げた写本群よりももっと古い字体で書かれた「根本有部律」の写本が含まれている。しかも、これまでサンスクリット語写本はおろか漢訳でもチベット語訳でも知られていない――類似した文献の漢訳はあるが（Clarke 2002: 59）同じではない――、現代の学者にとって未知の文献である。題名を「ヴィナヤ・ウッダーナ・ガーター Vinayoddāna-gāthā」といい、あえて漢字にすれば「律摂頌偈《しょうじゅげ》」とでもなるだろう。すなわち、律のウッダーナ uddāna（摂頌）とその他の偈ばかりを集めたテクストである。ウッダーナとか偈とかいうのは何かというと、まず偈というのは韻文で書かれた文章、またその単位（詩節）である。サンスクリット語の韻文にはさまざまな形式があるが、中でも一偈が三十二音節からなるシュローカ体という形式がよく使われている。そしてウッダーナとは、この「偈」の形で書かれた簡単な目次のようなものである。ウッダーナはテクストの冒頭や中間のところどころに置かれていて、その内容は一見雑多な単語の羅列でしかないのだが、よく見るとそれらの単語が「ここから次のウッダーナまでに記述される内容」の一つ一つを指し示すキーワードになっている。したがって、この『律摂頌偈』という文献からは、それがもとづいたところの律本体の構造を知ることができるわけである。残念ながら写本の保存状態は律の全体像を得るにはほどとおいが、少なくとも生き残った部分は、現存する「根本有部律」にかなり近い構成を示している。またウッダーナとは別に、律の中にはさまざまな偈が、たとえば説話中の仏が詩の形で教えを説く、あるいは他の登場人物が詩の形で思いを述べるなどの形で語られる。『律摂頌偈』にはこれらの詩節が、文脈の説明ぬきに、律にあらわれる順序に従ってただ列挙されているのである。

『律摂頌偈』の写本もひどく破損しているが、インド写本研究の専門家であるドイツのグドルン・メルツァー Gudrun Melzer が断片群を整理し、大部分を解読、同定した。そこへ筆者も二〇一七年に加わり、共同で同定作業を進めてきた。現在、利用可能な断片はおおかた解読がすみ、出版に向けて準備中である。というわけでこの文献はいまだ世に出ていないのだが、幾通りもの意味で「根本有部律」というものを解明するための貴重な資料となりうる。

まず特筆すべきはこの写本の年代である。メルツァーは書体をもとに五、六世紀と推定しているが、これは現存する「根本有部律」資料のどれよりも古い。前節で述べた年代の問題を考えれば、その重要性は明白であろう。ウッダーナと偈だけから得られる情報は決して多いとはいえないが、それは少なくとも現存する「根本有部律」に近い構成、およびそれと共通の偈をもった律が、遅くともその時期には存在していたことを示している。ただし、これは

『律摂頌偈』が編集された時点でその編纂者、伝承者たちが「根本説一切有部」を自称していたことを意味しない。根本説一切有部とは何かという問題にはここで立ち入らないが、この文献の伝承者たちが、「根本」の語を自ら冠するようになったのははるかに後のことであろう。

また、『律摂頌偈』は「律分別」から「ウッタラ・グランタ」までの「根本有部律」全体からウッダーナと偈を拾っているから、多くの部分について唯一のサンスクリット語資料として有益である。ウッダーナの項目として使われるキーワードには、固有名詞や律の専門用語もある。それらがサンスクリット語で得られれば内容理解に役立つことはいうまでもない。

一例をあげれば、チベット語訳「律事」と「雑事」にある別々の単語が同じサンスクリット語の訳であったことが判明した。それは「ナヴァカルミカ navakarmika」というサンスクリット語で、僧院の土木工事を監督する役職のことだが、チベット語では「ラクギラ lag gi bla」と訳されることが知られていた（Silk 2008: 80）。この対応関係は、ギルギット写本のある「律事」にみることができる。しかし「雑事」のチベット語訳では、「ラクギラ」が一度もあらわれないかわり、工事監督の話をしているらしい箇所で「カルレンパ mkhar len pa」という単語が頻出する。『律摂頌偈』の一断片から、この「カルレンパ」の原語が「ナヴァカルミカ」であることが十中八九確実になった。「根本有部律」のチベット語訳は複数のチームによって行われたので、時々この種の不統一が生じているのだが、サンスクリット語写本がないと、たとえ文脈上あきらかに同じ単語の訳に見えても確証するすべがないのである。この「ナヴァカルミカ」の訳と目されているもう一つのチベット語が「ウッタラ・グランタ」にあるが（Schopen 2001: 115）、そちらも原語が確かめられる日が来るかどうかはわからない。

さらに『律摂頌偈』の写本は、「根本有部律」のこれまでに知られていない伝承系統を示唆するものとしても重要である。詳しく見てゆけば、この文献のもとになった律は現存する「根本有部律」のいずれとも同一でないことがわかる。そのウッダーナや偈のあるものはチベット語訳に近く、あるものは漢訳に近く、あるものはそのいずれでもない。「根本有部律」の伝承に複数の系統が存在したことは、ここ十年あまりのあいだにクラークら複数の研究者によって議論されてきたが、『律摂頌偈』の写本はそこにあらたな考察対象を加えるものとして注目にあたいする。

ここまでは「律そのもの」の写本の話だが、律に関して学僧たちが残した著作のたぐいも忘れてはならない。現存する「根本有部律」の注釈書のほとんどはチベット語訳の形でしか生き残っていないが、例外的に六世紀ごろのグナプラバ Guṇaprabha が書いた綱要書『ヴィナヤ・スートラ *Vinayasūtra*（律経）』および自身による注釈のサンスクリット語写本がそれぞれ四本と二本、現存している。前者の一本はネパールに伝わるもの、一本は中央アジアから出た断片で、ほかはチベットで保存されてきたものである（Luo 2011 および Yonezawa 2016）。この難解きわまるテクストの内容は、現在も米澤嘉康や中国の羅鴻《ルオ・ホン》といった学者たちによってあきらかにされつつある。またヴィシャーカ Viśākha もしくはヴィシャーカデーヴァ Viśākhadeva という人物の手になる『ヴィナヤ・カーリカー *Vinayakārikā*（律頌《りつじゅ》）』のサンスクリット語写本は二十世紀前半にチベットで撮影された白黒写真があり（写本がその後どうなったかは不明）、前述のクラークが研究中である。

三、「根本有部律」写本から見えるもの

——プラバーサ王説話に見る「根本有部律」と『喩鬘論』の関係

「薬事」プラバーサ王説話とその平行話

本節では、サンスクリット語写本の解読によって、ある文献と「根本有部律」との密接な関係がうかびあがった例を紹介したい。ここで扱う写本はすでに触れた「律事」の第六章「薬事」のスコイエン―ヴァージニア写本である。「薬事」というのは薬に関する規則を扱う章、すなわち仏教出家者はどのような場合にどのような種類の薬の使用や所持を許されるかといった問題が取り上げられる章である。であるのだが、実は「薬事」ではなぜか薬に関係のない説話がその大部分を占めていて（本稿のはじめに律には規則だけが書かれているわけではないと述べたが、その見本のような章である）、特にその中盤にはブッダの前世の物語が四十話ばかり、つぎつぎに語られる箇所がある。そこではシャーキャムニ・ブッダその人が、コーサラ国王プラセーナジットの求めに応じて、自分が前世に悟りを求めてさまざまな人や動物に生まれかわりながら善行を積んできたことを語る。仏教文献にしばしばあらわれるこうしたブッダや弟子たちの前世の物語は研究者のあいだで「前生譚《ぜんしょうたん》」と読ばれている。「薬事」のここの前生譚群のなりたちは複雑で、経蔵および「根本有部律」それ自体を含む複数の源泉資料から集めたさまざまな前生譚を、いくらか編集の手を加えながら一定の順序に従って配列したものである可能性が高い（八尾二〇〇七、Yao 2022）。いま紹介したいの

はその最後近くにあるプラバーサという名の王の物語である。

前世のブッダが悟りをめざして善行に励んだ物語の数々を謹聴していたプラセーナジット王は、そもそもブッダが初めて悟りに志したのはどこにおいてであったのかを尋ねる。ブッダは答える――かつてプラバーサという王が立派な象を持っていた。象使いがこの象を調教しおえたので、王はこれに乗って狩に出かけた。ところが象は野生の牝象の匂いをかぎつけるや狂ったように走りだし、まったくの制御不能におちいった。王と象使いは象の背から木の枝にとびうつって難を逃れ、その後象は正気に返って七日後に自分で王宮に戻ってきた。王が象使いを調教不十分のかどで責めると、象使いは調教が完璧であったことを証明するために、象に熱した鉄球を取らせた。象が従うのを見て、王はそれほどよく馴らされた象がなぜ暴走したのかといぶかしんだ。象使いは、自分は身体を調教したのであって心を調教したのではないと言い、欲望にとりつかれた心を制御することがいかに困難であるかを説き、最後にブッダとその追随者たちだけが心を制御しうると語った。これを聞いた王は、布施をほどこし善行を積んで、未来に自分がブッダとなって衆生を欲望の病から解放しようと誓願を立てた――。そのプラバーサ王とはこのわたしであったのである、とブッダは語りおさめる。（八尾二〇一三：四四一～四四三頁に和訳）

広大な仏教文献の海の中では、しばしば同じような話が別々の文献に顔を出すということがあって、そういう説話を研究者は「平行話《へいこうわ》」とか「パラレル」などと呼んでいる（この語については後述）。プラバーサ王の物語にもいくつかの平行話があって、それぞれの内容には大なり小なりの相違点がある。ドイツのディーター・シュリングロフ Dieter Schlingloff は一九七七年の論文で、「薬事」のプラバーサ王説話とつとに指摘されていた平行話、すなわちクマーララータ Kumāralāta 作の説話集『修辞によって飾られた《カルパナー・マンディティカー》例話のつらなり《ドリシュターンタ・パンクティ》 *Kalpanāmaṇḍitikā Dṛṣṭāntapaṅkti*』（以下「喩《ゆ》鬘論《まんろん》」とよぶ）、クシェーメーンドラ Kṣemendra 作『菩薩《ボーディ》の業物語の如意蔓《サットヴァ・アヴァダーナ・カルパラター》 *Bodhisattvāvadānakalpalatā*』、漢訳経典『賢愚経《けんぐきょう》』などに出る説話を比較し、「薬事」と『喩鬘論』（第五三話）との顕著な近縁性を指摘した。いわく、両者の偈には「もし同一でないとしても少なくともきわめて類似した」言葉遣いがみられ（Schlingloff 1977: 149 および Schlingloff 1987: 120）、しかし物語の筋書には看過しがたい相違がある。すなわち「薬事」では象が七日目に自分で帰ってくるのに対し、『喩鬘論』およびその漢訳である『大荘厳論《だいしょうごんろん》』では象使いが探しに行って連れ帰るのだが、これは後者の方が現実的であって、象の従順さを強調する「薬事」の話よりも本来的なものであるように見える、というのがシュリングロフの意見であった。その一方、『如意蔓』第一話および第百話のプラバーサ王説話はあきらかに「薬事」に直接依拠したものだという。なおこの論文には著者の指導学生ジャンパ・ロサン・パンルン Jampa Losang Panglung によるチベット語訳「薬事」プラバーサ王説話のエディションと独訳が掲載されている。パンルンはのちにチベット語訳「根本説一切有部律」から厖大な説話類を抽出し、それらの要約と関連資料のリストを出版した (Panglung 1981)。「根本有部律」のみならず、おそらくインド仏教説話一般の研究を裨益している労作である。

薬事スコイエン写本と『喩鬘論』との平行偈

ギルギット写本「律事」では、「薬事」のプラバーサ王説話とその前後にあたる約二十葉が散逸している。このため、この説話の内容は従来漢訳とチベット語訳からしか知ることができなかった。シュリングロフはチベット語訳の「薬事」に依拠して右のことを論じたのである。

二〇一九年の調査であらたに利用可能となった「薬事」断片の中に、このプラバーサ王説話の一部が含まれていた。該当部分は第一四二葉の裏側一行目から第一四三葉の裏側五行目までの二十一行、ただし回収できる文字はこの部分全体の三割前後にすぎない (図3)。

この中に注目すべき文字列があった。登場人物が語る偈のなかに、『喩鬘論』のそれと逐語的に一致するものが少なくとも四偈あったのである。左に一例を挙げる。

「薬事」　× × × × (ma)naḥśalyaḥ katham apy upajāyate •
　kayāpi yuktyā ⏑ – – × × × × × ⏑ – ⏑ × (図4)

『喩鬘論』　rāg[o] hy eṣa ⏑ – – .y.ḥ katham apy upajāyate
　kayā[pi] × ⏑ – – × × × × × ⏑ – ⏑ ×

「薬事」チベット語訳の和訳「欲望という心の苦痛 (矢) はどのようにしてか生じ、あるしかたで増大しました、あるしかたで鎮まります」

『大荘厳論』　欲爲心毒箭　不知従何生　因何得増廣　云何可得滅

大急ぎで補足すると、「⏑」「–」「×」という記号は写本

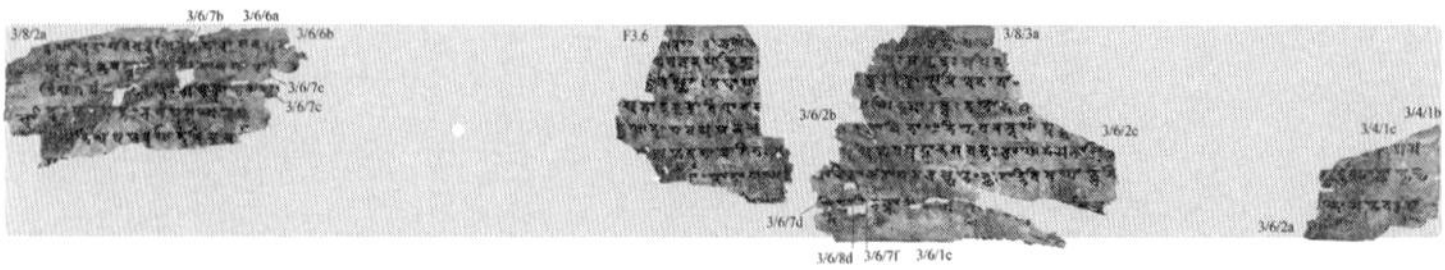

図3　スコイエン―ヴァージニア写本「薬事」143葉の表側（中央の断片はヴァージニア個人蔵、それ以外はスコイエン・コレクション所蔵）

図4　「薬事」写本のうち右に引用した偈の部分（142葉裏側8行目）

で失われている部分の音節数を韻律（ここではシュローカ体）に従って埋めたものである。「⏑」が短音節、「–」が長音節、「×」が長短いずれも可、を意味する。見てのとおり『喩鬘論』も欠損のはなはだしいテクストだが（後述する）、たまたま残された部分をこのように並べれば、両者が同一の偈であることは疑いない。シュリングロフがチベット語訳をもとに「もし同一でないとしても少なくともきわめて類似した」と述べたのは正鵠を得ていたわけである。しかし翻訳資料からわかるのはあくまで「意味が同じかどうか」までであって、文言が一字一句同じかどうかは、サンスクリット語原文を比べなければ確かめられない。その意味でスコイエン写本断片は二つのテクストの理解にあらたな光をあてるものとなったのである。逐語的に一致することが確実な偈は前述のように四偈、それに加えて写本の欠損により判断不能だが一致する可能性の高い偈が三偈ある。その一方、散文部分にはくだんの象の帰還云々を除いてプロットの上での目立った相違こそないものの、文面上の一致はまったくみられない。

「根本有部律」と『喩鬘論』

さてしかし、偈の文面が同じだということはいったい何を意味するのだろうか。『喩鬘論』とはなにもので、「根本有部律」とはどのような関係にあるのだろうか。ひとまず『喩鬘論』という文献について、具体的な情報を整理しておきたい。

『喩鬘論』というのは説話集である。長短とりまぜて九十話からなり、内容はブッダ在世中の事件からのちの時代のできごとまで、あるいはさかのぼってブッダの前世の行跡まで多岐にわたる。散文と韻文をおりまぜたスタイルをもちい、それぞれの話の冒頭には散文の格言を置き、物語の最後はやはり簡潔な訓辞でしめくくるという形式をもつ。作者はクマーララータ Kumāralāta といい、詳しいことは知られていないが二世紀後半から三世紀のいずれかの時期にインド文化圏の西北部（現在のパキスタン東部）で活動した説一切有部の学者で、のちにはサウトラーンティカ Sautrāntika（経量部《きょうりょうぶ》）という部派の祖ともされた（Horiuchi 2019; Loukota 2019: 35–50）。

「修辞によって飾られた例話のつらなり」という意味の題をもつこの作品はサンスクリット語で書かれたが、まとまった形で現存するのは漢訳だけである。漢訳はなぜか「大荘厳論」というだいぶ違った題がつけられ、しかも著名な仏教詩人アシュヴァゴーシャ Aśvaghoṣa（馬鳴《めみょう》、二世紀ごろ）の作として伝えられたが、今日では題名も作者名も何かのまちがいでそうなったのだろうと考えられている（Horiuchi 2019）。なおこれと別に、馬鳴による『スートラ・アランカーラ *Sūtrālaṃkāra*（荘厳経論）』という作品がかつて実在したことが知られている。最近この『荘厳経論』の三世紀にさかのぼるサンスクリット語写本断片が発見された。松田二〇二三b）。ついでにいうと、漢訳したのはかの亀茲《きじ》国出身の大翻訳家クマーラジーヴァ Kumārajīva（鳩摩羅什《くまらじゅう》、三四四―四一三もしくは三五〇―四〇九）と伝えられているが、これにも疑義がある（Tomomatsu 1931: 139–163, 菅野一九九八）。近年、アメリカのディエゴ・ローコータ Diego Loukota はコンピュータ上の分析ツールを用いて訳語を検討し、『大荘厳論』が鳩摩羅什訳である可能性は低く、同時代の竺仏念がこの文献の訳者であった可能性があると結論した（Loukota 2021）。要するに、漢訳ははなはだ身元のおぼつかない文献なのである。サンスクリット語写本はといえば、中央アジアとバーミヤーンで発見されたものが数種類現存している（そのうちの一つが図5）。いずれもひどく破損した断片ではあるが、ともかくも「カルパナー・マンディティカー　ドリシュターンタ・パンクティ」という題名、およびクマーララータという作者名がはっきりする

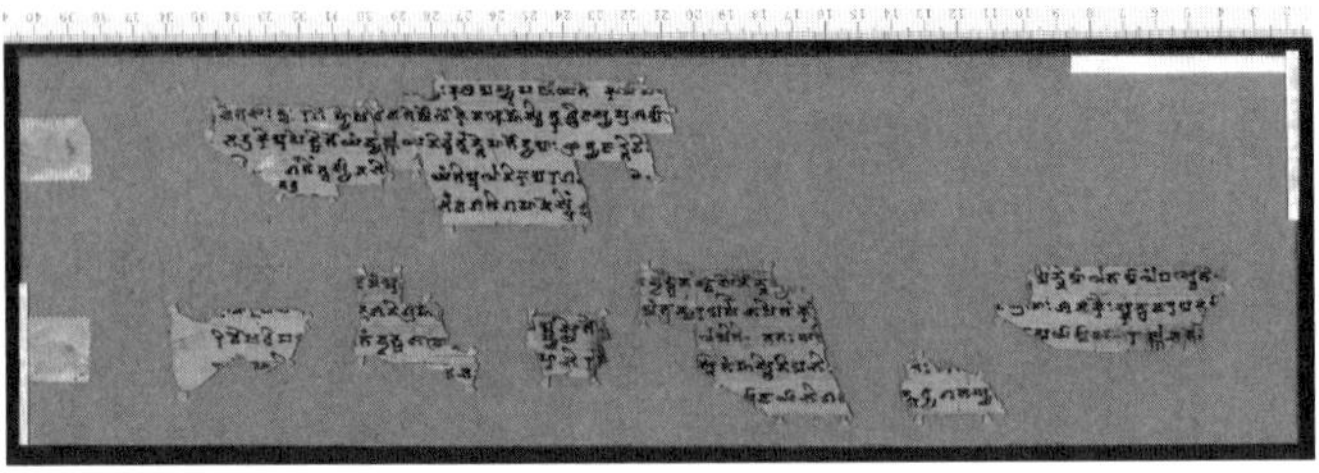

図5　中央アジア出土『喩鬘論』断片

のはサンスクリット語写本のおかげである。玄奘門下の学僧たちが、「鳩摩邏多」「鳩摩羅多」「豪童」「童首」なる人が「喩鬘論」なる作品をものしたということを書いているが（普光『倶舎論記』、法宝『倶舎論疏』、基『成唯識論述記』）、これがクマーララータの当該作品であるとみてまちがいないので、本稿ではさきほどらい便宜的に「喩鬘論」という題をもちいている（短いからである）。

　さてこの『喩鬘論』には、ブッダが語ったとされる言葉（仏説）を縦横無尽に使うという特徴がある。ここで昔のインドの仏教徒が何をブッダの言葉とみなしていたかという話をしなければならないのだが、まずクマーララータは大乗仏教の流れに属する人物ではないので、日本人になじみのある『法華経』や『維摩経』、『般若経』といった大乗経典はこの際埒外におく。その上で、こういった学者たちがブッダの語った言葉とみなしていたのは、「三蔵」におさめられた言葉であったろうと言うことができる。

　三蔵は経蔵・律蔵・論蔵という特別な権威をもったテクストの集成で、そのうち経蔵は狭義の「経（スートラ sūtra）」、すなわちブッダがなんらかの状況で弟子やその他の人々に四諦《したい》や縁起《えんぎ》、無我《むが》その他の教義を説いたことを語るテクストを大量に集めたものである（俗に仏典一般をさして「お経」と呼ぶことがあるが、仏教でいう「経」あるいは「経典」とは厳密にいえばこのようなものである）。これらの経を総称して阿含《あごん》（アーガマ āgama、「伝承」の意）ともいい、たとえば「阿含を引用する」などという言い方をするが、この語は経蔵の内容を四つないし五つの経典集成に分けた、その各集成を指しても用いられる（ただしパーリ語の三蔵では後者の意味でニカーヤ nikāya という語をもちいる）。たとえば説一切有部の場合、経蔵は「長阿含《ぢょうあごん》」「中阿含《ちゅうあごん》」「相応阿含《そうおうあごん》」「増一阿含《ぞういちあごん》」の四つの阿含に分けられ、それぞれの阿含がさらにいくつかの章に分かれ、各章に長短さまざまな経がおさめられている。律蔵はすでに第一節でみたように出家者のための法規集、論蔵は経蔵にもとづく教理学、解釈学のテクストを集めたものである。

かつて存在したとされる部派の多くは文献資料がほとんど残っていないので、かれらの聖典伝承がどのようなものであったのかはわからない。しかし現存する律には経蔵・律蔵・論蔵の三蔵、あるいは経蔵・律蔵の二蔵の存在と、それぞれの「蔵」のおおまかな内容が記されている。したがって、少なくともこれらの律の属した部派（根本説一切有部を含めた広義の説一切有部、上座部大寺派、法蔵部《ほうぞうぶ》、化《け》地部《じぶ》、大衆部《だいしゅぶ》）では、律の当該部分が成立した時期までには、聖典がそのような形で伝承されていたのだろうと想像できる（特に「論蔵」の扱いに関して福田二〇一七）。また部派の経典伝承について、馬場二〇一〇：七〇～八七頁）。この三蔵に含まれるテクストは、すべてが「ブッダはしかじかのことを語られた」という体裁をとっているわけではない。論蔵に属するテクストは後代の人々があらわしたものとされているし、経蔵にはブッダの弟子による説法も含まれるし、そして経蔵・律蔵はともにブッダの亡くなった後のできごとの叙述を含んでいる。しかし上座部大寺派や説一切有部では経・律・論の全体に仏説としての権威を認めていた（福田前掲論文）。これらの文献が歴史上、どのように成立してきたかについては不明なことがあまりにも多いが、おそらく長い時間をかけて、時に文献同士が相互に参照しあいながら、現在見る形に近づいてきたものだろう。「根本有部律」では説話類がきわめて豊富であることはすでに述べたが、その中には経典に相当する文章も多く含まれている。

さて、『喩鬘論』は仏説を数多く用いるという話であった。これは経典の文言を引用するだけではない。人名などを挙げて経典に出てくる物語をそれとなく読者に示唆したり、そうかと思えば物語のあらすじを借りながら潤色することもある。経典の題名をはっきり挙げることもあれば、「仏がおっしゃったように」などと言って出典を示さずに引用することもある。そして、そのように利用されるテクストの中には経典だけでなく律もある。

『喩鬘論』の漢訳である『大荘厳論』は十九世紀なかばにその一部がフランス語で紹介されたこともあったが、まとまった一つの文献としてヨーロッパの学者たちに広く知られたのはおそらくエドゥアール・ユベール Édouard Huber（一八七九—一九一四）の一九〇八年のフランス語訳、およびそれに先立つ一九〇四年の論文によってであったと思われる（Huber 1904; 1908）。この段階で、すでにユベールによって他文献との対応関係がいくつか指摘されていた。さらに大々的に出典を洗ったのが仏訳と同じ年に出たシルヴァン・レヴィ Sylvain Lévi（一八六三―一九三五）の論文で、漢訳の阿含や律、論書、パーリ語聖典といった資料をもとに大量の典拠情報を挙げた（Lévi 1908）。一九二六年にドイツのハインリッヒ・リューダース Heinrich Lüders（一八六九―一九四三）によって詳細な内容分析を附したサンスクリット語写本『カルパナー・マンディティカー　ドリシュターンタ・パンクティ』のエディションが出版され（Lüders 1926）、その後『国訳一切経』でこの文献を担当した美《み》濃《の》晃順《こうじゅん》が、やはり経律の典拠について数々の貴重な指摘をしている（美濃一九三〇。ただ美濃は「解題」でレヴィの論文を挙げていながら、残念なことに脚注ではそれを参照した形跡がない。レヴィの仕事を十分役立てていればさらに便利な本になったはずである）。このように二十世紀の最初のころに『喩鬘論』とその典拠の研究は大きく進展した。

『喩鬘論』の研究は二十世紀の四分の三が過ぎたころからふたたび進み（間があきすぎているようだが、古典の研究は息が長いのである）、第二節で言及したシュリングロフのプラバーサ王説話研究が出たほか、一九八二年にはミヒャエル・ハーン Michael Hahn（一九四一―二〇一四）によるチベット語訳第一話の研究（Hahn 1982）によって、『大荘厳論』がクマーララータ作『カルパナー・マンディティカー　ドリシュターンタ・パンクティ』の訳であることが確定し（レヴィはアシュヴァゴーシャ作品だと考えていた）、また翌年本庄良文によって、シャマタデーヴァ Śamathadeva作『倶舎論』註に引用される「クマーララータの喩鬘論」なるものが『大荘厳論』に相当することが確認された（本庄一九八三、当該引用の和訳は本庄二〇一四にある）。サンスクリット語写本も、リューダースのエディションが出たあとあらたに同定されたものがいくらかある。一番最近のまとまった『喩鬘論』研究は前述のローコータの博士論文で、この説話集における商人の描写を主要な分析対象としながら、資料の現存状況や先行研究を手堅く押さえ、著者自身が同定したバーミヤーン出土写本の書きおこしも収録した有益な論文である（Loukota 2019）。

少し話をさかのぼると、レヴィは『大荘厳論』の依拠する聖典資料について重要な指摘をしている。それはパーリの聖典よりも北伝の文献（これ自体は少々大雑把すぎる言い方だが、漢訳された仏教文献を指していると思われる）、ことに「根本有部律」との親近性が高いというのである。『大荘厳論』ないし『喩鬘論』と「根本有部律」とのあいだに密接な関係があることはその後の諸研究によってますます確実なものとなった。こころみにこれまで「根本有部律」との類縁性が指摘された事例と、筆者がみいだした若干数のものを掲げると左の如くである。

第二話　「十二縁経」を読んだ婆羅門が仏法に回心する話――「十二縁経」の一部引用（「律事」第一七章「サンガベーダ・ヴァスツ *Saṅghabhedavastu*（破僧事）」にこの経典に相当する記述あり）。

第三話　見習い僧と在家信者が問答する話――「四不軽経」への言及（「破僧事」にこの経典に相当する記述あり）。

第四話　塔から宝石を盗んだ人の話――（A）偈の中で言及されるエピソード（ある人が花を仏塔に供えて大果報を受ける）が「薬事」に出る偈と意味内容の上で類似するが、文面は異なる。（B）偈の中で言及されるエピソード（仏が魔物に捧げられた子供を救う）が「比丘律分別」の説話に相当する。

第一一話　賊によって草で縛られた比丘たちの話――（A）「ウッタラ・グランタ」の「ムクタカ *Muktaka*」章の一部とあらすじが共通する。（B）偈の中で言及されるエピソード（エーラパトラ龍王の前世の過失）が「雑事」にある話に相当する。（C）偈の中でブッダが説いたとされる教えが「波羅提木叉」の条文の一部に類似する。

第一五話　貪欲な王が財宝を死後に持って行けないことを悟る話――偈の中で言及されるエピソード（マーンダートリ王が天界に行く）が「薬事」に経典として現れる話に相当する。

第一八話　のちに仏弟子となる商人コーティーカルナが餓鬼の都城で餓鬼と対話する話――「律事」の第五章「チャルマ・ヴァスツ *Carmavastu*（皮革事）」の一部とあらすじが共通する。

第二二話　僅かな布施をした貧女が王妃になる話――偈の中で言及されるエピソード（仏弟子マハーカーシャパに重湯を捧げた貧女の話）が「薬事」にある物語に相当する。

第三一話　カニシュカ王が仏塔と誤って異教の塔を礼拝した話――（A）偈の中で言及されるエピソード（マハーカーシャパ帰仏の話）が「比丘尼律分別」にある

話に相当する。（Ｂ）散文部分で引用される仏の発言が「雑事」の「涅槃経」対応部分のそれと一致する。

第三二話　一度還俗《げんぞく》した比丘が改心してまた出家する話――（Ａ）散文部分で引用される仏の言葉が「薬事」にある「増一阿含」相当の文句と一致する。（Ｂ）偈の中で引用される仏の言葉が「根本有部律」の随所で繰り返される定型句に意味内容の上で類似する。ただし当該定型句は韻文ではない。

第三四話　埋蔵金を発掘して捕らえられた農夫の話――物語のあらましが「比丘律分別」に出る説話と共通する。

第四三話　悟りをひらいた賤民出身の仏弟子の話――（Ａ）散文部分で言及される仏弟子チューダパンタカの話が「比丘律分別」のそれに相当する。（Ｂ）散文部分で言及される王妃シュヤーマヴァティーの話が「比丘律分別」のそれに相当する。

第四五話　漢地（中国）の王子の眼病を直した比丘の話――散文部分で「十二縁経」の題名だけが言及される。第二話の項参照。

第四七話　理髪師ウパーリの出家の話――物語のあらましが「破僧事」の一部に対応、そのうち「善来比丘」に関する偈が「破僧事」に一致（「根本有部律」に頻出の偈）。

第四八話　仏が吝嗇な家長を教化する話――散文部分に出る譬喩が「比丘律分別」に出るものと共通。

第五一話　比丘らが互いにいさかいを起こした話――物語のあらましが「カウシャーンバカ・ヴァスツ *Kauśāmbakavastu*（コーシャンビー事）」の全体に類似し、またその中の「長寿王」の故事への言及が類似。

第五二話　仏が一日一食の規則を制定した際に比丘バーッダーリンが反対した話――散文部分で言及される世界の始まりの物語が「破僧事」冒頭の説話に相当する。

第五三話　プラバーサ王の象が暴走した話――説話全体が「薬事」のプラバーサ王物語に対応。

第五四話　ウパグプタ比丘が魔王を教化した話――（Ａ）偈の中で言及されるエピソード（仏がサーラー村で食を得られなかった話）が「薬事」の説話に相当。（Ｂ）偈の中で言及されるエピソード（川が濁って仏が水を飲めなかった）が「雑事」の「涅槃経」対応部分の一部に相当。

第五六話　インドラ神がマハーカーシャパに食を献じた

話――（A）物語のあらましが「薬事」の一部に類似する。（B）偈の中で言及されるエピソード（マハーカーシャパが美しい妻に執着しなかった話）が「比丘尼律分別」の説話に相当。

第五八話　仏が五比丘に対して最初の説法をした話――物語全体が「破僧事」の一部に対応。ただし説法の内容は「轉法輪修多羅」なる経典名を挙げて省略している。

第六三話　比丘が罪を着て鵞鳥《がちょう》を救った話――（A）偈部分で言及されるエピソード（仏の弟子プールナへの教誡）が「薬事」の一部（経典に対応）に相当。（B）偈部分で言及されるエピソード（忍辱仙人が手足を切られた話）が「破僧事」の一部に相当する。

第六五話　仏弟子カーティヤーヤナの弟子がプラディヨータ王を憎んだ話――偈部分で言及されるエピソード（忍辱仙人が手足を切られた話）が「破僧事」の一部に相当する（第六三話と同様）。

第六七話　異教徒シュリーグプタの帰仏の話――物語全体が「ウッタラ・グランタ」の「ムクタカ」章の一部に対応。

第六八話　仏の養母マハープラジャーパティーが亡くなったときの話――（A）物語全体のあらましが「雑事」の一部に対応する。（B）偈の一部が「根本有部律」に頻出する偈に類似。ただし「雑事」の当該部分には出てこない。

第六九話　六本の牙をもつ象が猟師に牙を与えた話――物語全体が「薬事」の一部に対応する。

十五巻ある『大荘厳論』のすみずみまでしらみつぶしに調べたわけではなく、右のリストは暫定的なものであることをお断りしておかねばならないが、『喩鬘論』と「根本有部律」とが多くの説話素材を共有していることを実感していただくには十分であろう。しかし実際のところ、このリストの大部分は当面の用にたたないので本稿の考察からは除外しなければならない。当面のというのは、本稿で検討したいのはこれら二つの文献の密接な関係が正確にいかなるものであるか、だからである。その観点からすると、たとえば『喩鬘論』第三話が「少年経」に軽く言及するなどは別段とりあげるほどのものではない。『喩鬘論』の方の情報量はごく僅かだから比較が成りたたないし、それにこの「少年経」は阿含経典なのだから、「根本有部律」の「破僧事」がそれと同じ内容を含んでいるにしても、『喩鬘論』が直接指示している相手が「破僧事」だとはかぎらないわけである。というわけでそのような例をとりのけ、説話のあらすじが二つのテクストで共有されている例、および短くとも引用文がかなりの精度で一致する例を残せば次のとおりである。


第二話「破僧事」の「十二縁経」相当部分。

第一一話「ムクタカ」章の一部と「波羅提木叉」の条文の一部（これは律規定がかかわる話なので「根本有部律」に直接関係する可能性が高い）。

第一八話「皮革事」の一部。

第三二話「薬事」の「増一阿含」相当の文句。

第三四話「比丘律分別」の埋蔵金を得た農夫の説話。

第四七話「破僧事」のウパーリ出家譚。

第五一話「コーシャンビー事」の全体と「長寿王」の故事への言及。

第五三話「薬事」のプラバーサ王物語。

第五六話「薬事」のマハーカーシャパとインドラ神の話。

第五八話「破僧事」の転法輪場面。

第六七話「ムクタカ」章の一部。

第六八話「雑事」のマハープラジャーパティーの涅槃の話。

第六九話「薬事」の六牙象王説話。


あるテクストがあるテクストと「平行関係にある」とか「近い」とか「一致する」とかいう場合、それがどの程度の話なのかに気をつけておく必要がある。たとえば「六本の牙をもつ象が猟師に牙を与えた話」をひきあいに出すと、そのような登場人物やできごとを共有した説話でさえあれば「平行する」「一致する」と言われうる。しかしそういったゆるい対応関係とは逆に、サンスクリット語の文が一字一句同じというような場合もある。この二種類の関係のあいだには決定的な違いがある。

物語は形を変えて繰り返し語られてゆくものである。日本の民話でも、似たような話が地方によって少しづつ違うバージョンとして語り継がれているように、あるいは平安時代の説話文学が近代の小説家によって翻案されることがあるように。そればかりか、インド仏教文献に発したひとつの例え話が漢訳されて東アジアに伝わる一方インド内部ではヒンドゥー教の叙事詩にも顔を出し、そうかと思えば西方のペルシア語、シリア語をへてアラビア語に翻訳される過程でイスラム風に味つけされ、はては中世ヨーロッパで流行したあげくにキリスト教文学として十六世紀の日本に輸入される、などということが世の中にはあるのである（杉田二〇〇七、ジン二〇一三）。二十世紀ドイツの作家ミヒャエル・エンデは自分の物語が百年後にパレルモの広場で無名の語り部に語られることを願った。物語は作者の手をはなれ、融通無碍の変化をしながら生き物のように増殖してゆくものである。

しかし、人間が言葉で作りだすものの中にはその逆の方向性をもったものもある。詩は翻訳できないと言われることがあるが、現に翻訳のこころみがいたるところでなされ、すぐれた翻訳もあるにもかかわらずそう言われるのは、詩が言葉を選ぶという行為でなりたっているからである。意味だけでなく韻律や語感、ひとつの単語の喚起しうるあらゆる連想を考慮して唯一無二の言葉を選び出そうとするのが詩であるから、それは本質的に置き換えがきかないものであり、他の言語体系に移し替えることもできないものである。そして実際には、人間の作りだす文学とよばれるたぐいのテクストはその形式が散文であれ韻文であれ、今述べたような物語的要素と詩的要素の不分明な混合でなりたっている。

物語が複数のテクストのあいだで共有されること、共有されながらも少しづつその形を変えていることはごくありふれた現象であって、文献Aに出てくる物語と似たような筋書きの物語が文献Bにあらわれたところでお互いのあいだに直接の関係があると考える必要はない。むしろそうでないことの方が圧倒的に多い。これと違って文章が逐語的に一致する場合、当然ながら両者のあいだに想定しうる関係のありかたははるかに限定される。AがBから写したか、BがAから写したか、AとBが共通の源泉Cにそれぞれ依拠したかである。もっと複雑な事情もありうるだろうが、ひとまずこの三つのバリエーションで考えてさしつかえないだろう。

プラバーサ王説話ふたたび

長いあいだ翻訳を通じてしか比較できなかった「根本有部律」と『喩鬘論』は、「薬事」サンスクリット語写本の登場によって、少なくともプラバーサ王説話に関しては文字通り同一の偈を共有することが確実となった。それでは、偈の一致ということの事実は何を意味するのだろうか。「薬事」と『喩鬘論』のどちらが他方の偈を借りたのだろうか。あるいは第三の源泉があるのだろうか。

さきに『喩鬘論』が経や律をしばしば利用することを述べた。そうであれば答えは自明であるように思われるかもしれない。『喩鬘論』が「薬事」からプラバーサ王の物語を借用して偈はそのまま使い、散文部分は自由に作り変えたのだ、と。

「薬事」プラバーサ王説話 ──散文変形──▶ 『喩鬘論』第五三話？
　　　　　　　　　　　 ──偈そのまま──▶

しかしはたしてそう言いきれるだろうか。シュリンググロフは「薬事」の方が象の従順さを強調するように手を加えられた可能性を示唆していた。その見解によれば、象が自分からおとなしく帰ってくる「薬事」よりも、象使いがわざわざ連れ帰らなければならない『喩鬘論』の方が、説話の発達段階としては早いのである。これは、『喩鬘論』が「薬事」から物語を借りたという第一の假説と対立するように見える。

象が自分で帰るのと連れ帰られるのと、どちらが物語として効果的かなどは印象の問題であって論拠とするに足りない、という反論はありうるだろう。実際、象の帰還をめぐる僅かな記述だけをもとに両文献の前後関係を言うのは不可能である。ただし印象のようなものもまったく無視してよいとは思われない。別の説話の話になるが、『喩鬘論』の物語が「根本有部律」のそれに先立つかのような所見を記したのはシュリンググロフだけではなかった。『喩鬘論』第一一話と『根本説一切有部毘奈耶目得迦』（「ウッタラ・グランタ」の「ムクタカ」章の漢訳）の一節との平行関係を指摘した美濃晃順は、『目得迦』の方が「本経」（『喩鬘論』第一一話）から引用したのではないかと疑っている。

……或は寧ろ右掲有部目得迦の如きも本經より引用せしに非ずやと思はるる節あり、古經には見えず。

（美濃一九三〇：四七頁註一）

美濃はこれ以上のことは記していないが、二つのテクストを読みくらべてみると、たしかに『喩鬘論』の物語を「根本有部律」が法律的関心にひきつけて換骨奪胎したように見える。一方、ローコータは『喩鬘論』第六八話マハープラジャーパティーの涅槃と第一八話コーティーカルナの餓鬼城行きについて、律がその源泉であったか否かは難しいが重要な問題だとし、「反復や紋切型を避け、ごてごてしたプロットや超自然的事件よりも豊かな心理表現を重んじる」文学的スタイルがクマーララータの革新性であるとする（Loukota 2019: 142）。こちらはクマーララータが物語をむしろ洗練してシンプルなものにした、という見解である。

プラバーサ王に戻ろう。「薬事」のプラバーサ王説話と『喩鬘論』のそれとのあいだに筋書の上での大きな相違はほとんどないのだった。これは二つの説話をそれなりに微細なレヴェルで比較できることを意味する。では偈が逐語的に一致することを念頭におき、物語を細分化して対応関係を調べたら、シュリングロフの論点以外になにか、両者の関係に光をあてるようなものがみつからないだろうか。

両者の構造は、薬事のチベット語訳、『喩鬘論』の漢訳にもとづいて次のような表にまとめることができる。「薬事」の偈には便宜的にローマ数字で番号を付した。『喩鬘論』のサンスクリット語写本では偈に番号がつけられているのでアラビア数字でこれを示し、写本の缺損により番号

「薬事」プラバーサ王説話（チベット語訳による）	『大荘厳論』第五三話
プラセーナジット王は仏に、最初に無上正等覚への心を起こしたときのことを尋ねる。	（格言）つとめて貪欲を断つべきである。
（仏の語り）プラバーサという王が象宝を調教させる。王は象使いとともに象に乗り狩に行く。象は牝象の匂いに気づいて暴走する。王は象使いによびかける。	世尊が菩薩道を修行していた時、光明という王が調教された象に乗り歌舞唱妓を連れてでかける。象け牝象を見て暴走する。調象師が鈎棒で打つが効き目がない。
（王の偈）象が激しく疾走する—I	（王の偈）象が激しく疾走する—（1）＝I
	（偈）王は山神に救いを求める。象は打たれてもさらに疾走する。王は恐れ、木々により傷つき髪や衣服が乱れる。（前後の偈番号からみてサンスクリット語では散文か）
（王の偈）象を鎮めよ—II	（王の偈）象を鎮めよ—（2）＝II 象使いは象を制御できず恥じいる。

（象使いの偈）呪文、鉤棒でも象を制御できない。―Ⅲ

（象使いの偈）鉤棒や縄や鞭でも欲望に動かされる心を制御することはできない。―Ⅳ

（象使いの偈）心にとっての矢である欲望はいかにしてか生じ、成長し、鎮まる。―Ⅴ

象使いと王は木の枝に摑まって難を逃れる。王は象使いを咎める。象使いは、象は完全に調教されていたが牝象の匂いのため制御できなくなったのであり、じきに帰るだろうと言う。象は七日後に自分で帰る。象使いは象が調教されていたことを証明するため熱した鉄を取らせる。王は暴走のわけを尋ねる。象使いは、自分は体を調教したのであって心を調教したのではないと言う。

王は心を調教する者はいるのかと問う。神の働きかけにより、象使いは諸仏世尊がいると言う。

（象使いの偈）多くの者が欲望を克服しようとして挫折する。（漢訳では神への言及はなし）―Ⅵ（漢訳は散文）

（象使いの偈）欲望の森は抜きがたい。―Ⅶ（漢訳は散文）

（象使いの偈）感官の対象を捨てる者と、感官を満足させる者がいる。―Ⅷ（漢訳は散文）

（象使いの偈、8句）呪文、鉤棒でも象を制御できない。―（3）＝Ⅲ

（4の偈参照）

（5の偈参照）

王は木の枝に摑まって難を逃れ、歩いて軍中に帰る。象使いは象を探しに行き捉えて帰る。王は象使いを咎める。象使いは象が調教されていたことを証明するために熱した鉄を取らせる。王は暴走のわけを尋ねる。象使いは、自分は狂乱した者を制御できないと言う。王は重ねてそのわけを問い、象使いは欲望の病にかかった心は治せないと言う。

（サンスクリット語写本ではここに漢訳にない偈があるが、最後の一語しか現存しない）―4（＝Ⅳ？）

（象使いの偈）心にとっての矢である欲はどこから生じ、何によって成長し、どうすれば滅するのかわからない。―（5）＝Ⅴ

王は欲望の病は治せないのかと問い、象使いは治せないと言う。

（象使いの偈）多くの者が欲望を克服しようとして挫折する。―6＝Ⅵ

（8の偈参照）

（象使いの偈、7句）感官の対象を捨てる者と、感官を満足させる者がいる。―（7）＝Ⅷ

（象使いの偈）欲望の森は抜きがたい。―（8）＝Ⅶ

(象使いの偈) 生き物は欲望に縛られて輪廻する。―IX (漢訳は散文)

(象使いの偈) わたしは種々の方法で象を調教するが、心は仙人によっても馴らされない。―X (漢訳は散文)

チベット語訳 (王の偈) 心は仙人によっても馴らされないのに、心を支配する者はいるのか。―XI

(漢訳なし)

チベット語訳 (象使いの半偈) 心を支配する者は人・天の中にいる。―XII

漢訳 (王の半偈) 心を支配する者は人・天の中にいるのか。―XII

(象使いの偈) 仏とその追随者は心を支配する。―XIII

王は布施をほどこし無上正等覚の誓願を立てる。

(王の偈) この布施により未来に仏となり生類を解放しよう。―XIV

生類を守り布施をした福徳によって仏となり人々を欲望から解放しよう。―XV

(仏の語りおさめ) プラバーサ王は自分である。

(象使いの偈) 生き物は欲望に縛られて輪廻する。―(9)＝IX?

(王の偈) 欲という敵を滅ぼすことのできる者はいない。欲望を滅ぼす者はいないのか。―(10)

(王の半偈) 欲望を滅ぼす者は人・天の中にいないのか。―(11)

象使いは、仏が大慈心あり、欲の消滅の因縁を知ることを語る(散文)。

王は合掌して誓願を立てる。

正法によって国土を守り布施をし、その功徳により仏となって生類の欲を除こう(散文)。

衆生は欲の因縁を知らないのでこの経を説いた。

が失われている場合には丸括弧を付した。

一見してわかる違いは、二つのテクストでは物語自体の明示する主題が違うということである。「薬事」の方はさきに述べたとおり、ブッダが最初に無上正等覚に、いいかえれば成仏に志したのはどのような状況においてかというところに関心がある。一方、『喩鬘論』の方は冒頭の格言でも結語でも主題は「欲望」であって、全体として、欲望を克服することがいかに難しいかを説いている。主題の違いは、たとえばプラバーサ王の成仏の誓願についての記述に反映している。「薬事」がプラバーサ王の仏になろうとする誓願を二つの偈（XIV、XV）によって語るのに対し、『喩鬘論』は王の誓願については散文で簡潔に述べるだけで、プラバーサ王が肝心のブッダその人であることすら明言していない。

さらに「薬事」では心の支配あるいは調教がたびたび言及されるが、これは成仏への発心という主題に関連している。心を支配するのは仏になった人であるからである。第四偈をのぞき——「心」という一語しか写本断片に確認できない『喩鬘論』の第四偈（4）がかりに「薬事」の第四偈（IV）と共通だったとしてだが——この表現は『喩鬘論』とは共有されていない。漢訳によるかぎり、これらに対応する箇所で、『喩鬘論』は一貫して欲望あるいはその言いかえである病（欲望という病）に相当する語から離れることがない。

注目すべきはプラバーサ王の質問とそれに対する象使いの返答である。『喩鬘論』では王が象使いに欲望の病は治せないのかと問うと、象使いは治せないと答え、続いて欲望の克服がいかに困難かを説く偈を唱えている（6、7、8、9）。王が欲望を滅する者はいないのかとかさねて問うと（10、11）、象使いは仏世尊がいると答える。一方「薬事」では、王が心を調教する者の存在を問うと、象使いは即座にしかも「神に駆りたてられて」ブッダという言葉を告げることになっている。しかし続く偈では欲望克服の困難（『喩鬘論』と共通の偈VI、VII、VIII、IX）と、心を調教することの困難（「薬事」にしかない偈X）を説いていて仏についての説明はないので、せっかくのブッダという言葉が宙に浮いた格好である。これを回収するかのように、王はすでに答えの出た質問と同趣旨の質問を繰り返さなければならず（XI）、象使いはあらためて、仏とその追随者は心を支配すると答える（XII）（ただしチベット語訳と漢訳とでは偈の有無と話者の交代に違いがあり、上記の偈番号は前者による。表を参照）。要するに、『喩鬘論』では欲望克服の困難から欲望を滅する人の存在へと話題が自然に推移するのに対し、「薬事」では二つの質疑応答が意味上重複するうえ、中間にある偈とうまく連関していない。

第四、第五偈の位置が二つのテクストで異なるのも目をひく。『喩鬘論』では暴走の理由を問う王に象使いが答える「象は欲望によって心を病んでいて治せない」という発言に続いて、これら欲望と心の関係についての偈（4、5）が説かれ、その展開には内容上の必然性がある。一方、「薬事」の方では第四、五偈（Ⅳ、Ⅴ）はこの位置（王の質問の後）ではなくもっと前、象使いが象を止められないと訴える第三偈の直後に置かれている。これらの偈はこの位置に置けぬことはないが、象が狂乱した原因についての象使いの説明を先取りすることになって、物語展開上ややちぐはぐに見える。

かく見れば、『喩鬘論』の物語展開には無理がないのに比べて、「薬事」のそれにはぎこちないところがあるのが明瞭になる。物語が破綻するほどの不整合ではないが、そこでは仏の前世の発心を主題とする散文の物語と、欲望を主題とする複数の偈すなわち『喩鬘論』との共通偈とがうまく噛み合っていないのである。問題の偈を含まない物語はなんらかの形ですでにあり、そこに偈を無理に挿入したという可能性を考慮せざるをえない。

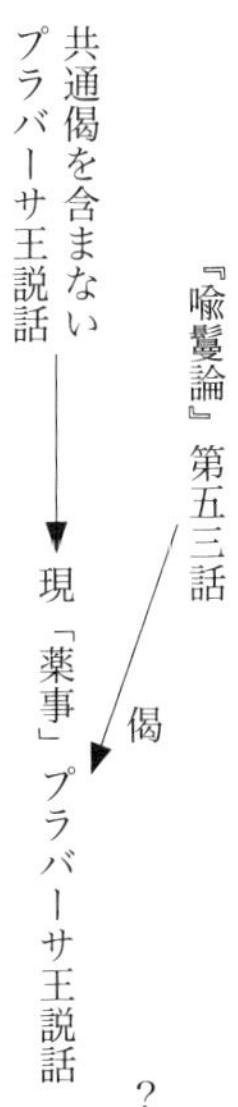

では『喩鬘論』が「薬事」の偈を使ったのではなく、逆に「薬事」が『喩鬘論』の偈を借りたということになるのだろうか。それはブッダの言葉というたてまえをもつ律蔵においてありうべからざることである、ようにも思われる。さきに「薬事」のこのあたりの箇所はよそからの説話のよせあつめだと述べたけれども、源泉資料が阿含や律であれば、あるいは匿名の説話集であれば、なんら異常なところはない。「ブッダの言葉」がその領域内で反復されているだけのことだからである。『根本有部律』にしばしば見られる、『ウダーナヴァルガ *Udānavarga*』のような韻文聖典との共通偈もそのようなものである。これと『喩鬘論』という、れっきとした著者をもった作品とでは話が違う。いやしくも仏説を標榜する律が、クマーララータという個人の書いた詩をそのまま借用している、などということがあるものだろうか。

しかし、「根本有部律」によるクマーララータ作品の流用ということが本当にありえないことなのかどうかについては、先入観をはなれて、扉をあけたままにしておく方がよいかもしれない。実は、「根本有部律」の中に作品をとりこまれている可能性のある詩人はクマーララータだけではない。「根本有部律」との近縁関係が指摘されている文献のひとつに『アヴァダーナ・シャタカ *Avadānaśataka*』という説話集があって、両者のあいだで文面が一致する箇所でどちらが他方の記述を借用したのかについて、相反する二つの意見がならびたっている。出本充代《でもとみつよ》はこの問題を検討した上で、律から『アヴァダーナ・シャタカ』への流入という想定に対し「今の段階でそれを断定するのは難しい」と慎重な結論を出している（出本一九九八：一〇七頁）。別の匿名の説話集『ディヴヤ・アヴァダーナ *Divyāvadāna*』については、その中の多くの説話が律から抜き出されたことが十分に論証されているのだが（平岡二〇〇二：一一六〜一三五頁）、『アヴァダーナ・シャタカ』はそれとは事情が異なるのである。すでに山極伸之が説話内容の整合・不整合をもとに、「根本有部律」の方が「アヴァダーナ・シャタカ」の説話を取りこんだと考えざるをえない事例を指摘しており（山極一九九二）、出本も別の説話に関して同様の可能性を認めている（出本一九九八：一一〇〜一一一頁、また Kishino 2013: 259n61）。

『アヴァダーナ・シャタカ』は作者名を持たず、聖典のような扱いを受けてきたと考えられているから（チベット大蔵経ではカンギュルすなわち仏説部に収録されている）、律がこの文献から説話を借用したとしても「ブッダの言葉」が「ブッダの言葉」の中に再出したまでのことのように見えるが、ことはそう単純ではない。この二つの文献の共有する説話のうち、「薬事」の例の前生譚群に含まれる兎の物語に、四世紀の詩人アールヤシューラの『ジャータカ・マーラー *Jātakamālā*』に出るのと同一の詩節が入っているのである（出本一九九八：一〇七〜一〇九頁）。残念ながらこの部分はスコイエン―ヴァージニア写本と漢訳では省略されていて、チベット語訳を通してしか比較ができない。今これ以上『アヴァダーナ・シャタカ』問題に立ち入ることはできないが、「根本有部律」の編纂者たちが、あるいは聖典としての説話集の編者たちが、必要とあらば同時代もしくは先行する時代の詩人の作品を援用することも厭わなかった可能性は否定できない、とだけは言えるだろう。

文献の成立年代のことを考えても、やはり簡単に答えは出せないことがわかる。さきに述べたように、「根本有部律」の編纂はどんなに早くともカニシュカ王の時代以前には終わっていなかった（そもそもこの律の編纂がいずれかの時点で「終わった」と想定できるのか、という問題もある）。五、六世紀ごろに第二節で紹介した『律摂頌偈』写本が書写され、六世紀後半から七世紀前半までのあいだにグナプラバがこの律をもとに『律経』を書いた（米澤二〇〇二、羅二〇〇八）。『喩鬘論』はカニシュカの息子フヴィシュカに言及し、かつ現存写本の字体からして四世紀前半を成立下限とする（Loukota 2019: 5; Horiuchi 2019）。「薬事」が現在見られる形になった可能性のある時期と『喩鬘論』のそれとは重なりあっていて、どちらが先かは軽々に決められないのである。

実をいえば筆者は問題の偈の一致を発見したとき、まず「薬事」による『喩鬘論』からの借用を疑った。律という文献の聖典としての性質にもかかわらずそのような想定をせずにいられなかった最初の理由は、当該説話の偈の形式である。「薬事」と『喩鬘論』のプラバーサ王説話に共通する偈には、八音節を四回繰り返すごく一般的なシュローカ詩節や、十一音節を四回繰り返すインドラヴァジュラー詩節などもあるが、十九音節×四で七十六音節からなるスラサー詩節や、二十一音節×四で八十四音節のスラグダラー詩節も含まれる。スラサーだのスラグダラーだのという長い詩節は、「薬事」の中でそう滅多にお目にかかるようなものではない（スラグダラーは少なくとももう一箇所あるが）。それがいかにも目立つものだから、借り物ではないかと邪推したくもなったわけだが、しかしこれは論拠とはなりえないだろう。

ここまで、「薬事」と『喩鬘論』をめぐって前者が後者の、あるいは後者が前者の偈を借用したという二つの想定のあいだで話を進めてきた。第三の可能性はないのか。つまり両者の偈が共通の源泉資料から来た可能性である。それはある、といえる。すでに触れたようにクマーララータは阿含や律から素材を渉猟しているし、「薬事」のここの前生譚群は阿含や律その他の伝承からよせあつめた説話でできている可能性が高い。そうであれば、『喩鬘論』の偈と「薬事」の偈の一致と見えているものは実はそれぞれの源泉資料における偈の一致であるかもしれないわけである。

いかようにも証拠がないので十分な議論は難しいが、「共通の源泉資料」の可能性を考えるとき、『喩鬘論』の漢訳が説話の最後に「衆生は欲の因縁を知らないのでこの修多羅《スートラ》を説く」と言っていることは注意を要するだろう。残念ながらこの部分はサンスクリット語写本が欠損していて、原文にスートラ（経）という語があったかどうかを確かめることができない。しかしもし原文にあったとすれば、この説話はなんらかの「経」と認められるテクストに含まれていた可能性が高くなるだろう。現存する阿含資料の中にはプラバーサ王の物語は知られていないが、説一切有部系の経蔵の失われた部分に何があったかわからないし（八尾二〇二〇）、四阿含におさまらない形の経典伝承もありえたと思われるから（Kishino 2016: 266）、そのような「経」の存在した可能性は十分にあるわけである。「薬事」における偈と物語の噛み合わない問題を考慮して、この場合も、共通偈を含まない説話が現存プラバーサ王説話に先行して「薬事」にあった可能性は想定しておきたい。ともかくもこの場合偈の仏説としての地位は担保されるので、「律がクマーララータ作品を依用した」などというのよりはよほど穏便なところにおちつきそうだが、あくまでひとつの可能性以上のものではない。

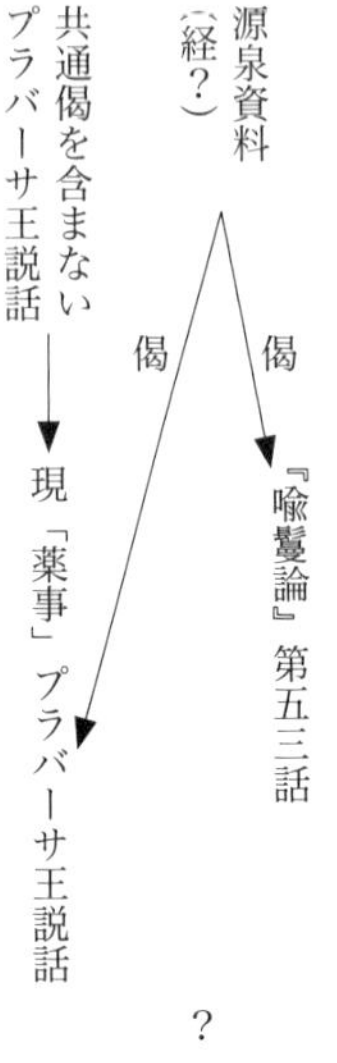

結局、プラバーサ王説話からは「根本有部律」と『喩鬘論』の関係について、一言で言えるような結論を出すことはできない。整理すると、次のようになる。

一、「根本有部律」と『喩鬘論』の平行偈は、単なる物語の類似よりもはるかに密接な関係がこれら二つの文献のあいだに存在したことを確証する。ただし逐語的一致は散文部分には見られないため、物語全体がそのまま一方から他方へコピーされたわけではない。

二、『喩鬘論』が「根本有部律」から説話のあらすじと偈を借用したという想定は、『喩鬘論』という文献の性格上可能である。

三、説話の構造を比較すれば、むしろ「根本有部律」の方が『喩鬘論』の偈を借りて成ったと疑われる部分もある。この想定は、律という文献の仏説としての性格上突飛に思われるが、少なくとも文献の成立年代についていえば不可能ではない。

四、「根本有部律」と『喩鬘論』が共通の源泉資料（それはなんらかの「経典」かもしれない）からプラバーサ王の偈をそれぞれ借用したという想定は可能である。

プラバーサ王説話から六牙象王説話へ

「根本有部律」と『喩鬘論』の関係をめぐる考察は、はなはだすっきりしない形で終えなければならなかった。しかし二つの文献が同一の偈を共有することが確実になったことで、『喩鬘論』に含まれる他の説話でも類似の現象が起こっている可能性が浮上した。第六十九話の六牙象王説話がそれである。この説話も「薬事」の「プラセーナジット王への説法」にあらわれるから、事情はほぼ同じといえる（「薬事」の対応箇所は八尾二〇一三：四〇三〜四〇八頁に和訳）。「六牙」も十九音節×四のシャールドゥーラ・ヴィクリーディタ詩節を用いるなど、「薬事」の中では文学的に手のこんだ印象を与える説話のひとつである。残念ながらこの箇所では「薬事」と『喩鬘論』それぞれの現存サンスクリット語写本のテクストがうまく重ならないため、偈の一致を確認することができない。しかし「薬事」のチベット語訳と『喩鬘論』の漢訳をも含めて比較すれば、かなりの数の偈が少なくとも意味の上ではかなり一致している。しかもそのうち二箇所の偈では、それぞれのサンスクリット語写本断片で現存する文字列は重ならないものの、「薬事」と『喩鬘論』の両方ともがヴァサンタティラカーという韻律を示している。慎重を期する必要はあるが、今後六牙象王説話を対象とする研究は、この二つの平行話のあいだで偈のサンスクリット語文面が同一である可能性を考慮する必要があるだろう。その他の平行話についてはそこまでの一致はみこめないが、「根本有部律」で頻繁にあらわれる偈が『喩鬘論』に見つかっているなど、注目すべき点はいくつもある。「根本有部律」と『喩鬘論』の関係は、これら平行話の比較研究によってさらに解明されてゆくものと思う。なお、本節の内容をもっと詳しく論文の形にしたものを準備している。関心のあるかたにはそちらも御覧いただければさいわいである（Yao forthcoming a）。

おわりに

本稿では「根本有部律」というひとつの律の現存テクストをめぐって、特にサンスクリット語写本の利用が今いかなる状況にあるかを概観し、写本からわかることの一例として、「薬事」プラバーサ王説話と『喩鬘論』の関係を検討した。「薬事」のスコイエン―ヴァージニア写本はほどなく図版とともに出版される予定である（Yao forthcoming b）。一方、おもにスコイエン氏所蔵分に含まれている「ウッタラ・グランタ」断片の解読は今まさに進行中である。

律は古代の僧院の人々の暮らしやそれをとりまく社会に

ついて多くを教えてくれる書物であるとともに、説話文学の宝庫でもあり、聖典形成史の一級資料でもある。しかしこの領域にはまだ翻訳されていない書物、まだ読めるようになっていない章、そしてまだ近代の研究者の誰の目にも触れたことのない無数の文字列がある。近代仏教学の片隅で連綿と続いてきた律の研究には、これからやらねばならない仕事がいくらもある。零細な写本断片のつぎはぎの中から古代の言葉を探し出すことも、そのなかのひとつといえるだろう。

謝辞

本稿執筆に際して、岸野亮示先生、シェーン・クラーク先生には数多くの貴重な御助言をいただいた。『喩鬘論』写本の図版掲載についてベルリン・ブランデンブルク科学アカデミー Berlin-Brandenburgische Akademie der Wissenschaften の許可をいただいた。参照文献のチェックにあたっては東京大学大学院修士課程辻春樹氏の御協力を得た。本研究は JSPS 科研費 JP23K00054、JP23H00002 の助成を受けたものである。

追記

本稿を提出後の二〇二四年三月、ディエゴ・ローコータ博士の訃報に接した。三十八歳の若さであったという。クラウス・ヴィレ博士の逝去を知ったのは前年十一月、本稿第三節のもとになったシンポジウム口頭発表の日であった。お二人に哀悼の意を表して追記したい。

第三章　お寺は誰のものであるのか？

――上座部戒律文献を資料として

青野道彦

はじめに

　現代の日本の仏教界において、僧侶の住まいは概して「お寺」と呼ばれる。では、仏教発祥の地インドにおいて「お寺」は何と呼ばれていたのかと言えば、おそらく「ヴィハーラ（vihāra）」という言葉が最もそれに近いであろう。この言葉は漢訳仏典においては「精舎」や「僧房」と訳されたりするが、本稿が考察対象とするパーリ語で伝わる上座部仏教（スリランカ、東南アジア大陸部に伝播した仏教）の戒律文献においては、正規の僧侶である比丘（bhikkhu）が暮らす「居住施設」を指す場合と敷地内に居住施設および付属施設を複数有する「僧院」を指す場合とがある。戒律聖典『ヴィナヤ・ピタカ』（*Vinayapiṭaka*）（以下では、慣例に従い、「パーリ律」と呼ぶ）では基本的に前者の意味で用いられ、その注釈書『サマンタ・パーサーディカー』（*Samantapāsādikā*）では前者に加えて後者の意味でも用いられる（Kieffer-Pülz 1992: 191–192, 245–246）。

　この他にも、上座部戒律文献には、類義語としてアーヴァーサ（āvāsa）、セーナーサナ（senāsana）、アーラーマ（ārāma）といった語が存在するが、これらはいずれもヴィハーラと意味が重なるところがあるものの、言葉としての使用範囲はそれぞれ異なる。それらの「パーリ律」および『サマンタ・パーサーディカー』での用法を簡単に説明しておくと、アーヴァーサは、「居住施設」を意味する場合と羯磨（集団儀礼）を執行する際の基盤となる領域である「居住地域」を意味する場合とがある（Kieffer-Pülz 1992: 42–44）。セーナーサナは、「居住施設」を意味する場合と共に、寝台、椅子、褥《じょく》、枕などの「臥座具《がざぐ》」を意味する場合がある（青野二〇二〇：三六七頁）。アーラーマは、「僧院」を指して用いられる場合もあるが（Kieffer-Pülz 1992: 246）、元々は「遊園」「庭園」といった意味合いを持つ言葉であり、「花園」や「果樹園」を指して用いられる場合もある（*Samantapāsādikā* 1237.6–7）。

　このように比丘たちの居住場所はヴィハーラ、アーヴァーサ、セーナーサナ、アーラーマといった言葉で示されるが、もともと比丘たちはこれらを利用していなかったと「パーリ律」には記されている。「臥座具犍度」（臥座具に関する章）の冒頭箇所（*Vinayapiṭaka* II 147.13–29）によれば、当初、比丘たちはアランニャ（人里離れた森林・荒野）、樹下、山、洞窟などで暮らしていたが、ある時に富豪から居住施設の寄進の申し出があり、それをきっかけとして居住施設の利用がブッダにより認められたという。もし、この記述をそのまま受け入れるならば、ブッダ在世時（紀元前五世紀～四世紀頃）のある時点で居住施設の利用が始められたということになろう。

　しかし、現行の「パーリ律」がブッダ在世時にまで遡り得る資料であるかは定かではない。その成立時期を特定することは難しく、確実に言えるのは五世紀前半には既に成立していたということである。四二九～四三〇年に注釈文献の『サマンタ・パーサーディカー』が制作されており、それが「パーリ律」の本文を大量に引用し、逐語的な注解を施しているからである。現行の「パーリ律」はブッダ在世時から七百年以上も経過してから成立した可能性もあり、そのことを考慮すると、「臥座具犍度」の記述をそのままに受け入れ、居住施設の利用がブッダ在世時に始まったと言い切ることはできないのである。

　この「臥座具犍度」の記述を証左として確実に言えるのは、五世紀前半の「パーリ律」には居住施設の利用を比丘たちに許す規定が載っていた可能性が高いということにとどまろう。それ以前においては、この規定が「パーリ律」に存在していたかどうかははっきりしない。また、この時期の「パーリ律」に当該規定が載っていたからといって、五世紀前半の比丘たちが規定の通りに実際に居住施設を利用していたかも定かではない。「パーリ律」は出家生活の規範を示したテクストにほかならず、実際にその通りに生活していたかまでは教えてくれないからである。

　ところが、紀元前から居住施設が存在していたことは考古資料によって裏付けられる。デカン高原西北部の石窟僧院群の中に紀元前にまで遡ることのできる僧院があるのである。木造建築を模して造営されたものも存在し、同形の木造の僧院がそれ以前にあった可能性も指摘されている（島田二〇一〇：二八〇〜二八二頁）。勿論、これによって、いつ頃から居住施設の利用が始まったのか明らかにできるわけではないが、考古資料からは、居住施設が紀元前から存在していたことが確認できるとともに、その頃には既に比丘たちが居住施設を利用していた可能性が窺えるのである。

　このように、居住施設に関する歴史を知る上では、考古資料の方が有力な情報源となるが、人々の居住施設への関与の仕方について知る上では、戒律文献の方が有力な情報源となるだろう。例えば、誰が居住施設を建立し、どのように寄進するのか、この点については戒律文献から様々な情報を得ることができる。「パーリ律」によれば、建立・寄進の主体には大きく二つあるとされる。一つは在家者（俗人）であり、例えば、「臥座具犍度」の冒頭箇所には、六十のヴィハーラを建立し寄進しようとする富豪に向かって、ブッダがサンガ（比丘・比丘尼の集団組織）に対して寄進するよう命じる記述が見られる。もう一つは出家者であり、例えば、「安居犍度」（安居、すなわち雨季の定住生活に関する章）（*Vinayapitaka* I 141.31–142.7）に、比丘、比丘尼（正規の尼僧）、式叉摩那（沙弥尼から比丘尼になるための二年間の修行を行っている尼僧）、沙弥（見習いの僧侶）、沙弥尼（見習いの尼僧）がサンガや特定の比丘のためにヴィハーラを建立した後、安居中の比丘たちを招いて、布施を行い、法話を求める記述が見られる。

　ただし、建立・寄進の主体については、考古資料も同様の情報を提供してくれる。例えば、紀元前二世紀〜後三世紀のデカン高原西北部の仏教石窟寺院の寄進銘には、商人、職人、職人組合、牧夫、漁夫、王家、大臣、官吏、出家者が建立・寄進の主体として現れる（平岡二〇〇九：一一〜一三頁）。このように考古資料も建立・寄進の主体が在家と出家の両者に及ぶことを教えてくれるのである。しかも、文献資料とは違って、時代および場所を限定した上で教えてくれるのである。

　ところで、この考古資料のもつ特性は短所ともなり得るものであり、別の時代および別の場所においても同じことが言えるのかはっきりしないところがある。また、考古資

図1　初転法輪の地サールナートにある僧院跡（Monastery V）

料は昔の人々が残したモノの一部が辛うじて今日まで残存したものであり、特にサンプルが限られている場合には、物証として偏りがある可能性を考慮することが求められる。その点、戒律文献は規範的なあり方を示そうとするテクストであり、サンガにおいて起こり得る諸事象について時代や場所に大きく左右されない情報を提供してくれる。勿論、それは潜在的な可能性について述べたものであるので、特定の時代および場所において必ずしも現実化されるわけではないが、サンガに関与する人々がどのような行動をとる可能性があるのか知る上で貴重である。

では、本稿の主題である「お寺は誰のものであるのか？」という問題についてであるが、米国の著名な仏教学者であるグレゴリー・ショーペン（Gregory Schopen）の研究（Schopen 1996）によると、在家者が僧院の持ち主であることが考古資料から窺えるという。例えば、トル・デライ（Tor Ḍherai パキスタンのクエッタ東方）の仏教遺跡で発見された紀元二〇〇年頃のものと目される陶器の断片に「この給水場は僧院の持ち主（vihārasvāmin）であるシャーヒ・ヨーラ・ミーラが自分の（svakiya）ヨーラ・ミーラ僧院において四方サンガに寄進した」という銘文があり、シャーヒ・ヨーラ・ミーラという在家者が「僧院の持ち主」であることが言われている。これは決して例外的な事例ではなく、これ以外にも在家者が僧院の持ち主であることを示す考古資料は広範に存在しているとされる。しかし、この考古資料のみによって、在家者が僧院の持ち主である実態を把握することは難しいとショーペンは言う。それは

「僧院の持ち主」「自分の［僧院］」という語の意味が考古資料では自明なこととして扱われ、これらの語が具体的にどのような事態を指しているかはっきりしないからである。

　このように考古資料から把握できることには限界があり、そのような認識に立った上で、ショーペンは「僧院の持ち主」「自分の［僧院］」という語がどのような事態を指しているのか明らかにしようと、その点が窺える文献資料、すなわち戒律文献に着目する。そして、「根本説一切有部律」という戒律文献に基づき、サンガに寄進した後も在家者が僧院の実質的な所有者であり、そのことを律編纂者たちが当然のこととして捉えていたことを論証する。その論証はきわめて説得力のあるものであり、寄進者である在家者と比丘との間には相互に果たすべき務めがあり、在家者たちは寄進後も自らの僧院の護持および運営に継続的に関与する一方で、比丘たちも在家者の意向に沿って僧院を継続的に利用し、それによって持ち主である在家者に対して福徳（寄進により功徳を積んだ果報）を産み出していく構図があることを明らかにする。

　ところで、ショーペンによれば、ヴィハーラを在家者が所有し続けるというあり方は「根本説一切有部律」に限って見られるものではないとされる。「パーリ律」にも「あなた（＝在家者）のヴィハーラ」や「ある優婆塞（男性の在家信者）のヴィハーラで利用される臥座具」といった表現が存在するため、「パーリ律」においても僧院の所有者は在家者である可能性が考えられるという。

　今日、このショーペンの見解は国内の研究者にも受容されつつあるようであるが、実は日本の学界においては以前よりこれとは異なる見解が存在している。今から半世紀以上前であるが、戒律文献研究の大著『原始仏教教団の研究』（山喜房仏書林、一九六三）で知られる佐藤密雄《さとうみつお》（一九〇一―二〇〇〇）によって、「パーリ律」の「臥座具犍度」および漢訳戒律文献の対応箇所に基づき、居住施設は四方サンガ（この語については、次節で説明する）の共有資産であるという見解が提示されているのである。それが今日においても一定の影響力を持ち続けており、現在の日本の学界では居住施設の所有者について相異なる見解が併存しているのである。

　このような研究の現状に鑑み、本稿では、この二つの見解の妥当性について、その根拠となった「パーリ律」の記述に立ち返って検証したい。併せて、その他の関連記述および『サマンタ・パーサーディカー』（この文献の成立問題、資料的価値等については第三節で説明する）の注解を参考にして、「お寺は誰のものであるのか？」という問題について角度を変えて検討したい。

なお、この検討にあたっては、「所有」という概念に特段の注意を払うことが必要であろう。と言うのも、「所有」に対する現在の我々の考え方は西欧近代に由来するところが大きく、それを念頭に戒律文献を読み解き、その枠組みに無理やり押し込めて内容を理解しようとすると、目下の問題に適切に答えられなくなってしまうかもしれないからである。一般的な国語辞書の説明にしたがえば、所有権とは物体を他者の干渉を受けずに排他的・独占的に支配する権利のことであり、民法第二〇六条によれば、「自由に使用、収益、処分を為す権利」のことである。しかし、このような所有権は近代化＝資本主義化を支える制度的基盤として受容されたものであり、前近代のアジアの社会ではそれとは異なる所有のあり方が受け継がれてきた（梶谷二〇二三：一五六〜一五九頁）。したがって、近代に特有の強固な所有権のすべて、或いは、その殆どが所有者によって行使されるような事態が戒律文献において当然であるとは考えるべきではないだろう。また、近代の所有権はきわめて観念的なものであり、実際に使用や管理をしていなくても、所有者のものと見なされる（鷹巣二〇〇三：六頁）。しかし、そのような実際の関与を伴わない所有権が戒律文献において所与の条件としてあると決め込んではならないだろう。「お寺は誰のものであるのか？」という問題を考えるにあたっては、近代の所有概念に拘泥《こうでい》することなく、考察対象の戒律文献に即して、戒律という枠組みの中で所有の問題を捉え直していくことが求められよう。

一、居住施設の帰属先に関する従来の見解

従来の研究を振り返ると、居住施設の帰属先については、次のような二つの異なる見解が存在する。一つは、居住施設は四方サンガのものであり、比丘個人が所有することは許されないというものである。もう一つは、居住施設の所有権はもっぱら在家者にあり、比丘たちはそれらを利用することが許されているに過ぎないというものである。

このうち前者は日本の学界で長らく有力な見解となってきたものであり、佐藤密雄が主張したものである。佐藤は『原始仏教教団の研究』において「パーリ律」の「臥座具犍度」の記述および漢訳戒律文献の対応箇所に基づき、次のように述べている。

どの現前僧伽の住処における精舎等も、四方僧伽から

来たれるものの自由に用いられるべきものである、所謂四方僧伽の僧伽物である。

（佐藤一九六三：三一九頁）

重物と重資具は、建築物をはじめ比丘の床坐等の室の設備品等や金属製品であるが、これ等は律蔵としては不動産的な考えで取扱いされるもので、その場所に固定して置き、四方僧伽からその現前僧伽住所へ遊行し来る者のすべてに自由な使用に供せねばならぬと言うのである。それ等のものについても仏滅後の仏教には中央僧伽がなく、中央の直接管理と言うことがないのであるから、実際上は現前僧伽がそれを管理するのであることは勿論とすべきも、それでも理念として四方僧伽のものとされる原則は生きていたのである。

（佐藤一九六三：三二〇～三二一頁）

図2　インドのエローラにあるヴィハーラ窟（第12窟）

これによれば、居住施設をはじめとする「重物」「重資具」は、「現前僧伽」（現前サンガ）、すなわち今現在、その場にいる比丘たちの集団の管理下にあるが、その者たちのものではなく「四方僧伽」（四方サンガ）、すなわち方々に存在する比丘たちの集団すべて（これを佐藤は「全一僧伽」と呼ぶ）のものであるということである。

このように「パーリ律」において居住施設をはじめとする「重物」「重資具」が「四方僧伽」のものとされる背景について、佐藤は次のように述べている。

> 仏教僧伽の比丘、比丘尼には個人の所有というものがなかった。衣や鉢や針や糸の如き全く個人の所有と見られるものも、個人の自由な使用を認めたのであって、個人の所有としたのではなく、理論的には全一僧伽としての所有であった。
> （佐藤一九六三：三一九頁）

> 理念としてすべての物質は僧伽のものであって、比丘個人は使用の権利は主張出来るが、何物についても所有権を持たないのである。（佐藤一九六三：三二〇頁）

これによると、比丘には個人所有というものがあり得ず、衣、鉢、針、糸といった身近で用いる小物でさえも個人的に所有する権利がなく、当然のことながら、居住施設などの「重物」「重資具」も個人的に所有する権利がないということである。おそらく、無所有、無一物という生活理念を念頭にして、佐藤は比丘が身の回りで用いるものに個人所有物はなく、あらゆるものがサンガの共有資産でなければならないと考えているのであろう。

　ところで、無所有、無一物は仏典で称揚される重要な徳目の一つではあるものの、今日の日本の戒律文献研究を牽引する佐々木《ささき》閑《しずか》が指摘するように、「パーリ律」には、比丘たちに物品の所有を認めないとする言明は見出せない（佐々木二〇〇〇）。実生活において所有物をまったく持たないという意味での無所有、無一物は比丘には求められていないと考えられ、佐藤のように文字通りの無所有、無一物を念頭に所有の問題を捉えようとすることには問題があるだろう。

　以上、佐藤の見解について見てきたが、今日、戒律研究の概説書として重宝される佐々木閑著『出家とはなにか』（大蔵出版、一九九九）にも、居住施設の所有者に関して同様の見解を見出すことができる。そこにおいて、佐々木は次のように述べている。

> 出家者が個人所有物として必ず持っていなければならないものは三衣一鉢（女性ならば五衣一鉢）である。一方、その対極として絶対に個人所有が認められないものがある。アーラーマ、ヴィハーラなどの不動産である。これらは四方サンガの所有物としてすべての比丘、比丘尼に使用権がある。
> （佐々木一九九九：一三四頁）

これによれば、居住施設は「四方サンガの所有物」であり、

「絶対に個人所有が認められないもの」である。おそらく、これは佐藤の見解に基づき所有の問題を簡潔に概説したもので、佐々木自身の主張ではないとも考えられるが、仮にそうであったとしても、少なくとも本概説書を執筆する時点において、佐々木はこれを居住施設の所有者に関する一つの有力な見解と受け止めていたものと思われる。

上述のような見解に対して、ショーペンは僧院の所有者は基本的に在家者であるとする見解を提示している。ショーペンによれば、サンガや比丘個人が所有者であることを示す例もあるにはあるが、それは限定的なものであり、原則として、僧院およびそこで使用される資産は寄進後も寄進者である在家者の所有物であり続けるとされる。比丘たちが有するのはその使用権のみであり、僧院に留まり、そこを使用し続けることで、比丘たちは所有者に福徳を寄進者のために産み出していく務めがあるという。先にも述べた通り、この見解は「根本説一切有部律」を資料として導き出されたものであるが、「パーリ律」にも「あなた(=在家者)のヴィハーラ」や「ある優婆塞のヴィハーラで利用される臥座具」といった表現があることを根拠に、上座部においても僧院の所有者がもっぱら在家者であった可能性を提示する。

このショーペンの考察は佐藤の考察とは無関係に進められたものであり、上述の見解も佐藤の見解について関知せずに提示されたものである。この二つの見解を対置して、その妥当性を検証することは、管見の限り、これまでのところなされていないが、両者を対置すること自体は、ショーペンの論稿が公刊されてから三年後の一九九九年に、早くも佐々木が行っている。先に『出家とはなにか』より引用した一節に対する注記の中で、佐々木は次のように述べているのである。

> Schopen は僧院の所有者は誰かという問題を詳しく調査し、それが僧団自身ではなく、寄進した施主であるとみなされていたことを論証した(ただしそれは根本有部律に限っての結論である)。
>
> (佐々木一九九九:二六八頁、注三七)

このように佐々木は、ショーペンの見解は「根本説一切有部律」に関しては妥当であると認めつつも、それを「パーリ律」を含む他部派の戒律文献にも当てはめることについては慎重な姿勢を示している。おそらく、佐々木はショーペンの見解が佐藤の見解と相違することを認識しており、

「根本説一切有部律」以外の戒律文献については佐藤の見解が未だ妥当性を有すると見做し、佐藤の見解については本文中で扱い、ショーペンの見解については注記の中で扱ったのであろう。

以上のように、居住施設およびその集合体である僧院の所有者については二つの異なる見解があり、佐藤が所有者を四方サンガに限定しようとするのに対して、ショーペンは在家者に絞り込もうとする。両者ともにその他の可能性については消極的な姿勢を示しており、双方の見解をそのままに受け取るならば、「パーリ律」には矛盾が存在することが考えられる。勿論、「パーリ律」は長年月かけて形成されたテクストであり、そこには新古層が認められ、辻褄の合わない記述が見られる場合もあるので、そのような矛盾があっても決して不思議ではない。しかし、これまでのところ、この二つの可能性を引き合わせ、相互の関係を検討することはなされていない。そのため、二つが矛盾しながらも、並立しているのか、或いは、矛盾することなく、両立しているのか、或いは、テクストの理解に何かしらの問題があるのかはっきりしない。そこで、次節では、双方が典拠とした「パーリ律」の記述を再検討し、その点について考察するとしよう。

二、従来の見解の典拠となった記述の再検討

ここでは、佐藤およびショーペンが典拠とした「パーリ律」の記述を再検討し、居住施設の所有権の帰属先に関する両者の見解の妥当性を確認したい。結果を先取りしておくと、双方が典拠とした記述は居住施設の所有権の帰属先が四方サンガまたは在家者に限られることを必ずしも示したものではないと考えられる。佐藤が典拠とした記述は居住施設などの重物の所有権の帰属先について規定したものではない可能性が高く、ショーペンが典拠とした記述は在家者が僧院の実質的な所有者であることを示したものであるかどうかはっきりしないのである。以下では、佐藤が典拠とした記述とショーペンが典拠とした記述を順を追って取り上げ、そのことを明らかにしたい。

佐藤が典拠とした記述の再検討

(1) 佐藤が典拠とした「臥座具犍度」の記述

佐藤の見解の妥当性を検証するために、その典拠となった「臥座具犍度」の一節を確認したい。以下に当該箇所の現代語訳を示す(以下、引用はすべて筆者による原文からの現代語訳である。なお、丸括弧と角括弧を用いた補足及び傍

線は原文にはなく、筆者が加えたものである)。

その時、サーヴァッティー（Sāvatthī）の近くのある村の居住地域（āvāsa）では、［そこに］居住する比丘たちが、［そこを］来訪し、［そこから］立ち去る比丘たちに対して居住施設を用意するのに悩まされていた。そこで、その比丘たちに次のような考えが起こった。「友よ、今、我々は、［ここを］来訪し、立ち去る比丘たちに居住施設を用意するのに悩まされている。さあ、友よ、我々はサンガの居住施設（saṅghika-senāsana）をすべて一人に与えてしまおう。そして、その者のものを利用しよう」と。彼らはサンガの居住施設をすべて一人に与えた。来訪する比丘たちはその比丘たちに次のように言った。「友よ、我々のために居住施設を用意してください」と。「友よ、サンガの居住施設はありません。我々は全て一人に与えました」と。「友よ、あなた達はサンガの居住施設を手放したというのか？」と。「友よ、その通りです」と。少欲の比丘たちは［一同に侮蔑し、悪く言い、］言い広めた。「一体、どうして、比丘たちはサンガの居住施設を手放したのか」と。世尊にそのことを伝えた。［世尊は言われた。］「比丘たちよ、比丘たちがサンガの居住施設を手放したというのは、本当か？」と。「世尊よ、本当です」と。仏、世尊は叱責した。「比丘たちよ、一体、どうして、その愚か者たちはサンガの居住施設を手放したのか？ 比丘たちよ、それは未信の者たちの信につながらず、已信の者たちの信の強化につながらず、未信の者たちの不信につながり、已信の者たちの転向につながる」と。叱責し、法話をした後、比丘たちに話しかけた。「比丘たちよ、次の五種は手放すべきでなく、サンガ（saṅgha 四人以上の比丘により構成される集団組織）、ガナ（gaṇa 四人未満の比丘の集団）、個人（puggala）が手放してはならない。手放しても手放したことにならず、手放した者にはトゥルラッチャヤ（thullaccaya）罪（「粗悪な罪」という意味であり、これを犯した比丘は他の比丘の面前で自らの罪を発露することが求められる）がある。五種とは何か？ アーラーマ、アーラーマの敷地。第　に、これを手放すべきでなく、サンガ、ガナ、個人が手放してはならない。手放しても手放したことにならず、手放した者にはトゥルラッチャヤ罪がある。ヴィハーラ、ヴィハーラの敷地。第二に、これを……。臥具、座具、褥、枕。第三に、これを……。銅甕（lohakumbhī）、銅壺（lohabhāṇaka）、銅瓶（lohavāraka）、銅器（lohakaṭāha）、刀、手斧、斧、鋤、鍬。第四に、これを……。蔓草、竹、ムンジャ草（muñja、サトウキビ属の多年草）、バッバジャ草（babbaja、オヒシバ）、草、土、木材・木工品、土器。第五に、これを……。比丘たちよ、これら五種は手放すべきでなく……トゥルラッチャヤ罪がある。

それから、世尊はサーヴァッティーで気の向くままに過ごした後、大比丘サンガ、すなわち、五百名の比丘およびサーリプッタ（Sāriputta 舎利弗）とモッガッラーナ（Moggallāna 目連）と共にキターギリ（kiṭāgiri）へと遊行に出た。アッサジ比丘とプナッバスカ比丘の徒（Assajipunabbasukā）は「世尊が大比丘サンガ、すなわち、五百名の比丘およびサーリプッタとモッガッラーナと共にキターギリにやって来るらしい」と聞いた。「さあ、友よ、我々はサンガの居住施設をすべて分配しよう。サーリプッタとモッガッラーナは悪い欲求をもつ者であり、悪い欲求に制せられている。我々は彼らに居住施設を用意しまい」と言って、彼らはサンガの居住施設をすべて分配した。それから、世尊は順々に遊行し、キターギリに入った。そこで、世尊は幾人かの比丘たちに話しかけた。「比丘たちよ、あなた方はアッサジ比丘とプナッバスカ比丘の徒のもとに行き、『友よ、世尊が五百名の比丘およびサーリプッタとモッガッラーナと共にキターギリにやって来た。友よ、世尊と比丘サンガとサーリプッタとモッガッラーナのために居住施設を用意してください』とこのように言いなさい」と。「はい、世尊よ」と言って、それらの比丘たちは世尊の言うことを聞き入れて、アッサジ比丘とプナッバスカ比丘の徒のもとに行った。それから、アッサジ比丘とプナッバスカ比丘の徒に次のように言った。「友よ、世尊が五百名の比丘とサーリプッタとモッガッラーナと共にキターギリにやって来た。友よ、世尊と比丘サンガとサーリプッタとモッガッラーナのために居住施設を用意してください」と。「友よ、サンガの居住施設はありません。すべて我々で分配しました。友よ、世尊はよくいらっしゃいました。世尊は望みの居住施設（vihāra）で過ごして結構です。サーリプッタとモッガッラーナは悪い欲求をもつ者であり、悪い欲求に制せられています。我々は彼らには居住施設を用意しません」と答えた。「友よ、あなた達はサンガの居住施設を分配したというのか？」と。「友よ、その通りです」と。少欲の比丘たちは……言い広めた。「一体、どうして、アッサジ比丘とプナッバスカ比丘の徒はサンガの居住施設を分配したのか」と。そこで、その比丘たちは世尊にそのことを伝えた。［世尊は言った。］「比丘たちよ、本当か？」と。「世尊よ、本当です」と。［仏、世尊は叱責した。］「比丘たちよ、一体、どうして、その愚か者たちはサンガの居住施設を分配したのか？ 比丘たちよ、それは……」と。叱責し、法話をした後、比丘たちに話しかけた。「比丘たちよ、次の五種は分配すべきものでなく、サンガ、ガナ、個人が分配してはならない。分配しても分配したことにならず、分配した者にはトゥルラッチャヤ罪がある。五種とは何か？ アーラーマ……比丘たちよ、これら五種は分配すべきものでなく……トゥルラッチャヤ罪がある。

(*Vinayapiṭaka* II 170.4–37)

上記引用文は二つの段落からなり、各段落の最後の部分（点線部）で規定が示される。そこでは、次の一覧に挙げるものについて、サンガ、ガナ、比丘個人の三者が「手放してはならないもの」(avissajjiya, na vissajjetabba)、及び、「分配してはならないもの」(avebhaṅgiya, na vibhajitabba) として定められている。それに反して、サンガ、ガナ、比丘個人がこれらを誰かに譲り渡したり、分配したりするならば、トゥルラッチャヤ罪になるとされる。

【手放すこと、分配することが禁止されるものの一覧】

（一）アーラーマ、アーラーマの敷地
（二）ヴィハーラ、ヴィハーラの敷地
（三）臥具、座具、褥、枕
（四）銅甕、銅壺、銅瓶、銅器、刀、手斧、斧、鋤、鍬
（五）蔓草、竹、ムンジャ草、バッバジャ草、草、土、木材・木工品、土器

この一覧に挙がるものについて少しだけ説明しておこう。これらは「パーリ律」中において「重物」(garubhaṇḍa) または「重資具」(garuparikkhāra) と総称され (*Vinayapiṭaka* III 90.10–19)、重要な物品・必需品として位置づけられている。これに含まれないものは「軽物」(lahubhaṇḍa) または「軽資具」(lahuparikkhāra) と呼ばれ、重物・重資具はそれと明確に区別される。その一々については、『サマンタ・パーサーディカー』(*Samantapāsādikā* 1237.6–24) に解

説があり、それによれば「アーラーマ」とは「花園または果樹園」のことであるという。また、「ヴィハーラ」とは「パーサーダなどの居住施設」のことであるとされる。この注解を踏まえると、「ヴィハーラ」は次の五種の居住施設を指すものと考えられる。

【居住施設の種類】

ヴィハーラ（vihāra）　比丘たちにとって最も一般的な居住施設。次のアッダヨーガ、パーサーダ、ハンミヤ、グハーの四種を除く居住用の建物がすべてこれに属する。

アッダヨーガ（aḍḍhayoga）　金翅鳥（garuḍa インド神話上の架空の鳥）のように反りあがった形の建物。

パーサーダ（pāsāda）　高層の楼閣建築。

ハンミヤ（hammiya）　最上層に尖塔がある楼閣建築。

グハー（guhā）　煉瓦、石、木材、砂土でできた窟院。

　では、話を「臥座具犍度」の引用に戻し、そこに見られる規定（点線部）の趣旨について考えたい。ここで注目したいのが、因縁譚、すなわち規定が制定されるにいたった経緯を記した物語（点線部以外の部分）である。因縁譚は必ずしも実際に起こった事件を伝えたものではないかもしれないが、そこからは規定の趣旨を読み取ることができる。ここの因縁譚を見てみると、「サンガの居住施設」（波線部）を現在その場にいる比丘たちが一人の比丘に手放したり、自分たちで分配したりしてしまう事件が説かれている。ここの「サンガの」という語が重要であり、それをどのように理解するかで、この規定の趣旨は大きく異なるものとなる。

　この語については二通りの理解が可能である。一つは非制限用法としての理解であり、この場合、「サンガの居住施設」という表現は、居住施設をはじめとする重物はそもそもサンガのものである、という意味を持つことになる。そして、居住施設をはじめとする重物はすべてもとよりサンガのものであり、それをサンガ、ガナ、比丘個人は手放したり、分配したりすることは認められない、というのがこの規定の趣旨ということになる。おそらく、これが佐藤の理解であり、それだからこそ、佐藤は居住施設をはじめとする重物は四方サンガの所有物であり、比丘による個人所有は認められないと考えたのであろう。

　しかし、「サンガの」という語は制限用法として理解することも可能である。この場合、居住施設をはじめとする重物は「サンガの」ものもあれば、そうでないものもある、ということになる。そして、「サンガの」ものである重物に限って、サンガ、ガナ、比丘個人はそれを手放したり、分配したりすることが認められない、というのがこの規定の趣旨ということになる。

実は、佐藤と共に戦後日本の戒律文献研究を牽引した平《ひら》川彰《かわあきら》（一九一五―二〇〇二）が、この制限用法としての理解を示している。『原始仏教の教団組織』（一九六四年に春秋社から公刊された『原始仏教の研究―教団組織の原型』を二分冊にして著作集に収録したもの）において、平川は居住施設やその土地の帰属について確言を控えつつ、「サンガに布施されたものの所有権はサンガに帰属し、比丘に布施されたものは比丘の所有に帰する」（平川二〇〇〇a：三一頁）という見通しを示した上で、上掲の「臥座具犍度」の記述および漢訳戒律文献の対応箇所に基づき次のように述べている。

図3　ミャンマーの古都インワにあるバガヤ僧院

> ともかくサンガに布施された不動産は、サンガの所有に帰するというのが、律蔵の理解であると見てよいであろう。律蔵には、比丘たちが分配してはならないもの、処分してはならないものとして、精舎や精舎地・僧伽藍・僧伽藍の土地・房舎・床座臥具などの「四方僧物」を挙げている。この点については後章に明らかにするが、ともかく四方僧物は、未来の仏弟子に伝えてゆくべきものであり、僧伽の共有財産であるから、現在の比丘たちの意志によって処分することは禁止されている。この点から考えても、四方僧物は四方僧伽、すなわち仏教教団の所有物となっていたのであり、国王や施主の所有を離れていたと考えてよいであろう。
>
> （平川二〇〇〇a：三一頁）

これによれば、「精舎」（居住施設）や「僧伽藍」（僧院）などの「サンガに布施された不動産」はサンガの所有物であり、「律蔵」（戒律文献）では「四方僧物」として位置づけられているという。それは、現在だけでなく未来の比丘たちを含むあらゆる比丘たちのものであり、サンガの「共有財産」であるので、現在その場にいる比丘たちの意志で処分することは許されないとされる。その詳細は「後章に明らかにする」と言われているが、当該箇所（平川二〇〇〇b：四七～八三頁）を見てみると、そこでは「臥座具犍度」の記述および漢訳戒律文献の対応箇所が資料として挙げられている。すなわち、平川は「臥座具犍度」の記述および漢訳戒律文献の対応箇所に基づき上述のような主張をしているということである。ここからは、平川が「臥座具犍度」の記述を「サンガに布施された」ものに限定して述べた一節として理解していることが窺え、そこに現れる「サンガの」という語を制限用法として捉えている可能性が考えられるのである。

　以上のように、「臥座具犍度」の記述については、「サンガの」という言葉をどのように理解するかで二つの解釈が成り立ち得る。どちらが妥当であるのか見極めることが重要となるが、この記述を見るだけではそれは難しい。そこで、以下では、関連資料を参照して、どちらがより妥当であるのか検討したい。

（2）「臥座具犍度」の記述に対する注釈書の解説

　佐藤によれば、「臥座具犍度」の規定は、重物の所有権の帰属先を四方サンガに限定し、比丘個人が所有することを禁止するものである。しかし、以下で見ていく注釈書『サマンタ・パーサーディカー』の理解はそれとは異なる。それによれば、この規定はサンガに寄進され、ひとたびサンガに帰属することになった重物を手放したり、分配したりすることを禁じ、サンガの資産として保全することを目的としたものである。

　「臥座具犍度」の規定に対する『サマンタ・パーサーディカー』の注解を見ると、重物の一々に関する説明に続いて、重物に関する「要諦」（vinicchaya）が示される。その冒頭部分で、この規定の趣旨が以下のように説明されている。

> それ（＝「重物」）について、以下の要諦がある。実に、ここ（＝前項で取り上げた「臥座具犍度」の一節の第一段落）では、この「重物」は如何なるものも手放

すべきではないことが、キタ―ギリの事例（＝第二段落）では、分配すべきではないことが言われている。ところで、［「パーリ律」の］「附随」［の第十八章］には［以下のような文句が］伝えられている。

> 大聖仙（＝ブッダ）は、五つは手放すべきではなく、分配すべきではないと言われた。［それにもかかわらず、五つを］手放す者、利用する者に罪がない［のは何故か］。このような問いが巧みなる者により考え出された。
>
> (*Vinayapiṭaka* V 216.4–6)

> したがって、“mūlacchejja”（この語の意味については後述する）により手放すべきではなく、分配すべきではない。しかし、交換（parivattana）により手放す場合、利用する場合は無罪である。このように、ここ（＝「臥座具犍度」の規定）の趣旨を理解するべきである。
>
> それ（＝重物）について順を追っての説明が以下である。先ず、この五種［の重物］は如何なるものも衣・鉢・薬の代わりに譲り渡すことは許されない。不動産（thāvara）は不動産と、重物は重物と交換することが許される。
>
> (*Samantapāsādikā* 1237.25–1238.3)

ここでは、「付随」の第十八章から偈頌が引用され、「臥座具犍度」の規定により、重物を手放したり、分配したりすることが禁じられているにもかかわらず、手放したり、利用したりしても無罪となる場合があるのは何故かが問われている。この難問に対する答えは、「付随」の第十八章およびその箇所に対する『サマンタ・パーサーディカー』の注釈には見出せない。ただし、上記引用文に従えば、この規定の主眼は重物を“mūlacchejja”により手放したり、分配したりすることを禁じることにあるため、「交換により手放す場合」や「利用する場合」にはこの規定は適用対象外になるからである、というのがその答えである。

ここで問題となるのが“mūlacchejja”の意味である。この語は“mūla”（根本）と“chejja”（切るべき）が結合してできた複合語である。“chejja”は「～されるべき」という意味を表す動詞的形容詞（gerundive）であるので、本来は「切られるべき」という意味に理解するべきであるが、ここでは「～すること」という意味を表す動作名詞（action noun）として「切ること」という意味で用いられている(Norman 1993: 73)。したがって、“mūlacchejja”という複合語は全体として「根本を断ち切ること」を意味する。

その具体的な内容についてであるが、『サマンタ・パーサーディカー』の注釈書の一つである『ヴィマティ・ヴィノーダニー・ティーカー』（*Vimativinodanīṭīkā* 十二〜十三世紀頃にスリランカでカッサパという比丘により制作されたと伝えられる）によれば、「根本を断ち切ること」とは「他者の持ち物である状態から切り離し、自分の持ち物にすること」（*Vimativinodanīṭīkā* I 272.7–9）であるとされる。これを踏まえると、「根本を断ち切ることにより手放す」とは、重物を自分のものにして、自分の判断で手放したり、分配したりしてしまうことである。この他、「根本を断ち切ること」とは、持ち物を根こそぎに失うことである可能性も考えられよう。この場合、「"mūlacchejja"により手放す」とは、対価をまったく得ることなく、重物を手放したり、分配したりしてしまうことである。いずれに解釈するにせよ、「根本を断ち切ること」により重物を手放したり、分配したりするとき、サンガの資産は根本的に失われることになる。

このことを踏まえると、「臥座具犍度」の規定の主眼は、「根本を断ち切ること」により重物を手放したり、分配したりする行為を禁止することで、サンガの資産を保全することにあると考えられる。そのためであろうか、重物を同等の重物と交換することは問題視されず、居住施設についても「不動産」と交換することが認められている。このことについては上記引用文の後続箇所でより詳しく説明されているので、以下に当該箇所を引用する。

どのように居住施設（vihāra）と居住施設を交換するべきであるか。サンガの家屋（geha）が村内にあり、人々のパーサーダ（高楼）が僧院内にあり、両者が等価であるとする。もし、人々がそのパーサーダの代わりにその家屋を欲するならば、受け入れるべきである。比丘たちの家屋の方が高価であり、［比丘たちが］「我々の家屋の方が高価です」と言ったところ、［人々が］「高価であろうとも、出家者たちには不適当であり、そこに出家者たちは住むにあたわない。むしろ、これが適当であり、受け取るべきである」と言うならば、このような場合も受け入れるべきである。もし、人々の［パーサーダが］高価であるならば、「あなた方の家屋は高価です」と言うべきである。しかし、［人々が］「大徳よ、その通りでしょうが、我々の福徳になります。受け取ってください」と言うならば、受け入れるべきである。このように居住施設と居住施設とを交換するべきである。同様の仕方で、居住施設の土地、アーラーマ（花園・果樹園）、アーラーマの土地についても居住施設と交換するべきである。

(*Samantapāsādikā* 1239.1–15)

ここに示されるように、サンガの居住施設は在家者の居住施設、居住施設の土地、アーラーマ、アーラーマの土地と交換することが許される。このような交換が許されるのは、それがサンガの資産の"mūlacchejja"、すなわち根本的な喪失に繋がらないからであろう。

　このように「臥座具犍度」の規定は重物をサンガの資産として保全することを主眼としていると考えられるが、この規定はあらゆる重物について適用されるわけではないようである。上記引用文の後続箇所を更に見ていくと、ある特殊な条件を備えた重物に限って適用されることが分かる。以下に当該箇所を引用する。

　臥具・座具は、大小にかかわらず、村の子供たちが土塊の家で遊びながら作った四アングラ（aṅgula 一アングラ=約一・八センチメートル）の脚のものさえも、サンガに与えられて以降は、重物である。王や王臣などが一度に百の臥具または千の臥具を与える場合も、適法な臥具はすべて受け入れるべきである。受け入れた後、法臘《ほうろう》（受戒してからの年数）に応じて「サンガのものとして利用しなさい」と言って渡すべきである。個人のものとして渡すべきではない。

(*Samantapāsādikā* 1239.17–25)

鍛冶屋、敷具職人、ろくろ師、籠職人、宝石職人、鉢の修理人が用いる鉄床、ハンマー、トング、秤といった銅製の道具はすべてサンガに与えられて以降は、重物である。錫職人、金職人、革職人の道具についても同様である。ただし、以下のような特異点がある。錫職人の道具のうち錫を切る刀、金職人の道具のうち金を切る刀、革職人の道具のうち下準備の終わった皮を切る小刀、これらは分配してよい。また、床屋と仕立屋の道具のうち大型の鋏、大型のトング、大型のはさみ以外のものはすべて分配してよい。大型の鋏などは重物である。

(*Samantapāsādikā* 1242.1–12)

ここで注目すべきは「サンガに与えられて以降は、重物である」（傍線部）という表現である。臥具・座具および銅製の道具はそれ自体で重物であるわけではなく、サンガに寄進されてはじめて重物になるということである。裏返して言えば、サンガに寄進される以前の段階では、これらのものは重物ではないということである。この「サンガに与えられて以降は、重物である」という表現は、上記引用文以外にも二箇所で他の物品に関して使われている（*Samantapāsādikā* 1242.19–20, 1245.17–18）。そのため、重物に相当するものすべてに当てはまる原則であるものと考えられる。実際、『サマンタ・パーサーディカー』に対する現存最古の注釈書である『ヴァジラブッディ・ティーカー』（*Vajirabuddhiṭīkā* 十世紀頃にスリランカでヴァジラブッディという比丘により制作されたと目される）には、そのような理解が示されている（Kieffer-Pülz 2013: 1052 n. 13）。

この「サンガに与えられて以降は、重物である」という条件があることを前提にすると、重物に相当するものであっても、サンガの資産ではない場合があることが考えられよう。実は、そのような事例が「パーリ律」の「衣犍度」（衣に関する章）に見出すことができる。以下に当該箇所を引用する。

> その時、多くの物品を持ち、多くの必需品を持つある比丘が亡くなった。世尊にそのことを伝えた。比丘たちよ、比丘が亡くなった場合、サンガが鉢と衣の持ち主（sāmin）であるが、看病人たちは多大な奉仕をした。比丘たちよ、サンガが三衣と鉢を看病人たちに与えることを認める。それらのうち、軽物、軽資具は現前サンガが分配することを認める。それらのうち、重物、重資具は過去・未来の四方サンガのものであり、手放すべきでなく、分配すべきでない。
>
> （*Vinayapiṭaka* I 305.4–13）

ここに現れる「多くの物品を持ち、多くの必需品を持つある比丘」は生前において重物に相当するものを所持していたと考えられる。もし、「臥座具犍度」の規定が重物の比丘個人による所有を禁止し、サンガにのみ所有を認めるものであるならば、この比丘は不法に重物を自分のものにしていたことになるであろう。そして、上記引用文はそのような不法行為を行った比丘が亡くなった場合の対処法を示したものということになるであろう。しかし、ここには亡くなった比丘に対する否定的な評価は一切見られない。そのことからも、この比丘は生前において正当なかたちで重物に相当するものを自分の持ち物としていたと理解するべきであろう。このように、重物に相当するものの持ち主がサンガではなく、比丘個人である場合もあることが「パーリ律」から窺えるのである。

以上で見てきたように、『サマンタ・パーサーディカー』の注解に従えば、「臥座具犍度」の規定は、サンガへの寄進などによってひとたびサンガのものとなった重物について、手放したり分配したりすることを禁止するものであると考えられる。そして、このような見方に立って「臥座具犍度」の規定を捉えるならば、重物に相当するものの比丘個人による所有を当然視する「衣犍度」の記述ついても、それと矛盾することなく理解することができる。それに対して、佐藤のように「臥座具犍度」の規定を重物の所有権の帰属先を四方サンガに限定し、比丘個人による所有を禁止するものとして捉えるならば、「衣犍度」の記述は「臥座具犍度」の規定と矛盾することになる。もし、「パーリ律」全体を整合的に理解しようというのであるならば、「臥座具犍度」の規定は『サマンタ・パーサーディカー』の注解に則して捉えるのが穏当ではないだろうか。

(3) 他部派の戒律文献における「臥座具犍度」の記述の対応箇所

続いて、他部派の戒律文献における「臥座具犍度」の規定の対応箇所を検討し、そこではどのような趣旨で重物を手放したり、分配したりすることが禁止されているのか確認したい。

何故、このような確認作業を行うかと言えば、それは他部派の戒律文献の対応箇所の内容を当てはめて「臥座具犍度」の記述を読み解こうとしてではない。この確認作業を行うのは、以下の二つの理由からである。一つは佐藤が「パーリ律」以外に諸部派の戒律文献の対応箇所も参考にしているためである。以前より指摘されているように、佐藤は諸部派の戒律文献の内容を均質化して捉え、ある部派の戒律文献にない内容を他の部派の戒律文献によって補って理解する傾向がある（山極二〇〇一）。そのような理解が今問題としている「臥座具犍度」の記述に対しても行われている可能性があり、そのために他部派の戒律文献の対応箇所を確認しておきたいのである。

もう一つは、「パーリ律」の読みを検討する上で、他部派の戒律文献から示唆が得られる可能性があるためである。現行の戒律文献は、「パーリ律」も含め、長い伝承の過程で本来の読みが失われたりしたために、意味が曖昧になったりしている箇所がある。そのような不明瞭な箇所を読み解く際、他部派の戒律文献の対応箇所を確認することで、より蓋然性の高い読みに近づくことができる可能性がある(de Jong 1973)。

以上の二つの理由から、他部派の戒律文献における「臥座具犍度」の記述の対応箇所を見ていくが、そこでも「臥座具犍度」の記述と同じく様々な物品が列挙される。それらの中には、どのようなものであるのか特定の難しいものが多く含まれ、翻訳できなかったものも少なくない。そのため、以下の翻訳が暫定的なものであることを予めことわっておきたい。

最初に取り上げるのは『十誦律』(説一切有部という部派により伝承され、四〇四～四〇九年に漢訳された戒律文献)の「衣法」(「パーリ律」の「衣犍度」に対応する部分)の一節である。長文の引用になってしまうが、以下に当該箇所全体の現代語訳を提示したい。

(一)ブッダはシュラーヴァスティー(Śrāvastī)におられた。コーサラ(Kosala)という土地のある住処で、ある比丘が亡くなった。比丘たちは[亡くなった比丘の]衣や鉢をどうすべきか知らなかった。そこで、このことをブッダに伝えた。ブッダは[次のように]言われた。

羯磨を行い、一人の比丘に与えるべきである。羯磨[の手順]は[次の通りである]。和合サンガ(当該のサンガに所属する比丘たちが一同に集っている場)において一人の比丘が[次のように]唱えるべきである。「大徳よ、サンガは聞いて下さい。某比丘が亡くなりました。この比丘がもつ生活に必須の軽物、すなわち衣または衣以外の物は、現前サンガで分配してよいものです。サンガは羯磨を行って、某比丘に与えましょう。もし、サンガにとって適時であるならば、サンガは承認してください。某比丘が亡くなりました。この比丘がもつ生活に必須の軽物、すなわち衣または衣以外の物は、現前サンガが分配してもよいものです。サンガは羯磨を行って、某比丘に与えましょう。白《びゃく》(jñapti 提議・提案)は以上の通りです。大徳よ、サンガは聞いて下さい。某比丘が亡くなりました。この比丘がもつ生活に必須の軽物、すなわち衣または衣以外の物は、現前サンガで分配してよい物です。サンガの某比丘が亡くなり、この比丘がもつ生活に必須の軽物、すなわち衣または衣以外の物は、現前サンガで分配してもよいものでありますので、サンガは羯磨を行って、某比丘に与えましょう。某比丘が亡くなりましたが、この比丘がもつ生活に必須の軽物、すなわち衣または衣以外の物は、現前サンガで分配してよいものでありますので、サンガは羯磨を行って、某比丘に与えますが、そのことを承認する長老は黙然として（発言しないで）ください。もし承認しないならば、発言して下さい。サンガの某比丘が亡くなりましたが、この比丘がもつ生活に必須の軽物、すなわち衣または衣以外の物は、現前サンガで分配してもよいものでありますので、サンガは羯磨を行って、某比丘に与えました。サンガは承認しました。黙然としているので、このこと（承認されたこと）をその通り受けとめます。

（二）コーサラ国のある住処において、ある比丘が亡くなった。この比丘の衣と鉢をサンガで分配し終えたところで、比丘たちに「誰がこの比丘を看病したのか」と尋ねた。「私です」と言う比丘がいた。サンガは［看病人の比丘に］「この死人を担いで行け」と言った。［看病人の比丘が］「私はチャンダーラ（caṇḍāla 古代インドの身分制度において最下層に置かれた賤民）でもなく、クシュタ（kuṣṭha ハンセン病または白斑）でもない。サンガは衣と鉢を分配してしまったのに、どうして私が死人を担いで行くことになるのか。この者（亡くなった比丘）は生前に私のことを敬い大事にしてくれたが、私はそれに既に報いている。この死人を誰か得たいのならば、担いで行け」と［答えた］。この比丘たちはどうすればよいか分からなかった。このことについてブッダに伝えた。ブッダは［次のように］言われた。

先ず看病人の比丘に六物（サンガーティー（saṅghāṭī 三衣の一つであり、正装時に着用する）、ウッタラーサンガ（uttarāsaṅga 三衣の一つであり、上着として用いる）、アンタルヴァーサ（antarvāsa 三衣の一つであり、下着として用いる）、鉢、ニシーダナ（niṣīdana 座具）、パリシュラーヴァナ（pariśrāvaṇa 水を濾すための袋））を与えるべきである。重物は分配するべきではない。看病人に六物をどのように与えるかと言えば、和合サンガにおいて一人の比丘が「大徳よ、サンガは聞いて下さい。某比丘が亡くなりました。この比丘がもつ六物は現前サンガで分配してもよいものです。サンガは羯磨を行って、看病人に与えましょう。もし、サンガにとって適時であるならば、サンガは承認してください。サンガの某比丘が亡くなりました。この比丘がもつ六物は現前サンガで分配してもよいものです。サンガは羯磨を行って、某比丘に与えましょう。白は以上の通りです。大徳よ、サンガは聞いて下さい。某比丘が亡くなりました。この比丘がもつ六物は現前サンガで分配してもよいものです。サンガの某比丘が亡くなりました。この比丘がもつ六物は現前サンガで分配してもよいものです。サンガは羯磨を行って、看病人に与えましょう。某比丘が亡くなりましたが、この比丘がもつ六物は、現前サンガで分配してもよいものでありますので、サンガは羯磨を行って、看病人に与えますが、そのことを承認する長老は黙然としてください。もし承認しないならば、その長老は発言して下さい。某比丘が亡くなりましたが、この比丘がもつ六物は現前サンガで分配してもよいものでありますので、サンガは羯磨を行って、看病人に与えました。サンガは承認しました。黙然としているので、このことをその通り受けとめます」と唱えるべきである。

(三) コーサラ国のある住処において、ある比丘が亡くなった。この比丘は衣を様々なところに預けていた。この比丘の衣を現前サンガで分配したところで、サンガはこの比丘を看病した者について尋ねた。「誰が世話をし、看病したのか」と。［看病人の比丘たちが］「私たちです」と答えた。サンガは「あなたたちはあちこちに預けられている衣を探し求め、それを得なさい」と言った。看病人たちは探し求めに出掛けたが、得ることができなかった。そのため、諍いや言い争いを起こした。このことについてブッダに伝えた。ブッダは「その場にある六物を先ず看病人に与え、その他の軽物をサンガは分配するべきである。重物は分配してはならない」と言われた。

(四) コーサラ国のある住処において、ある比丘が亡くなった。この比丘は多くの衣、多くの鉢、多くの財物をもっていた。この比丘が持つサンガーティー、ウッタラーサンガ、アンタルヴァーサ、鉢、パリシュラーヴァナ、ニシーダナがどのようなものか知らなかった。このことについてブッダに伝えた。ブッダは

「この者の元々の看病人は誰であるか。看病人は前もって『あなたが持っているサンガーティー、ウッタラーサンガ、アンタルヴァーサ、鉢、パリシュラーヴァナ、ニシーダナはどのようなものか』と病人に尋ねるべきである。もし前もってこのように尋ねていたならば、生活に必須の六物を看病人に与え、その他の軽物はサンガで分配するべきである。重物は分配してはならない。もしこのように［前もって］尋ねていないならば、又は、分からないならば、又は、疑わしいならば、それほど良くも悪くもない六物を［看病人の比丘に］与えよ。その他の軽物はサンガで分配するべきである。重物は分配してはならない」と言われた。

（五）コーサラ国のある住処において、ある比丘が亡くなった。サンガは亡くなった比丘の屍の前で衣と鉢を分配した。この亡くなった比丘が動き出し、起き上がり、比丘たちに語った。「大徳よ、長老たちは私の衣と鉢を分配しないで下さい」と。比丘たちはどのようにすればよいか知らなかった。このことについてブッダに伝えた。ブッダは「屍の前で分配してはならない。しかし、屍が移されたならば、又は、サンガが別の場所にいるならば、分配してもよい」と言われた。

（六）コーサラ国の土地で与学沙弥（sikṣādattaka サンガからの追放処分となる波羅夷罪（pārājika）を犯すも、その罪をあますことなく発露し、比丘から沙弥への格下げを受入れることで、出家身分にとどまることが許された者）が亡くなった。この者の衣と鉢を比丘たちはどのようにすべきか知らなかった。このことについてブッダに伝えた。ブッダは「亡くなった時に、現前サンガで衣と鉢を分配するべきである」と言われた。

（七）コーサラ国のある住処において、沙弥（見習いの僧侶）が亡くなった。比丘たちは衣と鉢をどのようにするべきか知らなかった。このことについてブッダに伝えた。ブッダは［次のように］言われた。

［その沙弥が］着ていた内衣・外衣（比丘が着用するウッタラーサンガ・アンタルヴァーサに相当する衣）は看病人に与えるべきである。その他の軽物はサンガで分配するべきである。重物は分配してはならない。どのように［看病人に］与えるべきかと言えば、和合サンガにおいて、一人の比丘が「大徳よ、サンガは聞いて下さい。某沙弥が亡くなりました。この沙弥がもっていた内衣・外衣は［現前サンガで分配

してもよいものです。サンガは羯磨を行って、看病人に与えましょう。」もし、サンガにとって適時であるならば、サンガは承認してください。某沙弥が亡くなりました。[この沙弥がもっていた]内衣・外衣は現前サンガで分配してもよいものです。サンガは羯磨を行って、看病人に与えましょう。白は以上の通りです。大徳よ、サンガは聞いて下さい。某沙弥が亡くなりました。この沙弥がもつ内衣・外衣は現前サンガで分配してもよいものです。サンガは羯磨を行って、看病人に与えましょう。某沙弥が亡くなりましたが、内衣・外衣は現前サンガで分配してもよいものでありますので、サンガは羯磨を行って、看病人に与えますが、そのことを承認する長老は黙然としてください。もし承認しないならば、発言して下さい。某沙弥が亡くなりましたが、この沙弥がもつ内衣・外衣は現前サンガで分配してもよいものでありますので、サンガは羯磨を行って、看病人に与えました。サンガは承認しました。黙然としているので、このことをその通り受けとめます」と唱えるべきである。

（八）ブッダはシュラーヴァスティーにおられた。長老のウパーリ（Upāli）はブッダに「分配してよいものと分配してはならないものとがありますが、何が分配してよいものであり、何が分配してはならないものなのでしょうか」と尋ねた。ブッダは[次のように]言われた。

●田地・房舎・床榻《しょうとう》（寝台）・臥具（寝具）・細車・麁車・半荘車・歩輿車（細車以下四種の車が如何なる乗り物・運搬具であるかは不明）はいかなるものも分配してはならない。

●鉄物（鉄製品）はいかなるものも分配してはならない。ただし、二斗までしか入らない釜と瓶は除く。それらは分配してもよい。鉢・小鉢・半鉢・鍵鎡《けんじ》（器の一種）・小鍵鎡・截爪刀《せっそうとう》（爪切り）・剃頭刀《ていずとう》・鉗《けん》（かなばさみ）・鑷《じょう》（毛抜き）・針・刀子《とうす》（小刀）・戸鉤《こく》（ドアノブ）・曲戸鉤・剃刀匣《ていとうこう》（剃刀を入れる箱）・刮汚篦《かつうへい》（汚れを削り落とすためのヘラ）・灌鼻筒《かんびとう》（鼻に油（点鼻薬）を注ぐための器具）・熨斗《うっと》（アイロン）・香鑪《こうろ》・熏《くん》（香鑪の一種）・鉢鉤・衣鉤（衣の留め具）・壁上鉤（壁掛け用のフック）・匕《ひ》（匙）・鉢榰《はっし》（鉢を置く台）・禅鎮《ぜんちん》（座禅の時に頭に載せ、睡眠を防ぐ道具）も除く。これら以外の鉄物はいかなるものも分配してはならない。

●銅物（銅製品）はいかなるものも分配してはならない。ただし、二斗までしか入らない釜と瓶は除く。それらは分配してもよい。水盆・瓫《おう》（甕）・蓋（ふた）・刀匣（刀を入れる箱）・刮汚篦・灌鼻筒・熨斗・香鑪・熏・鉢鉤・衣鉤・壁上鉤・禅鎮・匕・鉢楷も除く。これら以外の銅物はいかなるものも分配してはならない。

●石物（石製品）はいかなるものも分配してはならない。ただし、二斗までしか入らない釜と瓶は除く。それらは分配してもよい。水瓶・水盆・蓋水物・刮汚篦・灌鼻筒・熨斗・香鑪・熏・鉢鉤・禅鎮も除く。これら以外の石物はいかなるものも分配してはならない。

●水精物（水晶製品）はいかなるものも分配してはならない。ただし、釜・熏・鉢鉤・香鑪・熨斗は除く。その他は上述の通りである。

●瓦物（陶土を焼いたもの）はいかなるものも分配してはならない。ただし、二斗までしか入らない盆は除く。それは分配してもよい。水瓶・水盆・蓋水物・鉢・小鉢・半鉢・鍵鎡・小鍵鎡・刀匣・刮汚篦・灌鼻筒・熨斗・香鑪・禅鎮も除く。これら以外の瓦器はいかなるものも分配してはならない。

●貝物（貝製品）はいかなるものも分配してはならない。ただし、刀匣・刮汚篦・灌鼻筒・熨斗・禅鎮・香鑪・熏・鉢鉤・衣鉤・盛薬函《じょうやくかん》（薬を入れる箱）・匕・鉢楷を除く。これらの貝物はいずれも分配してよい。これら以外はいかなるものも分配してはならない。

●牙歯物（牙歯製品）もすべて同様である。

●角物（角製品）はいかなるものも分配してはならない。ただし、半升までしか入らないものは除く。それらは分配してもよい。刀匣・衣鉤・壁上鉤・刮汚篦・灌鼻筒・禅鎮・盛薬函・匕・鉢楷も除く。これらの角物はいずれも分配してよい。これら以外のものは分配してはならない。

●皮物（皮製品）はいかなるものも分配してはならない。ただし、半升までしか入らない盛酥油嚢《じょうそゆのう》（バターや油を入れる袋）・繋革屣韋《けいかくしい》（履物を結び付けるためのなめし革）・繋鞾韋《けいかい》（長靴を結び付けるためのなめし革）・鹿韋（鹿のなめし革）・熟韋（燻煙によるなめし革）・裏脚跟指韋《かきゃくこんしい》（脚・踵・指を包むためのなめし革）は除く。これらは分配してもよい。

●木物（木製品）はいかなるものも分配してはならな

い。ただし、二升までしか入らない盂《う》（飲食物を盛る器）・水瓶・水盆・瓮・蓋・刀匣・刮汚篦・衣鉤・鉢鉤・壁上鉤・鉢榰・禅鎮は除く。これらの木物はすべて分配してもよい。これら以外のものはすべて分配してはならない。

●竹物（竹製品）はいかなるものも分配してはならない。ただし、蓋（傘）・扇・箱（大きい箱）・篋《きょう》（小さい箱）・席（座具）・杖などは除く。これらは分配してもよい。

●赭土《しゃど》（赤土）はいかなるものも分配してはならない。煮たものであれ、煮ていないものであれ、［衣の］染色に用いるものは決して分配してはならない。

（『大正新脩大蔵経』二三 二〇二中五～二〇三中二九）

上記引用文は八つの段落で構成されており、各段落の概要を示すと、次の通りである。

（一）亡くなった比丘の衣鉢を一人の比丘に相続させるべきことが示されると共に、衣鉢を一人の比丘に相続させるための羯磨の作法が教示される。

（二）亡くなった比丘の持ち物のうち、サンガーティー・ウッタラーサンガ・アンタルヴァーサ・鉢・ニシーダナ・パリシュラーヴァナの六物は看病人に相続させ、その他の軽物はサンガで分配し、重物は分配してはならないことが示されると共に、六物を看病人に相続させるための羯磨の作法が教示される。

（三）亡くなった比丘があちこちに持ち物を遺した場合、その場にある六物を先ず看病人に相続させ、その他の軽物はサンガで分配し、重物は分配してはならないことが示される。

（四）亡くなった比丘が数多くの持ち物を遺し、どれがその者の六物であるのか分からなくなってしまう場合もあるので、そのような場合に備えて看病人は前もってその者にどれが自分の六物であるのか尋ねておくべきとされる。しかし、前もって尋ねておかなかった場合、良くも悪くもない六物を看病人に相続させ、その他の軽物はサンガで分配し、重物は分配してはならないことが示される。

（五）亡くなった比丘の亡骸の前で遺品を分配してはならないことが示される。

（六）亡くなった与学沙弥の衣鉢はサンガで分配すべきことが示される。

(七) 亡くなった沙弥の衣は看病人に相続させ、その他の軽物はサンガで分配し、重物は分配してはならないことが示されると共に、衣を看病人に相続させるための羯磨の作法が教示される。
(八) サンガで分配してよいものと分配してはならないものとが具体的に列挙される。

(一)〜(七)では、比丘・与学沙弥・沙弥の遺品のうち、「六物」に含まれるものは看病人に相続させ、その他の「軽物」はサンガで分配し、「重物」はサンガで分配してはならないことが言われる。(八)では、サンガで分配してはならない「重物」が十三項目にわたって具体的に列挙される。そして、その最初の項目で「房舎」、すなわち居住施設が言及され、分配が禁止されている。

(一)〜(七)の内容を踏まえると、この一節の主題は亡くなった比丘・与学沙弥・沙弥の遺品の処理であり、その処理のために、(八)において「分配してよいもの」=「軽物」と「分配してはならないもの」=「重物」との分類が示されている。この分類はもっぱら遺品を対象としたものであり、それをどのように誰が相続するか判断することに主眼が置かれており、ここにサンガで用いられる生活の資具を個人所有物と共有資産とに区別しようという意図は窺えない。したがって、重物を比丘個人が所有することは決して禁止されておらず、むしろそれらを生前において当たり前の如くに所有する比丘の存在がここからは窺えるのである。

次に取り上げるのは『四分律』(法蔵部という部派によって伝承され、四一〇〜四一二年に漢訳された戒律文献)の「衣揵度《けんど》」(「パーリ律」の「衣犍度」に対応する部分)の一節である。以下に当該箇所を引用する。

その時、シュラーヴァスティーにおいて、よく知られた比丘が亡くなった。僧伽藍(僧院)を多くもち、僧伽藍に属する園田・果樹を多くもち、別房(「房舎揵度」(『大正新脩大蔵経』二二 九三七上一―八)を踏まえると、「房舎」を指すと考えられる)を多くもち、別房に属する物を多くもち、銅瓶、銅瓫(銅製の盆)、斧、鑿、灯台を多くもち、様々な重物をもち、縄床《じょうしょう》(縄で作られた寝床)、木床《もくしょう》(木で作られた椅子)、臥褥《がじょく》(寝るときに用いる敷物)、坐褥《ざじょく》(座るときに用いる敷物)、枕を多くもち、伊梨延陀《いりえんだ》(aiṇeya 黒羚羊皮)、耄羅《もうら》、耄《もう》耄羅《もうら》、氍氀《くる》(毛織の敷物)を多くもち、守僧伽藍人

(ārāmika 寺男) を多くもち、車輿《しゃよ》 (yāna 乗り物) を多くもち、澡罐《そうがん》 (kamaṇḍalu 水瓶)、錫杖《しゃくじょう》 (khakkharaka 杖)、扇を多くもち、鉄作器 (鉄製品)、木作器 (木製品)、陶作器 (陶器)、皮作器 (皮製品)、剃髪刀、竹作器 (竹製品) を多くもち、衣、鉢、尼師壇《にしだん》 (nisīdana 座具)、針筒を多くもっていた。比丘たちはどうしてよいか知らなかった。ブッダは言われた。「よく知られている者であろうがあるまいが、一切のものはサンガに属する」と。

比丘たちはサンガの園田・果樹を分配した。ブッダは言われた。「分配してはならない。四方サンガに属する」と。彼らは別房および別房に属する物を分配した。ブッダは言われた。「分配してはならない。四方サンガに属する」と。彼らは銅瓶、銅瓫、斧、鑿、及び、諸種の重物を分配した。ブッダに［このことを］伝えた。ブッダは言われた。「分配してはならない。四方サンガに属する」と。彼らは縄床、木床、坐褥、臥褥、枕を分配した。ブッダは言われた。「分配してはならない。四方サンガに属する」と。彼らは伊梨延陀、耄羅、耄耄羅、氍毹を分配した。ブッダは言われた。「分配してはならない。四方サンガに属する。今後は比丘たちに幅が三肘 (一肘は肘から中指の先までの長さであり、二十四指に相当)、長さが五肘、毛の長さが三指の氍毹を認める。現前サンガで分配してよい」と。彼らは車輿、守僧伽藍人を分配した。ブッダは言われた。「分配してはならない。四方サンガに属する」と。彼らは水瓶、澡罐、錫杖、扇を分配した。ブッダは言われた。「分配してはならない。四方サンガに属する」と。彼らは鉄作器、木作器、陶作器、皮作器、竹作器を分配した。ブッダは言われた。「分配してはならない。四方サンガに属する。今後は剃刀、衣、鉢、坐具 (＝尼師壇)、針筒を分配することを認める」と。彼らは倶夜羅器《くやらき》 (匙などを容れる器) を分配した。［ブッダは言われた。］「現前サンガで分配してよい」と。

(『大正新脩大蔵経』二二 八五九中一二〜下四)

この一節の概略を示すと、次の通りである。「僧伽藍」「別房」から衣鉢にいたるまで様々なものを数多くもつ比丘が亡くなり、その遺産を比丘たちはどのように処理してよいか分からず、ブッダに判断を仰ぐ。ブッダは「一切のものはサンガに属する」と述べ、すべての遺産はサンガのものとなると言い渡す。以上が前半部分の内容である。その後、比丘たちが「僧伽藍」、「別房」などを自分たちで分配してしまう。しかし、ブッダは「四方サンガに属する」と言って、それらをその場にいる比丘たちで分配することを禁止する。一方で、「幅が三肘、長さが五肘、毛の長さが三指の氍毹」、「剃刀、衣、鉢、坐具、針筒」「倶夜羅器」については、「現前サンガで分配してよい」と言って、その場にいる比丘たちで分配することを許可する。以上が後半部分の内容である。

この一節の主題は亡くなった比丘の遺産の処理である。遺産はすべて一先ずサンガのものとなり、その上で「四方サンガに属するもの」と「現前サンガで分配してよいもの」とに区別される。この区別は遺産についてその場にいる比丘たちで分配してよいものと分配してはならないものとに分類することを目的としたものであると考えられ、ここにサンガで用いる生活の資具一般を個人所有物と共有資産とに分類しようという意図はないものと思われる。実際に上記引用文からは亡くなった比丘が僧院や居住施設などの重物を個人的に所有していることが窺え、比丘が重物を個人的に所有することは問題視されていないものと考えられる。

続いて取り上げるのは『五分律』（化地部《けじぶ》（弥沙塞部）という部派によって伝承され、四二二〜四二三年に漢訳された戒律文献）の「衣法」の一節である。以下に当該箇所を引用する。

あるよく知られた比丘が、国王、大臣、その他多くの人々から供養を受けていた。亡くなったとき、その者にはきわめて多くの物があった。比丘たちはどのようにすればよいか分からなかった。このことをブッダに伝えた。ブッダは［次のように］言われた。

生前に前もって誰かに与える場合は、白二羯磨《びゃくにこんま》（白（提起・提案）に続いて賛否を一度だけ問う形式の集団儀礼）によって与えるべきである。生前に前もって誰かに与えていない場合は、分配できるものと分配できないものとがある。婆那衣、蘇摩《そま》衣（kṣauma 亜麻布）、劫貝《こうばい》衣（karpāsa 綿布）、拘摂《くしょう》（kauśeya 絹布）で毛の長さが五指のもの、サンガーティー、ウッタラーサンガ、アンタルヴァーサ、下衣（腰巻）、舎《しゃ》勒《ろく》（sāṭaka 布）、単敷《たんふ》（一重の敷物）、襯身衣《しんしんえ》（肌着）、被《ひ》（夜具）、坐具、針縫嚢《しんえんのう》（針・糸を入れる袋）、漉《ろく》水嚢《すいのう》（水を濾すための袋）、鉢嚢《はつのう》（針を入れる袋）、革屣嚢《かくしのう》（履物を入れる袋）、大小の鉢、戸鉤《こく》（ドアノブ）、これらのものは分配できるものであり、現前サンガですべて分配するべきである。錦、綺（あや絹）、毛毦《もうぼう》、氈《せん》（毛織りの敷物）、拘摂で毛の長さが五指を超えるもの、雨浴衣《うよくえ》（雨季に水浴びする時に着用する衣）、覆瘡衣《ふくそうえ》（傷口を覆うための布）、蚊幮《ぶんちゅう》（蚊帳）、経行敷、遮壁虱単敷《しゃへきしったんふ》（しらみ除けのための一重の敷物）、坐臥床（腰掛と寝床）および踞床《こしょう》（ひざを立てて座るための台）、大小の瓦鉢《がはつ》（陶製の鉢）・瓦澡灌《がそうがん》（陶製の水瓶）を除くあらゆる瓦器（陶土を焼いたもの）、大小の鉄鉢・戸鉤・截甲刀《せっこうとう》（爪切り）・針を除くあらゆる鉄器、銅揵鎡《どうけんじ》（銅製の浅鉢）・銅《どう》多羅《たら》（銅製の鉢）・盛眼薬物《じょうげんやくもつ》（眼薬の容れ物）を除くあらゆる銅器、傘蓋《さんがい》（chattra）、錫杖《しゃくじょう》（khakkharaka杖）、これらは分配してはならず、サンガのものとして用いるべきものである。

（『大正新脩大蔵経』二二　一三九上二三～中九）

この一節の概略を示すと、次の通りである。多くの資産をもつ比丘が亡くなり、その遺産を比丘たちはどう処理してよいか分からず、ブッダに尋ねる。そこで、ブッダは「分配してよいものと分配してはならないものとがある」と述べ、「分配してよいもの」と「分配してはならないもの」とを具体的に列挙する。その筋立は『十誦律』『四分律』と大きく変わらないが、「分配してはならないもの」として僧院や居住施設が言及されていない点で異なる。

この一節の主題は亡くなった比丘の遺産の処理であり、その処理のために「分配してよいもの」と「分配してはならないもの」との区別が示されている。この区別の対象はあくまでも遺産であり、サンガで用いる生活の資具一般を個人所有物と共有資産とに区別しようという意図は認められない。「分配してはならないもの」として挙げられるものを比丘が個人的に所有することは決して禁止されていないものと考えられ、実際、上記引用文に現れる比丘は生前においてそれらを個人的に所有しているのである。

漢訳の戒律文献の最後に取り上げたいのが『摩訶僧祇《まかそうぎ》律《りつ》』（大衆部《だいしゅぶ》という部派によって伝承され、四一六～四一八年に漢訳された戒律文献）である。この戒律文献の「雑誦跋《ぞうじゅば》渠《く》法」（「パーリ律」の犍度部に相当）の第七跋渠（varga 章や篇を意味する）に「重物」と題する一節があるので、以下に当該箇所を引用する。

〔重物〕ブッダはシュラーヴァスティーにおられた。その時、比丘たちはサンガの床褥《しょうじょく》（寝台と腰掛）を売ったり、人に貸したり、自分のものとして用いたりした。比丘たちは世尊のところに赴き、このことを伝えた。ブッダは「その比丘たちを呼んで来なさい」と言われた。やって来たので、ブッダは比丘たちに「本当にその通りなのか」と尋ねた。［その比丘たちは］「世尊よ、その通りです」と答えた。ブッダは「今後は、比丘がサンガの床褥を売ったり、人に貸したり、自分のものとして用いたりすることを認めない。サンガのすべての者が集まっ［て決め］たとしても、人に売ったり、人に貸したり、自分のものとして用いたりすることを認めない。もし、人に売ったり、人に貸したり、自分のものとして用いたりしたならば、越比尼《おつびに》罪《ざい》（vinayātikrama 軽罪の一つであり、比丘の前で発露することが求められる罪）である。何を重物と呼ぶかと言えば、床褥、鉄器、瓦器、木器、竹器……盗みを禁じる戒に関する箇所で詳しく述べた通りである。これを重物と呼ぶ。檀越《だんおつ》（dānapati 施主）がサンガに床褥、倶攝《くしょう》、氍毹《くゆ》、杭（又は、枕）、氈、腰帯《ようたい》、刀子《とうし》（小刀）、舐、傘蓋《さんがい》、扇、革屣《かくし》（upānaha 履物）、針筒、剪爪刀《せんそうとう》（爪切り）、澡罐《そうがん》（水瓶）を布施した。このうち、床褥、倶攝、杭、氍毹は重物であり、四方サンガに入れるべきであり、その他の軽物は分配するべきである。檀越が「すべてを分配してください」と言ったならば、檀越の意向に従って分配するべきである。「すべてを四方サンガに布施します」と言ったならば、［軽物であっても］分配するべきではない。

（『大正新脩大蔵経』二二 四七八中二八～下一一）

冒頭で「重物」という言葉がこの一節のトピックを示すものとして挙げられているが、その原語について確認しておこう。大衆部の傍系と目される大衆部説出世部（Mahāsāṃghika-Lokottaravādin）の戒律文献が部分的にインドの原語で残されており、その中に「雑誦跋渠法」の各節のトピックを列挙した摂頌（uddāna 梗概）が含まれている。それによれば、「重物」の原語は“gurupariṣkāra”であり（Chung 2006: 185）、それは「パーリ律」で「重物」の同義語として用いられる“garuparikkhāra”（重資具）に対応する語である。

この冒頭の言葉によって、上記引用文の主題が「重物」であることがはっきりするが、その概略を示すと、次の通りである。先ず、比丘たちが「サンガの」（点線部）ものである床褥を売り、貸し、自分のものとして用いたので、それらの行為が禁じられる。次に、売ったり、貸したり、自分のものとして用いたりしてはならない「重物」にはどのようなものがあるのか具体的に説明され、「床褥、鉄器、瓦器、木器、竹器」などが挙げられる。続いて、「サンガに」（波線部）寄進されたものについて、「重物」は四方サンガのものとし、それ以外の「軽物」は分配すべきことが規定される。ただし、施主が「重物」についても分配を望む場合には、分配すべきであり、施主が「重物」も「軽物」もすべて四方サンガに寄進することを望む場合には、その意向に従って分配すべきではないとされる。

　この一節では、「サンガの」（点線部）ものである「重物」について、売り、貸し、自分のものとして用いることが禁止されると共に、「サンガに」（波線部）寄進された「重物」について、分配せずに、四方サンガのものとすべきことが定められている。したがって、この一節はひとたびサンガのものとなった「重物」をサンガの資産として保全することを目的としているものと考えられる。「重物」の所有者を四方サンガに限定し、比丘個人が所有することを禁止する意図はないものと考えられ、実際、施主が「重物」についても分配を望む場合には、比丘たちに分配してもよいとされており、比丘個人が「重物」を所有することも許容されているのである。

　なお、上記引用文では「重物」を具体的に列挙する箇所が省略されているが、「盗みを禁じる戒に関する箇所で詳しく述べた通りである」と言われるように、「波羅夷法」（サンガから追放処分となる重罪に関する規定）の「盗みを禁じる戒に関する箇所」（波羅夷第二条）で次のように説明されている。

> 重物とは、床臥具（臥座具）およびその他の重物のことである。「床臥具」とは、臥床（寝台）、坐床（腰掛）、小褥（小ぶりの敷物）、大褥（大ぶりの敷物）、拘氈、枕である。「およびその他の重物」とは、あらゆる銅器、あらゆる木器、あらゆる竹器、あらゆる瓦器である。「銅器」とは、銅瓶、銅釜、銅鑊、銅杓、および、その他種々の銅器であり、これらを「銅器」と呼ぶ。「木器」「竹器」とは、木臼、木瓶、木瓫（木製の盆）、木椀、木杓、竹筐（竹製の四角い箱）、竹席（竹製の敷物）から竹筥（竹製の丸い箱）に至るまでのもの、および、その他種々の木器、竹器のすべてであり、これらを「竹器」「木器」と呼ぶ。「瓦器」（陶土

を焼いた器）とは、大甕から灯盞（灯明皿）に至るまでのものであり、これらを「瓦器」と呼ぶ。［以上の］床臥具およびその他種々のものを「重物」と呼ぶ。

（『大正新脩大蔵経』二二・二四五上一三～二〇）

ここでは、先の引用で言及された「床褥、鉄器、瓦器、木器、竹器」の詳細を窺うことができる。「鉄器」の代わりに「銅器」という語が用いられるが、おそらく「鉄器」も「銅器」も原語は "loha" であり、"loha" という語が鉄と銅のいずれをも意味し得るために（宮坂一九六〇）、両所で訳語が異なっているのであろう。注目すべきは、僧院や居住施設が言及されていないことであり、『五分律』と同じように、これらが「重物」に含まれるのかはっきりしない。

以上、佐藤が参考にした漢訳の戒律文献における対応箇所を確認してきたが、この他に「根本説一切有部律」の「衣事」（Cīvaravastu）にも関連記述がある。当該箇所については ギルギット出土のサンスクリット語写本の校訂本に基づきショーペンが英訳を公表するとともに（Schopen 2004: 117–119）、その内容の分析を行っている（Schopen 2004: 102–105）。また、近年、この箇所の後半部分について、呉娟（Wu Juan）が写本を参照して校訂本の読みを改めた上で、新たな英訳を公表している（Wu Juan 2022）。以下にそれらも参考に作成した和訳を提示する。

これは舎衛城で起こったことである。その時、舎衛城に、富裕で、多くの財産をもち、多くの富をもち、様々なものを数多く所有し、毘沙門天（Kubera）の如く富を保有し、富において毘沙門天に匹敵する「長者」と呼ばれる居士がいた。彼は同様の家から妻を娶った。息子がいない彼は息子を欲し、シヴァ（Śiva）、ヴァルナ（Varuṇa）、毘沙門天、帝釈天（Śakra）、梵天（Brahman）などやその他の神々、すなわち、遊園の神々、森の神々、十字路の神々、交差点の神々、供物を受ける神々に祈願した。［人と］共に生まれ、その性質を共有し、常に付き従う神々にさえ祈願した。祈願によって息子や娘が生まれるというのは、世間で広く信じられていることである。しかし、その通りにはならない。もしその通りになるならば、転輪王（正法をもって統治する理想的な王）のように、どの者にも千人の息子が生まれるはずである。そうではなくて、三条件が揃うときに息子と娘は生まれるのである。三とは何かと言えば、①母親と父親とが欲情し、一緒になること、②母親が健康で、年頃であること、③［懐妊を司る］ガンダルヴァ（gandharva 帝釈天に侍する神）がその場に臨むことである。この三条件が揃った結果として、息子と娘が生まれる。しかし、神々に供養をしても、その者には息子も娘も生まれなかった。そこで、居士はすべての神々を拒み、世尊に対して信心をもつようになった。その者はある比丘に近づき、「尊者よ、私はこのよく説かれた法と律において出家したいです」と言った。「どうぞ、そうしてください」と比丘は言って、順々に彼の頭を剃り、学処を授け始めた（＝出家儀礼を始めた）。しかし、［居士は］出家を妨げる高熱に襲われた。比丘たちはそのことを世尊に伝えた。世尊は「その者の看病をするべきである。その者が健康になるまでは、学処を授けてはならない」と言われた。世尊に「その者の看病をするべきである」と言われたが、比丘たちは誰がそれをするべきか分からなかった。世尊は「比丘たちが［看病をするべきである］」と言われた。医者たちが日中その者を手当したが、夜になるとその者の病は悪化した。その者（＝医者）たちは「私たちは日中その者を手当しますが、夜になると彼の病は悪化します。もしその者を家に連れていくならば、私たちは夜［も］彼を手当しましょう」と言った。比丘たちはそのことを世尊に伝えた。世尊は「その者を家に連れていくべきである。そこでもその者の看病をするべきである」と言った。彼の病は長期にわたるものとなった。その者の髪は段々と長くなっていった。その者に対して「剃髪の居士」という呼び名が生まれた。根、茎、葉、花、果実から作られた薬による手当を受けても快方に向かわなかったので、その者は自らについて「私は死人のようだ」と悟った。その後、その者は死に際に、所有するすべての資産について遺言書を作成し、ジェータヴァナ（Jetavana）に送った。それから、その者は亡くなった。従臣たちはコーサラ国王プラセーナジット（Prasenajit）に「王よ、息子のいない剃髪の居士が亡くなりましたが、その者には多くの金貨や金があり、象、馬、牛、水牛、武具がありました。［その者は］それらすべてについて遺言書を作成して、尊貴なるサンガのためにジェータヴァナに送りました」と報告した。王は「たとえ遺言書がなくても、私は尊貴なるウパナンダ［比丘］の［遺した］所有物を手に入れなかった。遺言書があるならば、どうして手に入れようか。しかし、世尊が許すならば、それを私は受け入れよう」と言った。比丘たちはこのことを世尊に伝えた。世尊は「比丘たちよ、それらには何が含まれているのか？」と言った。比丘たちは列挙した。世尊は［次のように］言った。

適宜、分配するべきである。それらのうち、田畑の土地、家屋の土地、商店の土地、臥座具、鉄職人による製品、銅職人による製品、陶工による製品、――但し、水差しと箱を除く――木工職人による製品、竹職人による製品、女性の奴隷・男性の奴隷、労役者・従僕、飲食物、穀物は分配すべきではない。四方の比丘サンガで分かち合うものとして留め置くべきである。

布、織物、革製品、履物、革製の油入れ、水差し、水入れは和合サンガで分配するべきである。

棒は長いものはジャンブ樹の木陰に［座す］像（ブッダになる前の修行段階にある者である菩薩の像を指す（岸野二〇二〇：七〇頁））の旗竿にするべきであり、短いものは杖にして比丘たちに与えるべきである。

子と妻についてはサンガは勝手に売らずに、意向に沿って解放するべきである。

四足動物のうち、象、馬、ラクダ、ロバ、ラバは王が使用するものである。水牛、山羊、羊は、四方の比丘サンガで分かち合うものであり、分配するべきではない。

武具、及び、その他王が使用するべきものは、すべて王に引き渡すべきである。ただし、武器は除く。それらの武器で針や杖を作らせて、サンガで分配するべきである。

顔料・染料のうち、黄、朱、青などの重要なものは、［菩薩の］像に使用するためのものとして香室（gandhakuṭī 仏殿）に収めておくべきである。カンカティカ（khaṅkhaṭika）、赤、藍はサンガで分配するべきである。

酒は、煎った麦と混ぜて、地中に埋めるべきである。酸っぱくなったものは使用すべきである。しかし、酢として以外には使用すべきではなく、捨てるべきである。比丘たちよ、私を師と認める者は、草の葉先ほどであっても、酒を与えたり、飲んだりするべきではない。

薬は病人用の部屋に置くべきである。そして、それらは病気の比丘が使用すべきである。

真珠を除く宝石のうち、宝玉、猫目石、右巻きの巻貝は二分割するべきである。一つはダルマ（ブッダの教え）に属し、もう一つはサンガに属する。ダルマに属するものは、それでブッダの言葉を書き写させるべきである。また、獅子座（siṃhāsana ブッダの座席または仏像・菩薩像の台座）に用いるべきである。サンガに属するものは、比丘たちで分配するべきである。

書物のうち、ブッダの言葉に関する書物は分配せず、四方の比丘サンガのために収蔵庫に収めておくべきである。仏教以外に関する書物は売って、分配するべきである。

手形は、すぐに換金できるものは、それからのお金の分け前を比丘たちで分配するべきである。［すぐに換金］できないものは、四方の比丘サンガのために収蔵庫に収めておくべきである。

金、金貨、および、その他の［金属］は、加工されていようがいまいが、三分割するべきである。一つ目はブッダに属し、二つ目はダルマに属し、三つ目はサンガに属する。ブッダに属するものは、それで香室および［ブッダの］髪・爪の塔の壊れたり傷んだりしたところを修繕するべきである。ダルマに属するものは、それでブッダの言葉を書き写させるべきである。あるいは、獅子座に用いるべきである。サンガに属するものは、比丘たちで分配するべきである。

（*Gilgit Manuscripts* III-2 139.6–143.14, *Vinaya Texts* 168–169（273v3–274v6））

ここで筆者が「四方の比丘サンガで分かち合うもの」（傍線部）と訳した箇所はサンスクリット語の原文では“cāturdiśāya bhikṣusaṃghāya sādhāraṇa”という表現になっている。これをショーペンは「四方からの比丘たちのサンガの共同資産」（property in common for the Community of Monks from the Four Directions）と訳しているが、“sādhāraṇa”（「分かち合うもの」）という語の基本的な意味は「共通の」「全般の」であり、この語自体に「資産」「財産」「所有物」（property）という意味はない。もっとも、ここでは居士が亡くなった後に、遺産の所有権がサンガに移ったものと考えられるので、ショーペンの訳は実質的には妥当であると思われる。

では、上記引用文の概略を確認しよう。ある居士が子宝を望んで神々に祈願したにもかかわらず、子供が産まれなかったために、神々に対する信心を失い、ブッダに対して信心を持つようになった。そして、出家を望むようになり、ある比丘のもとで出家儀礼を受けることになった。しかし、その最中に高熱を発し、出家儀礼を中止することになった。その後、比丘たちが看病し続けたが、その甲斐なく、彼の病は悪化していった。死期を悟った居士は、所有するすべての資産について遺言書を作成し、それをジェータヴァナの比丘たちのところに送った。そのことについて、プラセーナジット王は従臣から報告を受けたが、居士の遺産を国庫に入れずに、ジェータヴァナの比丘たちに委ねることを認めた。その後、比丘たちはこの経緯をブッダに伝えた。そこで、ブッダは遺言書に載る資産の一々について「四方の比丘サンガで分かち合うもの」「ブッダに属するもの」「ダルマに属するもの」「サンガに属するもの」に分類すると共に、酒や武具など出家者に相応しくないものについては廃棄したり、王に引き渡したりすべきことを命じた。以上が概略である。

この「根本説一切有部律」の「衣事」においても、『十誦律』『四分律』『五分律』にある対応箇所と同じく、遺産の処理が主題となっている。ただし、それらと大きく異なるのが、遺産処理の対象者が出家者ではなく、「息子のいない剃髪の居士」である点である。古代インドにおいては、通例、在家者の遺産については世俗法が適用され、息子がいない場合には、国に接収され国王のものになったとされる（Schopen 2004: 190 n. 35）。しかし、「剃髪の居士」と呼ばれるように、この者は単なる在家者ではなく、出家者としての側面も持つため、プラセーナジット王は「私は尊貴なるウパナンダの所有物を手に入れなかった。遺言書があるならば、どうして手に入れようか」と述べ、ウパナンダ比丘の遺産処理と同じく国庫に入れないという対応をとる決断を下す。ここで言及されるウパナンダ比丘の遺産処理については「衣事」の先行箇所（*Gilgit Manuscripts* III-2 117.8–121.5, *Vinaya Texts* 162–163（267r1–268v4））に記されており、それについてはショーペンの英訳（Schopen 2004: 115–116）もある。その箇所を見ると、出家者と在家者の問題は別物であり、出家者の問題に関しては戒律が適用され、在家者の問題に関しては世俗法が適用されるという原則を踏まえ、ブッダがウパナンダ比丘の遺産は戒律の適用対象であり、比丘たちで処理すべき問題であると主張し、そのことをプラセーナジット王が認可したことが記されている。この先例を踏まえて、プラセーナジット王は比丘たちが「息子のいない剃髪の居士」の遺産を継承することを認可したということである。

このように上記引用文には「剃髪の居士」に特有な側面があるが、その趣旨は『十誦律』『四分律』『五分律』の対応箇所と同じく遺産の処理にあり、ひとたびサンガに帰属することとなったものを「四方の比丘サンガで分かち合うもの」「ブッダに属するもの」「ダルマに属するもの」「サンガに属するもの」に分類することに主眼が置かれている。ただし、「四方の比丘サンガで分かち合うもの」として「田畑の土地、家屋の土地、商店の土地」といった不動産は挙げられてはいるが、僧院や居住施設は言及されておらず、これらがどのように処理されるかはここからは窺えない。

以上、諸部派の戒律文献における「臥座具犍度」の規定の対応箇所を確認してきたが、これらの戒律文献の対応箇所には、比丘個人が重物に相当するものを所有することを禁止する意図はないものと考えられる。『十誦律』『四分律』『五分律』『根本説一切有部律』の対応箇所は出家者の遺産を対象とし、それを比丘個人に分配してよいものとサンガの資産として保全すべきもの等に分類することに主眼が置かれている。また、『摩訶僧祇律』の対応箇所はサンガに帰属するもの、及び、サンガに寄進された重物をサンガの資産として保全することに力点が置かれている。したがって、比丘が重物に相当するものを個人的に所有できる余地はあり、実際、『十誦律』『四分律』『五分律』の対応箇所には、比丘が生前において当たり前のごとくに個人的に所有していることが窺える。また、『摩訶僧祇律』の対応箇所では、施主が望む場合には、個人に分配することが認められている。これら対応箇所の内容を踏まえると、「パーリ律」の「臥座具犍度」の規定についても、サンガで用いられる生活の資具一般を個人所有物と共有資産とに区別することを目的とした規定としてではなく、ひとたびサンガに帰属するようになったものを、比丘個人に分配してもよいものとサンガの資産として保全すべきものとに分類することを目的とした規定として捉えるのが穏当であると思われる。

ショーペンが典拠とした記述の再検討

第二節で述べたように、ショーペンは僧院の所有者は主に在家者であったという可能性を提示しているが、その根拠となっているのが「パーリ律」に散見される「あなた(＝在家者)のヴィハーラ」および「ある優婆塞のヴィハーラで利用される臥座具」という表現である(ショーペンは「ヴィハーラ」を「僧院」の意味に理解する)。ショーペンによれば、これらの表現は当該の一節において本題とは直接的には関係しないかたちで意図せずに言われていることから、「パーリ律」の編纂者たちは僧院の所有者が在家者であることを当たり前のこととして捉えていたはずであるという。そして、「パーリ律」の編纂当時、「ヴィハーラ」の所有者が在家者であることは一般的なことであったと考えられるとされる。

このショーペンの解釈方法について少し説明を加えておきたい。本題に添えられる偶発的な記述から一般的事実を読み取ろうとする解釈方法は、初期大乗仏教の研究で著名なアメリカの仏教学者ジャン・ナティエ（Jan Nattier）が「無関係性の原理」（principle of irrelevance）と名付け、規範的な（normative）テクストから歴史的事実を抽出する方法の一つとして位置づけているものである（Nattier 2003: 66–67）。ナティエによれば、従来の仏教研究、特に戒律文献研究においては、規範的な資料である仏典をあたかも記述的な（descriptive）資料として扱い、そこから出家生活の現実を読み取ることが長らく行われてきたが、そのような規範と現実とを混同した方法論に基づく研究成果を見直していく上で、この解釈方法が一つの重要な手掛かりになるという（Nattier 2003: 63–69）。ショーペンは正にそのような解釈方法を、ナティエのこの指摘に先立って、ここで実践しているのである。

ところで、これらの表現における「あなたの」および「ある優婆塞の」という語は、僧院の所有者を指し示すものとして理解して間違いないのであろうか。もし、この点に曖昧さが残るならば、「パーリ律」の編纂者たちにとって在家者による所有が当然のことであったということも不確実なものとなろう。以下では、その点を検証するために、ショーペンが取り上げた「パーリ律」の記述を改めて検討したい。

最初に取り上げたいのは、「あなたのヴィハーラ」という表現が現れる「経分別」のパーラージカ（サンガからの追放処分となる重罪に関する規定）第四条の一節である。以下に当該箇所を引用する。

その時、ある比丘がある優婆塞に「友よ、あなたのヴィハーラで暮らしている比丘は阿羅漢（覚りに達し、人々から供養を受けるにふさわしい聖者）です」と言った。しかも、その者（比丘）はその者（優婆塞）のヴィハーラに暮らしていた。その者（比丘）に罪悪感が生じた。［「私はパーラージカ罪を犯したのだろうか」と。そこで、世尊にそのことを伝えた。］「比丘よ、あなたはどのような心持ちであったか」［と世尊が尋ねた」。「世尊よ、私は［ありもしない超人法（神通力や阿羅漢の悟りなど）を］騙《かた》るつもりでした」［と答えた」。「比丘よ、パーラージカ罪ではない。トゥルラッチャヤ罪である」［と世尊は言った］。

（*Vinayapiṭaka* III 102.5–10）

ここでは、ある比丘がある優婆塞に「あなたのヴィハーラで暮らしている比丘は阿羅漢です」と語った行為が、人々から供養を得ようとして、ありもしない超人法を騙ることを禁じるパーラージカ第四条に抵触するか否かが問題となっている。当該の比丘は実際にその優婆塞の「ヴィハーラ」に暮らしていたので、「あなたのヴィハーラで暮らしている比丘」とは自分自身のことであり、事実上、その比丘は自分自身が阿羅漢であると言ったことになる。しかし、そのことを仄《ほの》めかしただけで、はっきりと述べたわけではないので、パーラージカ罪ではなく、軽罪のトゥルラッチャヤ罪に当たるとされる。

この一節の主題は、超人法を婉曲的に騙った場合にもパーラージカ第四条が適用されるか否かであり、ショーペンが考えるように、「あなたのヴィハーラ」という表現はその主題に付随するかたちで偶発的に述べられたものである。しかし、この表現だけを根拠にして、「ヴィハーラ」の所有者が在家者であり、「パーリ律」の編纂者たちにとってそれが当たり前のことであったと断定することはできないと思われる。確かに、「あなたの」（tuyham）を所有の属格（所有・所属などの関係を表す語形変化）として捉え、「あなた」を「ヴィハーラ」の所有者として理解することは可能である。ただし、パーリ語の統語論について研究を行ったオリワー・ヘクター・ディ・アルウィス・ウィジェーセーカラ（Oliver Hector de Alwis Wijesekera）が指摘しているように、所有の属格は必ずしも物理的な所有を表わすわけではない。その用法は様々あり、例えば、「バラモンの足音により」（brāhmaṇassa padasaddena）という表現における「バラモンの」という所有の属格は「足音」を立てた動作主が「バラモン」であることを示すものである（Wijesekera 1993: §140）。したがって、「あなたの」についても「ヴィハーラ」の所有者を指していると断定するべきではなく、それ以外の可能性も考慮してみる必要があるだろう。

そのような可能性について考えていく上で注目したいのが、上記引用文から少し遡った箇所にある、同じくパーラージカ第四条の一節（*Vinayapiṭaka* III 99.1–23）である。そこでは上記引用文と同様の文脈で「あなたのヴィハーラで暮らしていた比丘」という表現が複数回現れる。ただし、その箇所は"peyyāla"という中略記号によって文章が大幅に省略されているため、それだけで文意を把握することが難しい。そのためであろうか、ショーペンはこの箇所に言及していないが、「あなたの」と「ヴィハーラ」の統語関係について考える上で貴重な手掛かりを提供してくれる。

　その箇所を見ていくと、「あなたのヴィハーラで暮らしていた比丘」という表現には、「あなたの衣を享受した(paribhuñjati) 比丘」「あなたの食事を享受した比丘」「あなたの臥座具を享受した比丘」「あなたの病人のための必需品である医薬品を享受した比丘」という並列表現があることが分かる（*Vinayapitaka* III 99.25–28）。このことは『サマンタ・パーサーディカー』の注解において明確に確認することができ、この箇所の文章構成について次のような説明がある。

> 実に、この箇所では、「あなたのヴィハーラで暮らしていた［比丘］」「あなたの衣を享受した［比丘］」「あなたの食事を享受した［比丘］」「あなたの臥座具を享受した［比丘］」「あなたの病人のための必需品である医薬品を享受した［比丘］」という五つの主格の例が、「あなたのヴィハーラを享受した［比丘］」などの五つの具格（道具・手段などを表す語形変化）の例が、「あなたがヴィハーラを与えた［比丘］」などの五つの対格（動作の目標・対象を表す語形変化）の例が挙げられている。
>
> (*Samantapāsādikā* 501.25–502.1)

これによれば、「あなたのヴィハーラで暮らしていた比丘」という表現は、「あなたの衣を享受した比丘」「あなたの食事を享受した比丘」「あなたの臥座具を享受した比丘」「あなたの病人のための必需品である医薬品を享受した比丘」という並列表現と共に、五つで一組をなすということである。

　ここで着目したいのが、これらの並列表現における「あなたの」という属格の用法である。「あなたの衣」「あなたの食事」「あなたの臥座具」「あなたの病人のための必需品である医薬品」という言葉において、「あなたの」は「衣」「食事」「臥座具」「病人のための必需品である医薬品」の現在の所有者というよりも、むしろ元々の所有者を指し示している可能性が考えられよう。或いは、「あなたの」は「衣」「食事」「臥座具」「病人のための必需品である医薬品」といった施物の出所、すなわち寄進者を指し示している可能も考えられよう。特に「食事」は作られてすぐに消費されるものであるので、「あなたの食事」という場合の「あなたの」については、寄進者を指し示すものとして理解するのが妥当であると思われる。これら並列表現における「あなたの」の用法を踏まえると、「あなたのヴィハーラ」という言葉における「あなたの」についても、「ヴィハーラ」の元々の所有者或いは寄進者を指している可能性を考慮すべきであり、少なくともそれらの可能性を排除することはできないだろう。

続いて、ショーペンの見解のもう一つの論拠である「ある優婆塞のヴィハーラで利用される臥座具」という表現について見ていきたい。この表現は「経分別」のパーラージカ第二条および「臥座具犍度」の二箇所に共通の文言で現れる。以下に当該箇所を引用する。

> その時、比丘たちは、ある優婆塞のヴィハーラで利用される臥座具（aññatarassa upāsakassa vihāraparibhogaṃ senāsanaṃ）を他の場所で利用した。すると、その優婆塞が侮蔑し、悪く言い、言い広めた。「一体、どうして尊者たちはある場所で利用するものを他の場所で利用するのだろうか」と。世尊にそのことを伝えた。「比丘たちよ、ある場所で利用されるものを他の場所で利用してはならない。利用する者には、ドゥッカタ（dukkaṭa）罪（「悪い行い」を意味し、最も軽い罪のこと）がある」と。（*Vinayapiṭaka* II 174.4–10, III 65.38–66.6）

ショーペンも指摘しているように、「ある優婆塞のヴィハーラで利用される臥座具」の構文は曖昧である。「ある優婆塞の」という属格が「ヴィハーラ」に係る可能性とともに、「臥座具」に係る可能性もあるからである。ところで、ショーペンによれば、いずれにしても、「ヴィハーラ」または「ヴィハーラ」の資産を比丘たちは自分たちの意のままできず、それらの所有権が在家信者に帰属していたことがこの一節により裏付けられるという。しかし、厳密に言うならば、ここで比丘たちが自分たちの意のままにできないのは「ヴィハーラ」ではなく、「ヴィハーラで利用される臥座具」である。また、「ヴィハーラ」の所有権が在家信者に帰属していたと主張するためには、「ある優婆塞の」という所有の属格が「ヴィハーラ」に係り、かつ、その属格が所有者を指し示していることが前提となる。このような前提が一つでも崩れるならば、ショーペンの理解は成り立たないだろう。

以上、ショーペンが根拠とした記述を確認したが、最近になり、上座部戒律文献研究における権威であるペトラ・キーファーピュルツ（Petra Kieffer-Pülz）がこのショーペンの主張を踏襲して、「ヴィハーラ」（キーファーピュルツは「ヴィハーラ」を居住施設の意味に理解する）の所有権が在家者に帰属することをより積極的に主張している（Kieffer-Pülz 2022）。その根拠は、在家者が「ヴィハーラ」の所有者であることを示す所有の属格の用例が、ショーペンが指摘した箇所以外にも「パーリ律」に複数存在することである。その一つが「臥座具犍度」にある次の一節である。

> 大徳よ、サンガは私の言うことを聞いて下さい。もし、サンガにとって適時であるならば、サンガはこのような名前の在家者のヴィハーラ（itthannāmassa gahapatino vihāraṃ）についてこのような名前の比丘に普請（建築・修理）［の監督］を委ねます。
>
> （*Vinayapitaka* II 160.15–17）

在家者が「ヴィハーラ」を普請する際、サンガはそれを監督する比丘を選任することになる。上記引用文はその選任のための羯磨の言葉の一部である。ここに現れる「このような名前の在家者のヴィハーラ」という表現をキーファーピュルツはショーペンの主張を補強する事例として捉えている。しかし、この一節の文脈からは、「このような名前の在家者の」という所有の属格が「ヴィハーラ」の所有者を指し示しているという確証は得られない。上記引用文の直前にあるこの羯磨が定められるに至った経緯を記した因縁譚では、大工仕事に不慣れな貧しい仕立屋が自ら土を捏ね、煉瓦を積み上げ、壁を設けて、「ヴィハーラ」の普請を行ったものの、素人仕事でうまくいかず、それを傍観していた比丘たちに不満をもったことが記されているばかりである。その主たる内容は「ヴィハーラ」の普請であり、所有に関する言及はまったくない。この因縁譚を見る限りでは、「このような名前の在家者」が「ヴィハーラ」の所有者を指すかははっきりしない。ここでは、むしろ建立者を指す可能性を考慮すべきであり、少なくともそのような可能性を排除することはできないだろう。

上記引用文の「臥座具犍度」の一節に加えて、キーファーピュルツは「経分別」のニッサッギヤ・パーチッティヤ（違法な持ち物を放棄した上で、比丘たちの前で発露することが求められる罪に関する規定）第二条の一節についても同様のものとして取り上げている。以下に当該箇所を引用する。

一つの家族のヴィハーラに囲いがある場合（ekakulassa vihāro hoti parikkhitto ca）、［衣を］ヴィハーラ内に置いたならば、［その比丘は］ヴィハーラ内に留まるべきである。［一つの家族のヴィハーラに］囲いがない場合、衣を置いたヴィハーラに留まるべきであり、付近から［衣を］引き離してはならない。

様々な家族のヴィハーラに囲いがある場合（nānākulassa vihāro hoti parikkhitto ca）、衣を置いたヴィハーラ、或いは、［そのヴィハーラの］入り口の近くに留まるべきであり、付近から［衣を］引き離してはならない。［様々な家族のヴィハーラに］囲いがない場合、衣を置いたヴィハーラに留まるべきであり、［そのヴィハーラの］付近から［衣を］引き離してはならない。

（*Vinayapiṭaka* III 202.1–9）

ニッサッギヤ・パーチッティヤ第二条は比丘が三衣から離れて一夜を過ごすことを禁じる規定であるが、この規定が実効性を有するためには、どこまで離れたならば、三衣から離れたことになるのか、その範囲を定めておくことが必要となる。上記引用文はそれについて述べた一節の一部であり、「ヴィハーラ」が「一つの家族」のものである場合と「様々な家族」のものである場合、及び、囲いがある場合とない場合とに分けて、その範囲について説明している。

キーファーピュルツは、この一節のうち「一つの家族のヴィハーラ」および「様々な家族のヴィハーラ」という表現を取り上げ、在家者が「ヴィハーラ」の所有者であり、それが一般的であったことの証左として注目している。しかし、本来、傍線部は「ヴィハーラが一つの家族のものであり、かつ囲いがある場合」および「ヴィハーラが様々な家族のものであり、かつ囲いがある場合」と訳すべきであり、実際、「パーリ律」の英訳者であるイサリン・ブルー・ホーナー（Isaline Blew Horner）（一八九六―一九八一）はそのように訳している（Horner 2004: 21）。それは「かつ」（ca）という語があるためであり、構文上、「一つの家族の」および「様々な家族の」という属格は「囲いがある」と共に「ヴィハーラ」に対して述語的に用いられているからである。したがって、「一つの家族の」および「様々な家族の」は一つの条件として言われているに過ぎない。「ヴィハーラ」の所有権が「一つの家族」および「様々な家族」に帰属する場合があるとしても、そのことを一般化して捉えることは適当ではないだろう。

ところで、キーファーピュルツは「ヴィハーラ」の所有権が在家者に帰属するという見解に対して強いこだわりをもっているようである。そのことが次に引用する「経分別」サンガーディセーサ（サンガにより謹慎処分が科される重罪に関する規定）第七条の条文とその語句解説に対する彼女の理解から窺うことができる。

（条文）

比丘は、持ち主のいる（sassāmika）大きなヴィハーラを自分のために作らせる際、土地を指定してもらうために比丘たちを呼び寄せるべきである。その比丘たちは［生き物への］危害を伴わず、行き来できる土地を指定するべきである。殺生を伴い、行き来できない土地に大きなヴィハーラを作らせる場合、或いは、土地を指定してもらうために比丘たちを呼び寄せない場合、［その比丘には］サンガーディセーサ（saṅghādisesa）罪がある。

（語句解説）

「大きな」とは、持ち主のいるヴィハーラが言われている。

「ヴィハーラ」とは、内が塗られたもの、又は、外が塗られたもの、又は、内外が塗られたものである。

「作らせる」とは、作る、または、作らせるということである。

「持ち主のいる」とは、女・男、在家者（gahaṭṭha）・出家者（pabbajita）の何れかの持ち主がいるということである。

(*Vinayapiṭaka* III 156.15–25)

条文中の「持ち主」という語が語句解説において「女・男、在家者・出家者」と言い換えられており、男・女および出家・在家の区別なくあらゆる人が「ヴィハーラ」の「持ち主」たり得ることが窺える。このような記述が明確に見られるにもかかわらず、キーファーピュルツは「とはいえども、一般的に、或いは、ほとんどの場合、ヴィハーラの持ち主は在家信者または在家者である」と述べているのである。

以上、ショーペンおよびキーファーピュルツが根拠とした「パーリ律」の記述を再検討し、彼らが注目した所有の属格が必ずしも所有者を指し示すものではない可能性があることを指摘した。しかし、このような可能性があるにもかかわらず、所有の属格が所有者を指し示すことに固執するならば、かなり厄介な問題を抱え込むことになるだろう。

「パーリ律」を見渡すと、次のような記述が見られるからである。

> そのとき、世尊は尊者ソーナのヴィハーラに（āyasmato soṇassa vihāro）近づいてから、用意された座具に座った。
> （*Vinayapiṭaka* I 182.21–23）

> あるバラモンも妻と一緒に尊者ウダーインに近づいた。近づいてから、尊者ウダーインに「我々は尊者ウダーインのヴィハーラ（bhoto udāyissa vihāraṃ）を見たいです」と言った。
> （*Vinayapiṭaka* III 119.20–23）

> そのとき、世尊は多くの比丘たちと一緒に宿所を転々と遊行しつつ、シャカ族出身の尊者ウパナンダのヴィハーラ（āyasmato upanandassa sakyaputtassa vihāro）に近づいた。
> （*Vinayapiṭaka* IV 168.13–15）

これらにおいて、「尊者ソーナの」「尊者ウダーインの」「尊者ウパナンダの」という所有の属格は、「ヴィハーラ」の寄進を受けた者、「ヴィハーラ」に今現在暮らしている者、「ヴィハーラ」を今現在管理している者を指し示している可能性が考えられよう。しかし、所有の属格を所有者を指し示すものとしてのみ理解しようとするならば、「尊者ソーナ」「尊者ウダーイン」「尊者ウパナンダ」は「ヴィハーラ」の所有者ということになるだろう。もし所有の属格が用いられているという一点だけをもって所有者を特定しようとするならば、このように出家者についても「ヴィハーラ」の所有者であることを認める必要が出てくるのである。

　そもそも、文脈の支持がない状況で、所有の属格が用いられていること一点だけを根拠として、居住施設または僧院の所有者を特定することには無理があるものと思われる。「はじめに」で触れたように、ショーペンはトル・デライの陶器の断片に現れる「僧院の持ち主」や「自分の［僧院］」といった表現だけに基づき所有者を特定することに慎重な姿勢を示していたが、この所有の属格に対してもそれと同じ姿勢で臨む必要があるだろう。「あなたの［ヴィハーラ］」「ある優婆塞の［ヴィハーラで利用される臥座具］」などの所有の属格があるからといって、それが所有者について述べたものであることが前後の文脈からはっきりと認められない状況では、それを根拠に「ヴィハーラ」の所有権がもっぱら在家者に帰属すると主張することには慎重であるべきであろう。

従来の見解の問題点

従来、居住施設または僧院の主たる所有者について四方サンガとする見解と在家者とする見解とがあった。本節では、その根拠となった「パーリ律」の記述を注釈文献『サマンタ・パーサーディカー』の注解および他部派の戒律文献の対応箇所も参考に再検討し、それらの記述が必ずしも先行研究で言われるような所有形態を示したものではないことを確認した。より具体的に述べると、佐藤は「臥座具犍度」にある重物を手放したり、分配したりすることを禁止する規定を根拠に、居住施設などの重物の所有権が四方サンガにのみ帰属するという見解を提示していたが、この規定は重物の所有権の帰属先をサンガに限定するものではなく、サンガに帰属する重物をサンガの資産として保全することを目的としたものである可能性が高いことを確認した。また、ショーペンおよびキーファーピュルツは、「あなた（＝在家者）の［ヴィハーラ］」「ある優婆塞の［ヴィハーラで利用される臥座具］」などの所有の属格を用いた表現を根拠に、居住施設または僧院の主たる所有者は在家者であるという見解を提示していたが、それら所有の属格は寄進者や建立者などを指す可能性も排除できないことを確認した。このように双方の見解の根拠となった記述は何れも居住施設または僧院の所有権の帰属先を限定するものではない可能性が考えられる。したがって、そうした記述を証左として居住施設または僧院の所有者を特定しようとすることには危うさが伴うだろう。

三、『サマンタ・パーサーディカー』における居住施設の帰属先に関する記述

上述のように、「パーリ律」における居住施設または僧院の所有権の帰属先については、佐藤、ショーペン、キーファーピュルツといった戒律文献研究の碩学たちによる考察がある。しかし、この問題については未だ明確な答えが得られていない。筆者も関連記述を「パーリ律」中に探し求めているが、現時点において、居住施設または僧院の所有者について規定する記述やその特定につながる積極的な記述は見出せていない。このような現状に鑑み、「パーリ律」を離れ、注釈書『サマンタ・パーサーディカー』を資料として、この問題について検討してみたい。

検討に先立ち、『サマンタ・パーサーディカー』がどのような文献であるのか簡略に説明しておこう。本書はスリ

ランカのマハーナーマ（Mahānāma）王（四一〇—四三二）の第二十年～第二十一年（紀元四二九—四三〇）にブッダゴーサ（Buddhaghosa）により制作された（森一九八四：四八六～四八八頁）。これには古代シンハラ語で書かれた古注釈書などの源泉資料があり、序文の一節（*Samantapāsādikā* 2.15–22）によれば、ブッダゴーサは『マハーアッタカター』（*Mahā-aṭṭhakathā*）という古注釈書（逸書）を骨子とし、『マハーパッチャリー』（*Mahāpaccarī*）、『クルンディー』（*Kurundī*）などの古注釈書（逸書）に載る要訣のうち妥当なもの、及び、古の長老たちの見解（逸文）を収載して、これを制作したとされる。

『サマンタ・パーサーディカー』は「パーリ律」の語句を逐語的に引用し、その一々に注釈を施しており、「パーリ律」の中に意味がはっきりしない語句があるときにこれを参照すると、有益な情報が得られる場合がある。また、この文献には比丘・比丘尼が戒律を現実生活の中で実践するための方法が示されており、それが「パーリ律」に示される制度を具体的に理解するのに役立つ。ただし、時代的に遅れて成立した『サマンタ・パーサーディカー』が「パーリ律」の編纂者の意図を正確に把握しているとは限らないため、そこで述べられる内容はあくまでも『サマンタ・パーサーディカー』の解釈として捉えておくのが無難であろう。

このように『サマンタ・パーサーディカー』の内容は「パーリ律」にそのまま当てはめるべきではないが、この注釈書には「パーリ律」中に見出だすことのできない居住施設の持ち主に関する直截的な記述がある。それは「臥座具犍度」に対する注釈部分にあり、「居住施設の持ち主」（āvāsasāmika）について言及している。その箇所については既にドイツの著名な仏教学者であるオスカー・フォン・ヒニューバー（Oskar von Hinüber）およびキーファー－ピュルツが論及しているが（Hinüber 2006; Kieffer-Pülz 2022）、ここではその後続箇所も含めて内容を検討し、それを手掛かりとして、居住施設の帰属先について考えてみたい。

先ず、以下に「居住施設の持ち主」について言及した一節を『サマンタ・パーサーディカー』より引用する。

ナヴァカンミカ（navakammika 普請を監督する役職）の比丘は雨季の間、その居住施設（āvāsa）を得るが、乾季に占有することはできない。もし、その居住施設が朽ちたならば、［ナヴァカンミカの比丘は］居住施設の持ち主またはその者の家系に生まれた誰かに「あなた方の居住施設は壊れました。その居住施設の手入れをしてください」と言うべきである。もし、その者（＝居住施設の持ち主またはその者の家系に生まれた誰か）が［手入れをすることが］できないならば、比丘たちが［自らの］親族や侍者たちを駆り立てて、手入れをするべきである。もし、彼らが［手入れをすることが］できないならば、サンガの資材を用いて手入れをするべきである。それもないならば、一つの居住施設を手放して、残り［の居住施設］の手入れをするべきである。多くを手放して、一つを維持するのでも構わない。乞食が困難なときは、比丘たちが立ち去るので、すべての居住施設が壊れる。それゆえに、一つ又は二つ又は三つの居住施設を手放して、そこから［得られる］粥・食事・衣などを利用しながら、残りの居住施設の手入れをするべきである。

（*Samantapāsādikā* 1246.13–24）

この一節は、在家者により寄進された居住施設が壊れた際、「ナヴァカンミカの比丘」およびその他の比丘たちがどのように対処すべきか、その点について述べたものである。「パーリ律」によれば、ナヴァカンミカとは、在家者が居住施設を普請（navakamma）する際、その作業を監督するためにサンガにより選任される役職である。自ら道具をもって普請に携わることはせず、普請の補佐をしたり、進捗状況の確認をしたりするのが、その主たる役割である。任期は最長で十二年であり、監督する建物の大きさ次第で期間は異なる（*Vinayapiṭaka* II 172.26–30）。ナヴァカンミカに任命された比丘には特典が与えられ、雨季の三ヶ月間、すなわち安居期間中、その居住施設を占有することが許される（*Vinayapiṭaka* II 173.13–15）。上記引用文の冒頭で「ナヴァカンミカの比丘は雨季の間、その居住施設を得るが、乾季に占有することはできない」と言われるのは、この規定を踏まえてである。ただし、居住施設が「サンガのもの」（saṅghika）として建設された場合には、ナヴァカンミカは安居期間中であっても、それを占有することが認められない。その代わりに、その居住施設において「好みの寝床」（varaseyya）を優先的に選び、安居期間中、占有することが許される（*Vinayapiṭaka* II 173.2–6）。

上記引用文を見ていくと、先ず注目されるのが、居住施設を建立・寄進した在家者が「居住施設の持ち主」と呼ばれ、その持ち主としての地位がその家系の者たちに受け継がれる点である。また、居住施設が壊れた際に、その者たちに「あなた方の居住施設は壊れました。その居住施設の手入れをしてください」と言って、修築をお願いすべきとされている点である。このように在家者が「居住施設の持ち主」と明確に言われ、かつ、その者が寄進後も居住施設の持ち主として比丘たちに認識され、その者に居住施設の管理保全をお願いすることが当然のこととされていることを踏まえると、在家者により建立・寄進された居住施設についていては、寄進後もその在家者によって実質的に所有され続けることが考えられよう。

なお、先にも述べたように、この箇所は既にヒニューバーおよびキーファーピュルツも論及しているところである。特にキーファーピュルツは上記引用文以外にも経蔵および律蔵のアッタカター（注釈書）から「居住施設の持ち主」(āvāsasāmika) および「ヴィハーラの持ち主」(vihārasāmika) に言及し、それらが在家者であることを示す記述を四箇所取り上げ、居住施設の所有者について「根本説一切有部律」と同じ状況が上座部の伝統においても窺えると指摘している。しかし、これらの限られた記述をもってして、在家者による所有が一般的であったとまで述べることは難しいだろう。

上記引用文でもう一つ注目されるのが、ナヴァカンミカが「持ち主」に修築を依頼しても、修築を行ってくれない事態が言及されている点である。おそらく、現実問題として、このような事態に比丘たちは直面し、その対処に苦慮することがあったのであろう。このような場合には、ナヴァカンミカだけでなく、その他の比丘たちもこの問題に取り組むことが求められ、自分たちの親族や侍者にお願いして、居住施設の修築を試みることになる。更に、それさえも困難なときには、今度は「サンガの」資材を用いて修築を行うことになる。しかし、サンガに資材がなく、そのように対処することもできない場合もあり得る。そのような場合には、比丘たちは一部の居住施設を処分し、残りの居住施設を維持するべきであるとされる。なお、本文中では明言されていないが、残りの居住施設の修繕は、一部の居住施設を処分して得た対価によって行うものと考えられる（このことは、ヒニューバーおよびキーファーピュルツによっても指摘されている）。

ところで、どうして比丘たちは在家者が所有する居住施設を自ら処分することが認められているのであろうか。その背景であるが、おそらく、所有には管理保全の責任が伴い、手入れが行き届かなくなった段階で、在家者の所有権は消失する、又は、制限されるという考え方があるだろう。

「はじめに」でも述べたように、近代の所有概念では、管理保全を怠ったとしても、所有者であることが認められるが、ここでの所有概念はそれとは異なり、所有は管理保全といった実質的な関与を伴うものとして位置づけられているものと考えられる。そのため、比丘たちが管理保全の行き届かなくなった在家者の居住施設を処分しても、在家者の所有権を侵害したことにならず、許されるのではないだろうか（古代インドの政治・社会・経済について研究する際に重宝されるカウティリヤ作『アルタ・シャーストラ』でも、放置された不動産の所有権は失われることが言われており（山崎一九七六：二二頁）、古代インドの村落社会における所有制度のあり方がここには反映されている可能性がある）。

　なお、修築のための資材がサンガにないときの対処法ついては代替策がある。そのことについては、上記引用文の後続箇所で次のように説明されている。

> ところで、『クルンディー』には、「サンガの資材がないときは、一人の比丘に「あなたのために寝床の場所を一つ得て、手入れをしてください」と言うべきである。もし、より多くを望むならば、三分の一または半分を与えてでも、［居住施設の］手入れをさせるべきである。もし、「ここには柱しか残っていません。多くの作業をしなければなりません」と言って望まないならば、「あなたの個人のものとし、手入れをしてください」と言って、［居住施設を］与えるべきである。実に、「［将来、サンガは］サンガの物品の置き場および下臈の者（受戒後の年数の少ない者）たちが居住する場所を得るだろう」と考えて、このように手入れをさせてもよいのである。ただし、このように手入れをされたものはその者が存命の間は個人のものであり、亡くなった時にサンガのものとなる。もし、弟子（saddhivihārika）たちに与えたいならば、［必要となる］作業を考慮して、三分の一または半分を［弟子の］個人のものとし、手入れをさせるべきである。このように弟子に与えることができる。しかし、以上のように手入れをする者がいないときは、「一つの居住場所を手放して……」という［先に述べた］仕方で手入れをさせるべきである」と言われている。
>
> （*Samantapāsādikā* 1246.24–1247.5）

これは『サマンタ・パーサーディカー』の主要な源泉資料の一つである古注釈書『クルンディー』からの引用である。

先述の通り、『サマンタ・パーサーディカー』の源泉資料には『クルンディー』以外に、『マハーアッタカター』や『マハーパッチャリー』などがあるが、おそらく、上記引用文に見られる代替策はそれらにはなく、『クルンディー』にのみ説かれていたものと思われる。

ここには、サンガに資材がないときに、一人の比丘に修築を委ねる方法が示されている。先の引用では、サンガに資材がない場合に、比丘たちは居住施設を手放し、それにより得た対価により残りの居住施設を維持していく対処法が示されていたが、その方法では一部の居住施設は比丘たちの手許から離れることになる。そこで、そのような対処法をとる前に、壊れた居住施設を一人の比丘に委ね、修築させる方法が提示されているのである。

居住施設を委ねられた比丘は自ら手立てを講じて修築することになるが、その者にはその見返りとして当該の居住施設に「寝床の場所」を得る特典が与えられる。それに関して詳細な説明はないが、ナヴァカンミカが安居期間中に居住施設において「好みの寝床」を優先的に得て、占有する特典を得るのと同じように、この比丘も自らが修築に尽力した居住施設において「好みの寝床」を得て、それを安居期間中に占有する特典を得るものと考えられる。

しかし、居住施設の荒廃が著しい場合には、このような特典だけでは、修築を引き受けてくれる比丘を見つけ出すのが難しいのであろう。そこで、このような場合には、修築を引き受けてくれる比丘に対して居住施設を「個人のもの」(puggalika) とする特典を与えることが認められる。その特典は一生涯続くものであるが、その者が亡くなった後には「サンガのもの」(saṅghika) となる。ただし、その比丘が弟子に引き継ぐことを望むならば、居住施設の三分の一または半分を譲り、「個人のもの」として弟子に帰属させることも可能であるとされる。

このように、修築された居住施設は「個人のもの」とされたり、「サンガのもの」とされたりするが、これらの用語が厳密にどのような意味で用いられ、居住施設に関する如何なる権利が個人やサンガに帰属することになるのか、その点について『サマンタ・パーサーディカー』から窺うことはできない。ただし、この「個人のもの」と「サンガのもの」という区別は、修築された居住施設だけでなく、新築された居住施設においても重要な意味をもつことが確認できる。以下にそれに関する記述を上記引用文の後続箇所より引用したい。

この他に以下のこともそこ（＝『クルンディー』）で言われている。

　二人の比丘がサンガの土地を得て、整地して（sodhetvā）、サンガの居住施設（senāsana）を建てる場合、その土地を最初に得た者が主人（sāmin）である。両人ともに個人の［居住施設］を建てる場合、その者（＝その土地を最初に得た者）こそが主人（sāmin）である。その者（＝その土地を最初に得た者）がサンガの［居住施設］を建て、もう一人が個人の［居住施設］を建てる場合、もし他にも居住施設［を建てるための］用地が多くあるならば、個人の［居住施設］を建てようとしていても、妨げてはならない。しかし、他にそのような［居住施設を建てるのに］適当な場所がない場合には、その者（＝個人の居住施設を建てる者）を退け、サンガの［居住施設］を建てる者にのみ建てさせるべきである。

　ところで、その者（＝サンガの居住施設を建てる者）がそれ（＝サンガの居住施設）について出費（vayakamma）をしたのであるならば、それを返すべきである。また、建てた居住場所のそばに、或いは、居住施設を建てる場所に木陰や果実をもたらす木々があるならば、［サンガの］許可を得て、伐採させるべきである。もし、［木陰や果実をもたらす木々が］個人のものであるならば、持ち主（sāmika）に許可を求めるべきである。もし［許可が］得られないならば、三度まで許可を求め、「木に相当する元手（mūla）を渡します」と言って、伐採させるべきである。

（*Samantapāsādikā* 1247.5–17）

冒頭で言われるように、ここでも『クルンディー』の見解を『サマンタ・パーサーディカー』は引用している。その内容について見ていく前に、「主人」（sāmin）という語（傍線部）について補足説明しておこう。この語については、「持ち主」「所有者」の意味に理解するのが一般的である。しかし、『サマンタ・パーサーディカー』の注釈書の一つである『ヴィマティ・ヴィノーダニー・ティーカー』の理解はそれとは異なり、上記引用文の点線部を注解して、次のように述べている。

　「その者こそが主人である」とは、その土地に居住施設を建てる際に、その者こそが主人であるということであり、すなわち、その者を押しのけて、もう一人の者が建てるべきではないという意味である。実に、「その者」とは、最初に［その土地を］得た者のことである。

(*Vimativinodanīṭīkā* II 248.8–10)

この注解に従えば、「主人」とは居住施設の建設が優先的に認められる者のことである。

このことを踏まえて、『クルンディー』からの引用文の前半部分を見ていくとしよう。それによると、「サンガの土地」に建設される居住施設には「サンガのもの」と「個人のもの」という区別があり、前者の建設を後者の建設より優遇するべきとされる。例えば、二人の比丘がいて、一人が「サンガの居住施設」を建設しようとし、もう一人が「個人の居住施設」を建設しようとする場合、「サンガの土地」に多くの用地があるときには「個人の居住施設」を建設するのを制限すべきではないが、用地に余裕がないときには、「個人の居住施設」を建設するのを退け、「サンガの居住施設」のみを建設するべきという。このように「サンガのもの」の建設が「個人のもの」の建設より優遇されるのは、「サンガのもの」の方が公共性があり、サンガの成員すべての利益につながるからであろう。

続いて、『クルンディー』からの引用文の後半部分を見ていくと、「サンガのもの」と「個人のもの」という区別は居住施設を建築する際の費用負担とも関連することが分かる。その冒頭で言われるように、「サンガの居住施設」の建設に尽力した比丘に「出費」が生じた場合には、その分をその比丘に返却すべきとされる。おそらく、この背景には受益者が負担すべきという考え方があり、「サンガの居住施設」の建築費用については、その受益者であるサンガが負担すべきということなのであろう。「個人の居住施設」の建設費用については言及がないが、何らかの「出費」があれば、その居住施設の受益者である比丘が負担することになるのであろう。なお、「出費」(vayakamma) という語は『サマンタ・パーサーディカー』では稀にしか現れず、正確な意味を把握することが難しいが、『ヴィマティ・ヴィノーダニー・ティーカー』によれば、この語は土を運んだり、煉瓦や木材を切ったりする作業を行う者たちに対して食事や報酬などを出すことに伴う負担のことである (*Vimativinodanīṭīkā* I 165.27–29)。

この「サンガのもの」と「個人のもの」という区別は居住施設を建築する際の資材の出所とも密接に関連するものであることが、上記引用文の後続箇所で言われている。以下に当該箇所を引用する。

ところで、サンガの縄さえも取らずに、［自分で］持ってきた（āharima）資材を用いてサンガの土地において個人の居住施設を建てさせる場合、半分はサンガのものであり、半分は個人のものである。［それが］パーサーダ（高楼）であるならば、パーサーダの下層はサンガのものであり、上層は個人のものである。もし、その者がパーサーダの下層を欲するならば、その者のものとなる。もし、［その者がパーサーダの］下層と上層を欲するならば、両所の半分を得る。二つの居住施設を建てさせる場合、一つはサンガのものとなり、もう一つは個人のものとなる。僧院産のサンガの木材を用いて［サンガの土地において個人の居住施設を］建てさせる場合、三分の一を［個人のものとして］得る。もし、未整備の場所に基壇（caya 居住施設が浸水するのを避けるために煉瓦・石・材木を積んで作られる基礎）またはパムカ（pamukha 居住施設の入り口付近に設けられるテラス）を設けたならば、［居住施設の］壁の外部の半分はサンガのものとなり、半分はその者のものとなる。また、ひどいでこぼこを平らに均《なら》し（mahantaṃ visamaṃ samaṃ pūretvā）、踏み場のないところに踏み跡を示し、［基壇またはパムカを］設けたならば、サンガはそれの主人（issara）ではない。

（*Samantapāsādikā* 1247.17–29）

上記引用文もまた前節に続いて『クルンディー』からの引用文である。その内容について見ていく前に、最初の文章に現れる「持ってきた」（āharima）という語について補足説明しておきたい。主要なパーリ語辞書である『パーリ文献協会パーリ語・英語辞典』（*The Pali Text Society's Pali–English Dictionary*）、『批判的パーリ語辞典』（*A Critical Pāli Dictionary*）、『パーリ語辞典』（*A Dictionary of Pāli*）によれば、この語は「魅力的な」「付加された」といった意味で用いられるとされ、「持ってきた」という意味は見出せない。しかし、語源に立ち返るならば、この意味に理解することが可能である。何故ならば、“āharima”は“āharati”（持ってくる）という動詞の現在語幹“āhara”に「～した［もの］」「～し得る［もの］」を意味する“-ima”という接辞（Oberlies 2019: 665）を添えた語形であるからである。例えば、ropeti（植える）という動詞の現在語幹“rope”に同じ接辞を添えた“ropima”という語が「植えた［もの］」を意味するように、“āharima”も「持ってきた［もの］」を意味し得る。ここの「サンガの縄さえも取らずに、［自分で」持ってきた資材を用いて」（点線部）という表現が後の「僧院産のサンガの木材を用いて」（波線部）という表現と内容的に対極をなしている可能性も考慮に入れると、"āharima" は「魅力的な」「付加された」という意味よりも「持ってきた［もの］」という意味で理解した方が、文脈上、有意味であると思われる。

では、上記引用文の内容の検討に移ろう。「サンガの土地」に「サンガのもの」ではなく、自分で「持ってきた［もの］」である建築資材を用いて「個人の居住施設」を建設する場合、その居住施設の半分は「サンガのもの」となり、もう半分は「個人のもの」となるという。一方、パーサーダのような高層建築を建設する場合、下層部分は「サンガのもの」となり、上層部分は「個人のもの」となるとされる。ただし、比丘の希望に応じて、割り当て部分を入れ替えてもよく、上層部分と下層部分をそれぞれ半分ずつサンガと個人で分け合うことも認められる。このように、「サンガの土地」に自ら用意した建築資材を用いて「個人の居住施設」を建設する場合、「サンガのもの」と「個人のもの」とを半々にするのが原則であり、居住施設を二棟建設する場合も、一棟は「サンガのもの」となり、もう一棟は「個人のもの」となるとされる。これに対して、「サンガのもの」である建築資材を用いて「サンガの土地」に「個人の居住施設」を建設する場合には、三分の二が「サンガのもの」となり、三分の一が「個人のもの」となるという。明確に言われてはいないが、建築資材に少しでも「サンガのもの」が含まれるならば、建設する居住施設の三分の二が「サンガのもの」となるということであろう。

なお、居住施設の基礎部分である基壇およびパムカについては、「サンガのもの」と「個人のもの」の比率が居住施設とは異なるようである。比丘個人が一から整備した場合には、基壇またはパムカから居住施設の敷地を除いた部分の半分が「個人のもの」となり、もう半分が「サンガのもの」となる。ただし、足の踏み場もない荒地を均して基壇やパムカを整備した場合には、全てが「個人のもの」となるという。

以上、『サマンタ・パーサーディカー』を主たる資料として、居住施設の帰属先について検討してきた。ここでその要点を三つ挙げておこう。

一つ目は、居住施設を建立・寄進した在家者が「居住施設の持ち主」と呼ばれ、かつ、その者が寄進後も比丘たちに持ち主として認識され、居住施設の修築を行うことが当然のこととされている点である。このことを踏まえると、在家者により建立・寄進された居住施設は寄進後もその在家者の所有物であり続けることが考えられる。

二つ目は、壊れた居住施設の修築を「居住施設の持ち主」である在家者が引き受けてくれないなどして、どうにも修築することができない場合には、比丘たちが一部の居住施設を処分し、それにより得た対価によって残りの居住施設を維持することが認められている点である。このように比丘たちが居住施設の処分を行うことができることを踏まえると、「居住施設の持ち主」である在家者が居住施設の管理保全を怠った場合には、彼らの所有者としての権利は消失する、又は、制限されることが考えられる。

三つ目は、修築された居住施設および新築された居住施設について、「サンガのもの」と「個人のもの」という区別がある点である。これら二つの用語が当該の居住施設の受益者を指し示すものであることは『サマンタ・パーサーディカー』に確認することができる。しかし、これらの用語が居住施設に対する如何なる権利について述べたものであるのかは明らかでない。この権利についても検討することが、本稿の主題である「お寺は誰のものであるのか？」という問いに答えるためには必要であろう。

四、サンガの居住施設と個人の居住施設

前節で確認したように、居住施設には「サンガのもの」(saṅghika) と「個人のもの」(puggalika) という区別があり、居住施設はサンガに帰属したり、比丘個人に帰属したりする。しかし、『サマンタ・パーサーディカー』ではこれら二つの用語は自明なものとして扱われているため、「サンガのもの」および「個人のもの」となった居住施設に対してどのような権利がサンガおよび比丘個人に帰属するのかはっきりしない。

では、何故、これら二つの用語は『サマンタ・パーサーディカー』において自明視されているかと言えば、「パーリ律」で用いられるものであり、そこでの用法を『サマンタ・パーサーディカー』が踏襲しているからであろう。以下では、これらの用語が「パーリ律」においてどのように用いられているのか調べ、サンガに帰属する居住施設と個人に帰属する居住施設の違いについて検討したい。

そこで、「サンガのもの」および「個人のもの」という用語が居住施設との関連で用いられる用例を「パーリ律」に探してみると、「経分別」のパーチッティヤ（軽罪のうちの一つであり、これを犯すと、そのことについて比丘たち

の前で発露することが求められる）第十五〜十八条に関連記述を見出すことができる。先ず、それらの条文を見るとしよう。

パーチッティヤ第十五条
いずれの比丘といえども、サンガの居住施設において、寝床を敷き、或いは、寝床を敷かせて、出立する際に、それを上げずに、或いは、上げさせずに、或いは、許可を得ずに、出ていくならば、その比丘にはパーチッティヤ罪がある。
（*Vinayapitaka* IV 41.21–24）

パーチッティヤ第十六条
いずれの比丘といえども、サンガの居住施設において、故意に、「窮屈であるならば、出て行くはずだ」と考え、ただそのような動機から、先着の比丘を押しのけ、寝床を設けるならば、その比丘にはパーチッティヤ罪がある。
（*Vinayapitaka* IV 43.7–10）

パーチッティヤ第十七条
いずれの比丘といえども、怒り、不満をもち、比丘をサンガの居住施設から追い出し、或いは、追い出させるならば、その比丘にはパーチッティヤ罪がある。
（*Vinayapitaka* IV 44.31–33）

パーチッティヤ第十八条
いずれの比丘といえども、サンガの居住施設の屋根裏部屋において、脚が取り外しできる腰掛または寝台に［勢いよく］座り、或いは、横になるならば、その比丘にはパーチッティヤ罪がある。
（*Vinayapitaka* IV 46.16–18）

これらに共通して見られるのが「サンガの居住施設」（saṅghika-vihāra）という言葉である。パーチッティヤ第十五条により、「サンガの居住施設」において寝床を利用した場合、後片付けをせずに立ち去ることが禁じられ、立ち去る際に元通りにすることが求められる。次に、パーチッティヤ第十六条および第十七条により、「サンガの居住施設」において、先着の比丘を追い出すためにその者を押しのけ、寝床を設けたり、気に食わないからといって、他の比丘を追い出したりすることが禁じられる。続いて、パーチッティヤ第十八条により、「サンガの居住施設」の屋根裏部屋において、脚が取り外しできる腰掛または寝台に勢いよく座ったり横になったりすることが禁じられる。何故、これが禁じられるかと言えば、その因縁譚（*Vinayapiṭaka* IV 45.34–46.15）によると、屋根裏部屋で脚が取り外しできる腰掛または寝台を乱暴に扱うと、天井に穴があいてしまうからであるとされる。それを避けるために屋根裏部屋では脚が取り外しできる腰掛または寝台を落ち着いて利用することが求められるのである。これら四つの条文から分かるように、「サンガの居住施設」は共用のスペースとして比丘個人の利用には制約が設けられており、個人で独占的に利用したり、不適切な利用により他の比丘に不利益をもたらしたりすることが禁じられている。

しかしながら、「個人の居住施設」（puggalika-vihāra）の場合には、これらの規定は適用対象外となる。そのことが、上掲の四条に対する「経分別」の注解に明記されており、当該箇所を以下に引用する。なお、四条のいずれにも、一言一句同じ注解が付されている。

個人のものをサンガのものと考えていた場合、ドゥッカタ罪である。個人のものであるか疑いを持っていた場合、ドゥッカタ罪である。個人のものを個人のものと考え、他者の個人のものである場合、ドゥッカタ罪である。自分自身の個人のものである場合、無罪である。

（*Vinayapiṭaka* IV 40.29–32, 42.14–17, 45.21–24, 46.31–33）

これによれば、居住施設が「サンガのもの」である場合に限って、パーチッティヤ罪は成立し、「個人のもの」である場合には、パーチッティヤ罪は成立しない。「個人のもの」である場合には二通りあり、他の比丘の「個人のもの」である場合には最も軽い罪であるドゥッカタ罪になり、自分自身の「個人のもの」である場合には無罪になるという。この注解を踏まえると、パーチッティヤ第十五～十八条は、次のように読み直すことができる。

パーチッティヤ第十五条
自分自身の「個人の居住施設」においては、敷いた寝床を片付けずに出立しても無罪である。

パーチッティヤ第十六条
自分自身の「個人の居住施設」においては、故意に先着の比丘を押しのけ、寝床を設けても、無罪である。

パーチッティヤ第十七条
怒り、不満から、自分自身の「個人の居住施設」から他の比丘を追い出しても、無罪である。

パーチッティヤ第十八条
自分自身の「個人の居住施設」の屋根裏部屋において、脚が取り外しできる腰掛または寝台に勢いをつけて座り、或いは、横になっても、無罪である。

ここで示したように、「個人の居住施設」では、比丘は立ち去る際に元通りにする義務はない。また、破損をもたらす行為を行ったとしても、罪に問われることはない。特に注目されるのは、そこを排他的に利用することが許され、他の比丘の利用を妨げたり、追い出したりしても、罪には問われないことである。このように「個人の居住施設」は比丘個人が独占的に自分の物として利用することが許されるのである。

ただし、ここで一点付け加えておきたい。それは「個人の居住施設」の独占的な利用は一年を通して認められるわけではない点である。詳細については拙稿（青野二〇二四）を参照されたいが、「臥座具犍度」にある次の規定によって、比丘が居住施設を排他的に利用できる期間には制限が設けられている。

その時、比丘たちは居住施設を受け取って、常に占有していた。世尊にこのことを伝えた。比丘たちよ、居住施設を受け取って、常に占有するべきではない。占有する者にはドゥッカタ罪がある。比丘たちよ、雨季の三ヶ月間は占有することを認めるが、乾季は占有することを認めない。（*Vinayapiṭaka* II 167.26–31）

比丘たちは、安居期間中、居住施設を占有することが許されるが、それ以外の期間は占有することが認められない。「個人の居住施設」を有するからと言って、そこを排他的に利用することができるのは雨季の三ヶ月間だけであり、それ以外の期間は許されないのである。

ここで本節の内容をまとめておこう。「経分別」パーチッティヤ第十五～十八条を踏まえると、「サンガのもの」と「個人のもの」という区別は居住施設の所有権について言ったものではなく、その使用権について述べたものである。「サンガのもの」は共用のスペースとして比丘個人の利用に制約が設けられる一方、「個人のもの」はあたかも自分のものとして排他的に利用することが許される。このように、居住施設の使用権については、「パーリ律」に明確に規定されているのである。

五、結論――居住施設の帰属先に関する展望

以上、「お寺は誰のものであるのか？」という問いについて、「パーリ律」およびその注釈書『サマンタ・パーサーディカー』を主要な資料として考察してきた。この考察をもとに、差し当たり、この問いについてどのような答えが可能であるか述べ、それをもって結論に代えたい。

先行研究では、この問いは主に所有権の帰属先に関する問題として扱われ、所有者を四方サンガまたは在家者に絞り込む方向で議論が進められてきた。しかし、その根拠となった「パーリ律」の記述を改めて検討してみると、それらの記述は所有権の帰属先が四方サンガまたは在家者に限定されることを示したものではないことが明らかとなった。少し具体的に説明すると、佐藤が〈居住施設を含む重物はサンガの所有物である〉と主張する根拠となった「臥座具犍度」の記述は、サンガに帰属する重物をサンガの資産として保全することを目的とした規定である蓋然性が高いことが確認された。また、ショーペンおよびキーファアーピュルツが〈居住施設または僧院の所有権は在家者にある〉と主張する根拠となった「あなた（＝在家者）の［ヴィハーラ］」「ある優婆塞の［ヴィハーラで利用される臥座具］」などの所有の属格を用いた表現は、寄進者や建立者などを指す可能性もあることが確認された。このように、先行研究が証左とした記述はいずれも所有権の帰属先を特定する明確な根拠とはなり得ないものである。

勿論、これら先行研究が取り上げた箇所以外にも、所有権の帰属先に関わる記述が「パーリ律」中に存在する可能性はある。しかし、筆者が知る限りでは、居住施設の所有権の帰属先を規定する記述やその特定につながる積極的な記述は見出せない。したがって、少なくとも現時点では、「パーリ律」から所有権の帰属先について明確な解答を導き出すことは難しいと言えよう。

しかしながら、『サマンタ・パーサーディカー』にまで参照範囲を広げると、そこには居住施設の所有権の帰属先に関する明確な言及を見出すことができる。「臥座具犍度」に対する注釈箇所を見ると、居住施設を建立・寄進した在家者が「居住施設の持ち主」と明確に言われ、かつその者が寄進後も居住施設の持ち主として比丘たちに認識され、その者が居住施設の管理保全を担い続けることが当然のこ

ととされているのである。この『サマンタ・パーサーディカー』の記述に従えば、在家者により建立・寄進された居住施設については、寄進後もその在家者により実質的に所有されるものと考えられよう。

居住施設の所有権の帰属先については以上の通りであるが、これについて述べただけでは、「お寺は誰のものであるのか?」という問いに十分に答えたことにはならないだろう。居住施設には「サンガのもの」と「個人のもの」の区別があり、所有権とは別の権利が設けられているからである。『サマンタ・パーサーディカー』によると、居住施設の新築および修築に特定の比丘が尽力した場合、その尽力の度合いに応じて当該の居住施設を「個人のもの」と「サンガのもの」とに分割し、前者をその比丘に与えることが認められている。そして、そのように「個人のもの」となった居住施設は、一生涯にわたりその当該の比丘の「個人のもの」になるという。

この「サンガのもの」または「個人のもの」となった居住施設について、サンガおよび比丘個人がどのような権利を有するのか、その点については「パーリ律」の「経分別」のパーチッティヤ第十五~十八条から窺うことができる。それによれば、「サンガのもの」である居住施設は、他の比丘と共用する場であり、比丘個人が独占的に利用することは認められず、また、不適切な利用により他の比丘に不利益をもたらす行為を行うことが禁止される。一方、「個人のもの」である居住施設はその限りではなく、自分のスペースとして独占的に利用することが許される。このように居住施設には利用権が定められており、「お寺は誰のものであるのか?」という問題を考える際には、この権利についても所有権とともに考慮する必要がある。

最後に、所有権と利用権のうち、どちらが戒律という文脈において本質的な問題であるのか、その点について考えてみたい。これは難しい問いではあるが、敢えて答えるとすれば、後者ではないだろうか。確かに、『サマンタ・パーサーディカー』には、在家者により建立・寄進された居住施設の実質的な所有者が寄進後も在家者であることを示す記述がある。しかし、これまでのところ、「パーリ律」本体には所有権の帰属先を規定する記述やその特定につながる積極的な記述は見出せていない。それに対して、利用権の帰属先については「パーリ律」で明確に規定されている。また、『サマンタ・パーサーディカー』でも、その権利が誰に帰属するか明確に議論されている。これらを勘案すると、戒律という枠組みにおいては、所有権よりも利用権の方がより重要な問題であることが考えられよう。

謝辞

本稿の執筆に際しては、編者である岸野亮示先生より数多くの貴重なご助言を賜りました。心より感謝申し上げます。本研究はJSPS科研費22K12979の助成を受けたものです。

コラム｜堀田和義

ジャイナ教の臥座具

インドの古典文献、とりわけジャイナ教や仏教の戒律に関する文献を読んでいると、しばしば「臥座具《がざぐ》（Skt. śayanāsana）」という語を目にする。この語は一つの語ではなく、臥具（Skt. śayana）と座具（Skt. āsana）という二つの語から構成されている。

臥具の原語であるśayanaという語は、「横たわる」を意味する動詞語根である√śī-に由来し、「横たわるための道具・方法」「横たわる場所」「横たわるという動作」などを意味するが、「臥具」と訳される場合は、「横たわるための道具」という意味で解釈されている。この語には、広く解釈すれば、寝台や寝椅子なども含まれるが、出家修行者の場合は、横たわる際に床に敷く物を指すことが多い。

一方、座具の原語であるāsanaという語は、「座る」を意味する動詞語根である√ās-に由来し、「座るための道具・方法」「座る場所」「座るという動作」などを意味する。そして、「座具」と訳される場合は、「座るための道具」という意味で解釈されているという点も、śayanaの場合と同様である。座る道具と言うと、腰掛けなども含まれるが、これまた、出家修行者の場合は、座る際に床に敷く物を指すことが多い。また、「座る方法」を意味する場合には、いわゆる「座り方」を意味することになる。例えば、ヨーガなどの瞑想の体系においては、瞑想を実践する際の座法を意味する（ただし、必ずしも座った姿勢ばかりではないため、「体位」「ポーズ」などとも訳される）。

ジャイナ教白衣派のテーラーパンタ派からは、出家修行者が使用する様々な道具の写真を掲載し、簡単な説明を付した *Muni Upakaraṇa Dīrghā*（出家者の道具のギャラリー）というタイトルの豆本が出版されている。この本のLūṃkāra（Āsana）の頁には、四角形の黄色い布の写真が掲載されており、英語で「僧侶が座ったり、眠ったりする時に使う羊毛の布（It is a piece of woolen cloth used by a monk while sitting and sleeping）」と記されている。この説明にもとづくならば、この布が座具でもあり、かつ臥具でもあることになる。ただし、英語の前に付されているヒンディー語の説明では「座る時に広げる道具で、羊毛でできている」と記されており、横たわる時、眠る時のことが記されていない点は大変悩ましい。この本の説明にもとづくと、臥具、座具については、布などでできた敷物のイメージが先行しがちであるが、昔のジャイナ教の文献を読んでいると、必ずしもそうではないことが分かる。

図1　*Muni Upakaraṇa Dīrghā* の表紙

図2　Lūṃkāra（Āsana）の頁

例えば、ジャイナ教には、出家修行者への寄進の功徳を説いた『寄進にまつわる八つの物語（*Dānāṣṭakakathā*）』（著者不明、九〇〇―一四〇〇年頃）という文献があり、そこでは、八人の在家信者がそれぞれ、滞在場所、臥具、座具、食べ物、飲み物、薬、衣、鉢を出家修行者に寄進して、その功徳によって天界に生まれるなどといった果報を享受するまでが詳しく語られている。そして、その中には、臥具、座具の具体的な描写も見られる。

八つの物語のうちの三番目の物語では、マンガラプラ（Skt. Maṅgalapura）という町に住むラクシュミーダラ（Skt. Lakṣmīdhara）という商人長が、町にやって来たアーチャーリヤ（教団の指導者）が毛布だけの座具に座っているのを見て、教団の指導者なのにどうして板の上に座らないのかと尋ねる場面がある。これに対して、アーチャーリヤは、雨季以外には、木製の板などを集め、所持することが禁止されていることを説明する。そこで、商人長は、適切な時期に座具を寄進することを誓い、アーチャーリヤが再び町にやって来た時にそれを寄進し、その功徳によって大きな果報を得る。

この物語からは、様々なことがわかる。一点目は、布や毛布のような敷物だけでなく、木製の板も座具として用いられており、しかも木製の板は布や毛布の座具よりも良いものと考えられていたということである。二点目は、雨季以外に木製の板を集め、所持することが禁止されている（いた）ということである。そして三点目は、座具は出家修行者自身が集めてくることもあれば、在家信者が布施することもある（あった）ということである。ここで注目すべきは、座具の素材に言及している一点目である（ちなみに、この物語によれば、臥具の方も木製の板や、その上に布を敷いたものであり、座具との違いがほとんど認められない。やはり、両者は同じものなのかもしれない）。

それでは、現代のジャイナ教の出家修行者が実際に使用している臥具、座具は、どのようなものなのだろうか。以下においては、二〇〇五年に筆者がラージャスターン州の砂漠の町ラードゥヌーンを訪れた際に見聞きしたことを紹介したい。

筆者が滞在していたのは、先述したジャイナ教白衣派のテーラーパンタ派が設立したジャイン・ヴィシュヴァ・バーラティー大学（JVBU）である。この大学のキャンパス内には、病気や老齢などの理由で遍歴遊行ができなくなった出家修行者を若手の出家修行者が一年交代でお世話する僧院があったため、筆者は、三か月間、毎日そこを訪れてはいろいろなことを観察していた。そして、ここまで話題にしてきた臥具、座具に関しては、僧院で出家修行者が座る際には、先に紹介した豆本にあるのとまったく同じ、黄色い布が用いられていた。天気の良い日には、この布が洗濯されて、僧院の外に干されているのもしばしば目にした。素材に関しても、羊毛でできていることを出家修行者から聞いた。この点も、先に紹介した豆本に記されている通りである（このような布や箒などといった道具は「女性の出家修行者が作る」という話も聞いたが、実際にそうであるのかどうかということは確認できていない）。

残念ながら、出家修行者が横たわって眠っている姿を目にする機会はなかったため、同じその黄色い布が臥具としても使用されているのかどうかという点に関しては、きちんと確認できなかった。僧院は基本的に開放的であり、在家信者はいつでも訪れることができたが、出家修行者の食事の時間帯や眠っている時間帯に出入りすることは憚られる（日本でも、そのような時間帯に人の家を訪問することが失礼なことと考えられているのと同じである）。

実際、筆者は、食事の時間帯に僧院に残っていて、注意されたことがある。

一度だけ、日の出前の時間帯に僧院を訪れる機会があったが、その時間帯でさえ横たわっている姿を見ることはなかった。在家信者の人と一緒にデリー郊外に滞在中のアーチャーリヤに会いに行くことになり、出発前に旅の安全祈願をしてもらいに行った時のことである。日の出前の僧院内は真っ暗だった。中に入ると、真っ暗な部屋のあちこちに出家者修行者たちがおり、眠っている（もしくは、瞑想している？）様子であったが、その時点で、すでに全員が座った状態であった。

また、先の豆本には載っていないが、実際には段ボールも座具として使用されていた。しかしながら、段ボールの使用は、伝統的な戒律文献には見られないものであり、現代の出家修行者が従っている戒律において、どのように考えられているのかが気になるところである。テーラーパンタ派の戒律文献を見せてもらえそうな機会が一度だけあったが、他の出家修行者が「それは在家の人に見せてはいけない」と言って制止したため、見ることが叶わなかった。

現代では、水を托鉢で集める際の水瓶も、かつてのような粘土を焼いて作った、重くて、割れやすいものではなく、プラスチック製の、軽くて、丈夫なものが用いられている（本書三五六頁参照）ことを考慮するならば、安くて、軽くて、丈夫で、防寒も期待できる段ボールが利用されるのは当然という気がする。これはジャイナ教の研究をしてきた者としての推測であるが、ジャイナ教の場合には、それを入手する際、もしくは使用する際に、殺生を犯す恐れがないと判断されれば、問題がないのではないだろうか。

図3　僧院の壁に掛けられた段ボールの座具

第四章　ジャイナ教戒律研究の動向と今後の展望

河﨑　豊

はじめに

これまで研究者たちは、ジャイナ教の戒律について何を研究してきたのか。そして、何を研究してこなかったのか。今後のジャイナ教戒律研究の方向性としては、どのようなことがありうるのか。ジャイナ教戒律研究にかかわる一次文献または二次文献として、どのようなものがあるのか。ジャイナ教の戒律について勉強しようという場合、まずどのような参考書を手にとればいいのか。本稿は、以上の諸点に多少なりとも返答してみたい。

本稿の構成をもう少し具体的に書くと、以下のようなものである。最初に、海外とわが国における一九八〇年代までの研究の動向を俯瞰する。次に、そのような動向を導いた可能性について、筆者の憶測を何点か述べる。その後、筆者がジャイナ教の戒律研究における分岐点とみなす、一九九〇年代以降に起こった研究上の変化を七つの点に注目して略述する。その次に、一九九〇年代以降の内外におけるジャイナ教戒律研究の動向に言及する。その上で、そこまで俯瞰してきた諸点を踏まえて、今後のジャイナ教戒律研究においてありうる研究の方向性について、私案を数点提案する。最後に、本文において言及したものを含め、若干の一次文献・二次文献の書誌情報を提示する。

本稿は、筆者の現職における業務の一部を反映したもの、かつ筆者本来の研究を進めるための手控えにすぎない。しかし同時に、ジャイナ教研究の末席を汚す者として、ジャイナ教の戒律研究を志す方々、あるいはそのようなことはあまり志していないけれども、ジャイナ教の戒律について知識を得たい場合にどのような文献にあたればいいのかを知りたい方々に、「わたしたちの技量というものは、わたしたち自身が闇へ消えゆく中、明るく、揺らぐことなく燃えさかる松明を、その人の手に渡すことにつきるのである（All our skill lies in giving into his hand the living torch bright and unflickering, as we ourselves disappear in the darkness）」――これは、性科学者としてその名をはせたヘンリー・ハヴロック・エリス（Henry Havelock Ellis 一八五九―一九三九）の大著『性の心理学的研究（*Studies in the Psychology of Sex*）』第六巻の後書にある最後の一文である――という役割をいくらかでも果たすことを、ひそかに目指してもいる。また本稿は、筆者個人の目から見たジャイナ教研究の歴史認識、という側面をもつものであろう。しかし、筆者は残念なことにタイムトラベラーではない。あらゆる時代のジャイナ教研究に関係する同時代の目撃者にはなりえない。特に、古い話については多くの誤認を含んでいるのではないかと危惧する。本稿は、二十世紀末にジャイナ教研究の世界に足を踏み入れた筆者がこれまでに経験してきたことどもを多分に含み、かつ過去のジャイナ教戒律研究が筆者にはこのように見えていた、という肌感覚を多分に含んでいることを、ご理解いただきたい。当事者の先輩方から、実際はそうではなかったというお話を、ぜひお聞きしたいと願っている。

　次に、筆者が本稿で扱うことと、扱わないことを説明する。まず、ジャイナ教の戒律に関する研究史といっても、二五〇〇年にわたってありとあらゆるジャンルに関する文献を生み出してきたのがジャイナ教徒たちである。ゆえに戒律ひとつとっても、直接間接を問わずそれに言及する一次文献の量からして膨大である。それらのすべてを細大漏らさず扱うことは、紙幅の問題以前に、筆者自身の能力を大きく超えている。そこで本稿は、第一には出家修行者の戒律に話題を限定する。ジャイナ教は古くから在家信者の教化にはきわめて熱心で、聖典以来現代にいたるまで、彼らの行動規則を細かに定めてきた。ジャイナ教では在家信者をウパーサカ（近侍する人 upāsaka）――仏教でいう優婆塞と同一語――またはシュラーヴァカ（聞く人 śrāvaka）――仏教でいう声聞と同一語だが、ジャイナ教ではほとんどもっぱら在家信者だけを指す――と呼ぶが、そのような彼らのあるべき行動を定めた膨大な文献群をシュラーヴァカ・アーチャーラ（在家信者の行動規範 śrāvaka-ācāra）文献と総称する。ジャイナ教の戒律を語るにはこの一群の資料の内容とその研究史にも当然触れるべきだが、本稿はそれには関与しない。シュラーヴァカ・アーチャーラについては、本書で堀田和義が、七世紀ごろの人物と思しい空衣派の学僧サマンタバドラ（Samantabhadra）の著わした『宝箱にもとづく在家信者の行動規範（*Ratnakaraṇḍakaśrāvakācāra*）』の所説に基づきつつ解説している。ジャイナ教の在家信者の宗教生活に関心のある方々は、そちらをぜひご一読いただきたい。

第二に、本稿が話題とする研究は、文献学的な手法を用いているもの、すなわち原典校訂やその翻訳、古典的な文献資料に基づくものに限定される。したがって、文化人類学的手法を用いたジャイナ教出家者の生活に関する研究に触れることはない。これは、筆者自身がもっぱら文献学的手法に頼ってジャイナ教を研究しているがゆえに、文化人類学的手法によるジャイナ教研究を正しく咀嚼できていないおそれがあり、かつその動向のすべてを追えているわけでもないことに起因する。ただし、文化人類学的手法による研究の重要性については、本稿の末尾で簡単に触れる。また、二〇〇〇年ごろまでの文化人類学的手法に基づくジャイナ教研究については、それを手際よく概観したレビュー・エッセイが、北米を代表するジャイナ教文化人類学者にして美術史学者のジョン・E・コート（John E. Cort）によってものされている（Cort 2008）ので、ぜひ参照されたい。

第三に、研究の対象となっている一次文献を、ジャイナ教白衣派の聖典中、チェーヤスッタ（Cheyasutta）という範疇に落とし込まれた一群の文献、および個々のチェーヤスッタに対して著された、プラークリット諸語（Prākrit）あるいはサンスクリット語（Sanskrit）による注釈文献群に限定する（白衣派やチェーヤスッタの詳細は後述する）。したがって、たとえば空衣派における出家者の戒律や、説話文学に表象されたジャイナ教修行者の出家生活の分析、現代のジャイナ教出家者が著した説教集にみられる戒律観、といったことがらを扱った研究がなされていたとしても、それらに触れることはない。また、チェーヤスッタのひとつである『アーヤーラダサーオー（*Āyāradasāo*）』には、「カルパスートラ（Kalpasūtra）」と呼ばれる一章が含まれるが、この「カルパスートラ」についての研究史も省く。「カルパスートラ」は、ジャイナ教の実質的な開祖と目されるマハーヴィーラ（Mahāvīra）をはじめとする伝記・マハーヴィーラ以降の長老の系譜・雨季の定住生活における規定の三節から構成され、元来は単独の経典であったと思しい。ジャイナ教の出家者は、現代でも乾期は一処不住の遊行生活に従事するが、雨季の四ヶ月間は一箇所で定住生活をおくる。仏教で雨安居あるいは夏安居などと称される生活規則に相当するものである。いまの白衣派ではそれをチャトゥルマース（caturmās）などと呼ぶ。チャトゥルマースは文字通りには「四ヶ月」を意味する。定住生活をおくる雨季の四ヶ月間に由来する呼び方である。そのチャトゥルマースの間、八月から九月の時期に八日間にわたって開催されるパリユーシャン（「泊まりきること＝定住」paryūṣan）という儀礼では、最終日に在家信者が出家者の説法と「カルパスートラ」の読経を聞き、断食を行うほか、マハーヴィーラの生誕を祝って盛大な祝祭が行われる。加えて、パリユーシャンのために数多くの「カルパスートラ」イラスト入り彩色写本が連綿と作成され続けてきたなど、当該文献は白衣派において非常に重要な地位を占める。その重要性に比例して、「カルパスートラ」については文献学、文化人類学、美術史学といった諸方面から比較的厚い研究の蓄積がなされてきた。しかし、その研究史をまとめ書誌学的に分析した二次資料は、今のところ存在しないようである。よって本稿がそれに触れる義務は当然存在するのだが、マハーヴィーラ伝研究や教団史研究、パリユーシャン儀礼研究や彩色写本研究まで本稿の射程に含めると、おそらく現行の本稿と同程度またはそれ以上の文字数を費やすことになろう。また筆者も十分な準備ができていない。「カルパスートラ」研究史については、別に機会があれば議論できるよう、準備したい。

最後に、本稿はその内容の性質上、最後にあげる書誌情報により大きな意味があるだろう。とはいえこれも、筆者の能力の限界ゆえに、これまでにジャイナ教研究の分野で行われてきた戒律研究のすべてを網羅した書誌情報を提供できない。あくまでも代表的なもの、あるいは筆者が過去四半世紀に実見しえたもののうち、重要と考える一次文献・二次文献についての情報を提供するのみである。

なお書誌情報は、以下の変則的なルールに基づいて提示される。まず、書誌を①チェーヤスッタ類とそれらに対する注釈文献群の原典校訂と翻訳を専らとする資料、②チェーヤスッタ類とそれらの対する注釈文献群を資料（の一部）として用いた研究、③ジャイナ教研究に関する書誌目録、に三分する。①は、経典ごとに資料がまとめられる。列挙の順は、サンスクリット語のアルファベット順である。サンスクリット語をよくしない方々には不便きわまりないが、どうかご了承いただきたい。各経典における一次文献群は、その出版年代順に列挙された上で、冒頭には［1］［2］［3］というように、順に番号が付される。本文でその資料に言及する場合、それぞれ該当する番号も示す。たとえば「エルンスト・ロイマン（Ernst Leumann）は……『ジーヤカッパ（*Jiyakappa*）』の校訂研究を公表している（［15］）」というように。②③においては、著者が日本人か外国人かで分ける、あるいは使用言語が和文か欧文かで分ける、というような、一部の学術誌で見られる区分を採用しない。列挙順は一貫して著者の苗字のアルファベット順、かつ各著者の論文の出版年代順である。本文でその資料に言及する場合、著者の苗字・出版年・該当頁数も示す。たとえば「ナンド・キショーレ・プラサード（Nand Kishore Prasad）が一九七二年に公表した『仏教とジャイナ教の僧院制度研究（*Studies in Buddhist and Jaina Monachism*）』（Prasad 1972）である」というように。ジャイナ教戒律研究に直接関係しない資料を本文中で言及する場合、その書誌情報を巻末で記さない。代わりに、NII書誌ID（NCID）を、当該資料に言及した直後に振る。NII学術情報ナビゲータ（CiNii／サイニィ）のサイトで、それらのIDによって検索すれば、情報を容易に取得できる。言わずもがなであるが、本書を手にとられる学生の方々がレポートや卒業論文で書誌情報を記すときは、今回筆者が採用した特異な基準ではなく、各人の所属先が推奨する基準、またはAmerican Psychological Association が定める社会科学分野における標準的な執筆フォーマットであるAPAスタイルや、Modern Language Association が定める執筆フォーマットであるMLAスタイルのような、標準的な基準に従われたい。

本題に入る前に、本稿の内容の前提となるいくつかの事項をあらかじめ説明する。とはいえ、本書を手にとろうと思われるような方々に、ジャイナ教とはなにか、といったことを最初から語ることは不要かもしれない。それは本稿の任務外として、別の一書の企画を期待したいところである。世界の維持から個人の死後のあり方までを達成する火を用いた祭式の挙行を基本とする、いわゆるバラモン教のヴェーダ祭儀文化に対する批判的な勢力として、仏教とほぼ同時代にガンジス川中流域で成立した宗教であること、仏教と同じように、無限に繰り返される再生と再死のサイクル（サンサーラ saṃsāra、漢字文化圏では「輪廻」と呼ばれることが多い）を苦しみと見て、社会生活を離脱した出家修行者の生活を理想として輪廻からの永遠の離脱（モークシャ mokṣa、ニルヴァーナ nirvāṇa 仏典では一般に「涅槃」と訳される）をはかったこと、ジャイナ教と仏教の間には数々の根本的な相違点は当然存在するけれども、インド学の黎明期にジャイナ教が仏教の一分派と誤解されたように、いわゆる姉妹宗教として数々の共通点や類似性も有することなど、多くの入門・概説的な内容を有する二次資料が記してきたとおりである。幸い本邦にも、初期のジャイナ教教義について多くの文献学的な成果を出してきた渡辺研二の『ジャイナ教』（NCID: BA74867824）や、本書執筆陣のひとりでもある上田真啓の『ジャイナ教とはなにか』（NCID: BB25520894）など、日本語で読むことのできる良質な概説書が存在する。基本的なことについては、それらを参照されたい。本稿は、本稿が必要とし、かつ一般読者にはなじみが薄いかもしれない点を説明する。

なお、以下では特に断らない限り、インド原語は白衣派ジャイナ教聖典の記述言語であるアルダマーガディー語（Ardhamāgadhī）か、注釈で用いられるジャイナ・マーハーラーシュトリー語（Jaina Māhārāṣṭrī）で記す。両語とも、中期インド語と呼ばれる範疇に属し、サンスクリット語に対する方言である。アルダマーガディー語は、マガダ地方つまり今でいうビハール州南部で用いられていた方言（マーガディー）を半ば（アルダ）反映した言語である。ジャイナ・マーハーラーシュトリー語は、ジャイナ教徒が著わした諸文献に現れるマハーラーシュトラ地方つまりインド西部の方言を指す一種の学術用語である。アルダマーガディー語またはジャイナ・マーハーラーシュトリー語でいうチェーヤスッタは、サンスクリット語ではチェーダスートラ（Chedasūtra）、ニッジュッティ（Nijjutti）はサンスクリット語ではニルユクティ（Niryukti）、バーサ（Bhāsa）はサンスクリット語ではバーシャ（Bhāṣya）という具合である。

一、白衣派と空衣派

ジャイナ教には、大きく分けて白衣派と空衣派（日本語では裸形派とも表現される）という二派がある。白衣派とは、サンスクリット語でシュヴェーターンバラ（Śvetāmbara）という。これは、「白い（シュヴェータ śveta）衣（アンバラ ambara）を有する者」を文字通りには意味する。男女の出家修行者に白衣をまとうことを要請する戒律に由来した呼称である。一方の空衣派は、サンスクリット語でディガン

白衣派の分裂伝承

マハーヴィーラ死後、六〇九年目にシヴァブーティ（Śivabhūti）が分裂を主導。王の尊敬を受け傲慢だったシヴァブーティは、夜遅くに帰宅した。すると激怒した母によって彼は自宅を追い出される。しかも僧院において彼は出家を拒否されたため、正式な出家儀礼を受けないまま僧侶となる。その後再び、ジャイナ教の長老と諍いになり怒った彼は、衣服を捨てて裸形となる。彼の妹もそれに従い裸形の行者となろうとするが彼はそれを拒否し、男の弟子とともにボーティカを名乗るようになる。

空衣派の分裂伝承

バドラバーフ（Bhadrabāhu）はチャンドラグプタ王（Candragupta）の治世下のマガダ国において、十二年間にわたって飢饉が起こることを予言する。彼の統率のもと、教団の一部が南インドに移住する。一方で北に残った修行者たちには、飢饉中托鉢の際に股間を隠す布切の使用を認めた。しかし、彼らは飢饉後も布を使用し続けた。その後彼らはヴァラビー（Valabhī）を治めるローカパーラ王（Lokapāla）とチャンドラレーカー妃（Candrarekhā）に謁見した際、王は彼らが全裸でも着衣でもない中途半端な状態でいることに難色を示し、裸形か着衣かの二者択一を修行者に迫った。その結果、修行者たちは着衣を選択した。

バラ（Digambara）という。これは、「空間（ディグ dig）の衣（アンバラ ambara）を持つ者」ほどを意味する。男性の出家修行者に、全裸での生活を要請する戒律に由来する呼称である（＊いまだ未熟な男性出家者が裸形になることはできない。また、女性出家者が裸形になることは禁止される）。

歴史的には、この二派のほかにヤーパニーヤ（Yāpanīya）と称される一派が存在したが、十五世紀頃までに空衣派に吸収されたと考えられている。

いつ、どこで、いかなる理由で、ジャイナ教が分裂したかについては、いまなお研究者間での定説はない。白衣派によれば、ジャイナ教の実質的な開祖であるマハーヴィーラ生存時から没後六〇九年目までに八度の分裂があり、最後の分裂でボーティカ（Botika）なる一派が生まれ、それがすなわち空衣派であったと解釈されてきた。もっとも、このボーティカが空衣派を指すか否かについてすら研究者間で意見が分かれている。教団分裂を記す文献資料は、早くても白衣派では紀元後五世紀、空衣派に至っては十世紀ごろから現れるにすぎない。また両派とも、自派の正統性の主張に終始する。ゆえに、その主張がどこまで史実を反映したものかも定かではない。現在の学界では、一世紀ごろから徐々に分裂が起こったという、玉虫色ともいえる案に落ち着いているが、致し方のない面がある。参考までに、両派における空衣派・白衣派の起源を語るとされてきた伝承の一例を、前近代のジャイナ教における各分派の歴史を叙述した、ウッタム・カマル・ジャイン（Uttam Kamal Jain）の博士論文に基づく『ジャイナ教の宗派と学派（*Jaina Sects and Schools*）』（NCID: BA14736056）によりながら略述すると、右のようなものである。なお、ジャインによる誤読または誤解と思われる箇所については、断りなく訂正している。

出家修行者の装いのほかにも、女性の解脱を認めるか否か、一切知つまり森羅万象のすべてを同一時に認識する力を得た者が食事をとるか否かをはじめとして、多い場合では両派の相違点は八十余を数えるが、本稿の内容にとって重要な相違は、白衣派聖典の権威にかかわる論点である。つまり空衣派は、上であげた飢饉のあいだにマハーヴィーラ以来の古い伝承はほぼ途絶えてしまったという認識のもと、白衣派が編纂した聖典の権威を認めず、アヌヨーガ（anuyoga、おそらく「解説」の意味）と称する四つのカテゴリーのもとに纏められた、まったく新たな文献群を彼らの聖典とする。一方の白衣派は、古伝の一部が途絶えたことは認めつつも、マハーヴィーラの説法をはじめとする往古の伝承の大半を自派の聖典が保存する点について譲ることはない。

二、白衣派聖典

ブッダの説法と同じように、マハーヴィーラやその直弟子たちの説法は、長く口承で伝えられたはずである。彼らの説法を編纂し、文字化して保存するに至った動機や時期にも、いまのところ定説はないが、伝承によるとマハーヴィーラ没後に四度の聖典編纂会議があり、五世紀にデーヴァルッディ（Devarddhi）なる修行者が、インド西部グジャラート地方にあるヴァラビー（Valabhī）という地で主宰した四度目の編纂会議で、どの伝承を聖典として権威あるものとみなすかが決定されたという。

仏教では、聖典は内容の点から、ブッダやその直弟子たちなどの説法を主とするもの（経蔵）・僧尼の行動規則と仏教教団運営法を主とするもの（律蔵）・釈尊の教説を分析した哲学的議論を主とするもの（論蔵）、という三つの大きな範疇（これを三蔵という）のもと、いくつかの基準によって分類される。それと同じように、白衣派でも内容などに基づいて聖典を分類する基準が存在する。以下に示す分類基準は十二世紀頃には出現し、以後白衣派聖典の標準的な分類法となっている：

①アンガ（aṃga 現存十一経）。アンガとは、直接的には「肢」を意味する。マハーヴィーラの直説を伝えたものにして、その全てをマハーヴィーラの筆頭弟子たちが作成した経典群とされる。実際に、白衣派ジャイナ教聖典の中核を構成するといって差し支えなく、ジャイナ教の教えを構成する四肢（アンガ）、という名を冠するにふさわしい。第一アンガ『アーヤーラ（*Āyāra*）』の第一篇や、第二アンガ『スーヤガダ（*Sūyagaḍa*）』の第一篇は、白衣派ジャイナ教聖典の中でも最古層（専門家の間では、それらの諸経典が他の経典よりも「年長」だということで、シニアと呼ばれる）に位置すると考えられている。また、第七アンガ『ウヴァーサガダサーオー（*Uvāsagadasāo*）』は、本書で堀田和義が詳説するシュラーヴァカ・アーチャーラ文献の先駆である。なお、アンガはもともと十二経で構成されたといわれるが、そのなかのひとつに含まれていたという『ディッティヴァーヤ（*Diṭṭhivāya*）』は散逸して現存しない。他経典や後代の伝承から、わずかにその内容をうかがい知ることができるにすぎない。そもそも、『ディッティヴァーヤ』が実在したかすら疑わしいが、経典名そのものからすれば、さまざまな思想（ディッティ）の主張（ヴァーヤ）を取り上げてジャイナ教的な立場から反駁したものであったことを予想させる。

②ウヴァンガ（uvaṃga 十二経）。ウヴァンガそのものは「副次的な肢」ほどを意味する。アンガの補助的な内容を有し、かつ各アンガ経典と一対一で対応すると伝統的にみなされてきた。もっとも、実際に内容を見る限りでは必ずしもそのように捉えることはできない。仏教経典との関係に注目してみると、あの世の存在や輪廻する存在、善悪の果報の有無をめぐる問答を収録するパーリ仏教経典「パーヤーシ・スッタ（Pāyāsisutta）」およびその漢訳並行経典である「弊宿経」（『長阿含経』巻七第七経）、「蜱肆経」（『中阿含経』巻一六第七一経）、および『大正句王経』と類似した内容をもつ『ラーヤパセーナイッジャ（*Rāyapaseṇaijja*）』や、ブッダ在世時の大国であったマガダ国において、父王を幽閉して王位を簒奪し、その後父殺しの罪に苦しんだ末、最後にブッダの教説によって救われるという阿闍世王物語のジャイナ教版『ニラヤーヴァリヤーオー

（*Nirayāvaliyāo*）』がここに含まれる。またジャイナ教的観点からみた天文学や地理学を語る諸経典である『スーラパンナッティ（*Sūrapaṇṇatti*）』や『チャンダパンナッティ（*Candapaṇṇatti*）』、また『ジャンブッディーヴァパンナッティ（*Jambudīvapaṇṇatti*）』などを含み、往時のジャイナ教徒が有していた宇宙観や科学的知識をうかがううえで重要である。

③ムーラスッタ（mūlasutta 四経）。ムーラスッタとは「根本の経典」を意味する。出家修行者が最初にムーラの範疇にある経典を学習するがゆえの名称と思われる。実際、今でもジャイナ教の出家者は最初に、この範疇に含まれる『ダサヴェーヤーリヤ（*Dasaveyāliya*）』という経典を学習する。この『ダサヴェーヤーリヤ』とあわせ、本範疇に含まれる『ウッタラッジャーヤー（*Uttarajjhāyā*）』という経典の少なくとも一部分も、白衣派聖典の古層をなすと一般には考えられている。

④チェーヤスッタ（cheyasutta 六経）。これについては後述する。

⑤チューリヤー（cūliyā 二経）。チューリヤーは元来、「補足」を意味したと思しい。認識論を中心的主題とする経典である『ナンディー（*Nandī*）』と、聖典にみられる言宣の分析方法を主な主題とする『アヌオーガッダーラーイム（*Aṇuogaddārāiṃ*）』という二つの経典からなる。

⑥パインナ（paiṇṇa 十経）。パインナとは、直訳すれば「散らばったもの」である。ここに含まれる経典の数は中世に至るまで流動的であり、その内実も固定しなかった。中世に成立したと思しい経典も含むなど、概して聖典の最新層に位置する。その名が示唆するように、きわめて雑多な内容を主題とする短経で構成される。したがって、パインナ全体としての特徴を述べることも難しいが、『サンターラ（*Saṃthāra*）』や『マラナヴィバッティ（*Maraṇavibhatti*）』、『バッタパリンナー（*Bhattaparīṇṇā*）』など、ジャイナ教でサッレーカナー（sallekhanā）あるいはサンターラ（saṃthāra）と総称される、いわゆる断食死を主題とする経典が比較的多く含まれることが注目されよう。そのほか、インド古典医学の知識を開陳する『タンドゥラヴェーヤーリヤ（*Taṃdulaveyāliya*）』などがある。

さらに、プッヴァ（puvva）という範疇に納められた経典群が十四経存在したと言われるが、現在はすべて散逸している。マハーヴィーラ含め歴代のジャイナ教の救済者（ティールタンカラ）は全てプッヴァから説法したと言われる。プッヴァが実在したか否かも定かではない。伝統的には、前述した散逸アンガ経典『ディッティヴァーヤ』の第三章「プッヴァガヤ（Puvvagaya）」を構成したとされる。とはいえ、プッヴァガヤの意味もまた判然としない。たとえば、一般にインド哲学では、論争における敵対論者の主張をプールヴァパクシャ（pūrvapakṣa、研究者はこれを「前主張」とふつう訳す）と呼ぶ。一方でプッヴァガヤはサンスクリット語でいうとプールヴァガタ（pūrvagata）となる。そこでプッヴァは、ジャイナ教以外の論敵が示す前主張（プールヴァ）に含まれた（ガタ）諸学説を扱っていたのではないか、という見解がある。いうまでもなく、プッヴァが現存しない以上、この説の正否をプッヴァに直接あたって確かめるすべはない。

また、以上のように聖典として四十五経を数えるのは、白衣派ジャイナ教の中でもムールティプージャク教団（Mūrtipūjak「尊像を崇拝する者」を一義的には意味する）と呼ばれる分派であり、スターナクヴァーシー教団（Sthānakvāsī「会堂に住む者」を一義的には意味する）や、そのスターナクヴァーシー教団から一七六〇年に分派したテーラパンティー教団（Terapanthī テーラパンティーがもともと何を意味したかについては諸説あり、「十三人の道」「十三項目の道」「お前の道」などの解釈がある）はその教義的要請などから、三十二部の経典しか聖典として承認しない。

三、チェーヤスッタ

チェーヤスッタは、『カッパ（*Kappa*）』『ヴァヴァハーラ（*Vavahāra*）』『アーヤーラダサーオー（*Āyāradasāo*）』（または単に『ダサー（*Dasā*）』あるいは『ダサースヤッカンダ（*Dasāsuyakkhaṃdha*）』とも称される）『ニシーハ（*Nisīha*）』『マハーニシーハ（*Mahānisīha*）』『パンチャカッパ（*Paṃcakappa*）』『ジーヤカッパ（*Jīyakappa*）』の七経で構成される。ただし、第六にあげた『パンチャカッパ』の原典は散逸し、その内容を『パンチャカッパ』に対し著された注釈書である『パンチャカッパ・バーサ（*Paṃcakappabhāsa*）』や『パンチャカッパ・チュンニ（*Paṃcakappacuṇṇi*）』からうかがい知ることができるにすぎない。

チェーヤスッタが扱う内容全体の顕著な傾向は、白衣派聖典の中でも教団運営と男女の出家修行者の生活規定、規定違反に対する罰則とをもっぱら扱う点にある。チェーヤスッタに関するわが国の先駆的な研究者であった奥田清明（聖應）（一九三八―二〇一二）による、チェーヤスッタの特質を簡潔に言い表したことばを引用すれば、チェーヤ

スッタは

> 「教理的な問題には觸れず、その對象を實踐面にのみ限定し、個人の諸行爲に關する規定と、教團維持のためにガナ（＊筆者注：個々の出家修行者が所属する小集團のこと）構成員が相互に守るべき規律とを、身と口によつてなす行爲に限つて、具體的實踐的に規定し、しかも刑罰の制定によつて戒律の遵守を强要している」（奥田 1967: 671）

というものである。この一文を一瞥した仏教に関心のある読者の方々は、すぐさま「パーリ律」や『四分律』、『摩訶僧祇律』など、仏教でいう律におおむね相当すると思うのではなかろうか。さらに言えば、先にも述べたようにチェーヤスッタのひとつ『アーヤーラダサーオー』がマハーヴィーラの伝記や長老の系譜を含む点は、仏教諸律が仏伝つまり仏教の開祖であるブッダの一代記を含むことと一致し、このことも両者の類似性を示しているように見えるであろう。筆者自身、講義などで白衣派ジャイナ教の聖典がどのようなものかをごく稀に語らねばならない時には、「チェーヤスッタは仏教でいうと律に対応する文献です」、と説明する。ただし、これは方便である。ここには若干の嘘が含まれている。仏教の律とチェーヤスッタの間には、著しく相違する点が少なくともひとつ存在しているからである。

筆者の理解による限り、概して律は、僧尼個人の行動規則に対する罰則を記したごく簡単な条文や、その規定が制定された理由やその適用条件、適用範囲に対する解釈、教団運営上の様々な規定とその解釈など、多様な要素で構成されているであろう。たとえば「パーリ律」でいえば、僧尼個人の生活規則に対する違反とその罰則を記した条文はパーティモッカ（pātimokkha、当該語の原義には諸説ある）と呼ばれ、その内実は男性出家者二二七条、女性出家者三一一条からなる。しかしその条文だけを読んでみても、その規則を守らねばならない理由や、どういう状況でどのようにその条文を適用すればいいか、といった諸点はたいていの場合において理解できない。そこでその条文とともに、長い解釈が付帯する。そのように条文とその解釈が一体となっているおかげで——われわれの理解力は横において——最低限のことはわかる仕組みになっている。

ところが、チェーヤスッタはほとんどの場合、簡潔な条文によってのみ構成される。一例、ここで取りあげてみよう。チェーヤスッタのひとつである『カッパ』第一章第四八節は、以下のような規定文からなる：

男性修行者であろうと女性修行者であろうと、夜間であろうと外れている時間帯であろうと、道を行くことは適切ではない。

一・四八の記述はこれだけである。そして、いかなる理由でこのような規定が制定されたのか、なぜこのような規定を守る必要があるのか、「外れている時間帯（viyāla）」とは具体的にいつを指すのか、「道を行く」とあるがどのような道でも歩んではならないのか、この規定はいかなる状況でも厳守するべきなのか、など、仏教諸律ならば条文に付帯する解説においてある程度は答えているか、少なくとも読み手としては、その解説に何かが書いてあるという期待を抱きながら確認する諸事項に関し、チェーヤスッタは口を割らない。これを別のことばで言うならば、各条文がどのような理由で制定され、また実社会の多様な条件下でどのように適用される・適用されないかを知ることが、チェーヤスッタを読むだけではほとんどの場合において不可能だ、ということになろう。これこそが、仏教諸律とチェーヤスッタとを隔てる大きな相違点であると筆者は考える。

四、チェーヤスッタに対する諸注釈

では、パーティモッカに対する解説に類するものが白衣派ジャイナ教では存在しないか、というと、もちろんそのようなことはない。その役割は、おおむねチェーヤスッタに対し後代になって著された注釈文献群が担うのである。

時代や地域などに応じて変化したに違いない諸状況に対し、ジャイナ教徒たちはチェーヤスッタの条文改変や追加はおそらくせずに、既にある条文を拡大解釈すること、あるいは注釈者サンガダーサ（Saṅghadāsa、六—七世紀？）が「原則と例外は相補的に成立する……原則の数だけ例外があり、例外の数だけ原則がある」（『カッパ・バーサ（*Kappabhāsa*）』三二一～三二二）というように、例外的な規定を条文の言外に読み込むこと、といった手法で対応したと思しい。そしてそれらの解釈や各時代・地域のリーダー役の僧侶（アーチャーリヤ ācārya）によって伝承された口碑を集成したであろう、膨大な注釈文献群が存在する。すべてのチェーヤスッタにそれらの注釈文献が完備しているわけではないが、古いものから新しいものに順に並べると、以下の四種類で構成される：

①ニッジュッティ（nijjutti）。前述した、サンスクリット語の方言形のひとつであるジャイナ・マーハーラーシュトリー語で著された、すべて韻文で綴られた注釈群をニッジュッティと呼ぶ。成立年代は不明といわざるをえない。しばしば、一世紀頃に存在したというバドラバーフ（Bhadrabāhu）――先に述べた、教団分裂におけるバドラバーフとは別人とされる――という僧がものした、と伝承される。その文体は、かつては電報体などと称された。今の電報は長い文章を書くことも可能だが、かつては「チチキトクスグカヘレ」のように、ごく簡潔な文章を用いることしかできなかった。それに類似していると言われたのだが、私見では電報のほうがはるかに読みやすく理解しやすい。あえて類似するものを挙げるとすれば、仏教聖典、とりわけパーリ仏典になじみのある方なら、ウッダーナ（uddāna 経典の暗記の便のために、その経典の主題や登場する主人公といった、鍵語を抜き書きしたもの）を想像していただくとわかりやすいのではないか。要は、主題となる鍵語の羅列におおよそ終始するということである。かつ、おそらくは暗記を目的として編纂されたがゆえに押韻を極度に重視し、その代償として文法がおろそかになりがちである。つまりは文章としての体をなさない詩節がはなはだ多い。ニッジュッティ単体で読解しその真意を正確に把握することは、非常に多くの場合で不可能に近い。

②バーサ（bhāsa）。同じくジャイナ・マーハーラーシュトリー語で書かれた韻文の注釈である。チェーヤスッタおよびニッジュッティを詳細に注釈し、チェーヤスッタが有さない解説部分の中核を実質的に担う。一般に六～七世紀頃から出現しはじめたと考えられているが、先に述べたように、先師の口碑と目されるような伝承も残していると思しく、よってより古い情報を保存している場合もあろう。『カッパ』に対するバーサのように、編者名が明らかな場合もあるが、『ヴァヴァハーラ』に対するバーサのように著者不明の場合も存在する。バーサもニッジュッティと同様、おそらくは暗記の重視が押韻の重視に繋がり、結果として文法は軽視されがちである。よってバーサ単独で読解することも困難な場合がままあり、③④を頼りにして読解することは回避しがたい。ニッジュッティとバーサのこのような文体的特色については、後で実例を提示する。

③チュンニ（cuṇṇi）。ジャイナ・マーハーラーシュトリー語とサンスクリット語とが混交する文体で書かれた散

文注釈である。チェーヤスッタ、ニッジュッティ、バーサを説明する。ニッジュッティやバーサのような押韻からは基本的に自由と思しく、文章としての体を大体においてなしている。なぜ、ジャイナ・マーハーラーシュトリー語とサンスクリット語が混交したスタイルをチュンニが採用したのか、その理由は今のところわからず、またその問題を扱った研究なども存在しないと思われる。またチュンニが用いるジャイナ・マーハーラーシュトリー語も、その語彙や文法も含めしばしば難解である。もっともこれは、チュンニの言語学的研究が進んでいないことの証左でもある。現存する写本の伝承が乱れている可能性や、それを校訂した校訂者の能力の問題に起因する場合もあろう。

④ティーカー（ṭīkā）、ヴィヴァラナ（vivaraṇa）、あるいはアヴァチューリ（avacūri）などと呼ばれるサンスクリット語で書かれた諸注釈。ジャイナ教徒がいつからサンスクリット語で注釈や単独作品を記すようになったかについては不明な点が多いが、チェーヤスッタに限っていえば、現時点で知られており、かつ校訂出版されたサンスクリット語の注釈は、十二世紀以降のものである。内容としては、チェーヤスッタ、ニッジュッティ、バーサを詳細に解説する。時折、仏典やヒンドゥー教文献には見られない独特なサンスクリット語彙や、規範的なサンスクリット語文法から逸脱した統語論、いわばジャイナ・ハイブリッド・サンスクリット語とでもいうべきサンスクリット語を用いることがあるが、全体として理解可能であり、注釈群の中で最も読みやすい。

チェーヤスッタの成立時期についても難しい問題が横たわるが、どれだけ新しく見積もったとしても、バーサとは数百年の開きを想定するのが穏健な立場であろう。そのことからすれば、チェーヤスッタ各条文が制定された事情を各注釈、とりわけバーサが正確に把握している保証は、今のところは残念ながらない。バーサよりさらに数百年時代が新しいサンスクリット語の諸注釈が、ニッジュッティやバーサを正確に理解している保証もない。それでも、上述したチェーヤスッタの性質を鑑みれば、そして諸注釈者は現代の研究者ごときよりも遥かに当時の生きたジャイナ教に通じていたはずである以上、諸注釈を参照しないことは現在の研究水準からしてありえない。チェーヤスッタと諸注釈とを、あくまで便宜的に一体のものとしてとらえて読むことは、今でも必要な手続きである。また、チェーヤスッタを理解するための有効な手段でもある。

以上で、この章が扱う内容を理解する前提となる諸点を説明しおえた。ここからは、本題であるジャイナ教戒律研究の動向と今後の展望を、順を追って述べる。そのうち前者については、おおむね一九八〇年代末までの研究と、おおむね一九九〇年代以降の研究とに分割して言及する。冒頭で述べたように、二十世紀末を境にジャイナ教戒律研究を取り巻く環境に変化が訪れたと筆者は考えるからである。

五、ジャイナ教戒律研究の動向1
――①チェーヤスッタの校訂・翻訳・訳注研究

チェーヤスッタの校訂と翻訳は、ヨーロッパにおけるジャイナ教研究の黎明期から着手されている。ホータン語仏典やジャイナ教文献の研究に大きな足跡を残し、多くの日本人研究者も育てたエルンスト・ロイマン（Ernst Leumann 一八五九―一九三一）は、早くも一八九二年に、チェーヤスッタのひとつである『ジーヤカッパ』の校訂研究を公表している（[15]）。もっとも、ロイマン自身の関心は、白衣派ジャイナ教聖典のひとつである『アーヴァッサヤ（*Āvassaya*）』という文献とその注釈文献群にあったはずであり、『ジーヤカッパ』研究もその著者ジナバドラ（Jinabhadra 五二〇―六二三）が、『アーヴァッサヤ』の韻文注『ヴィシェーシャ・アーヴァシュヤカ・バーシャ（*Viśeṣāvaśyakabhāṣya*）』の作者でもあるということに起因していたと想像される。

その後のチェーヤスッタ研究を大きく推進する研究者は、今なお白衣派ジャイナ教聖典研究において最初に参照されなければならない名著『ジャイナ教の教義（*Die Lehre der Jainas*）』（Schubring 1935）を著した、ワルター・シュプリンク（Walther Schubring 一八八一―一九六九）である。まず彼は、一九〇五年に彼が提出した博士論文である『カッパ』の校訂・訳注研究を公表した（[6]）。この研究の序文と訳注部分については、著者自身による補正を経たヴァージョンが、一九一〇年にメイ・S・バージェス（May S. Burgess）によって英訳されている（[7]）。そして一九一八年には、『ヴァヴァハーラ』と『ニシーハ』（[17]）、そして『マハーニシーハ』の研究を公表した（[25]）。その後しばらくシュプリンクによるチェーヤスッタ研究は公表されなかったが、第二次世界大戦後シュプリンクは、『ニシーハ』以外の各チェーヤスッタ、つまり『マハーニシーハ』『ヴァヴァハーラ』『アーヤーラダサーオー』に対する校訂や訳注研究を、それぞれフランク＝リヒャルト・ハム（Frank-Richard Hamm 一九二〇―一九七三）、コレット・カヤ（Colette Caillat 一九二一―二〇〇七）、ヨーゼフ・デルー

（Josef Deleu 一九二五—一九九四）という名だたる研究者たちとの共著というかたちで公表した（［1］［26］［27］）。ちなみに、カヤによる『ヴァヴァハーラ』の原典校訂と訳注、デルーによる『マハーニシーハ』の原典校訂と訳注は、どちらもそれぞれ両者の博士論文の一部である。シュプリンクとその門下とによる、これら一連の研究により、主だったチェーヤスッタについてはかなり容易にその内容を把握することが可能となった。

六、ジャイナ教戒律研究の動向1

——②チェーヤスッタを中心資料とする戒律研究

ロイマンやシュプリンクらによる基礎的な研究のおかげで、主だったチェーヤスッタ自体が、それぞれどのような内容を持っているのかを把握することは、西洋諸語さえ苦にしなければ——『カッパ』『アーヤーラダサーオー』『ニシーハ』はドイツ語、『ヴァヴァハーラ』はドイツ語とフランス語、『マハーニシーハ』は英語とドイツ語で訳と注記が書かれている——容易である。機械翻訳の精度が日々高まる昨今、そのハードルは下がりつつあり、近い将来にはハードル自体が消失するであろう。では、チェーヤスッタを中心資料として用いる個別の研究成果としてはどのようなものが存在したであろうか。以下、筆者が目にし、かつ重要と判断する限りの研究をいくつかあげる。

（い）教団組織・運営・戒律の全体像

チェーヤスッタ全体を踏まえた出家教団・出家者の戒律規定を概観するものとしては、前述したシュプリンクの『ジャイナ教の教義（*Die Lehre der Jainas*）』を第一に挙げなければならない。特にその第六章は「出家」（Weltflucht）と題され、チェーヤスッタを含む白衣派聖典全体から、その出典箇所を明示してジャイナ教教団の律的な規定を簡潔な筆致で記した、信頼できる内容をもつものである。充実した語彙索引も存在するので、特定の語彙からその記載箇所を探すことも容易である。シュプリンク自身も目を通し、若干の訂正補足を経た、ウォルフガング・ボイレン（Wolfgang Beurlen）なる人物による読みづらい英訳が一九六二年にインドで出版された（Schubring 1962）。この英訳は刷を重ねており、長らく英訳版には語彙索引がなかったが、最新の刷では付されるようになった。

次に挙げるべきは、シャーンタラーム・バールチャンドラ・デーオ（Shantaram Bhalchandra Deo 一九二三—一九九六）の大著『碑文と文献資料に基づくジャイナ教の僧院制度史

(*History of Jaina Monachism from Inscriptions and Literature*)』(Deo 1956a) である。デーオは本質的に考古学者であり、著作や論文もインド考古学を対象としたものが大半である。しかし彼の博士論文はジャイナ教の僧院制度の史的展開を解明しようとしたものであって、これはその六五五頁にわたる博士論文をもととする。この書に対しては、出版当初からいくつかの批判がなされた。特に彼が文献資料として依拠する白衣派聖典とその注釈文献を、(1) アンガとムーラスッタ (2) チェーヤスッタ、ニッジュッティ、その他の白衣派聖典 (3) 注釈文献、のわずか三つのレイヤーに分類してその歴史を論じたことは、白衣派聖典全体の複雑な発展段階を顧慮せず、また欧州で行われた批判的な研究も参照しない、杜撰な取り扱いかたと言わざるをえないものだった。中期インド語言語学の世界的な権威であり、パーリ仏典の研究も数多くものしたケネス・R・ノーマン (Kenneth R. Norman 一九二五—二〇二〇) が「本書は、『ジャイナ教の僧院制度史』とはみなしえない」(Norman 1958) と言い、本稿冒頭で説明したシュラーヴァカ・アーチャーラ文献研究に大きな足跡を残したロバート・ウィリアムズ (Robert Williams 一九一五—一九七五) が、「本書は、実際には『ジャイナ教の僧院制度史』ではない、と言うことから始めなければならない」(Williams 1959) と評したゆえんである。したがって本書の価値は、デーオ自身の議論——もちろん彼が正解を述べている可能性はあり、再評価される可能性もある——には、あまりない。そうではなく、本書に批判的な書評子も賞賛したように、いつかの未来にジャイナ教の教団史を描くために必要不可欠となるであろう、白衣派聖典とその注釈文献に記載される戒律に関する諸情報を、可能な限り抽出した膨大な資料集だという点にある。特に、第三のレイヤーにおける中心資料は、チェーヤスッタ特に『カッパ』と『ニシーハ』に対するバーサであり、バーサ文献における多様な記述が欧文によって提示された、最初かつ最大の研究であることを積極的に評価せねばならない。他の二つのレイヤーで収集された資料と合わせ、その資料集的な価値は全く失われていない。

(ろ) 罪過に対する罰則

本書で上田真啓が詳説するように、ジャイナ教でも仏教と同様、僧尼が何らかの過失を犯した場合、その過失の軽重に基づき一連の刑罰が科せられる。ジャイナ教においてそれらの罰則はプラーヤシュチッタ (prāyaścitta) というサンスクリット語で総称され、単なる罪の告白から完全な教団追放に至るまで、十種類を数える。これらについては、先述したデーオが、一九五九年一一月九日から一一日にかけてジャイナ教文化研究協会（The Jaina Cultural Research Society）招待のもと、ベナレス・ヒンドゥー大学で担当した連続講義に基づいた、『ジャイナ教僧院の法学（*Jaina Monastic Jurisprudence*）』（Deo 1960）がある。これは、実質的には『碑文と文献資料に基づくジャイナ教の僧院制度史』を骨子として、罰則に関する記述を要約したものといってよい。ジャイナ教における罰則規定の理念や、実際の内容について簡便に知りたい場合の出発点となる、便利な小冊子である。

しかし、この問題をより本格的に研究対象として取り上げた研究者としては、先にも名を挙げたコレット・カヤについて言及する必要がある。ジャイナ教研究と、中期インド語研究の双方で多大な業績を残したカヤは、まずパリハーラ（parihāra、僧尼のグループからある種の村八分状態に置かれる罰）と呼ばれる罰則のひとつに関する論文（Caillat 1962）の公表後、一九六五年には博士論文『ジャイナ教徒の古代儀礼における贖罪（*Les expiations dans le rituel ancien des religieux Jaina*）』（Caillat 1965）を公刊した。『ヴァヴァハーラ』とその諸注釈を主な資料として、個々の滅罪行の内実を明らかにしながら、ジャイナ教が集団での出家者教団の生活を規定する様々な規則を作り上げていった過程を、具体的にあとづけようとするものである。本書には、著者自身による若干の補正を経た英訳版（Caillat 1975）があり、また滅罪行を含めた教団運営について単独の論文を執筆している（Caillat 1968; 2000）。

（は）仏教との比較

この箇所の記述の再修正を試みている令和六年二月二二日時点においてもなお、律とチェーヤスッタとの本格的な比較研究は非常に少ないことを、残念ながら指摘しておく必要がある。そのうえで、研究としては以下の三点のみを挙げておきたい。

第一は、ナンド・キショーレ・プラサード（Nand Kishore Prasad）が一九七二年に公表した『仏教とジャイナ教の僧院制度に関する研究（*Studies in Buddhist and Jaina Monachism*）』（Prasad 1972）である。本書は著者がビハール大学に提出した博士論文を骨子とする。結論を含めて全五章からなり、「ジャイナ教のアーチャーラ（正行）と仏教のヴィナヤ」「体制」「僧院儀礼」「僧院運営」という四つの視点から、「パーリ律」の記述とジャイナ教の戒律とを比較したものである。個々の点について十分に議論されているとはいいがたく、単なる平板な一覧としかいいようのない箇所もあるが、比較研究を行う場合には出発点となる研究として位置づけてよかろう。

次に挙げるべきものは、ジャイナ教研究者であると同時に唯識思想文献の校訂など仏教学の分野でも名をはせたナートゥマル・タティア（Nathmal Tatia 生没年不詳）と、白衣派テーラパンティー教団の著名な学僧であったムニ・マヘーンドラ・クマール（Muni Mahendra Kumar 一九三七―二〇二三）による共著『ジャイナ教僧院主義の諸相（*Aspects of Jaina Monasticism*）』（Tatia and Kumar 1981）である。とりわけ僧侶が実践すべき正しい行いに関わるいくつかの事項について、ジャイナ教のチェーヤスッタだけでなくヒンドゥー教の資料や仏教文献も参照しながら多角的に議論したもので、本書で扱われている概念を知る際には、最初に参照するべきものである。なお著者らの序言によると、本書はジャイン・ヴィシュヴァ・バーラティー・インスティテュート（Jain Vishva Bharati Institute）が準備していたジャイナ教百科事典の序章をなすものであるという。しかし筆者の知る限り、その百科事典がその後、『ジャイナ教僧院主義の諸相』と同程度の精度をもつものとして出版されたとは思えない。仮に出版――しかも英語で――されていれば、戒律のみならずジャイナ教に関する研究全体が、今とは比較にならないほど飛躍的に進展していたことであろう。

最後に、アルナ・プラタープ・シン（Aruṇa Pratāpa Siṃha）による『ジャイナ教と仏教の尼僧教団（*Jaina aura Bauddha Bhikṣuṇī-Saṃgha*）』（Siṃha 1986）を挙げたい。本書では、ジャイナ教と仏教の尼僧教団の成立から説き起こし、衣食住や遊行など、尼僧の宗教生活に関わる様々な規定について、仏教とジャイナ教の双方の資料から比較がなされている。ジャイナ教側の資料については、チェーヤスッタやその注釈文献のみならず、白衣派の他の聖典や空衣派に属する諸資料まで広範囲のジャイナ教資料を用いており、この分野における著者の力量を示しているといえよう。ジャイナ教のみならず、仏教の尼僧に関する研究を進めようとする場合には、目を通す必要がある研究であろう。

(に) チェーヤスッタに対する注釈の研究

チェーヤスッタに対する諸注釈じたいを対象とする研究も、非常に乏しい。研究の基礎となる諸注釈の批判的校訂本や、翻訳研究も存在しない状況であった。

例外的なものとして、マドゥ・セン（Madhu Sen）による『ニシータ・チュールニの文化的研究（*A Cultural Study of the Nisītha Cūrṇi*）』（Sen 1975）を挙げる必要がある。これはタイトル通り、『ニシーハ』に対するチュンニ（正確には「ヴィセーサ・チュンニ（Visesa-cuṇṇi）」と称されるチュンニ）を対象とし、文化史研究上重要な情報を網羅的に収集して議論したものである。そもそもチュンニを研究対象とした単独の研究書じたい皆無と思しく、その点ではなはだ貴重な成果である。ただし本書の性格上、『ニシーハ』のチュンニ本来の目的であろう、戒律についての記述は少ない。バーサを資料とし、かつ戒律の問題を扱ったものとして、たとえば僧侶の装いについて議論した論文（Sahay 1982）などがあるが、デーオの研究を一歩も出ない。

このほかには、今のフランスを代表するジャイナ教研究者である重鎮ナリニー・バルビル（Nalini Balbir）が、一九八七年の「ジャイナ教徒が定義する完璧な経（The Perfect Sūtra as Defined by the Jainas）」（Balbir 1987）を皮切りに今世紀にいたるまで、ジャイナ教における幼児出家をめぐる問題やジャイナ教の尼僧をめぐる諸問題など、ジャイナ教の戒律にかかわるいくつかの重要なトピックを扱っている（Balbir 1990; 1998; 2001）。またジャイナ教の古典文献学と美術史学を主な研究対象としたクラウス・ブルーン（Klaus Bruhn 一九二八―二〇一六）は、チェーヤスッタのニッジュッティやバーサだけではなく、白衣派のニッジュッティ・バーサ全てにわたる韻文の他、空衣派の聖典文献などまでを含んだ文献全体の、並行句や異読を網羅的に指摘する韻文コンコーダンスの作成を企て、最終的にこれを完成させている（Bruhn and Tripāṭhī 1970; 1977; Tripāṭhī 1977）。しかしその全容が印刷物の形で公開されたことは、筆者が知る限りないはずである。ブルーンが勤めた大学がインド学講座を廃止した時、彼はこのカードを大学に寄贈しようとした。しかし大学側は受贈を拒否した。そこでブルーンは大英図書館に寄贈先を変更し、今でも同図書館に保管されているという（Flügel 2017）。パンチカードで五万枚余に至るというこのコンコーダンスを実見する機会に筆者はいまだ恵まれていないが、利用価値は今なお非常に高いと思しく、万人が利用可能な形での公開を期待したいところである。

ところで、白衣派ジャイナ教聖典の注釈全体の傾向として、哲学的な教理や戒律上の規定を説明するために説話を頻繁に用いることを指摘できる。そして、チェーヤスッタ諸注釈に現れる説話を材料のひとつとして用いた説話研究は断続的に時代を問わず現れている。たとえば、アーディナートゥ・ネーミナートゥ・ウパーディエー（Adinath Neminath Upadhye 一九〇六―一九七五）の「『ニシータ・チュールニ』における『ドゥールタ・アーキヤーナ』（Dhūrtākhyāna in the Niśītha-Cūrṇī）」（Upadhye 1956）やアーデルハイド・メッテ（Adelheid Mette 一九三四―二〇二三）の「「ムーシカ・ジャータカ」に対するジャイナ教の一並行話（Eine jinistische Parallele zum Mūsika-Jātaka）」（Mette 1981）、前述したナリニー・バルビルの「猿とハタオリドリ（The Monkey and the Weaver-Bird）」（Balbir 1985）などである。今世紀に入ってからも、白衣派のハリバドラ・ヤーキニーマハッタラ（Haribahdra Yākinīmahattara 八～九世紀）作『ドゥッタッカーナ（*Dhuttakkhāṇa*）』を中心資料としてチェーヤスッタ諸注釈までを射程に入れた研究（Krümpelmann 2000; Osier 2005）など、しばしばこの手の研究は行われている。

なお、チェーヤスッタの諸注釈が引用する説話やたとえ話の類は、多くの場合において何らかの戒律上の規定を説明するために取り上げられる。したがって、ある説話がいかなる戒律上の決まりごとを意識しているのかは、当然念頭に置いたうえで読み進めたほうがよい。参考のために、ごく短い例をここで挙げておこう。『カッパ』とそのバーサに、サンスクリット語で注釈を著わしたクシェーマキールティ（Kṣemakīrti, 十三世紀？）は、以下のようなたとえ話を伝える（亀甲括弧は筆者による補足）：

> マンゴーが大好物の、とある王子がいた。彼はマンゴーの食べすぎで病気になった。医者たちはその病気を治したうえで、マンゴーを食べることを禁じた。別の時にその王子は狩りへ赴き、マンゴーの木陰で一服した。大臣が制しているのを彼は振り切って、「予は食べるべきではない〔と言われておるが〕何の過失があろうか」とマンゴーに食らいついた。その〔マンゴーへの〕執着心という過失ゆえに彼は食べ、そして死んだ。

このたとえ話は何を教えようとしているのだろうか。一見すると、モノへの執着一般を戒めるもののようである。そして、そのような話であると理解することは、右の文章だけを見ていれば妥当なように思われる。ところでこのたとえ話は、『カッパ』のバーサの第二二六六詩節が「マンゴーの実に過失を見る人は、マンゴーの影すらも避ける」と言うのを受け、その背後にある意図を解釈するためにクシェーマキールティが出してきたものである。ではバーサは、なぜマンゴーの話を持ち出しているのか。これは、『カッパ』一・一〇の以下の規定を解説するためである：

次に、村や王の都などにおいて、垣がひとつしかなく、外門がひとつしかなく、出入り口がひとつしかないようなところで、男女の出家者たちが同宿することは適切ではない。

諸注釈によると、この規定がもつ目的のひとつは、出入り口や垣の囲いなどがひとつしかないような閉鎖的な同一の空間において男女が同宿する場合に起こりかねない、性的なトラブルを避けることである。そして右のマンゴーの逸話は、王子を男性出家修行者、マンゴーを異性、食べることを性的関係になぞらえて、男性の出家者が女性の出家者と性的な関係を持ってしまうと、死にも比せられるような最悪の結果をまねくことを示唆したものであって、モノへの執着一般を戒める逸話ではないのである。このように、チェーヤスッタやその諸注釈が引いてくる説話やたとえ話は、必ずその背景に想定される戒律もあわせて理解しておかないと、思わぬ読み違いを犯しかねない。しかし、右の諸研究はあくまでも説話研究を主としている以上、その視点が戒律にも向けられることは、例外はあるとはいえ少ない。

また、（い）（ろ）（は）で述べた諸研究は、当然ながらいずれも大なり小なり、チェーヤスッタだけではなくそれに対する注釈も参照している。とはいえ、シュプリンクらによる研究は、あくまでもチェーヤスッタ自体の研究であること、先の「パーリ律」の例でいえばパーティモッカそのものの研究であって、その解釈全体までを含んだ研究ではかならずしもないということにも、注意する必要がある。もちろんシュプリンクらもニッジュッティやバーサを全く考慮していないわけではなく、折に触れて参照しているのは事実である。しかし、シュプリンクあるいはその弟子たちは、チェーヤスッタ研究に一端のけりをつけた後、ニッジュッティやバーサ、あるいはチュンニといった諸注釈そのものの研究に向かうことはなかった。そもそもチェーヤスッタ研究じたいが、ほぼ止まってしまうようになる。とりわけ、『ニシーハ』に対する完全な訳注研究、また『パンチャカッパ』や『ジーヤカッパ』の本格的な研究は、後に残されたままとなった。

前述したデーオの研究（Deo 1956a）は、おそらく最も広汎にバーサを活用した研究である一方、先に指摘した問題とは別の問題も抱えている。彼は各資料を時代別に分けて議論したために、チェーヤスッタで定められる規定と、諸注釈が示す規定の解釈部分が分離された形で提示される、という点は、この研究書を利用する者にとっては、場合によってはやや面倒である。「チェーヤスッタのあるスートラにおいて規定されるAという条項が、ニッジュッティやバーサでどのように解釈されて、詳細な運用が規定されているのか」といったことを知る道具としては、それほど機能的ではない。

七、ジャイナ教戒律研究の動向1
——③日本における研究状況

ひるがえって、過去のわが国におけるチェーヤスッタとその注釈類を対象とした研究を振り返ると、非常に貧弱だったと評価せざるをえない。とはいえ、研究者がジャイナ教戒律研究の必要性を全く認識していなかったわけでは決してない。アンガに属する聖典『アーヤーラ』第二篇で議論される出家修行者の食生活規定をつぶさに分析した研究（山田 1964）、先にもあげたムーラスッタのひとつである『ウッタラッジャーヤー』を主資料としてジャイナ教の教育思想を検討した章を含むインドの教育思想に関する研究（藤 1963: 465–545）、これも先にあげた、出家者が最初に学ぶ、修行生活全般について取り扱った聖典『ダサヴェーヤーリヤ』の全訳（松濤 1968）、ジャイナ教教団の歴史的変遷を概観した論考（宇野 1967）など、いずれも白衣派ジャイナ教出家修行者の戒律を考えるうえで重要な成果が存在する。また、律研究の大家であった平川彰（一九一五—二〇〇二）が一九六四年に公表した、『原始仏教の研究　教団組織の原型』（NCID: BN05227188）が、時にデーオの『碑文と文献資料に基づくジャイナ教の僧院制度史』の参照を促すことにも注目したい。

一方でチェーヤスッタに目を転じると、その劈頭を飾るものは鈴木重信（一八九〇—一九二〇）の『耆那教聖典』（NCID: BN08683922）に収録された『アーヤーラダサーオー』第六章の翻訳である。同章はマハーヴィーラの伝記を述べるものであって、戒律そのものの研究ではないが、チェーヤスッタを直接に扱ったわが国における最初の成果として評価できるものである。なお鈴木は、明治中期にオックスフォード大学でインド古典学を学び、帰国後はわが国における近代仏教学の礎を築いた高楠順次郎（一八六六—一九四五）門下にして、本邦初の本格的なジャイナ教学者であったが、惜しくも夭逝した。その高潔な生涯と過酷な闘病生活は、同書の編纂と発行を行った世界聖典全集刊行会の代表をつとめた松宮春一郎が寄せた、『耆那教聖典』巻末の十六頁にわたる追悼文から知ることができる。

その後一九六七年に、奥田清明は「チェーヤ・スッタの特質」という、チェーヤスッタに関するわが国で最初の本格的な研究を公表する（奥田 1967）。これはチェーヤスッタの内容を紹介して他のジャイナ教聖典との相違点について分析した、今でもその輝きを失うことはない成果である。しかし、奥田はその後長きにわたってチェーヤスッタ関係の研究から離れ、空衣派聖典のひとつであり修行者の行動規則を網羅的に記述する『ムーラーチャーラ（*Mūlācāra*）』（二世紀?）、また最初期の空衣派の論師であったクンダクンダ（Kundakunda, 三世紀?）が著したとされる諸著作の研究にテーマを移行させた。奥田が再びチェーヤスッタ研究に戻るのは、二〇〇五年だった（奥田 2005a; 2005b）。そして、今世紀に入るまで、わが国でチェーヤスッタもしくはその注釈を専ら対象とした研究は、奥田によるこのひとつのみだったといってよい。

八、なぜこのような状況だったのか?

以上、内外における一九八〇年代末までのチェーヤスッタ、および諸注釈文献をめぐる研究状況を巡覧してきた。欧州においては一九七〇年代前半を境として、その後は散発的に研究が発表される程度である。本邦においては、そもそも研究と呼べるものは奥田清明によるものしかない。いったい、このような状況はなぜ起こったのであろうか。とりわけ、わが国におけるチェーヤスッタとその諸注釈の研究の欠如は、なぜ起こったのであろうか。このようなことを詮索しても仕方のないことではあるが、ここで少しだけ、筆者自身の体験も踏まえながら、想像をたくましくすることをお許しいただきたい。

第一の理由として考えられることは、海外であれ日本であれ、ジャイナ教を専らとする研究者が少ないという身もふたもない事実である。仏教学のように研究者のヴォリュームが大きければ、その中で戒律の研究を志す者もそれなりに現れようが、研究者数が少ない分野であると、それだけそこを目指す人々も減るうえ、そもそも後進が育ちがたい。本邦の状況でいえば、ジャイナ教を専門とする研究者が、研究者養成機能を有する国内の大学で常勤職を得て後進を育成したことは、戦前戦後を通じても片手で余るほどではないか。

第二には、シュブリンクやカヤ、デルーといった第一線の研究者たちにより、主だったチェーヤスッタの基礎的な研究が出現したことがひとまずの到達点とみなされ、これ以上チェーヤスッタ自体の研究に進む動機を他の研究者たちが見つけづらかった可能性も考えられよう。もっとも、この点は真に筆者の想像の域を出ない。

第三は、ほぼ本邦に限定される問題であろう。それは、そもそもニッジュッティやバーサが容易に手に入らず、また参照することも難しかったのではないか、という点である。長らく、ニッジュッティやバーサは二十世紀初頭から独立前後つまり一九四七年ごろのインドにおいて出版されたものが多く、かつどのような写本に基づいたものかもわからないものであった。そしてそれらは日本の大学図書館にはほぼ所蔵されず、研究しようとすれば直接インドに出向いて複写を得るか、海外から複写を取り寄せるしかなかった。私的な事柄について言及すると、筆者は一九九八年に大阪大学大学院に進学した。当時の研究室にチェーヤスッタの注釈文献は、ボレの『カッパ』に対するニッジュティ・バーサ（[8]）を除けばひとつも所蔵されていなかった。さすがに、これはどうしたものかと思ったものである。また二〇二三年度に筆者は、現職における業務のひとつとして、奥田清明の旧蔵書整理作業に携わった。自坊の一室に残された、おそらくは奥田の留学先であったハンブルク大学から、非常な金銭的負担をして取り寄せたであろう大量のジャイナ教文献の複写物――それらは日本の大学図書館に所蔵されていない――を見て、先人がいかに苦労してジャイナ教研究をされていたかを、改めて思い知ったことであった。

九、注釈文献研究の難しさ？

一方で、たとえチェーヤスッタに対するニッジュッティやバーサが手に入ったとしても、それを研究対象とし、ニッジュッティやバーサの言わんとすることを正確に理解することは、かなり厄介な仕事である。この厄介さがチェーヤスッタの注釈文献研究を阻んできたとは思わないが、「読めた！」という実感を持ちづらい詩節が延々と出てくる資料を読み続ける作業は、確かに相応の精神的負担を伴うものではあろう。では、何がどう厄介であるのか。せっかくの機会であるから述べておこう。

たとえば、その分量である。『カッパ』『ヴァヴァハーラ』、『ニシーハ』『ジーヤカッパ』『パンチャカッパ』に対するニッジュッティ・バーサの総詩節数は、それぞれ六四九〇、四六七五、六七〇四、二六〇八、二六六〇である。

しかも各チェーヤスッタは相互に連関した内容を有する――前述したブルーンの韻文コンコーダンスが重要な点はここにある――からこれら諸注釈も併せ全てを総合的に見ていくとなれば、おそらくは一生をかけて行う仕事となり、それなりの決意をもって研究主題とする必要があろう。もっともこの点は、おのれの精神力と健康を保ちさえすれば、克服できる。

次に、ニッジュッティにせよバーサにせよ、それを読むにはプラークリットと総称されるサンスクリット語から派生した諸方言を読む力が必要であり、これもかなりのハードルといえるかもしれない。当該の言語を読む際に必要となる工具書、たとえば日本語で書かれた文法書は不十分であり、未だ解明されていない言語事象も多く、辞典もいまだ不十分な点を残しているからである。本稿はプラークリット語の研究が抱える問題を議論するところではないが、参考のためにプラークリット言語辞典についてのみ指摘する。

ジャイナ教研究者がプラークリット語で書かれた諸資料を読む際に最初に見る辞典は、プラークリット・ヒンディー語辞典『プラークリットのことばの大海（*Pāiasaddamahaṇṇavo*）』の、一九六三年の増補版（NCID: BA07290693）であろう。この優れた辞典は絶版の状態が続いていたが、二〇二二年にインドのモーティラール・バナールシダース社から再版されたようである。同辞典にはウェブ版（https://dsal.uchicago.edu/dictionaries/sheth/）があるが、これは一九二八年の初版に基づいているので注意が必要である。また、増補版『プラークリットのことばの大海』の簡略版たる、K・R・チャンドラ（K.R. Chandra）編『プラークリット・ヒンディー辞典（*Prākṛta-Hindī kośa*）』（NCID: BA11126682）も今のところ入手可能と思しく、これによって増補部分も知ることができるが、出典箇所をチャンドラはすべて削除してしまった。また、『プラークリットのことばの大海』に収録されていない語彙が、ニッジュッティやバーサにはしばしば登場する点にも注意せねばならない。ニッジュッティもバーサも、ほとんどまともな語彙研究もなされてこなかったのだから、『プラークリットのことばの大海』が知らない語彙が出てくるのは仕方がない。その語彙がサンスクリット語を起源とすると思しい場合なら、意味の推定も可能かもしれない。しかし、サンスクリット語に由来しない言語に由来すると思われる語彙の場合、意味の確定はそれ以降の注釈によるか、他の用例を探すなど、さらに多くの手順を踏むことになる。そこで多くの研究者は、諸種のパーリ語辞典を頼りに意味を類推し、あるいはより手軽な手段として『インド・アーリア諸語比較辞典（*A Comparative Dictionary of the Indo-Aryan Languages*）』（NCID: BA02838999）を参照するであろう。しかしこの比較言語辞典も、残念ながらいちいちの語彙の出典については沈黙している。そのように意味を確定した根拠が、この辞典を見ただけではわからないのである。ゆえにこの辞典は安直としては便利だが、「『インド・アーリア諸語比較辞典』にこう書いてあるから」などと言って自身の議論の根拠とすることは、はっきり言って勧められない。一方で、インドのプネに本拠を置く、インドを代表する東洋学の研究機関であるバンダルカル・オリエンタル・リサーチ・インスティテュート（Bhandarkar Oriental Research Institute）は、一九九六年以来、大規模な『包括的・批判的プラークリット諸語辞典　ジャイナ教文献を中心に（*A Comprehensive and Critical Dictionary of the Prakrit Languages with Special Reference to Jain Literature*）』（NCID: BA50085224）を刊行中である。膨大な量の一次文献を利用したものであり、出典も明記されている。これが完成した暁には、プラークリット語辞典の決定版として不動の地位を得よう。ただし、二〇二三年までに刊行されたものはいまだ第九巻までで、語彙としてはguravaまでである。日本語でいえば、「ぐ」の途中の項目までしかない国語辞典のようなものである。完成にはさらに数十年を要しよう。筆者は来世もジャイナ教研究に携わるしかない。

第三に、先にも書いたとおり、ニッジュッティやバーサは非常に厄介な文体で書かれていることが多い。厄介というのは、暗記や要約のために、押韻を重視しつつ文法の破綻については顧慮せず、ただ項目を羅列するという、非常に圧縮された文体だということである。よって、ニッジュッティまたはバーサのみによって内容を把握することは困難をきわめる。そもそも日本語に訳すことが難しい。たとえば、『ヴァヴァハーラ』のバーサ（ニッジュッティかもしれない）の第七〇九詩節を直訳すると、以下のようである：

> ナンダの時、在地領主、痛めつけられた。守衛官、結託、遊行者、白蟻の巣を焼くナラダーマに、就任させること、食事の時、息子もろとも諸々の頭が。

これを一読して理解できる者は、この詩節の作者だけであろう。もし、本詩節を読んですぐさまその意味を把握できた方がおられたら、その方は確実に前世で戒律を専門とするジャイナ教の出家者だったはずである。本詩節に遭遇するという直接知覚によって、過去世の記憶が蘇ったと推測される。これを機にそのままぜひ、現世でもジャイナ教戒律研究に進んでいただきたいと思う。ちなみに、直接知覚による前世想起からのジャイナ教転向や出家遁世は、ジャイナ教説話文学が好む大きなモティーフのひとつである。

それはともかく、「ナンダの時」「ナラダーマに」のように、てにをはを仮に付してあるのは、その語彙が場所あるいは時を示すための語形変化や、動詞の目的語や方向などを表現するための語形変化をしているように見えるからであり、「在地領主」「結託」「遊行者」など、てにをはがないのは、これらの語彙がそういった変化のないむき出しの形で記されているからである。つまりこの詩節は、文章の体をなしていない。よって、この手の文体にあふれるバーサと、特にニッジュッティが何を言わんとしているかを理解するには、チュンニやヴィヴァラナ、ティーカーといった、散文で書かれた長大な注釈を合わせて読むことが不可欠となる。しかも、チュンニなどがニッジュッティやバーサの意図を正確に理解している保証はないのである。

ちなみに、『ヴァヴァハーラ』とそのニッジュッティ、バーサに対する注釈を著した、十二世紀に活躍したマラヤギリ（Malayagiri）という学僧によると、当該詩節はマウリヤ朝（前三二一年頃〜前一八五年頃）の創始者であるチャンドラグプタ（Candragupta）と、彼に仕えた名宰相チャーナキヤ（Cāṇakya）をめぐる諸伝説に含まれる一挿話の鍵語で構成されている。そしてその挿話とは、マラヤギリによると以下のようなものである。なお類似の伝承は他のジャイナ教文献、たとえば空衣派に属したハリシェーナ（Hariṣeṇa）という僧侶が九三一年に完成させたサンスクリット語説話集『ブリハット・カターー・コーシャ（*Bṛhatkathākośa*）』の第一四三話などにもみられるが、相違点の指摘はしない。この箇所を含め、ジャイナ教文献におけるチャーナキヤ伝説の全容については、前述した『包括的・批判的プラークリット諸語辞典　ジャイナ教文献を中心に』の編集主幹もつとめるナリニー・ジョシ（Nalini Joshi）の労作を参照されたい（Joshi 2014）。いずれにしても、この挿話全体を見れば、いかにバーサがその鍵語のみを拾っているかがおわかりいただけるだろう。なおバーサに現れる鍵語については、その初出箇所にのみ線を引いて示した：

ナンダ〔朝〕が廃され、チャンドラグプタが王位に就けられた時、ナンダ側の在地領主たちはチャーナキヤによって痛めつけられた。その後、彼らは半死半生でチャンドラグプタ配下の守衛官たちと結託し、押し込み強盗などで都城を襲った。別に任命された守衛官たちも〔在地領主と〕結託した。そこでチャーナキヤは、「結託せず、盗賊たちを根絶やしにするような盗賊取締官は得られるだろうか」と考えた。その後、チャーナキヤは遊行者の装いをして都城の外を徘徊していたところ、機織り工房にいたナラダーマという織工を見かけた。織工ナラダーマの息子が休息していると、シロアリが咬んだ。〔息子は〕泣き叫んで父の傍に寄っていき、「シロアリに咬まれた」と言うと、ナラダーマは「どこで咬まれたのか、見せなさい」と言った。息子がその場所を見せると、ナラダーマは巣穴からシロアリが出てくるのを見て、それらを殺した。それから巣穴を掘って、巣穴の中に卵があるのを見ると、その上に草を撒き、火をつけ、卵をも焼きはらった。チャーナキヤが彼に「どうして〔巣穴を〕掘り返して、穴の内側に火をつけたのかね?」と尋ねると、ナラダーマは「この卵が孵ると、咬むことになるからですよ」と答えた。その時、チャーナキヤは《この者が盗賊取締官として〔任務を〕こなせば、シロアリを焼き尽くすように盗賊たちを根絶させることができる》と考えた。その後、ナンダ派に属する盗賊たちがナラダーマに近づき、「非常に多くの、盗賊の分け前を我々は与えましょう。保護してくださいませ」というと、ナラダーマは「そうしましょう」と言って、またこのようなことを言った――「君たちは他の〔仲間〕たちも連れてきなさい。彼ら全員を納得させて、私の下に連れてくるとよろしい」と。彼らは「承知しました」といって〔そのように〕すると、ナラダーマは全員を丁重に扱った。別の時、ナラダーマは盗賊たちのためにたっぷりの食事を用意した。息子たちと一緒に全員が来ると、〔ナラダーマは〕息子たちもろとも彼ら〔盗賊〕の頭を切断した。

一〇、ジャイナ教戒律研究の動向2

ただし、資料が手に入りづらかったのではないか、という問題に限っては、二十世紀の末ごろを境に、急激に改善していったように思われる。日本が長年抱えていた一次資料の不足という問題が一気に消えていったというのが、筆者自身の肌感覚としてある。以下では、主に一九九〇年前後から現在に至るまでの、ジャイナ教戒律研究をめぐる状況を劇的に変化させたと筆者が考える点を、七つ示す。最初の四つはチェーヤスッタ研究に特化したもの、次のひとつは白衣派ジャイナ教聖典研究全体についてのもの、最後の二つはジャイナ教研究全体についてのものである。

①チェーヤスッタに対する諸注釈のリプリント

第一の点は、それまで国内では手に入りづらくなっていた、諸注釈付きチェーヤスッタの校訂本がちょうどこの頃に再刊されたことである。まず、アマルムニ（Amara Muni）とカンハイヤーラール（Kanhaiyālāla）が一九五七年から六〇年にかけて出版した『ニシーハ』とそのチュンニ（正確には、ヴィセーサ・チュンニ（Visesa-cuṇṇi）が、若干の改変や増補を経て一九八二年に再刊された（[18]）。筆者が把握する限り、本書は少なくとも二〇〇〇年にも再刊されている。もうひとつは、一九三三年から四二年にかけて出版され、標準的校訂本として使用されるチャトゥルヴィジャヤ（Caturavijaya）とプニャヴィジャヤ（Puṇyavijaya）の校訂によるニッジュッティ・バーサ付『カッパ』が、一九九八年に再刊された（[9]）。これも筆者が知る限りでは、二〇〇二年にも再刊されている。ちなみにいずれの初版も、サイニィによればそれらを完備している大学は、わが国では名古屋大学だけのようである（当然、大学図書館の書誌情報がサイニィから漏れていることはありうる）ことは、これらが再刊されて入手が容易になったことの意義を、暗に示していよう。

②ニッジュッティ等注釈文献の再校訂・翻訳

次に取りあげるべき点は、チェーヤスッタに対するニッジュッティ等の諸注釈の、単なるリプリントではない再出版、またそれらの訳注研究である。その筆頭には、何を差し置いてもヴィレム・B・ボレ（Willem B. Bollée 一九二七―二〇二〇）の成果に言及しなければならない。既にボレは『ピンダニッジュッティ（*Piṇḍanijjutti*）』や『オーハニッジュッティ（*Ohanijjutti*）』といった白衣派聖典（NCID: BA18397600）――「ニッジュッティ」の名を冠しているが、聖典扱いである――、また第一アンガ『アーヤーラ』など、白衣派聖典の古層を形成すると考えられてきた諸経典に対するニッジュッティ（NCID: BA27288650）を校訂出版していた。それに続き、彼は前述したチャトゥルヴィジャヤとプニヤヴィジャヤによる校訂本に基づき、『カッパ』に対するニッジュッティとバーサの新たな校訂本を出版した（[8]）。本書は、単なるチャトゥルヴィジャヤ・プニヤヴィジャヤ本の焼き直しではなかった。本文篇（一・二巻）では『ニシーハ』へのバーサとの並行詩節の指摘や異同の広汎な指摘を含むほか、第三巻はニッジュッティ・バーサから重要な語彙を選択した語彙集、『カッパ』およびそのニッジュッティとバーサに対して著されたサンスクリット語注に見られる注目すべきサンスクリット語の語彙集、事項索引を収録した。特にこの第三巻は、元来が難解なニッジュッティ・バーサを読解する際のこの上ない工具書として機能する。

さらにボレは、『ヴァヴァハーラ』に対するバーサの冒頭を構成する一八三詩節の再校訂・英訳・注記・語彙集からなる研究（[33]）、また『ヴァヴァハーラ』に対してマラヤギリが著したサンスクリット語注——先に言及した注釈の分類でいうと、④ティーカー、ヴィヴァラナのレイヤーにあるもの——に見られる、サンスクリット語あるいはジャイナ・マーハーラーシュトリー語で書かれた説話を豊富に収集して、原文と英訳、語彙集、事項索引からなる研究を公表し（[30］［32］［34]）、シュプリンクやカヤ以来完全に停滞していた、『ヴァヴァハーラ』とその注釈文献に対する研究を大きく推し進めた。

ところで、ボレが後二者の研究で用いた底本は、一九二六年から一九二八年にかけてインドで出版されたものである。これは、ボレ自らも指摘するようにしばしば信用しえない読みを含み、かつまた現在では参照することが難しい校訂本であった。実際には、『ヴァヴァハーラ』の諸注釈は二〇〇〇年の段階で容易に参照することが可能となったものの、下記⑤で述べるようにこの校訂本には問題があった。

白衣派の学僧であるムニチャンドラ師（Municandra）は、この状況を一変させた立役者である。すなわち同師は、ボレによる二〇〇六年の研究を含む既存の校訂本のほか、新たに複数の古写本を参照して『ヴァヴァハーラ』およびそのニッジュッティ、バーサ、マラヤギリ注を校訂し、二〇一〇年に六巻本として出版した（[35]）。本校訂本は、『ヴァヴァハーラ』への諸注釈の校訂本としては複数の古い写本に基づいた批判的なものだという点で重要である。実際に読み進めると、ムニチャンドラ師の校訂に疑問を感じる箇所もあるが、現時点で望みうる最良の校訂本であることは否定できない。とりわけ、筆者を含め本邦の一部のジャイナ教研究者にこの校訂本が与えた衝撃は大きかった。後述する、現在も続く『ヴァヴァハーラ』諸注釈の研究会は、本校訂本が出現したことがきっかけである。なお、同師はその後も陸続と、白衣派聖典の批判校訂本を出版していることを付言しておく。

図1　『ヴァヴァハーラ』ムニチャンドラ校訂本（東京大学アジア研究図書館所蔵）

③新資料の校訂出版

第三に取り上げるべき点は、チェーヤスッタの諸注釈のうち、未だ校訂されず写本のまま眠っていた資料が出版されたことである。その中でも特に取り上げるべきは、マラヤギリや中途で終わっていたマラヤギリの注釈を継いで『カッパ』への注釈を完成させたクシェーマキールティが、自身の注釈において引用する形でしかその存在を知られていなかった、『カッパ』に対する著者不明のチュンニと、「ブリハッド・バーシャ（Bṛhadbhāṣya）」と呼ばれる、これも著者不明のプラークリット韻文注の出版である。前者はまず、『カッパ』に対して正体不明の著者が著したチュンニが、二〇〇八年に出版された（[11]）。もっともこの段階では、『カッパ』に対するバーサの冒頭部分のみの出版に留まったが、その後二〇一六年に三巻本として改めてプネから出版され、その全容を把握できるようになった（[13]）。次に「ブリハッド・バーシャ」は、ニッジュッティをはじめとするこれまで知られていた諸注釈とともに、二〇一八年に出版された（[14]）。「ブリハッド・バーシャ」は、現存写本の読みがさほど良好ではないようであり、留保付きの校訂箇所がしばしば見られる。またこの校訂本も、筆者が知る限り、二〇二三年時点では冒頭部分に対しての注釈が出版されているのみである。続編が待ち望まれるとともに、既刊分「ブリハッド・バーシャ」および『カッパ・バーサ』の研究に手をつける者の登場も待たれよう。

④ジャイン・ヴィシュヴァ・バーラティー・インスティテュートの出版物

第四に取り上げるべきは、ラードゥヌーン（Ladnun）に本拠地を構えるジャイン・ヴィシュヴァ・バーラティー・インスティテュート（Jain Vishva Bharati Institute）による、チェーヤスッタとその諸注釈の出版である。白衣派ジャイナ教テーラパンティー教団に属するこの研究機関は精力的な出版活動で知られ、白衣派聖典とその注釈文献の校訂や翻訳についても力を入れてきた。チェーヤスッタについては他の経典と合わせ、『カッパ』『アーヤーラダサーオー』『ヴァヴァハーラ』『ニシーハ』の原典を、『ナヴァスッターニ（*Navasuttāni*）』というタイトルのもと、すでに一九八七年に出版していた（NCID: BA17210996）。ニッジュッティについては『アーヤーラダサーオー』のそれを、他経典のニッジュッティとともに一九九九年に出版している（[2]）。また、彼らが出版したジャイナ教百科事典の第二巻（Dularāja et al. 2005）は、『アーヤーラ』第二篇とともに『アーヤーラダサーオー』『カッパ』『ニシーハ』『ヴァヴァハーラ』とその諸注釈を対象資料とする。当該文献群に出現する術語を検討する際に便利な事典である。

チェーヤスッタ研究史の観点からして特に重要と思われることは、二十世紀末から彼らがバーサ研究に力を入れはじめたことである。その嚆矢は、一九九六年にサマニー・クスムプラッギャー（Samaṇī Kusumaprajñā なお、サマニーはテーラパンティー教団における彼女の階位を示す表現であって、姓名ではない）が公表した『ヴァヴァハーラ』に対するバーサの校訂本である（[29]）。本校訂本については、参照した写本数が少ないことへのボレの批判はあるが、前述したムニチャンドラより前に複数写本を参照した校訂本として評価しうる。ムニチャンドラ校訂本と合わせて用いるべきものである。またクスムプラッギャーの功績のひとつは、他のチェーヤスッタに対するバーサと類似する箇所を数多く指摘したことである。さらにこの校訂本には、詩のアルファベット索引や同義語の一覧、サンスクリット語にその起源をさかのぼることができない語彙の一覧、説話の一覧など、数多くの付録が丹念に付されていることも、大きな利点としてあげることができよう。この校訂本に限らず、このような付録の多さは、ジャイン・ヴィシュヴァ・バーラティー・インスティテュートが出版する原典や翻訳全般を大きく特徴づける。いずれの付録も、バーサの内容理解に大きく資するものである。

　この校訂本を皮切りに、同研究機関は現在に至るまで連綿と、チェーヤスッタやそれらに対するニッジュッティ・バーサの訳注本を出している。年代順にあげれば、

（い）二〇〇四年：『ヴァヴァハーラ』のニッジュッティ・バーサのヒンディー語全訳注（[31]）

（ろ）二〇〇七年：『カッパ』のニッジュッティ・バーサのヒンディー語全訳注（[10]）

（は）二〇一〇年：『ジーヤカッパ』およびバーサの校訂とヒンディー語全訳注（[16]）

（に）二〇一四年：『カッパ』のヒンディー語全訳注（[12]）

（ほ）おなじく二〇一四年：『ニシーハ』のヒンディー語全訳注（[20]）

（へ）おなじく二〇一四年：『アーヤーラダサーオー』のヒンディー語全訳注（[5]）

（と）二〇一五年：『ニシーハ』のニッジュッティ・バーサの校訂とヒンディー語全訳注（[22]）

（ち）二〇一六年：『ヴァヴァハーラ』のヒンディー語全訳注（[36]）

（り）二〇一八年：『パンチャカッパ』とそのバーサの校訂とヒンディー語全訳注（[24]）

である。つまり、チェーヤスッタについては『マハーニシーハ』以外の全てのチェーヤスッタの校訂と翻訳とを終え、ニッジュッティ・バーサについても、『カッパ』『ニシーハ』『ヴァヴァハーラ』『パンチャカッパ』『ジーヤカッパ』の新たな校訂本が利用可能となったことに加え、ヒンディー語訳を介してその内容を知ることができるようになった。これは、チェーヤスッタの諸注釈研究にとって一大躍進といってよい。ジャイナ教の戒律について知りたい研究者一般にとっても、各資料の内容を手っ取り早く知ることができるようになった点で、大きな意味を持つであろう。

　なお、これらの翻訳は後のサンスクリット語注の理解におおむね依っている。これは、ジャイナ教の生きた伝統に彼らがいることに起因するであろう。またこのような翻訳を「critical ではない」と批判する向きもあるかもしれない。しかし、ニッジュッティやバーサの研究が進展してい

ない、いまだよちよち歩き状態の現状であることを鑑みれば、いたずらに自らの解釈をさしはさまず伝統的な解釈で一貫させた態度として、肯定的に評価することもできよう。似たようなこととして、インド古典学のあらゆる分野で業績を残した碩学ヘルマン・ヤコービ（Hermann Jacobi 一八五〇―一九三七）が、東方聖書シリーズ（Sacred Books of the East）で白衣派ジャイナ教聖典の英訳を担当した際、自らの意見は注記に留め、後代の注釈者の解釈に依拠して訳出していることを挙げておきたい。このような翻訳態度は、研究が熟していない段階では必要かつ最適な措置である、というのが筆者自身の見解である。それを、後の研究者が当時の研究状況を顧みずに批判する類のものではないであろう。階段は一段ずつ登るようにできているのである。可能な限りサンスクリット語注釈が示す伝統的な解釈を排した批判的方針で訳出された、ボレの『ヴァヴァハーラ・バーサ』冒頭部分の英訳を再検討したところ、しばしばボレの理解が誤りであり、マラヤギリによるサンスクリット語注の理解のほうが妥当であったことを、筆者らはかつて指摘したことがある（藤永ほか 2014）。

⑤注釈付き白衣派ジャイナ教聖典の出版

以上の四点は、もっぱらチェーヤスッタとその注釈文献群に特化された話題であった。五つ目に挙げる点は、白衣派聖典全体についても非常な画期が、二十一世紀早々に存在したことである。それはすなわち、白衣派ジャイナ教ムールティプージャク教団が認める聖典四十五部の本文に、ニッジュッティやバーサ、チュンニなどの諸注釈をつけて全三十巻に集約した、ディープラトゥナサーガル師（Dīparatna-sāgara）によるアーガマ・スッターニ版（Āgamasuttāṇi）の出版である（NCID: BA49926819）。出版当年の二〇〇〇年に、さっそく藤永伸が『ジャイナ教研究』第六号掲載「ジャイナ教関係書籍」で評したように、ディープラトゥナサーガル師が原典校合にあたって何を用いたのかは明らかにされていない（おそらくその大半は、一九一一年からインド国内で出版が開始され、過去の多くの研究者が底本として用いてきたアーガモーダヤ・サミティ版（Āgamodaya Samiti）と予想する）ため、正確さの点で不安が残る。実際にこれを用いてみると、特にサンスクリット語注釈の部分で頻繁に誤植を発見する。それでも、当時既に入手が困難となっていた諸注釈が全て読めることは何者にも代えがたく、本シリーズは画期的な出版であった。またもや私事を言えば、筆者が博士後期課程に進学した時にこのシリーズが出版された。そして先にも述べたように、当時筆者が所属していた研究室におけるジャイナ教の一次文献、とりわけ聖典に対する注釈文献の所蔵数はきわめて貧弱であった。そのような状況において、この出版は福音そのものであり、これがなければ筆者は博士論文の主題を根本的に変更していたかもしれない。その後、幾人かの海外研究者も本シリーズを底本として論文を投稿しているのを見て、これは筆者にとってだけの福音ではなかったと思ったことであった。

ただし、本シリーズの使命は今のところほとんど果たされたと言ってよい。というのも、以下に述べるプロジェクトにより、これまでの研究者が標準的に用いてきた古い校訂本、たとえばアーガモーダヤ・サミティ版や、より古いアーガマ・サングラハ版（Āgamasaṃgraha）、また現在標準的な校訂本として用いるジャイナ・アーガマ・シリーズ版（Jaina-Āgama-Series）が、自宅で数クリックの動作だけでその電子版を参照できるようになってしまったからである。必要ならばそのアーガマ・スッターニ版もダウンロードすればよく、研究者個人が紙媒体を求めてさまよう必要はほとんどない。

⑥ジャイン・イー・ライブラリー https://jainelibrary.org/

ジャイン・イー・ライブラリー（Jain eLibrary）が二十一世紀のジャイナ教研究、とりわけ文献資料の活用を必要とするジャイナ教研究における最大のゲーム・チェンジャーであることを疑う研究者は、誰もいないであろう。北米とインドに在住するジャイナ教徒たちの出資によって維持されているこの電子図書館は、サンスクリット語やプラークリットなどの古典語から、英語やヒンディー語などで書かれたものなど、主にインドで出版されたジャイナ教に関する古今のあらゆる資料――書籍の形で出版された経典、写本、辞典、事典、論文、説法集、雑誌、音声資料、などなど――を、ポータブル・ドキュメント・フォーマット（PDF）などの電子ファイル形式で保存すること、そしてその中で開陳されるジャイナ教の教えを世界中に広めることを目的として設立されたものである。誰もが無料で利用できる。むろん、資金援助は常に歓迎されている。少額ではあるが、筆者は何度か寄付している。来世に向けて着々と善業を積んでいるはずである。開設された当初からしばらくの間は、デジタル多用途ディスク（DVD）でのデータ販売もしていた。筆者の知る限り、少なくともDVDは八枚まで準備されたと思われる。しかし現在では、その配布方法は廃されている。二〇〇九年に発売された、最初の四枚組DVDには、およそ二三〇〇点の資料が収録されていた。それから十四年を経た二〇二三年、七月一日に確認した時点では、当該サイトには書籍から音声データまで含めると、三万点を超える電子資料が蓄積されている。文字どおり、ジャイナ教の「電子図書館」を名乗るにふさわしい。

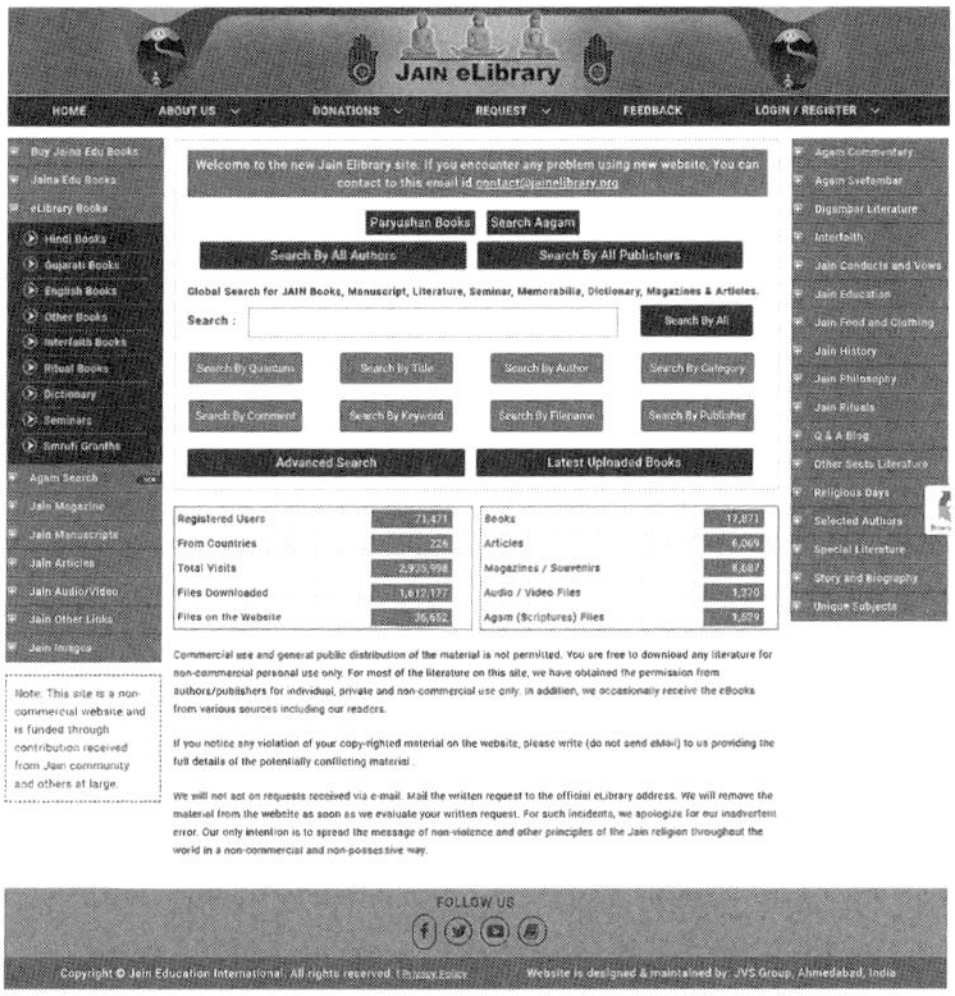

図2　Jain eLibrary のトップページ

開設当初は、スタンダード・イメージと称される低ドット密度のPDFデータが大半であり、ローマ字アルファベットならともかく、インド系の文字になると判読に苦労することもあった。その後、徐々にハイ・レゾリューション・イメージと称される高ドット密度データも追加されるようになり、今では視認性に問題を感じることはあまりない。収録される資料は、空衣派のものも含まれるが、全体として白衣派のものに偏っている。運営の主体が白衣派ジャイナ教徒である以上、当然のことであろう。また、元となる出版物に起因するのではない、単純なスキャン過程でのミスによってページが落丁している場合が時折見受けられる。さらに本サイトの抱える重大な欠陥として、各資料がもつ書名や責任表示、出版社や出版年、あるいはその資料について記しておくと有益な注記といった、検索の対象となりうる書誌的な情報、専門的なことばを使えばメタデータと称される情報群に相当程度の不足がある上に、データ付与に際してのルールの不統一が存在することを指摘しなければならない。この点について、もう少し詳しく述べる。

　メタデータに関するひとつ目の注意点としては、利用者視点で見ると当然付与しておくべきデータが付与されていないために、ある資料を検索しても発見できないか、あるいは不十分な結果に終わる場合がある、ということである。一例をあげる。白衣派ジャイナ教聖典の第五アンガは『ヴィヤーハパンナッティ（*Viyāhapaṇṇatti*）』という経典である。これは『バガヴァイー（*Bhagavaī*）』とも呼ばれる。ところでこれら二つの呼称は、それぞれ白衣派の聖典言語であるアルダマーガディー語というプラークリットの一種に基づいたものである。これらを、アルダマーガディー語の訛をとってサンスクリット語に戻すとそれぞれ『ヴィヤーキヤー・プラジュニャプティ（*Vyākhyāprajñapti*）』『バガヴァティー（*Bhagavatī*）』となり、実際にジャイナ教徒が当該経典の名をサンスクリット語で表現する場合は、このように呼んできた。このように、ある資料が複数の名称をもちうる場合には、面倒でもその名称すべてをメタデータとして付与しておいてくれたほうが、利用者としてはありがたい。またデータ付与者としてもそうしておくのがあるべき態度であろう。そして試みに、当該サイトにおいて検索してみると、サンスクリット語での呼び名である『ヴィヤーキヤー・プラジュニャプティ』では七十九件ヒットするのに対し、アルダマーガディー語での呼び名である『ヴィヤーハパンナッティ』で検索すると一件もヒットしない。一方でこの経典の別名のサンスクリット語での呼び名である『バガヴァティー』で検索するとヒット数は一〇〇を超える（なお、バガヴァティーという名を一部にもつ他文献の結果は、今回は手動で省いた）。当該経典に限らず、ジャイン・イー・ライブラリーを利用していると、この手の検索結果は頻繁に遭遇するため、利用する際は当該資料においてありうる書名のヴァリエーションをあらかじめ枚挙し、それらのヴァリエーションを全て検索の俎上にのせるという手間をとらねばならない。そうすれば、検索漏れのリスクを下げることができよう。「下げる」というのは、そのような手間をとって検索漏れゼロを達成できるかどうか、開設当初からこのサイトを利用している筆者も、いまだにわからないからである。

ところで、筆者は右の検索をした際、実際には『バガヴァティー』（*Bhagavatī*）と入力していない。これは、研究者たちが常識的に使用し、かつアメリカ図書館協会・アメリカ議会図書館が作成した翻字表（いわゆるALA‐LC翻字表）で定められたサンスクリット語・プラークリット諸語の翻字方式にしたがって入力し検索をかけても、うまくいかないことが多いという個人的な――と書いたが、同じような悩みを複数の研究者と共有してきたから、あながち個人的ともいえない――経験による。令和五年七月三日に筆者がBhagavatīと入力したところ、ヒット数は三十九件であった。そしてBhagvatiと入力すれば一〇一件、Bhagwatiで検索すると二〇二件ヒットした。この検索結果の差はおそらく、メタデータの付与に携わった者がヒンディー語話者であり、よりヒンディー語らしい発音に基づいた翻字方法、しかもそれをデータ作成者の任意で採用して付与したこと、また当該サイトの検索機能が、このような翻字の揺れに対応できていないことに起因するであろう。これは、他の資料を検索する場合でも同様である。たとえば白衣派聖典のひとつである『アーヴァッサヤ（*Āvassaya*）』（サンスクリット語だと『アーヴァシュヤカ（*Āvaśyaka*）』）についてデータを収集したければ、AvassayやAavassay、あるいはAavashyakなど、ヒンディー語の発音のように入力することで、検索結果の質が向上するようである。

当サイトの開設以来、このような問題が解消されないまま放置されているがゆえに、利用者が必要な資料を見つけ出す際にそれなりの苦労を強いられるうえ、その検索結果が完璧なものであるかを知ることも難しい。とはいえ、このような欠点をさしおいても、当サイトが研究者にもたらした恩恵は計りしれないことを改めて強調しておく必要がある。このサイトの出現により、インドと北米大陸のジャイナ教コミュニティにおける出版物や音声資料を入手する際のハードルは、限りなく低くなったからである。もちろん、電子データは永遠の存在ではありえず、このサイト自体永続する保証もない。しかし今、ジャイナ教の専門家を名乗っておいてこのサイトを研究のために利用しないことは非常識というべきである。あるいは、利用者には、次に紹介するサーチ・エンジンを併用するか、いっそのことジャイン・イー・ライブラリー上での検索を放棄し、次のサーチ・エンジンのみを用いることをお勧めしたい。それにより、検索漏れのリスクをかなり低減できるであろう。

⑦ジャイン・クォンタム（Jain Quantum）https://jainqq.org/

「ジャイナの量子」を名乗るこのサイトは、二〇二〇年八月にサービスが開始された、ジャイナ教文献に関するサーチ・エンジンである。ジャイン・イー・ライブラリーにアップロードされた約四〇〇万頁におよぶPDFデータを光学式文字認識（OCR）によってプレーンテキスト化して生成された三千万単語におよぶコーパスから、任意の語彙をごく短時間で検索可能にしたものである。ジャイ

図3　Jain Quantum のトップページ

ン・イー・ライブラリーが抱える、前述したような表記のヴァリエーションにも対応しているという。研究者向けに付け加えておくと、いわゆる京都＝ハーヴァード方式と呼ばれるサンスクリット語の翻字ルール――これはāやśといった特殊なアルファベットを用いずに翻字を実現するルールで、たとえばāならA、śならzと翻字する――に基づいた翻字方式での検索も可能であるらしいが、筆者は試したことがない。言語やカテゴリーを選択した絞り込み検索をすることもできる。またグーグル検索とも連動させることができる。例えば検索窓にBahubaliと入力し〈Search with Google〉をクリックすると、グーグル上で「Bahubali site:jainqq.org」の検索結果を表示することが可能である。このサーチ・エンジンの出現によって、ジャイン・イー・ライブラリーが持つ大規模資料を利用することは、かなり改善されたと思われる。

なおこのサイトについては、ロンドン大学東洋アフリカ研究学院（SOAS）附置ジャイナ教研究センターが発行するニューズレターの第一七号（二〇二二年）で、サイト製作者自身が、当サイトの技術情報や使用方法、将来の課題も含めてその紹介文を寄せている（Visaria 2022）ので、詳しくはそちらを参照されたい。右の筆者の記述もその紹介文に基づく。ニューズレターはジャイナ教研究センターのサイトで無料公開されている。

ちなみに、このサイトの作者は、オープンAIを活用したジャイン・ジー・ピー・ティー（JainGPT）なるサイト（https://jaingpt.org/）を二〇二三年六月に公開した。ジャイナ教戒律研究に直接かかわることではないが、付記しておく。

以上、一九九〇年代以降、白衣派ジャイナ教戒律研究における転機と筆者が考える諸点を、七つの点から説明した。①②③④は特に戒律研究への、⑤⑥⑦はジャイナ教研究全体にとっての福音だったと言っても、それを言い過ぎだと糾弾する者はいないであろう。

続いて以下では、一九九〇年代以降のジャイナ教戒律研究の動向を、欧米と日本国内の二つに分けて概観しよう。簡単に状況を先取りして述べるならば、欧米における研究は貴重なものが多いが散発的であり、チェーヤスッタを専ら研究する者はおそらく今のところ存在しないように思われる。一方わが国においては、ムニチャンドラ師による『ヴァヴァハーラ』校訂本出版が大きな転機となり、二〇一一年以降『ヴァヴァハーラ』を中心とするチェーヤスッタに関する研究成果が次々と公表されている。

二、ジャイナ教戒律研究の動向2

——①海外の状況

海外におけるチェーヤスッタ関連の研究状況に目を向けると、一九九〇年代以降も断続的に重要な研究が公表されているが、ジャイナ教研究全体の数からいえば僅少である。少なくとも欧米の学界において、チェーヤスッタとその注釈文献群を第一の専門に据える研究者は存在しないように思われる。これは、ジャイナ教を対象とした研究のテーマが、近年きわめて広範囲に拡散し、かつ文献学よりもフィールドワークや参与観察といった人類学的なアプローチによる研究の比重が大きくなっていること、一方でジャイナ教を専らとする研究者は必ずしも増加していないことにも起因していよう。もっとも、近年では北米在住の富裕なジャイナ教徒によって、北米の多くの大学にジャイナ教寄付講座が設置されている。将来、特に北米大陸においてはジャイナ教の研究者が増えていくかもしれない。

まず、チェーヤスッタへの諸注釈を中心資料とした研究としては、マリ・ユヴァスヤルヴィ＝ステュアート（Mari Jyväsjärvi-Stuart）による一連の研究を挙げることができよう（Jyväsjärvi-Stuart 2010; 2013; 2014）。彼女はこれまで、ニッジュッティやバーサにおける解釈技法、男性修行者による女性修行者保護に関するヒンドゥー法典文献との比較、またバーサ文献にみられるインド古典医学の知識に関する記述を扱い、いずれも重要な貢献をしている（なお知人からの情報によると、彼女はその後インド学研究から無事に離れ、現在は別の分野で活躍中との由）。僧尼の治病や看病に関わる諸規定については、フィリス・グラノフ（Phyllis Granoff）もバーサを資料として貴重な報告を提供している（Granoff 2014; 2017）。レオナルド・ツウィリング（Leonard Zwilling）とマイケル・スイート（Michael Sweet）による、第二性――男でも女でもない性――をめぐるジャイナ教の議論を追求した論文も重要であろう（Zwilling & Sweet 1996）。

ニッジュッティに関していえば、アショーク・クマール・シン（Aśoka Kumāra Siṃha）というインド人研究者が『ダシャーシュルタスカンダ・ニルユクティの一研究（*Daśāśrutaskandhaniryuktiḥ: Eka Adhyayana*）』（Siṃha 1998）をはじめとして、韻律学や比喩の用法の観点から、『アーヤーラダサーオー』のニッジュッティについて、いくつかの研究を公表している（Siṃha 1996; 1997a; 1997b; 1997–2002）。

バーサを扱った単著としては、マヘーンドラ・プラタープ・シン（Mahendra Pratāpa Siṃha）というインド人研究者の『ブリハット・カルパスートラ・バーシャ　文化的研究（*Bṛhatkalpasūtrabhāṣya: Eka Sāṃskṛtika Adhyayana*）』がある（Siṃha 2009）。タイトル通り、『カッパ』に対するバーサにおける文化史的な情報を網羅的に抽出して議論したもので、資料集として重宝するであろう。ジャイナ教団の戒律的側面についても、部分的ではあるが触れられている。

仏教諸律との比較研究でいえば、ハイイエン・フー＝フォン・ヒニューバー（Haiyan Hu-von Hinüber）による、サンボーガ（saṃbhoga、あえて日本語に訳せば、食をともにする関係、あるいはそのような関係をもつ僧または尼のグループを指す）と称される、出家間の関係性をめぐる比較研究を挙げねばならない（Hu-von Hinüber 2016; 2018）。

このほか、チャンドゥラバール・トゥリパーティー（Chandrabhāl Tripāṭhī 一九二九―一九九六）による、ドイツにおける『マハーニシーハ』研究史の報告（Tripāṭhī 1992）などがあるが、いずれにしても成果が分厚く蓄積されてきたとはいいがたいように思われる。

一二、ジャイナ教戒律研究の動向2
――②本邦の状況

ひるがえってわが国では、一九九〇年代以降もチェーヤスッタとその注釈文献を専らの対象とする研究は低調であった。この状況が変化するのは二十一世紀に入ってから、より厳密には二〇一〇年代以降である。そしてこれ以降継続的に、チェーヤスッタとその注釈文献について研究が公表されるようになった。このような研究の増加は、上に述べたような諸要因が直接間接に影響している可能性が高いであろう。とりわけムニチャンドラ師による『ヴァヴァハーラ』六巻本の出版は大きな要因であったろう。少なくとも筆者は、ムニチャンドラ師による出版がなければ、チェーヤスッタ研究をやってみよう、とは思わなかったかもしれない。むろん、わが国におけるジャイナ教研究者数が少ないため、仏教学者たちの目からすればその成果は微々たるものという印象を免れえないであろうが、わが国のジャイナ教研究史という点では大きな変化である。

（い）藤本有美による『ヴァヴァハーラ』研究

二〇一〇年代以降のわが国におけるチェーヤスッタ研究を牽引する人物は、間違いなく藤本有美である。「パーリ律」の文献学的研究によって東北大学で博士号を取得した後、更にインド・プネにおいて『ヴァヴァハーラ』研究により再び博士号を取得した藤本は、二〇一一年以降精力的に研究成果を公表し続けている（藤本 2011; 2012; 2013; 2014a; 2014b; 2016; 2017; 2018a; 2018b）。その研究は一貫して、『ヴァヴァハーラ』のあるスートラにおいて示される戒律条項が、バーサやサンスクリット語注においていかに解釈されるかを綿密に検討することで、その戒律条項の全体像を提示しようとするものであり、チェーヤスッタ研究において必要となる基礎を構築する、貴重な成果を提供し続けている。

（ろ）『ヴァヴァハーラ・バーサ』読書会とその成果

ムニチャンドラによる『ヴァヴァハーラ』新校訂本の出版は、若干の我が国の研究者を刺激した。出版直後の二〇一一年に、中世ジャイナ教哲学の専門家であり、ジャイナ教に関する国内唯一の学会であるジャイナ教研究会の現会長でもある藤永伸は、『ヴァヴァハーラ・バーサ』読書会の開催を提案した。翌年の二〇一二年には科学研究費の助成（課題番号 24520059）をうけて、有志により『ヴァヴァハーラ』とその諸注釈を扱う読書会が定期的に開催されることになった。この読書会は、途中で筆者の主導による『カッパ』とその諸注釈を扱う読書会に変更されるなど、若干の中断期間があったが今でもおおむね月に二度のペースで継続中である。そしてこの読書会での成果に直接間接にかかわる諸研究が、藤永（藤永 2015; 2022）や筆者（河﨑 2014; 2016）、また本書でも論考を寄せている堀田和義（堀田 2014）によって公表されている。なお、この読書会において『ヴァヴァハーラ』に対して著されたチュンニが取り上げられたことは特記すべき点である。すなわち、これまでマラヤギリのサンスクリット語注釈における断片的な引用という形でしか知られていなかったチュンニの諸写本を、同じく本書の寄稿者でもある上田真啓がインドで収集し、読書会での検討事項のひとつとしたのである。このチュンニをめぐる諸問題については上田が継続的に公表している（上田 2017; 2021a; 2021b）。またチュンニの校訂作業も、上田によって進行中である。その校訂本が公表されれば、ジャイナ教の戒律研究に携わる者たちを大いに裨益することであろう。

（は）その他

以上は全て基本的に『ヴァヴァハーラ』とその諸注釈文献に関わる研究だったが、他のチェーヤスッタとその注釈文献群についても、わずかながら研究が公表されてきている。『ニシーハ』については、先にも述べたように奥田清明が三章・四章の訳注研究を提供してくれている（奥田 2005a）。『カッパ』についても同様に奥田清明が、僧尼の宿泊所をめぐる規定に関する研究を公表している（奥田 2005b）。また、筆者のチェーヤスッタ研究も『カッパ』とその諸注釈を主に対象としてきた。これまで、『カッパ』に記述される出家修行者の葬送儀礼の次第（河﨑 2020b）、布の裁断が暴力に値するか否かをめぐる『カッパ』諸注釈の議論の検討（河﨑 2022a）、修行者が嘘をついても戒律違反とならない状況をめぐる検討（河﨑 2021）、『カッパ』に対するサンスクリット語注に現れる特殊語彙の研究（河﨑 2020a）、出家修行者どうしの間で諍いが起こった場合の対処法の検討（河﨑 2020b）、白衣派と空衣派の双方が共通して伝承する出家修行者に課せられる規定のうち、「裸形を保つこと」という規定に関する白衣派の解釈——裸形を保つのは空衣派であって、白衣派が裸形になるのは原則ではない——をめぐる問題の検討（河﨑 2019）などを行ってきた。

一三、ジャイナ教戒律研究のこれから

以上、数節を費やして述べてきたジャイナ教戒律研究の「これまで」を踏まえて、最後に今後のジャイナ教戒律研究の「これから」についていくつかの目指すべき点を提案し、終わりとしたい。なお、以下の諸点は順不同に述べるものであり、優先順位を示すものではない。当然ながら、どれかひとつだけをやっていればよい、という類の話でもなく、相互に連関させて研究を進めたほうがよい場合なども含まれていよう。

①個々のチェーヤスッタ、またニッジュッティ・バーサの基礎的な文献研究

チェーヤスッタについては、シュプリンクをしてカオスと言わしめた『ニシーハ』の徹底的な研究に、誰かが早めに手をつけるべきであろう。日本語訳や内容の紹介については、先に述べたように、部分的ではあるが奥田清明が行った。まずはそれに続く研究が必要である。内外問わず研究者がほとんど手をつけていないという点では、『ジーヤカッパ』や『パンチャカッパ』も同様である。ジャイン・ヴィシュヴァ・バーラティー・インスティテュートの尽力により、主要なチェーヤスッタのニッジュッティあるいはバーサについては、翻訳や種々の補遺を伴う資料が出そろったとはいえ、そこで用いられる語彙や文法、また内容については不明な点も多く、基礎的な作業は膨大に残っている。わが国の研究者のためには、日本語による翻訳と解説の公表はおおいに歓迎されるであろう。もうひとつ付け加えるなら、チェーヤスッタと注釈文献群を一体のものとしてとらえ、個々のチェーヤスッタの条文が注釈文献でどのように理解されているのかが、一目瞭然となる資料を作成すること——仏教学での、平川彰による大著『二百五十戒の研究』のごときを想定している——は、ジャイナ教研究者や仏教学者のみならず、他の宗教研究者にとっても便利な道具として機能するであろう。

②各ニッジュッティ・バーサ間の比較研究

それぞれのチェーヤスッタがいかなる関係性のもとにあるのかは、実はそこまで明らかにはなっていない。その実情に呼応して、それぞれのチェーヤスッタに対して著されたニッジュッティやバーサといった諸注釈がどのような関係性を有しているのかも、ほとんど明らかにされていない。ジャイン・ヴィシュヴァ・バーラティー・インスティテュートが校訂したニッジュッティ・バーサは、それぞれのニッジュッティ・バーサにおいて一致あるいは類似する箇所の網羅的な一覧を提供している。それらの成果を踏まえ、各ニッジュッティ・バーリ間の関係性について研究することが必要であろう。これを言うのは三度目となるが、ブルーンらが作成した韻文コンコーダンスは、この研究を進めるにあたって不可欠の価値を有するはずである。大英図書館はこれを死蔵せずに、何らかのかたちで公開していただきたいと切に願う。

③新資料の校訂・研究

これも先に示したように、『カッパ』に対するチュンニや「ブリハッド・バーシャ」と呼ばれる注釈は、長い間他の注釈が断片的に引用するという形でしかうかがい知ることができなかった。『ヴァヴァハーラ』のチュンニについては上田真啓による校訂作業が続いているが、これ以外にも今なお写本のまま存在する諸注釈は存在する可能性は否定できない。手始めに、現在入手しうる写本カタログを悉皆調査するなど、綿密な予備調査からはじめる必要がある。

④既に校訂出版されている資料の再校訂・出版

過去に出版された様々な原典が容易に入手できるようになった。とはいえ多くの場合、校訂の質は不問に付してひとまず原典が読めるようになった状態を喜んでいる、という段階にとどまっていることも確かである。要するに、いまだ多くの原典は、批判的な校訂と呼ぶに値する作業を経験した校訂本を有していない。一点だけ個人的な経験からくる印象を語ると、『ニシーハ』に対するヴィセーサ・チュンニの校訂本は、お世辞にも良い出来とは思えない。しかし、それが単に印刷時の不備による誤植に満ちているというだけの、校訂者と印刷所の粗雑さによるのか、写本の伝承の悪さによるのかなど、③と同様、写本の状況を精査し収集して確認する必要がある。

⑤仏教諸律との比較研究

前述したように、これについてはいくつかの研究が存在し、それぞれ重要な成果を示すものの、質・量ともにいまだ不十分である。たとえば、仏教諸律が定める各規定に類似する条文をチェーヤスッタや諸注釈の中に探し求め、その解釈の相違を浮き彫りにするような包括的な比較研究、といったものは今のところない。

⑥空衣派ジャイナ教戒律研究

本稿が、白衣派ジャイナ教のチェーヤスッタとその注釈文献を主題としたことには理由がある。白衣派の戒律研究に比べると、空衣派ジャイナ教の戒律研究が進んでいないからである。S・B・デーオの『碑文と文献資料に基づくジャイナ教の僧院制度史』は、空衣派の出家者の戒律に一章を割いたが、著者が白衣派の戒律に対して我々に提供した情報の量からすれば貧弱の感を免れない。空衣派の戒律を研究し、それを白衣派の戒律と比較検討すること、さらにそれらの戒律を仏教やヒンドゥー教の類似概念と検討することは、課題として残されたままである。その際、デーオ自身も多少触れたように、出家者の行動規則に多くの紙幅を費やす空衣派の聖典である『ムーラーチャーラ』が、最初に検討するべき資料となろう。そのためには、出家者が従う正行全般を総合的に議論する第五章の校訂・訳注からなる奥田清明の研究（Okuda 1975）や、托鉢に関する規則を記す『ムーラーチャーラ』第六章の、ラージェーンドラ・プラサード・ジャイン（Rajendra Prasad Jain）による校訂・訳注研究（Jain 1983）に続く、残り一〇章ぶんの基礎作業が必要である。『ムーラーチャーラ』全体の批判的な校訂本は今のところなく、全体の内容を俯瞰する簡便な手引きも今のところ存在しない。そのような中、プールチャンド・ジャイン・プレーミー（Phūlacanda Jaina Premī）という研究者の、自身の博士論文に基づいた『『ムーラーチャーラ』の批判的研究（*Mūlācāra kā Samīkṣātmaka Adhyayana*）』（Premī 1987）は、そのような作業のための道標として、それなりに機能するであろう。

⑦文化人類学的研究

　本稿は、文献学的手法に基づく戒律研究の動向を観察することに終始した。いうまでもなく、ジャイナ教は今でも生きている宗教である。現代の出家修行者がいかなる規則に基づいて宗教生活をおくるのか、それはチェーヤスッタやバーサなどで示されるものと同一か相違するのか、相違するならば、なぜ相違するのか、といったことについての研究が、当然ながら必要である。海外では文化人類学的手法に基づくジャイナ教研究も活発であり、その例を挙げると枚挙にいとまがない。観察される諸事象を聖典などの古い文献資料と突き合わせる研究も存在する。ここでは先駆的なものとして、主にジャイナ教の尼僧を対象とした十二年にわたる調査の結果であるN・シャーンター（N. Shântâ）の『ジャイナ教の道（*La voie jaïna*）』（Shântâ 1985）とその英訳版（Shântâ 1997）、および上二書に基づいた「ジャイナ教の伝統における女性苦行者（Women Ascetics in the Jaina Tradition）」（Shântâ 2001）と、最近年に出版されたものとして、ロンドン大学東洋アフリカ研究学院（ＳＯＡＳ）附置ジャイナ教研究センター長であり、文献学と人類学の双方の点から精力的にジャイナ教研究を進めているペーター・フリューゲル（Peter Flügel）による大著『苦行と献身　白衣派ジャイナ教テーラーパンティー教団の儀礼体系（*Askese und Devotion: Das rituelle System der Terāpanth Śvetāmbara Jaina*）』（Flügel 2018）の名を挙げるにとどめる。

わが国では、立正佼成会の付置機関である中央学術研究所のプロジェクト「原始仏教聖典資料による釈尊伝の研究」(http://www.sakya-muni.jp/) に長年携わった、中島克久と岩井昌悟の両氏が空衣派ジャイナ教の出家者集団について報告している (中島・岩井 2006)。また、白衣派や空衣派の聖典にみられる難語を、仏教資料などの例と比較し解明してきた八木綾子が白衣派テーラパンティー教団に所属する女性出家修行者の宗教生活を報告している (Yagi=Hohara 2013; 八木 2014)。しかしながら、このような研究は極めて少ないのが現状である。わが国のジャイナ教研究が、ほぼ文献学的手法に基づいてきたという事実がこの実情に関与していることを疑う余地はない。専門家の養成から取り組むべき課題である。

このほか、冒頭で示したように、たとえば戒律を主題としないジャイナ教文献においてジャイナ教の出家者がどのように描かれるか、ヒンドゥー教諸派における出家者の戒律とジャイナ教の戒律とはどのように異なるのか、ジャイナ教徒が著したのではない文献の中でジャイナ教徒はどのような戒律を守る者として描かれるか、などなど、扱うべき主題はさまざまに存在するであろう。戒律に限った話ではないが、何に注目し、どのように扱うかは、研究者の腕の見せ所でもあろう。

一四、ジャイナ教戒律研究に関する書誌情報

以下では本稿の話題に限って、ジャイナ教戒律研究にかかわるいくつかの一次文献・二次文献の書誌情報を提示する。インド固有の文字による原綴の提示は避けて翻字のみを示している。翻字システムは、現在の研究者が一般に用いるものを採用した。なお、ヒンディー語のいわゆる潜在母音は省略せずに翻字している。ヒンディー語では、すべての子音文字と半母音文字は a 音を伴うが、その a が発音される場合とされない場合があり、このような母音 a を潜在母音という。たとえば uttama という語の場合、語末の a は発音されない。したがって発音に基づいて翻字すれば uttam になるが、そうではなく uttama と翻字した、ということである。

①チェーヤスッタ類とそれらに対する注釈文献群の原典校訂と翻訳を専らとする資料

アーガマ・サングラハ版にはじまる白衣派ジャイナ教聖典の、特にインドで出版された古い諸校訂本に関する情報は割愛した。それらの書誌情報は、③にあげる書誌目録の

うち、特にワイルズの三作がすでに取り上げているからである。一方で、ワイルズの目録出版以降に公表されたチェーヤスッタの校訂本や翻訳などのうち、筆者が重要と思うものについてはなるだけ記載した。もっとも、ジャイナ教研究に携わる方々であればひしひしと実感されるであろうが、ジャイナ教徒の出版活動はきわめて旺盛であって、専門的な訓練を受けた個人の研究者、あるいは専門司書であっても、その全てを追うことはまず不可能である。本稿をご覧になった専門家の方々が、書誌情報を補足されることを切に願う。また以下の諸情報は、筆者が直接に実見しえたものに限っている。たとえばある研究者が自身の研究を公表するに際して何かの校訂本を用いていたとしても、筆者が物理的な書籍のかたちであれ、電子媒体のかたちであれ、その校訂本を直接には参照しえなかった場合は取り上げていない。

『アーヤーラダサーオー』

［1］Schubring, Walther (mit einem Beitrag von Colette Caillat). *Drei Chedasūtras des Jaina-Kanons: Āyāradasāo, Vavahāra, Nisīha*. Alt- und Neu-Indische Studien 11. Hamburg: de Gruyter, 1966.

［2］Samaṇī Kusumaprajñā (saṃpādaka) & Muni Dulaharāja (anuvādaka). *Niryuktipaṃcaka* [*Ācārya Bhadrabāhu viracita Daśavaikālika, Uttarādhyayana, Ācārāṃga, Sūtrakṛtāṃga, Daśāśrutaskaṃdha kī Niryuktiyoṃ ke mūlapāṭha, pāṭhāntara, pādaṭippaṇa, anuvāda, vistṛta bhūmikā tathā vividha pariśiṣṭoṃ se samalaṃkṛta*]. Lāḍanūṃ: Jaina Viśva Bhāratī, 1999.

［3］Amara Muni. *Sacitra Śrī Cheda Sūtra* (*Daśā Kalpa Vyavahāra*). Dillī: Padma Prakāśana, 2005.

［4］Vairāgyavijaya. *Ācāryaśrībhadrabāhusūriviracitā Kalpa-niryuktiḥ* (*Cūrṇi-Avacūrisahitā*). Pūnā: Śruta-bhavana saṃśodhana kendra, 2011 (?).

［5］Mukhyaniyojikā Sādhvī Viśrutavibhā. *Dasāo: Mūlapāṭha, Saṃskṛta chāyā, Hindī anuvāda, Ṭippaṇa tathā pariśiṣṭa sahita*. Lāḍanūṃ: Jaina Viśva Bhāratī, 2014.

『カッパ』

［6］Schubring, Walther. *Das Kalpa-sūtra: Die alte Sammlung jinistischer Mönchsvorschriften*. Indica 2. Leipzig: Harrassowitz, 1905. = *Kleine Schriften* pp. 1–70.

［7］Schubring, Walther. “The Kalpa-Sutra: An Old Collection

of Disciplinary Rules for Jaina Monks." Translated from the German by May S. Burgess. *The Indian Antiquary* XXXIX, pp. 257–267.

[8] Bollée, Willem B. *Bhadrabāhu Bṛhat-kalpa-niryukti and Sanghadāsa Bṛhat-kalpa-bhāṣya*, 3 volumes. Beiträge zur Südasienforschung 181. Stuttgart: Franz Steiner, 1998.

[9] Caturavijaya & Puṇyavijaya. *Bṛhatkalpasūtram*, 6 volumes. Ahamadābāda: Sarasvatī Pustaka Bhaṃḍāra, 1998 [First ed. published by Śrījaina-Ātmānandasabhā, 1933–1942]

[10] Muni Dulaharāja. *Bṛhatkalpabhāṣyam* (*Hindī anuvāda sahita*), 2 volumes. Lāḍanūṃ: Jaina Viśva Bhāratī Saṃsthāna, 2007.

[11] Vijayaśīlacandrasūri & Rūpendrakumāra Pagāriyā. *Śrutakevali-Śrībhadrabāhusvāmi-praṇītaṃ svopajñaniryuktisametaṃ Śrīsaṅghadāsagaṇi-kṣamāśramaṇaviracitalaghubhāṣyasahitaṃ Ajñātakartṛkacūrṇisamanvitaṃ Bṛhatkalpasūtram* [*Pīṭhikāḥ bhāga 1*]. Ahamadābāda: Prākṛta Grantha Pariṣad, 2008.

[12] Sādhvī Muditayaśā. *Kappo* (*Bṛhatkalpa*)*: Mūlapāṭha, Saṃskṛta chāyā, Hindī anuvāda, Ṭippaṇa tathā pariśiṣṭa sahita*. Lāḍanūṃ: Jaina Viśva Bhāratī, 2014.

[13] Munivairāgyarativijayagaṇī & Śrī Rūpendrakumāra Pagāriyā. *Śrībhadrabāhusvāminibaddhaṃ Kalpasūtram* (*Bhāṣya-Viśeṣacūrṇisahitam*), 3 volumes. Puṇe: Śrutabhavanasaṃśodhanakendra, 2016.

[14] Vijayaśīlacandrasūri & Muni Trailokyamaṇḍanavijaya. *Śrutakevali-Śrībhadrabāhusvāmi-praṇītaṃ svopajña-'Niryukti'-sametaṃ, Śrīsaṅghadāsagaṇi-kṣamāśramaṇa-viracita-'Laghubhāṣya'-sahitaṃ, Śrījinadāsagaṇimahattara-kṛta-'Cūrṇi'-samanvitaṃ, Laghubhāṣyopari ajñātakartṛka-'Bṛhadbhāṣya'-saṃvalitaṃ ca Śrībṛhatkalpa-sūtram*. Bhāgaḥ 1: Pīṭhikākhaṇḍaḥ. Ahamadābāda: Śrīhemacandrācārya Śikṣaṇanidhi, 2018.

『ジーヤカッパ』

[15] Leumann, Ernst. "Jinabhadra's Jītakalpa, mit Auszügen aus Siddhasena's Cūrṇi." *Sitzungsberichte der Königlich Preussischen Akademie der Wissenschaften 1892, Juni-December*, pp. 1195–1210. = Kleine Schriften pp. 260–274.

[16] Samaṇī Kusumaprajñā. *Jinabhadragaṇikṣamāśramaṇa vi-*

racita *Jītakalpa Sabhāṣya*. Lāḍanūṃ: Jaina Viśva Bhāratī. 2010.

『ニシーハ』

See [1].

[17] Schubring, Walther. *Vavahāra-und Nisīha-sutta*. Abhandlungen für die Kunde des Morgenlandes, Bd. 15, no. 1. Leipzig: Brockhaus, 1918.

[18] Amara Muni & Muni Kanhaiyālāla “Kamala”. *Niśītha-sūtram: sabhāṣyaṃ*, 4 volumes. Āgama-sāhitya ratna-mālā, ratnam 3–6. Bhāratīya vidyā prakāśāna, Sanmati jñāna pīṭha, 1982.

[19] Śāstrī, Chaganalāla, et al. *Niśītha Sūtra*. Jodhapura: Śrī Akhila Bhāratīya Sudharma Jaina Saṃskṛti Rakṣaka Saṃgha, 2007.

[20] Sādhvī Śrutayaśā. *Nisīhajjhayaṇaṃ: Mūlapāṭha, Saṃskṛta chāyā, Hindī anuvāda, Ṭippaṇa tathā pariśiṣṭa sahita*. Lāḍanūṃ: Jaina Viśva Bhāratī, 2014.

[21] Amara Muni. *Sacitra Śrī Niśītha Sūtra*. Dillī: Padma Prakāśana, 2015.

[22] Samaṇī Kusumaprajñā (saṃpādaka) & Sādhvī Śrutayaśā (anuvādaka). *Ācārya Bhadrabāhu evaṃ Saṃghadāsagaṇi viracita Niśītha-Niryukti evaṃ Bhāṣya*, 4 volumes. Lāḍanūṃ: Jaina Viśva Bhāratī, 2015.

『パンチャカッパ』

[23] Kulacandrasūri & Kalyāṇabodhivijaya. *Paṃca Kalpa Bhāṣya Cūrṇi*. Muṃbaī: Śrī Ārādhanā Bhavana Jaina Pauṣadhaśālā, 1996 (?).

[24] Samaṇī Kusumaprajñā. *Ācārya Bhadrabāhu evaṃ Saṃghadāsagaṇi viracita Paṃcakalpa Sabhāṣya*. Lāḍanūṃ: Jaina Viśva Bhāratī, 2018.

『マハーニシーハ』

[25] Schubring, Walther. *Das Mahānisīha-sutta*. Berlin: Königl. Akademie der Wissenschaft, 1918.

[26] Hamm, Frank-Richard & Walther Schubring. *Studien zum Mahānisīha, Kapitel 6–8* Alt- und Neu-Indische Studien 6. Hamburg: de Gruyter, 1951.

[27] Deleu, Jozef & Walher Schubring. *Studien zum Mahānisīha, Kapitel 1–5*. Alt- und Neu-Indische Studien 10. Hamburg: de Gruyter, 1963.

[28] Puṇyavijaya & Rupendra Kumar Pagariya. *Mahānisīha-Suya-Khaṃdham*. Ahmedabad: Prakrit Text Society, 1994.

『ヴァヴァハーラ』

See [1] and [17].
[29] Samaṇī Kusumaprajñā. *Vyavahāra Sabhāṣya: Mūlapāṭha, Pāṭhāntara, Pāṭhāntara-vimarśa, Niryukti, vistṛta bhūmikā tathā vividha pariśiṣṭoṃ se samalaṃkṛta*. Lāḍanūṃ: Jaina Viśva Bhāratī Saṃsthāna, 1996.
[30] Bollée, Willem B. "Tales and Similes from Malayagiri's Commentary on the Vyavahārabhāṣya (bhāga 1)." *Indologica Taurinensia* 28, 2002, pp. 41–95.
[31] Muni Dulaharāja. *Sānuvāda Vyavahārabhāṣya* (*Hindī anuvāda meṃ anūdita*). Lāḍanūṃ: Jaina Viśva Bhāratī Saṃsthāna, 2004.
[32] Bollée, Willem B. "Tales and Similes from Malayagiri's Commentary on the Vyavahārabhāṣya (bhāga 2)." *Indologica Taurinensia* 31, 2005, pp. 9–90.
[33] Bollée, Willem B. *Vyavahāra Bhāṣya Pīṭhikā*. Pandit Nathuram Premi Research Series 4. Mumbai: Hindi Granth Karyalay, 2006.
[34] Bollée, Willem B. *Tales of Atonement: Stories from Malayagiri's Commentary on the Vyavahāra Bhāṣya*. Pandit Nathuram Premi Research Series 28. Mumbai: Hindi Granth Karyalay, 2009.
[35] Ācārya Vijaya Municandrasūri. *Śrī Vyavahārasūtram*, 6 volumes. Ā. Śrī Oṃkārasūrijñānamaṃdira granthāvalī 46–51. Sūrata: Ācāryaśrī Oṃkārasūrijñānamandira, 2010.
[36] Sādhvī Śubhrayaśā. *Vavahāro: Mūlapāṭha, Saṃskṛta chāyā, Hindī anuvāda, Ṭippaṇa tathā pariśiṣṭa sahita*. Lāḍanūṃ: Jaina Viśva Bhāratī, 2016.

②チェーヤスッタとその諸注釈を資料（の一部）として用いる近年の研究

代表的と思われるもの、あるいは筆者が入手しえた資料の中で重要と考える最近の研究の情報を提供するにすぎない。各研究の梗概を数行で示し、かつ定期的なアップデートが可能な形式での書誌目録の作成は、筆者の課題でもある。チェーヤスッタ類の研究に特化した書誌目録は存在しないが、ジャイナ教に関する書誌目録そのものはいくつか存在する。末尾にそれらの情報も挙げておくので、比較的古い研究を含め、より網羅的な情報を求める向きはそちらをあたられたい。

Balbir, Nalini

1985 "The Monkey and the Weaver-Bird: Jaina Versions of a Pan-Indian Tale." *Journal of the American Oriental Society*, Vol. 105–1, pp. 119–134.

1987 "The Perfect Sūtra as Defined by the Jainas." *Berliner Indologische Studien* 3, pp. 3–21.

1990 "*Anadhyāya* as a Jaina Topic: The Precepts." *Wiener Zeitschrift für die Kunde Südasiens* 34, pp. 49–77.

1998 "A New Instance of Common Terminology in Jaina and Buddhist Texts." *Facets of Indian Culture: Gustav Roth Felicitation Volume*. Edited by C. P. Sinha, Kameshwar Prasad, Jagdishwar Pandey and Umesh Chandra Dwivedi. Patna: Bihar Puravid Parishad, pp. 424–444.

2001 "La question de l'ordination des enfants en milieu jaina." *Les âges de la vie dans le monde indien*. Edited by Christine Chojnacki. Paris: Diffusion De Boccard, pp. 153–183.

2002 "Women and Jainism in India." *Women in Indian Religions*. Edited by Arvind Sharma. New Delhi: Oxford University Press, pp. 70–107.

2018 "The Jain Tradition on Protection and Its Means." *Katā me rakkhā, katā me parittā: Protecting the Protective Texts and Manuscripts. Proceedings of the Second International Pali Studies Week, Paris 2016*. Edited by Claudio Cicuzza. Bangkok & Lumbini: Fragile Palm Leaver Foundation / Lumbini International Research Instutitute, pp. 239–304.

Bhāyāṇī, Harivallabha Cunīlāla

1989 "The Tale of the Royal Monk Yava." *Amalā Prajñā: Aspects of Buddhist studies, Professor P. V. Bapat Felicitation Volume*. Edited by N.H. Samtani. Delhi: Sri Satguru Publications, pp. 537–545. = *Indological Studies*, pp. 342–353.

Brahmeshananda, Swami

1992 "Jain Monastic Rules." *Jain Journal* 26–4, pp. 245–253.

Bruhn, Klaus & Chandrabhāl Tripāṭhī

1970 “Prospectus of A New Verse Concordance.” *Jain Journal* 1970–1, pp. 159–168.

1977 “Jaina Concordance and Bhāṣya Concordance.” *Beiträge zur Indienforschung: Ernst Waldschmidt zum 80. Geburstag gewidmet*. Edited by H.Härtel. Berlin: Museum für Indische Kunst, pp. 67–80.

Caillat, Colette

1962 “Contribution à l'étude d'une pénitence jaina, la “relegation” (*parihāra*).” *Journal Asiatique* 250, pp. 505–529.

1965 *Les expiations dans le rituel ancien des religieux jaina*. Publications de l'Institut de civilisation indienne Sér. in–8, fasc. 25. Paris: Boccard.

1968 “The Religious' Prāyaścittas according to the Old Jaina Ritual.” *Śrī Mahāvīra Jaina Vidyālaya Suvarṇamahotsava Grantha* = Shri Mahavira Jaina Vidyalaya Golden Jubilee Volume, Part I. Muṃbaī: Śrī Mahāvīra Jaina Vidyālaya Prakāśana, pp. 88–117.

1975 *Atonements in the Ancient Ritual of the Jaina Monks*. Lalbhai Dalpatbhai series 49. Ahmedabad: L. D. Institute of Indology.

2000 “Principes de la procedure religieuse selon le canon jaina.” *La norme et son application dans le monde indien: Actes du colloque organisé par l'équipe «Langues, textes, histoire et civilization du monde indien»* (*UPRES-A 7019, Université Paris III-CNRS*) *Paris, EFEO, 28–29 janvier 1999*. Edited by Marie-Luce Barazer-Biloret and Jean Fezas. Paris: École française d'Extrême-Orient, pp. 1–10.

2003 “Gleanings from a Comparative Reading of Early Canonical Buddhist and Jaina Texts.” *Journal of the International Association of Buddhist Studies*, vol. 26–1, pp. 25–50.

Cort, John E.

2008 “Recent Fieldwork Studies of the Contemporary Jains.” *Contribution of Jainas to Sanskrit and Prakrit Literature: Dr. K. R. Chandra Commemoration Volume*. Edited by Vasantkumar Bhatt, Jitendra B. Shah and Dinanath Sharma. Ahmedabad: Shreshthi Kasturbhai Lalbhai Smarak Nidhi, pp. 101–132.

Deo, Shantaram Bhalchandra

1956a *History of Jaina Monachism from Inscriptions and Literature*. Deccan College dissertation series 17. Poona: Deccan College Postgraduate and Research Institute.

1956b "Some Aspects of Jaina Monastic Jurisprudence." *Ācārya Vijayavallabhasūri smāraka grantha*. Bombay: Śrī Mahāvīra Jaina Vidyālaya Prakāśana, pp. 41–54.

1960 *Jaina Monastic Jurisprudence*. Banaras: Jaina Cultural Research Society.

1990 "Growth, Organization, and Change: A Review of Jaina Monastic Organization." *Bulletin of the Deccan College Post-Graduate and Research Institute* 49, pp. 119–126.

1991–2 "Maharashtra in the Brihatkulpasūtra-Bhāṣya [*sic*]." *Bulletin of the Deccan College Post-Graduate and Research Institute* 51/52 = Professor S.M. Katre Felicitation Volume, pp. 463–465.

Dixit, K. K.

1976 "A New Contribution to the Discussion of a Problem of Jaina Monastic Discipline." *Sambodhi* 5.2–3, pp. 13–48.

[Muni] Dulaharāja, Sādhvī Vimalaprajñā & Sādhvī Siddhaprajñā

2005 *Śrībhikṣu Āgama Viṣaya Kośa 2* (*Paṃca Āgama — Ācāracūlā, Niśītha, Daśā, Kalpa aura Vyavahāra tathā inake vyākhyā — graṃthoṃ ke ādhāra para*). Lāḍanūṃ: Jaina Viśva Bhāratī.

Flügel, Peter

2010 "The Jaina Cult of Relic Stūpas." *Numen* 57–3/4, pp. 389–504.

2017 "Klaus Bruhn (22.5.1928–9.5.2016)." *Jaina Studies: Newsletter of the Centre of Jaina Studies* 12, pp. 40–44.

2018 *Askese und Devotion: Das rituelle System der Terāpanth Śvetāmbara Jaina*, 2 volumes. Alt- und Neu-Indische Studien 56. Dettelbach: J. H. Röll.

藤　謙敬

1963 『インド教育思想研究』東京：講談社

藤本　有美（Fujimoto, Yumi）

2011 "On Rules of *upasampadālocanā* in *Vyavahārabhāṣya* 1."『印度學佛教學研究』59–3, pp. 1116–1121.

2012 “About Vyavahārabhāṣya on Vyavahārasūtra I, 1–20.”『ジャイナ教研究』18, pp. 1–13.

2013 「Vyavahārabhāṣya 第2章における vihāra（遊行）の規定について」『論集』40, pp. 100–88.

2014a 「*Aparādhālocanā* の規定について」『奥田聖應先生頌寿記念インド学仏教学論集』東京：佼成出版社、pp. 446–451.

2014b 「*Vyavahārabhāṣya* 第2章における心の不調な僧について」『論集』41, pp. 90–71.

2016 「Vyavahārabhāṣya 第一章に見られる住処での生活規定について」『論集』43, pp. 132–107.

2017 「出家期間の少ない僧の僧団指導者就任という例外について」『論集』44, pp. 118–104.

2018a “About Rules for *bhikṣupratimā* in Vyavahārabhāṣya I.” *Jaina Studies: Select Papers Presented in the ‘Jaina Studies’ Section at the 16th World Sanskrit Conference Bangkok, Thailand & the 14th World Sanskrit Conference, Kyoto Japan*. Edited by Nalini Balbir and Peter Flügel. New Delhi: DK Publishers, pp. 45–53.

2018b 「Bhāṣya 文献における追放（pāraṃciya）の規定について」『ジャイナ教研究』24, pp. 37–73.

藤永 伸（Fujinaga, Shin）

2015 “Another Aspect of Jain Mendicant Life in the *Vyavahārasūtra* and Its Commentaries.” *Sanmati: Essays Felicitating Professor Hampa Nagarajaiah on the Occasion of His 80th Birthday*. Edited by Luitgard Soni and Jayandra Soni. Bengaluru: Sapna Book House, pp. 195–199.

2022 “Nuns in Jainism.”『真宗文化』31, pp. 35–42.

藤永伸、河﨑豊、八木綾子、堀田和義

2014 “*Vyavahārasūtra Bhāṣya Pīṭhikā*.” *Buddhist and Jaina Studies: Proceedings of the Conference in Lumbini, February 2013*. Edited by J. Soni, M. Pahlke and C. Cüppers. Lumbini: Lumbini International Research Institute, pp. 219–227.

Granoff, Phyllis

2014 “Between Monks and Layman: *Paścātkṛta* and the Care of the Sick in Jain Monastic Rules.” *Buddhist and Jaina Studies: Proceedings of the Conference in Lumbini, February 2013*. Edited by J. Soni, M. Pahlke and C.

Cüppers. Lumbini: Lumbini International Research Institute, pp. 229–251.

2017 “Patience and Patients: Jain Rules for Tending the Sick.” *eJournal of Indian Medicine*, 9, pp. 23–38.

堀田 和義（Hotta, Kazuyoshi）

2014 “Examination of the Newly-Arrived Monk in Jain Vinaya Texts.”『印度學佛教學研究』62–3, pp. 1119–1123.

Hu-von Hinüber, Haiyan（胡海燕）

2016 *Saṃbhoga: Die Zugehörigkeit zur Ordensgemeinschaft in frühen Jainismus und Buddhismus*. Studia Philologica Buddhica Monograph series 33. Tokyo: The International Institute for Buddhist Studies.

2018 “On the Meaning of saṃbhoga in Early Jainism and Buddhism.” *Jaina Studies: Select Papers Presented in the ‘Jaina Studies’ Section at the 16th World Sanskrit Conference Bangkok, Thailand & the 14th World Sanskrit Conference, Kyoto Japan*. Edited by Nalini Balbir and Peter Flügel. New Delhi: DK Publishers, pp. 15–30.

Jain, Rajendra Prasad

1983 *Piṇḍasuddhi: Das sechste Kapitel von Vaṭṭakeras Mūlācāra und der āhākamma-Abschnitt der Piṇḍa-nijjutti*. New Delhi.

Joshi, Nalini

2014 *Chāṇakya: Explored in the Jaina Literature*. Pune: Seth H. N. Jain Chair, Firodia Publications.

Jyväsjärvi-Stuart, Mari

2010 “Retrieving the Hidden Meaning: Jain Commentarial Techniques and Art of Memory.” *Journal of Indian Philosophy* 38, pp. 133–162.

2013 “Male Guardians of Women’s Virtue: A Dharmaśāstric Theme and Its Jain Variation.” *Journal of the American Oriental Society* 133–1, pp. 35–56.

2014 “Mendicants and Medicine: Āyurveda in Jain Monastic Texts.” *History of Science in South Asia* 2, pp. 63–100.

河崎 豊（Kawasaki, Yutaka）

2014 「*Vyavahāra* 註釈文献群が記す討論術」『中央学術

研究所紀要』43, pp. 131–144.
2016　「ジャイナ教団におけるリーダーの適性について」『筑紫女学園大学人間文化研究所年報』37, pp. 27–52.
2018　「誰が出家できるのか？」『ジャイナ教研究』24, pp. 101–128.
2019　「Bṛhatkalpabhāṣya 6364 の予備的研究」『印度學佛教學研究』68–1, pp. 528–523.
2020a　"Rare Sanskrit Words from the Sanskrit Commentary on the *Bṛhatkalpabhāṣya*."『ジャイナ教研究』26, pp. 61–79.
2020b　「ジャイナ教における諍と滅諍」『ジャイナ教研究』26, pp. 81–109.
2021　「出家者と「嘘も方便」」『ジャイナ教研究』27, pp. 1–22.
2022a　「布の裁断は暴力か」『ジャイナ教研究』28, pp. 1–19.
2022b　「ジャイナ教文献が記す葬送儀礼」『ブラフマニズムとヒンドゥイズム２　古代・中世インドの宗教と実践』藤井正人・手嶋英貴（編）、京都：法藏館、pp. 255–277.
2022c　「白衣派ジャイナ教戒律文献の海」『アジア研究圖書館（東京大学アジア研究図書館ニューズレター）』8, pp. 3–6.

小林　久泰（Kobayashi, Hisayasu）
2011　「ジャイナ教文献に見られる夢遊病の症例」『ジャイナ教研究』17, pp. 47–83.

Krümpelmann, Kornelius
2000　*Das Dhuttakkhāṇa: Eine jinistische Satire*. Europäische Hochschulschriften 27: Asiatische und Afrikanische Studien; Bd. 74. Frankfurt am Main: Peter Lang.
2019　"Some Notes on the Curriculum for Monks in the Vyavahārasūtra." *Cāruśrī: Essays in Honour of Svastiśrī Cārukīrti Bhaṭṭāraka Paṭṭācārya*. Edited by Hampa Nagarajaiah and Jayandra Soni. Bangalore: Sapna Book House, pp. 147–152.

松濤　誠廉
1968　「ダサヴェーヤーリヤ・スッタ」『大正大学研究紀要』53, pp. 150–100.

Mette, Adelheid

1981　“Eine jinistische Parallele zum Mūsika-Jātaka.” *Studien zum Jainismus und Buddhismus: Gedenkschrift für Ludwig Alsdorf.* Edited by Klaus Bruhn and Albrecht Wezler. Wiesbaden: Franz Steiner, pp. 155–161.

中島克久・岩井昌悟

2006　「ジャイナ教についての実地調査報告会」http://www.sakya-muni.jp/pdf/bunsho05.pdf（最終閲覧：二〇一三年七月二九日午後一四時四一分）

Norman, Kenneth R.

1958　Review of Deo 1956a. *Journal of the Royal Asiatic Society* 90 (3–4), pp. 213–214.

奥田　清明（Okuda, Kiyoaki）

1967　「チェーヤ・スッタの特質」『印度學佛教學研究』15–2, pp. 193–197.

1975　*Eine Digambara-Dogmatik: Das fünfte Kapitel von Vaṭṭakeras Mūlācāra.* Alt- und Neu-Indische Studien 15. Wiesbaden: In Kommission bei F. Steiner.

2005a　「『ニシーハ』第三章・第四章」『大乗佛教思想の研究　村中祐生先生古稀記念論文集』東京：山喜房佛書林、pp. 3–55.

2005b　「初期ジャイナ教における僧・尼僧の宿泊所」『印度學佛教學研究』54–1, pp. 1–11.

Osier, Jean-Pierre

2005　*Les jaïna: Critiques de la mythologie hindoue*. Paris: Cerf.

Prasad, Nand Kishore

1972　*Studies in Buddhist and Jaina Monachism.* Prakrit Jaina Institute Research Publication Series 9. Vaishali: Research Institute of Prakrit, Jainology & Ahimsa.

Premī, Phūlacanda Jaina

1987　*Mūlācāra kā Samīkṣātmaka Adhyayana*. Pārśvanātha Vidyāśrama Granthamālā 40. Vārāṇasī: Pārśvanātha vidyāśrama śodha saṃsthāna.

Sahay, S. N.

1982 “Jaina Ascetics and Their Dress.” *Vaishali Institute Research Bulletin* 3, pp. 35–39.

Schubring, Walther

1935 *Die Lehre der Jainas: Nach den alten Quellen dargestellt.* Grundriss der indo-arischen Philologie und Altertumskunde 3.7. Berlin: Gruyter.

1962 *The Doctrine of the Jainas: Described after the Old Sources*. Translated from the revised German edition by Wolfgang Beurlen. Delhi: Motilal Banarsidass.

Sen, Madhu

1975 *A Cultural Study of the Niśītha Cūrṇi*. Parshvanath Vidyashram Series 21. Amritsar: Sohanlal Jaindharma Pracharak Samiti.

Shântâ, N.

1985 *La voie jaina: histoire, spiritualité, vie des ascètes pèlerines de l'Inde*. Paris: O.E.I.L.

1997 *The Unknown Pilgrims: The voice of the sādhvīs: The history, spirituality, and life of the Jaina women ascetics*. Translated by Mary Rogers. Delhi: Sri Satguru Publications.

2001 “Women Ascetics in the Jaina Tradition.” *Vasantagauravam: Essays in Jainism: Felicitating Professor M. D. Vasantha Raj of Mysore on the Occasion of His Seventy-fifth Birthday.* Edited by Jayandra Soni. Mumbai: Vakils, Fetter and Simons, pp. 117–134.

Siṃha, Aruṇa Pratāpa

1986 *Jaina aura Bauddha Bhikṣuṇī-Saṃgha: Eka tulanātmaka adhyayana*. PārśvanāthaVidyāśrama Granthamālā 35. Vārāṇasī: Pārśvanātha Vidyāśrama Śodha Saṃsthāna.

1987 “Jaina Saṃgha meṃ Bhikṣuṇiyoṃ kī Śīla-surakṣā kā Praśna.” *Aspects of Jainology: Vol. II Pt. Bechardas Doshi Commemoration Volume*. Edited by M. A. Dhaky and Sagarmal Jain. Varanasi: P.V. Research Institute, pp. 105–110.

Siṃha, Aśoka Kumāra

1996 “Metrical Studies of Daśāśrtutaskandha Niryukti in

the Light of Its Parallels." *Śramaṇa* 47.7–9, pp. 59–76.

1997a "Daśāśrtutaskandhaniryukti meṃ Iṅgita Dṛṣṭānta." *Śramaṇa* 48.1–3, pp. 47–59.

1997b "Daśāśrtutaskandhaniryuktiḥ: Antarāvalokana." *Śramaṇa* 48.10–12, pp. 31–44.

1997–2002 "Chanda-dṛṣṭi se Daśāśrutaskandhaniryukti: Pāṭha-nirdhāraṇa." *Nirgrantha* 3, pp. 267–277.

1998 *Daśāśrutaskandhaniryuktiḥ: Eka Adhyayana*. Vārāṇasī: Pārśvanātha Vidyāpīṭha.

Siṃha, Mahendra Pratāpa

2009 *Bṛhatkalpasūtrabhāṣya: Eka Sāṃskṛtika Adhyayana*. Pārśvanātha Vidyāpīṭha Granthamālā saṃ. 163. Vārāṇasī: Pārśvanātha Vidyāpīṭha.

Tatia, Nathmal

1980 "The Interaction of Jainism and Buddhism and Its Impact on the History of Buddhist Monasticism." *Studies in History of Buddhism*. Edited by A. K. Narain. Delhi: B. R. Publishing Corporation, pp. 321–338.

Tatia, Nathmal and Muni Mahendra Kumar

1981 *Aspects of Jaina Monasticism*. New Delhi: Today & Tomorrow's Printers and Publishers.

Tripāṭhī, Chandrabhāl

1977 "The Jaina Concordance in Berlin: A Bibliographical Report." *Studien zum Jainismus und Buddhismus: Gedenkschrift für Ludwig Alsdorf*. Edited by Klaus Bruhn and Albrecht Wezler. Wiesbaden: Franz Steiner, pp. 301–329.

1983 "Narratives in the *Pañcakalpabhāṣya* and Cognate Texts." *Indologica Taurinensia* XI, pp. 119–128.

1992 *Mahānisīha Studies and Edition in Germany: A Report*. Ahmedabad.

上田 真啓（Ueda, Masahiro）

2017 "Study on the Exegetical Literature of Śvetāmbara Jainas: Relationship between *Ṭīkā* and *Cūrṇi* of the *Vyavahārasūtra*."『印度學佛教學研究』65–3, pp. 1130–1135.

2021a 「ジャイナ教白衣派聖典に対する諸注釈文献について」『印度學佛教學研究』69–2, pp. 964–959.

2021b　「Vyavahārasūtra の注釈文献研究」『ジャイナ教研究』27, pp. 63–85.

宇野　惇
1967　「ジャイナ教教団の変遷」『東海史學』3, pp. 7–16.

Upadhye, Adinath Neminath
1956　"Dhūrtākhyāna in the Niśītha-Cūrṇī." *Ācārya Vijaya-vallabhasūri Commemoration Volume*, pp. 143–151. = *Upadhye Papers*, pp. 252–259.

Visaria, Anish
2022　"Jain Quantum: A Jain Literature Research Engine." *Jaina Studies: Newsletter of the Centre of Jaina Studies* 17, pp. 52–53.

Williams, R.
1959　Review of Deo 1956a. *Bulletin of the School of Oriental and African Studies* 22 (2), pp. 373–374.

八木（芳原）綾子／Yagi-Hohara, Ayako
2013　"A Sketch of the Life of Terāpanthi Nuns: A Jain Śvetāmbara Sect in Lāḍnūn."『ジャイナ教研究』19, pp. 69–80.
2014　「Jain Vishva Bharati University を訪ねて」『印度民俗研究』13, pp. 3–14.

山田　京
1964　「アーヤーランガ・スッタに現れるジャイナ沙門の生活――飲食物を中心として――」『干潟博士古稀記念論文集』福岡：干潟博士古稀記念會，pp. 125–136.

Zwilling, Leonard & Michael J. Sweet
1996　""Like a City Ablaze": The Third Sex and the Creation of Sexuality in Jain Religious Literature." *Journal of the History of Sexuality*, vol. 6–3, pp. 359–384.

③書誌目録

チェーヤスッタを含む、これまでの白衣派ジャイナ教聖典・諸注釈の出版情報については、さしあたりワイルズの三作が便利である。ただし一九九七年のものは私家版であり、正規ルートでの入手は難しいであろう。また公表から四半世紀を経ていることもあり、根本的な増補を必要とする。本稿で筆者が示した諸情報は、そういった増補の一助となることを目指したものでもある。また、ジャイン・ヴィシュヴァ・バーラティー・インスティテュート出版物の網羅的な書誌については、当該研究所に所属する者たちが手がけた目録（Aagam Pragya et al. 2016）を見るとよいであろう。最後に、国内唯一のジャイナ教に関する専門学会であるジャイナ教研究会が年に一度発行する学術誌『ジャイナ教研究』の第二号以降ほぼ毎号で、「ジャイナ教関係書籍」や「ジャイナ教書誌備忘」などと題し、藤永伸や筆者がその年々で入手したジャイナ教関係書籍や論文を簡単に紹介している。網羅的な情報提供を意図したものではなく、またそのようなことも実行しがたいが、ジャイナ教書誌目録の不足を多少なりとも補っているつもりである。興味のある方は参照されたい。

(Samani) Aagam Pragya, (Samani) Rohit Pragya, & Vandana Mehta.

2016 *Bibliography of Jaina Literature*. Volume I: Jaina Canons and Its Commentaries, Non-canonical Original Texts and Its Commentaries; Volume II: General Books, Dictionaries, Encyclopaedias, Reference Books and Manuscript Catalogues. Ladnun: Jain Vishva Bharati Institute.

Guérinot, Armand Albert.

1906 *Essai de bibliographie Jaina: répertoire analytique et méthodique des travaux relatifs au Jainisme*. Annales du Musée Guimet, Bibliothèque d'études; t. 22. E. Leroux.

Jain, Chhotelal.

1982 *Jaina Bibliography: An Encyclopaedic Work of Jain References in World Literature*, 2 volumes. Revised and edited by A. N. Upadhye. Vir Sewa Mandir.

Wiles, Royce.

1997 *The "Śvetāmbara Canon": A Descriptive Listing of Text Editions, Commentaries, Studies and Indexes*. Canberra. (Private edition)

2000 "The Bibliography of the Svetambara Canon." *Jain Journal* 35-2, pp. 53-81.

2001 "The Bibliography of the Svetambara Canon." *Jain Journal* 35-3, pp. 104–131.

以上、はなはだ不十分な内容であるにもかかわらず、ジャイナ教の戒律をめぐる研究の動向について多言を弄してきたことをお許しいただきたい。

戒律研究に限らず、ジャイナ教研究の分野において埋めなければならない穴は、無数に存在している。その一方で近年、ジャイナ教の一次文献はかつてに比べてはるかに参照が容易となった。原典を参照したくともおいそれとはできない、という時代ではない。もちろん、研究者になろうとすれば様々な困難がある。語学ひとつとってもみても、たとえばインド仏教を研究しよう思えば最初に語学の壁――サンスクリット語だけでなく漢文やチベット語なども身に着けないと話にならない――が立ちはだかるのと同じく、ジャイナ教を研究するには、サンスクリット語のみならず諸種のプラークリット語、さらにはヒンディー語などの現代インド諸語についても一定の知識をつける必要がある。しかし、資料の入手という点でいえば、参入障壁は今のところ古典インド学の中で最も低い部類に入るはずである。筆者がジャイナ教研究に足を踏み入れた二十世紀末と比較すれば、障壁など存在しないと断言したいくらいである。あとは原文を読み、考え、そして発表するのみである。筆者自身、穴を少しでも埋めるべく日々努力したい。また、本書を読まれた読者の方々の一人でも多くが、ジャイナ教の戒律はもちろん、ジャイナ教そのものに興味を抱かれることを願っている。

コラム――河崎　豊

理念と現実

「最初期以来、常に強調されることは非暴力の徹底と無所有である。……自己を取り巻く環境は地水火風含め生命体に満ちており、「殺害されるべきだとお前が思っているもの、それこそがお前というものだ」という箴言が示唆するように、自己と他者の同一視を根拠としながら、暴力を放棄することを徹底的に説く……」

右の一文は、『ジャイナ教聖典選』（国書刊行会、二〇二二年）という訳書に筆者が寄せた解説からの抜粋である。ジャイナ教に対する簡単な解説や、高校の教科書レベルの概説であれば、ジャイナ教の戒律の特徴としておよそ右と大同小異のことを書くのではないかと想像している。つまり、ジャイナ教といえば戒律が厳しいこと、戒律の中心はすべての生きものに対する非暴力の厳守であること、彼らにとっての「生きもの」とは動植物だけでなく大地も水も火も風も含まれること、そしてもう一つの戒律の柱は無所有と称される状態を保つこと――といったようなことである。

ジャイナ教徒が守る戒律を説く古典を読んできたにもかかわらず、そこで得た知識が実生活にほとんど反映されない怠惰な筆者にしてみると、厳しい戒律を守り続ける生活そのものが信じがたく驚異的である。そして、そのような生活を二千数百年にわたって守り続けてきたジャイナ教徒たちには、素直に敬意を抱いている。

と同時に、筆者はいちおう研究者でもある以上、なにごとも疑ってかかる必要がある。この場合だと、「地水火風を含めたすべての生命体に対する非暴力の徹底」と言われても、そのような戒律を完全に守ることが可能なのか？という疑問である。今このコラムをお読みの方も、少し立ち止まって考えてほしい。もしも風、つまり空気が生きものだとすれば、彼らジャイナ教徒たちはなぜ呼吸することを許されるのか。呼吸による気道と空気の摩擦は、厳密にいえば空気に対して暴力をふるっていることにならないのか。あるいは、大地のことを考えてもよい。大地そのものが生きものだとすれば、なぜ彼らは歩きうるのか。大地を踏みつけて歩くことは暴力ではないのか。あるいは、無所有ということばのことを考えてもよい。そもそも開祖マハーヴィーラは文字通り無一物の全裸で修行生活をおくった（ことになっている）。なぜ白衣派の修行者はマハーヴィーラに倣わず衣をまとい、様々な道具を所持しているのか。白衣派よりははるかに無所有を体現している空衣派の修行者ですら、孔雀の羽根で作ったはたき状の道具や水瓶は持っているではないか。いったい、彼らにとって無所有とは何なのか——猜疑心が強くなくとも抱く、素朴な疑問ではないだろうか。

これを、もう少し研究上の問いのように書けば、こうである。たとえば「非暴力は遵守されねばならない」という理念が一方であり、もう一方でその理念を実現しえない現実があるとき、ジャイナ教徒はどのような態度を取るのか。厳格な非暴力という理念を曲げ、現実とのギャップを埋めるのか。埋めるならそこにどのようなロジックがはたらくのか。それとも、ギャップを埋めないとすれば——理念を杓子定規に押し通すことを選択するならば、結局は修行が完成しようとしまいと、悟ろうと悟るまいと、なるだけ早めに死ねということにしかならないのではないか。だとすれば、何のために何年も彼らは修行するのか。

そしてどうやら、ジャイナ教の中にいる人々にとってこのような理念と現実の乖離は、かなり重要な問題だったようである。というのも、たとえばチェーヤスッタに対して著されたバーサ群を読むと、往古の聖典で定められた規範と、修行者を取り巻く現実の生活のギャップをどのように埋めるのか、という議論にしばしば行き当たるからである。戒律とは一見無関係な他の文献に目を通してみても事情は同様で、聖典、注釈、後代の教理文献を問わずこの手の議論は散発的に現れる。本書で堀田和義氏が「乞食は、不可動生物の殺生を、他者に行わせた、もしくは他者が行うことを容認したことになるのではないか」という疑問を当代の出家修行者にぶつけた、と書いておられるが、まったく同根の問題だと思う。

最近の筆者は、このような理念と現実の間で想定される、あるいは実際に起こった諸問題にジャイナ教徒たちがどのように向き合ったかを、様々な時代の文献に散在する記述を通して考えてみることを、研究課題のひとつとしている。ただ、このような話題は論文など専門的な媒体で公表されることはあっても、本書のような日本語での一般的な書物や、ジャイナ教を概説するサイトなどでは取り上げられないようである。そういった現状が、「ジャイナ教徒は厳格に非暴力を遵守する」という、いわば理念の一側面のみからジャイナ教を理解するという事態を生んでいるのかもしれない。ジャイナ教の戒律の理念と実際を含む様々な側面を、資料に即して解説し、それによってジャイナ教の多様なありかたを専門家のみならず一般読者界にも示す一書を用意することが、今のところの筆者の野望でもある。需要はある――と信じている。

本コラムの残り半分は、せっかくの機会であるので、理念と現実との間のギャップを埋めた例として、殺生の判断基準をめぐる問題をとりあげてみよう。

ジャイナ教における最古の文献資料は、白衣派聖典の『アーヤーラ（*Āyāra*）』第一篇「バンバチェーラーイム（Bambhaceräiṃ）」である。本経は、出家修行者が解脱を達成するために遵守しなければならない禁欲的な修行生活全般を主題とする。そしてその第一篇第五章第四節は、以下のように説く（亀甲括弧は筆者による補足）：

……時には、前に進む有徳の〔修行〕者の身体に触れることを経験して、ある生きものが死に至ることがある〔が、それはその生きものの過去の行為の報いとして〕この世で受けてしかるべき苦痛に陥った、と知るべきである。〔不注意に命を〕奪う行為を知り抜いて放棄した後、判断力を得る。このように、ヴェーダを知るその〔マハーヴィーラ〕は、注意深さに基づく判断力を讃えている。

『アーヤーラ』第一篇は、異なる伝承の断片をつなぎ合わせたとしか思えない文章が多く読みづらい。引用した一文も難解だが、最後の「注意深さに基づく判断力」という言葉を手掛かりにすると、このように補って訳すことが妥当であると理解している。要するにこの文章のキモは「出家者の注意深さ」にあって、そのいわんとすることは、「注意深さに基づく判断力をそなえた出家者が、たまたま生物を殺害するとしても、それはその生物が過去に犯した行為の報いとして死んだのであり、出家者に殺生の罪はない」――つまり、物理的に暴力が行使されたとしても、行使した側の精神状態が注意深ければ、それを暴力とはみなさない、ということである。

このように、実際に起こった暴力ではなく、暴力が行使された時の修行者の心理状態を殺生の判断基準とすることは、ジャイナ教においてきわめて有効な考え方になったようである。注意深いとは、殺生でいえば「殺生を私は犯さない」と固く心に誓い常に意識的に行動しようとする精神状態であり、注意散漫とはそういった意識がないか、またはそもそも殺意を抱えている状態のことである。そして、物心両面から見て罪か否かを判断する思考法の最も端的な例は、白衣派と空衣派の双方から権威ある教理書の扱いをうける、ウマースヴァーティ（Umāsvāti、三—四世紀？）作『タットヴァ・アルタ・アディガマ・スートラ（*Tattvārthādhigamasūtra*）』にある。これについては、宇野智行氏の「不殺生と不注意（pramāda）」（『印度学仏教学研究』六二巻一号）という優れた論考がある（オープンアクセスである。興味のある方はぜひ参照されたい：https://doi.org/10.4259/ibk.62.1_299）。それに基づいて説明すると、問題とする箇所は以下の定義文である：

不注意な者の行動によって命を奪うことが、殺生である（七・八）。

ここでウマースヴァーティは、精神的に不注意な者がとる生命体殺害だけが、殺生とみなされると断言している。さらに本書に対して著された注釈は、注意深い者が殺害をするかしないか、不注意な者が殺害をするかしないか、という四つの分類を設定する。そして不注意な者が殺害をする場合が殺生であるのはもちろんだが、興味深いことに不注意だが実際には殺害が行われなかった場合も、それは殺生であるという。いっぽうで、注意深い者が物理的な殺害に加担することは殺生ではない。要するに、殺生かそうでないかという罪の判定は、物理的に暴力が発生するかしないかを問わず、あくまでも行動主体の精神のありかたにかかっているのである。

では、この殺生判断基準がチェーヤスッタの規定を解釈する際に用いられる場合は、どのようなものがあるだろうか。その一例を最後にあげておこう。

チェーヤスッタのひとつである『カッパ』三・九に対するバーサは、三九二一詩節から三九五二詩節にかけて、サイズが余剰の布を布施された場合に、出家者自身でそれを裁断してよいかどうかという議論を取り上げる。『カッパ』三・九が示す規定は、未裁断つまりサイズが余剰の布の保持も利用も適切ではない、というものである。これに対して『カッパ・バーサ』は、『カッパ』の規定はあくまでも原則であり、サイズが余剰の布しか布施してもらえない場合はそれを取得してもよく、かつ出家者自身で裁断してもよい、と当該の規定を再解釈して例外の余地を認める。

ところがここで、出家者による裁断を否定する者がいる、と『カッパ・バーサ』はいう。いわく、裁断時に発生する微細な糸くずや裁断音がドミノ倒し状に世界に遍満する。そしてそれらが空中にいる微細な生命体と接触する。それこそが暴力であり、ゆえに修行者は自ら布を裁断するべきではない（三九二一〜三九二六詩節）、と主張する。

ところでこの主張自体は、ジャイナ教の理念だけに目を向ければ誤りとは言いきれない。『カッパ』の規定を厳格に守るとすれば、サイズが余剰の衣はいかなる状況に出家者があろうと決して受け取ることはできない。さらに、ジャイナ教の非暴力という思想を額面どおり受け取って徹底すれば、裁断などもってのほか、という考えに至らざるをえない。これはある種の教条主義、理想主義的な態度といってもよいであろう。

これに対して『カッパ・バーサ』は、様々な根拠から裁断否定論者の主張を否定する（三九二七〜三九五二詩節）。その根拠のひとつが、注意深いか注意散漫か、という点から殺生か否かを判断するという、まさに前述した思考法（三九三二〜三九三四詩節）である。そして、修行者が注意深く努力して裁断をすれば殺生とはならない、よって修行者は布を裁断してもよい、と反論する。

この思考法の採用自体、『カッパ・バーサ』も裁断時に物理的な暴力が発生するリスクを認めていることを明示している。しかしそのリスクを恐れて裁断否定論者に同調してしまうと、実際の修行生活に支障をきたすことは目にみえている。行為主体の精神状態を殺生の判断基準とする思考法は、このような現実の様々な状況に対応する手段のひとつとして、実際に重要な役割を果たしていたのである。

＊布の裁断をめぐる議論については、拙稿「布の裁断は暴力か」（『ジャイナ教研究』二八号）を参照されたい。こちらは筆者のリサーチマップで公開している：https://researchmap.jp/yutakakawasaki/published_papers/40324532

第五章　ジャイナ教出家修行者の戒律と苦行

上田真啓

はじめに：ジャイナ教の出家者として生きる

南アジアを対象とした紀行・歴史文学で高い評価を得ているウィリアム・ダルリンプル（William Dalrymple）の著作が二〇二二年一月にパロミタ友美氏の翻訳によって日本語で出版され、南アジアの研究や仕事に関わる人たち、同地域に興味を抱く人たちの注目を集めたことは記憶に新しい。『9つの人生（*Nine Lives*）』と題されたその著作は、急速な発展をとげつつある現代インドにおいて、さまざまな、そしてこれまであまり知られることのなかった宗教的伝統の中に生きる九人の人生の有り様を如実に描いたものである。その冒頭を飾る一人目として登場したのがジャイナ教の女性出家者であった。著者とジャイナ教女性出家者との対話を通じて浮き彫りにされる、出家者として生きるうえでの葛藤もさることながら、多くの読者にとって印象的だったのは、その宗教的生活の厳格さ・過酷さではないだろうか。未読の方々には是非とも読んでいただきたいので、この物語の核心に関わる部分は割愛するが、ここで登場するジャイナ教の出家修行者に課せられた修行の内容をわずかながら紹介しておくと、

●何年もの間、継続的に断食をするか、一日に多くても一食しか食べない

- ●乗り物には乗らず、道を裸足で歩く
- ●根本から髪を引き抜く
- ●身体を洗わず、濡れたタオルで拭く
- ●一ヶ所に長く留まらず、ほとんど毎晩違う場所で眠る

といったものだった。日常的な生活さえ時には困難になるほど過酷な気候の下で実践される厳しい修行生活のリアルな姿は、読む者に大きなインパクトを与えたであろう。この物語の舞台は、南インドのカルナータカ州に属するシュラヴァナベーラゴーラーという町で、ジャイナ教における二大分派のうちの空衣派（Digambara ディガンバラ、裸行派とも）と呼ばれる一派の聖地である。したがって、ここで語られる修行生活も、空衣派の出家者の伝統において実践されているものである。ただ、ここに紹介した事柄に関しては、もうひとつの派を形成している白衣派（Śvetāmbara シュヴェータンバラ）の伝統においてもおおよそ共通して見られるものでもある。両派の教義に関する見解の違いには、大小あわせて八十ほどの項目が数え上げられることもあるが（河﨑二〇二一：一〇頁）、最も目立ったものは、両派の名前によって示されるように、一部の出家者に着衣を認めるか否かという点にある。これは、後述のジャイナ教の誓戒（vrata ヴラタ、誓い）のひとつである「不所有（aparigraha アパリグラハ）」、とくに衣の不所有についての見解の相違に起因している。また、それと関連して、空衣派にとって裸行となることは最終的な解脱（mokṣa モークシャ）には欠かせないものであり、かつそれが許されているのは男性のみであるから、女性は解脱することができないと考えられている一方で、白衣派の伝統では女性の解脱の可能性は認められているという違いも存在している。このような違いがいくつかあるにせよ、日々の実践面においては共通する部分もまた数多く存在している。それは、両派の教義の中心に共通して五つないし六つの誓戒が存在し、この誓戒に沿って日々の振る舞いが事細かに規定されているからである。この規定と、それに違反した際の罰則とをあわせると、膨大な数のルールがジャイナ教の「戒律」を構成している。

　ところで、現代のジャイナ教の出家修行者によって実践されている先述のような修行生活の実態を知ると、たいていの読者が抱くと予想されるイメージは、次のうちのいずれかではないだろうか。

- ●ジャイナ教の出家者たちは、厳しい「戒律」を守って

いる、もしくは実践している
●ジャイナ教の出家者たちは、厳しい「苦行」を実践している

このイメージは、おおよそ正しい。たしかに彼らは日々過酷な「苦行」を実践し、同時に厳しい「戒律」を守っている。では、「戒律」イコール「苦行」なのか、というとそういうわけでもない。もちろん、全くの無関係というわけではないが、全く同じ事柄を指すとも言えないのである。ジャイナ教の戒律と苦行には、どのような関係があるのだろうか。

本稿では、ジャイナ教の苦行と戒律の関係について考えてみたい。はじめに全体の見取り図を示しておくと、まずは、ジャイナ教の基本的な教義を説き、白衣派・空衣派の両派からその権威を認められている『タットヴァ経（*Tattvārtha(-adhigama-)sūtra*）』をとりあげて、教義全体のなかの苦行と誓戒と誓戒に違反した際の罰則の位置づけを確認する。というのも、戒律というものを、出家修行者の振る舞いと教団運営のルールの総体であると定義するならば、ジャイナ教の教義の中では、誓戒と誓戒に違反した際の罰則こそがもっとも重要な要素と見なされうるからである。内容をやや先取りして紹介しておくと、誓戒を守ることと苦行はともに、ジャイナ教の宗教的な実践における二つの主要な柱であり、誓戒違反に伴う罰則は、苦行と結びつけられている。これらの関係を概観することで、苦行や誓戒を実践する動機や、苦行と罰則を結ぶ原理が明らかになるだろう。次には、時間をさかのぼって、『タットヴァ経』よりも前に成立したとされるジャイナ教聖典において、誓戒をはじめとした出家修行者の振る舞いの規定について、いくつかの具体例を示しておく。これによって、ジャイナ教の戒律の一翼を担う、振る舞いに関する規定のイメージがより明瞭となるだろう。最後には、ジャイナ教聖典のなかでも仏教の「律（vinaya：出家修行者向けの法律集）」に相当すると見なされている諸文献のひとつ『ヴァヴァハーラ（*Vavahāra*）』に対する注釈文献をとりあげて、戒律のもうひとつの要素である、ルール違反に伴う罰則の体系を概観することとする。ここでは、『タットヴァ経』で見たものとは異なった視点からの、罰則規定と苦行との結びつきが確認されるであろう。以上の三つの段階によって、ジャイナ教出家者の実践の教義的な背景を明らかにする。これは同時に「そもそもどうしてわざわざそんな苦しいことをするのか？」という、おそらく誰もが真っ先に抱くであろ

う疑問に対して答えることにもなるはずである。

一、『タットヴァ経』における戒律と苦行

先の見取り図にしたがって、『タットヴァ経』における苦行と戒律の位置づけを概観するためには、まずはそこで説かれるジャイナ教の教義全体を確認しておく必要があるだろう。『タットヴァ経』の著者ウマースヴァーティ(Umāsvāti 三―四世紀ごろ)は、この世を構成する要素である「ジーヴァ(jīva 霊魂)」とよばれる精神原理と、「ジーヴァでないもの」を意味する「アジーヴァ(ajīva 非霊魂)」つまり物質原理から、最終的な目標としての解脱にいたるまでの以下の七つの項目を「タットヴァ(tattva 真実)」として数え上げ、それらをジャイナ教の教義を構成するもっとも重要な項目と位置づけて順に説明している。

「ジーヴァ(jīva 霊魂)」
「アジーヴァ(ajīva 非霊魂)」
「アースラヴァ(āsrava 漏入)」
「バンダ(bandha 束縛)」
「サンヴァラ(saṃvara 停止)」
「ニルジャラー(nirjarā 滅尽)」
「モークシャ(mokṣa 解脱)」

ひとつめの「ジーヴァ」とふたつめの「アジーヴァ」は、この世界を構成する要素についての考察にもとづく項目で、前者は先に紹介したとおり精神的原理を指し、霊魂とも言うべきものである。後者は精神的ではない要素の総称であり、ダルマ(dharma 運動の要因)、アダルマ(adharma 停止の要因)、プドガラ(pudgala 物質)、アーカーシャ(ākāśa 空間)といった原理を含んでいる。プドガラは、原子のようなもので、この世界の物質的なものはすべてプドガラによって構成されている。このプドガラやジーヴァが存在する空間を提供するものがアーカーシャであり、そこでのプドガラやジーヴァの動きを補助するものがダルマであるとされている。また、これらの動きが停止する要因となるものがアダルマである(河﨑二〇二二：一五～一六頁)。このようなジーヴァとアジーヴァの定義とそこから派生する世界観は、『タットヴァ経』の第一章から第五章において詳説されているが、当面の目標である苦行と戒律には直接関係しないので本稿では深く立ち入らない。いまここで注目したいのは、三番目以降のタットヴァである。第三番目と第四番目は「漏入(アースラヴァ)」と「束縛(バンダ)」

とよばれるもので、これらは、あらゆる行為の結果生じると考えられている微細な物質が、生命原理であるジーヴァの中に漏れ入って、ジーヴァを束縛する様を説明するものである。これはどういうことだろうか。ここでは、ジーヴァと行為の関係について簡潔に紹介しておこう。

ジャイナ教において、ジーヴァとは本質的には純粋無垢な存在で、穢れのない本来の状態では、ジーヴァはこの世界を上昇していくものであるとされる。ところが、ジーヴァは物質的な身体を伴い、行為の主体となる。行為には身体的なもの、言語的なもの、精神的なものという身口意の三つを彼らは認めるが、それらの行為の結果として、ジーヴァが振動する。このジーヴァの振動が、業（karman カルマン）と呼ばれる物質を引き寄せて、結果的にこの業なる物質がジーヴァの中に漏れ入り、ジーヴァを束縛するというのである。後述のように、業（カルマン）とは、本来は行為一般を指す用語であるが、ジャイナ教での業（カルマン）は、行為の結果生じる物質と見なされている。この業物質によって束縛されたジーヴァは、本来の上昇性を失い、業の多寡によってこの世での上昇と下降を繰り返すことになる。例えば、現在の生まれにおいて、多くの業（とくに悪い業）がジーヴァに付着すると、ジーヴァはより重くなる。そうすると、その重さゆえに次の生まれでは、多くの階層によって構成されているジャイナ教の世界のより下方の階層に生まれることになる。逆に、何らかの方法によってその生まれの中で、付着する業を減らすことができれば、次の生まれではより上方の世界に生まれることになる。このように、いくつもの生まれを経験しながら、この世界を際限なく上昇したり下降したりすることが、ジャイナ教における輪廻（繰り返し生まれ変わること）なのである。

「行為の主体は行為の結果を享受する」という、行為（業）に対する考え方や、「我々は繰り返し生まれ変わる」という輪廻の思想は、むしろ、インドの他の思想的伝統でよく知られたものでもある。紀元前一五〇〇年ころより西北インド周辺に進出してきたアーリヤと呼ばれる集団が保持していた『リグ・ヴェーダ（*Ṛgveda*）』をはじめとする祭式文献の伝統において、祭式行為と司祭への布施が「イシュタープールタ（iṣṭā-pūrtá-）」という効力を生み出し、人は死後、それを天界において享受するという考え方が展開される。それがやがて祭式行為に限らない世俗的な行為一般へと敷延され、業（カルマン）という普遍的な理論へと結実する過程は、ヴェーダ研究者後藤敏文や阪本純子によって明らかにされている（後藤二〇〇五、阪本二〇一五）。後藤の言を借りるならば「行為（業 kárman-）は「作ること、為すこと、行為」を意味する普通の語であるが、ある行為が最終的結果を齎すまでの「潜在力」の意味を持つに至り、「輪廻」と一対をなして仏教を含むインド思想・宗教の公理となった」のである。輪廻についてもまた、ヴェーダの伝統内での発展が跡付けられている。ヴェーダの伝統における死生観では、当初、死後は天界に赴き祖霊たちと暮らすという楽観的なものだったが、次第に天界においても再び死を迎えるという「再死」の観念が芽生える。そして、水を生命原理とし、それが煙や雲となって地上と天界を循環するという理論を基礎として、生命原理がこの地上世界と天界（あの世）での生まれを繰り返す、という輪廻観が生まれたのである（阪本二〇一五）。それらを受け入れるにせよ、否定するにせよ、インドの様々な思想的伝統は、このような業や輪廻の理論を前提とした独自の死生観や世界観を作り上げてきた。ヴェーダの伝統における輪廻観と、ジャイナ教のそれとの違いは、先に見たとおりであるが、業に関して注目すべきジャイナ教の特徴は、行為の余力が物質的なものとして現れると考えるところにある（河﨑二〇二一：一六頁）。この業の実体視はおそらく、古代のインドにおけるバラモンの生き方を説く『マヌ法典（*Manusmṛti*）』の研究者として名高い渡瀬信之が述べるところの、古代インドにおいて一般的に見られる「抽象的なものを実体視する思想」、つまり、罪を汚れとして実体視したり、苦行によって蓄積される力（タパス tapas）や威力（テージャス tejas）を実体視する思考法からそれほどかけ離れたところにはないように思われる（渡瀬一九九〇：一五三頁）。

さて、ジャイナ教における輪廻に話を戻すと、際限なく輪廻を繰り返すことは苦しみであり、これを克服することが最終的なゴールであるというのは大方の予想どおりである。先述の世界観にもとづくならば、ジャイナ教におけるこの輪廻の克服とは、業物質をジーヴァからすべて取り除き、限りない上昇性を取り戻すことにほかならない。本来の上昇性を取り戻したジーヴァは、この世界の頂点に存在する境地に到達し、もはやそこから降りてくることはない。これがジャイナ教における輪廻からの解放、すなわち解脱（mokṣa モークシャ）である。したがって、この物質的な業をいかにジーヴァから取り除くかが、ジャイナ教徒、とくに出家修行者たちにとって最も重要な関心事であった。『タットヴァ経』で示される第五番目と第六番目のタットヴァは、その方法を説明するものである。ジーヴァのまっさらな状態を取り戻すには、まず外側からの業物質の新たな流入を停止し、そして、ジーヴァに残存する業物質を滅し尽くさなければならない。この停止と滅尽が、それぞれ第五番目と第六番目のタットヴァである。つまり、第三番目から第六番目までのタットヴァは、業の漏入と業によるジーヴァの束縛、そして、業の漏入の停止と業の滅尽という、解脱に至る一連の流れを説明するものである。そして最後の第七番目のタットヴァは、最終的な境地である解脱を説く。

さて、当面の問題である苦行と戒律の関係についてあらかじめ概要を明らかにしておくと、『タットヴァ経』では、苦行は業の漏入の停止や滅尽において必須の事柄として登場する。また、ジャイナ教の戒律の体系の主要な部分を形成している五つないし六つの誓戒についてもまた、それを守らないことが業の漏入を招くと説明される。そして、誓戒同様、戒律の重要な位置を占める、誓戒違反に伴う罰則規定にもとづく償いの行為（prāyaścitta プラーヤシュチッタ）もまた、『タットヴァ経』では苦行のひとつとして見なされている。以下では、『タットヴァ経』の記述に従いながら、順番に、三番目のタットヴァである業の漏入を招く行為とはどのようなものか、また、それを停止する方法である五番目のタットヴァと、残余の業を滅尽する方法である六番目のタットヴァについて見ていきながら、それぞれの項目のなかで登場する「苦行」「誓戒」「償いの行為」という三つのキーワードの関連を確認していきたい。現時点で『タットヴァ経』の邦訳は、本邦におけるジャイナ教研究の先駆者ともいうべき金倉圓照（一八九六―一九八七）による『印度精神文化の研究：特にヂャイナを中心として』に収録されているものがほぼ唯一といってもいい。本稿においてもひとまずこれを参照するが、難解な用語は理解のしやすさを考慮して現代語に改めることとする。

業の漏入

『タットヴァ経』第六章の冒頭部分では、先述の身口意の三つが行為であると宣言され、それがまさに漏入であると定義される。あらゆる行為が業の漏入を招き、ジーヴァを穢すとすると、これを防ぐにはすべての行為を停止するより他に方法はない。しかし、停止の後、業を滅尽する段階では、苦行を含む積極的な行為が必要とされる。となると、停止のあとに実践される業を滅尽するための行為が新たな業を生んでしまい、いつまでたっても業は滅尽できないのではないかという懸念が生じてくるだろう。これについては、行為の主体に善悪の差別を設けることで、そのような堂々巡りが生じることを回避している。つまり、行為には輪廻の原因となるような行為（業）と、そうではない行為（業）というものが存在するのである。怒り・慢心・たぶらかし・貪りの感情をいだくジーヴァによって為された行為の結果生じた業は、ジーヴァに漏れ入ってジーヴァを束縛しつづけるが、これらの悪しき感情を離れたジーヴァによって為される行為の結果生じる業は、一時的に発生するものの、自然と消滅し、ジーヴァを束縛し続けることはない。ということは、業の漏入や停止に関して焦点が当てられるのは前者のような悪しき状態のジーヴァによって為される行為となる。『タットヴァ経』第六章では、業の漏入を招き、輪廻の原因となる行為が、業の詳細な分類とともに説明されるのである。ここでは苦行の話題にいち早く到達するために、複雑な業の体系に立ち入るのを避けて、本邦におけるジャイナ教認識論・論理学研究の基礎を築いた宇野淳（一九二二―一九九八）の概説を参考にしながら、ジャイナ教における業の八つの区分を紹介しておこう（宇野一九八六：七二頁）。

一　ジーヴァに備わっている認識の能力を阻害する業
二　ジーヴァに備わっている見（概念を伴わない認識）の能力を阻害する業
三　苦と楽の感受を生じさせる業
四　信仰と行為を惑わす業
五　地獄の住人、動物、人間、天界の住人という四種類の生き物の寿命を決定する業
六　身体的な特徴を決定する業
七　生まれる家柄の貴賤を決定する業
八　努力を阻害する業

それぞれが、ジーヴァのもつ多様な性質や能力の区別に応じて、それらを阻害するものとして分類されていることがわかる。なかでもとくに輪廻に関わる業は、一、二、四、八の四つであるとされている。それぞれの業には、さらに細かい下位区分が設けられ、全体としてはきわめて複雑な業の体系を形成することになる。『タットヴァ経』第六章も、このような業の分類にもとづいて、いかなる業がいかなる行為によって生じるのかについて定義しているが、以下では同章における行為の定義で注目すべき特徴をいくつか挙げておきたい。

まずは、漏入を引き起こし、ジーヴァを輪廻にとどめる悪しき行為の具体的な内容についてである。もっとも代表的なものとして、不殺生（ahiṃsā アヒンサー）をはじめとする誓戒を守らないことが挙げられる。誓戒については次項において紹介するが、五つないし六つの誓いは、ジャイナ教の教義の根幹ともいえる部分を形成しており、それを守らないことが「悪い」行為であるというのは想像にたやすい。五つの誓いを守らないことに加えて、先述のような怒り・慢心・欺き・貪りの四つの精神状態から生じるものや、眼耳鼻舌身という五つの感覚器官によって生じるもの、二十五の所作より生じるもの（ただしこれは善いものも含む）の合計三十九が数え上げられる（金倉一九四四：一六二頁）。また、誓戒を守らない場合には、その悪しき行為が「企画」「準備」「着手」の三つの段階に分けられるという。この三つの段階は、悪さの程度が軽い順に並んでいると考えてよいだろう。また、それら誓戒違反の行為を「自ら行う」「他人に行わせる」「他人が行うのを容認する」という三つの区分に分類している点も注目に値する（金倉一九四四：一六三頁）。例えば、誓戒の筆頭である「不殺生」を例としてあげると、自ら殺生に関与すること、他人に殺生をさせること、他人が殺生をするのを容認することの三つともが不殺生を守らない行為と見なされるのである。このように、輪廻の原因となる悪しき行為として、誓戒を守らないことがここでは再三説かれるわけであるが、では誓戒とは具体的にどのような誓いなのか。続く『タットヴァ経』第七章では、全体にわたって誓戒の定義が説かれているので、これにしたがって、ジャイナ教の五つないし六つの誓いについて、簡単に紹介しておこう。

誓戒

ジャイナ教ではヴラタ（vrata）と称される誓戒（誓い）は、出家者・在家者の両者がともに守るべき五つないし六つの項目によって構成されている。とくに、出家者の誓戒は具体的な罰則規定を伴うことが本稿の後半において示されるであろう。したがって、冒頭で示したように、戒律を出家修行者たちの振る舞いや教団運営に関するルールの総体と理解して、ジャイナ教の戒律を語ろうとする時には、これらの誓いは欠かすことのできない要素であると言える。では、この誓戒とはいかなるものであろうか。『タットヴァ経』の内容にしたがうと、以下の五つが五大誓戒として列挙されている。

一　生き物を傷つけないこと（ahiṃsā アヒンサー）
二　非真実を語らないこと（satya サティヤ）
三　与えられていないものを取らないこと（asteya アステーヤ）
四　性的接触をおこなわないこと（brahmacarya ブラフマチャリヤ）
五　ものに執着せず、ものを持たないこと（aparigraha アパリグラハ）

ただ、『タットヴァ経』よりも成立の古いとされるジャイナ教白衣派聖典のなかで、出家したばかりの初学者のための、ムーラ（Mūla）と呼ばれるテキスト群に含まれている経典『ダサヴェーヤーリヤ（*Dasaveyāriya*）』第四章では、これに夜食の禁止を加えて六つの誓戒としている（八木二〇二二：二二八～二三七頁）。伝統的にも、これらの六つを基本的な誓戒とすることが多く、聖典だけではなく『タットヴァ経』の注釈文献においても、誓戒は六つであるとの理解が示されている。先に、空衣派と白衣派間での着衣に関する認識の相違について言及したように、この第七章における誓戒の解釈の違いにもとづく論争が、そのまま両者の立場の違いを最もよく際立たせていることは、河﨑（二〇一八）にも言及されているとおりである。また、この第七章において注目すべきは、これらの誓戒に大小の区別が設けられている点である。大小の区別は、厳格さの区別を意図した表現であり、出家者は完全な誓戒を守り、在家者はやや緩い誓戒を守ることが求められている（土橋一九七九）。また、在家者に向けたと思しき追加の誓戒も説かれている点も注目に値する。在家の戒律については、本書所収の堀田和義の論考に詳しく論じられることであろう。これらの誓いを破ることは、この世とあの世における大きな損失や恥辱につながり、違反そのものが苦であることが強調されている（金倉一九四四：一七一頁）。

業の流入の停止

以上のような悪しき行為によってジーヴァに流入し、とどまった業を完全に取り除くためには、まずは、業の漏入を停止しなければならない。この業の漏入の停止が、五番目のタットヴァであることは先に見たとおりである。『タットヴァ経』第六章に説かれたように、業の漏入を引き起こす悪い行為が、誓戒を守らないことであるならば、逆にそれらを守ることこそが業の流入を停止する方法であるということになる。しかし、この停止を説く『タットヴァ経』第九章の冒頭部分では、誓戒の遵守以外に行わねばならない項目を以下のように列挙している。「紀律と用心と法と反省と艱難の克服と行によって」業の漏入の停止が生ずる（金倉一九四四：一八八頁）。これらの用語について、『タットヴァ経』は以下のような説明をおこなっている。

まず、紀律（gupti グプティ、防護）とは、身口意の三つに関するものであり、正しく身口意の行為を抑制することである。用心（samiti サミティ）とは、五つ数え上げられ、（一）歩行のときに、主に生き物を傷つけることがないように注意すること、（二）談話する時、（三）托鉢・食事の時、（四）ものが置かれている状態から取り上げたり、ものを置いたりする時にも注意することである。最後の五つめ（五）用心は、排泄などに関わることがらで、ジャイナ教の出家者は、雨季の四ヶ月を除いて常に移動を続けるため、排泄する時には人目のつかないところに行く必要があるが、排泄する時にも生き物を傷つけないように注意することが求められている、というものである。これはジャイナ教の不殺生の誓いがいかに徹底されているかを象徴するような項目と見なすことができる。

次に、艱難（parīsaha パリーサハ）とは、出家者が経験するあらゆる困難のことで、これに耐え、克服することによって、業が遮断されるというのである。『タットヴァ経』では、以下の二十二の艱難が列挙されている。

（一）飢え（二）渇き（三）寒さ（四）暑さ（五）蚊虻（六）裸形（七）倦厭（八）女人（九）遊行（一〇）座禅（一一）臥所（一二）罵詈（一三）虐待（一四）乞食（一五）乞食の不成功（一六）病（一七）草傷（一八）垢（一九）恭敬の表示（二〇）慧の暗さ（二一）無智の絶望（二二）正見に対する疑

ただ、留意しておかねばならないことは、これと同様の艱難の列挙は、先述のムーラに含まれるもう一つの経典『ウッタラッジャーヤー（*Uttarajjhāyā*）』第二章においても見られることである（山崎二〇二二：一二九頁）。以上の実践をつうじて、新たに業がジーヴァに漏入することを停止するのである。業の漏入を停止したのちには、ジーヴァのなかに残存する業を滅し尽くさなくてはならない。この業の滅尽を可能にするのが「苦行（tapas タパス）」と呼ばれるものである。次節では引き続き『タットヴァ経』の記述にしたがって、第六番目のタットヴァである業の滅尽と苦行の体系を見てみよう。

業の滅尽と苦行

『タットヴァ経』第九章の停止に続く個所では、停止と業の滅尽の両方を実現するのが苦行（tapas タパス）の実践であると説かれている（金倉一九四四：一八八頁）。ただ、ここでの苦行は、やみくもに身体を痛めつけることを意味しない。業を滅し尽くすための苦行とは、以下に列挙されるような、具体的な合計十二の振る舞いのことを指す。『タットヴァ経』では、苦行として定義されるこれらの振る舞いに外的なものと内的なものという二つの区分を設けて分類している。以下、順番に見ていくことにしよう。

外的な苦行とは、

- 断食（anaśana アナシャナ）
- 減食（avamaudarya アヴァマウダルヤ）
- 食物に対する一定の制限（vṛttiparisaṃkhyāna ヴリッティパリサンキャーナ）
- 美味しいものを離れる（rasaparityāga ラサパリトャーガ）
- 閑居孤坐（viviktāyyāsana ヴィヴィクターアーサナ）
- 身体の難行（kāyakleśa カーヤクレーシャ）

の六つであるとされている（金倉一九四四：一九三頁）。この外的な苦行について、河﨑（二〇二二：一九頁）では、断食より後の項目について、（二）節食（三）托鉢に回る家庭数の制限（四）栄養価の高いものの放棄（五）孤独な場所での起坐（六）寒暑や他者からの暴力といった様々な艱難辛苦に耐えて身体をさらすこと、というように現代的な表現へと改められている。外的苦行として列挙されるこれら六つの項目のうち、半分以上が食に対する何かしらの制限であることから、ジャイナ教認識論の研究者としても知られる安藤嘉則は、「これこそが苦行論者としてのジャイナ教の大きな特徴」であると評価している（安藤一九九七：一一三頁）。ジャイナ教において苦行とは主に食事の制限を意味するのである。また、内的な苦行として、

- 滅罪行為（prāyaścitta プラーヤシュチッタ）
- 正しい行儀作法（vinaya ヴィナヤ）
- 目上への奉仕（vaiyāvṛtya ヴァイヤーヴリティヤ）
- 学習（svādhyāya スヴァーディヤーヤ）
- 心身の放棄（vyutsarga ヴュトサルガ）
- 瞑想（dhyāna ディヤーナ）

の六つが列挙される（金倉一九四四：一九三頁、河﨑二〇二二：一九頁）。それぞれの項目の詳細については、本稿においていずれ明らかになるであろうが、外的な苦行が直接身体に影響を及ぼす「苦行」を指し、一般的にイメージされる「苦行」に近いものであるのに対して、内的な苦行は、精神的な負荷から発生する動作であることがわかる。

また、ここでの内的・外的の区別も、『タットヴァ経』よりも前に、白衣派・空衣派の両派に伝承されてきたことが知られている（安藤一九九七：一二一～一二二頁）。目下の話題である苦行と戒律に関連して、とくにここで注目したいのは、内的苦行の筆頭に「滅罪行為（プラーヤシュチッタ、償いの行為）」が挙げられることである。渡瀬は、ヴェーダの伝統における罪の観念の特徴として、「宗教的道徳的な罪と汚れが同一視されていること」と「罪＝汚れが実体視されていること」の二つを挙げている（渡瀬一九九〇：一五三頁）。そして、プラーヤシュチッタとは、この物質的な罪＝けがれを除去し、清浄な状態に復帰するための贖罪行為であるとしている。ジャイナ教における滅罪行為（プラーヤシュチッタ）もこれと同じ思考方法にもとづいており、宗教的な罪（とくに誓戒などにたいする違反）は汚れであり、その汚れの除去が滅罪行為（プラーヤシュチッタ）であると考えられている。この罪＝汚れの実体視と、先に触れたジャイナ教の業の理論における業の実体視とは、安易に結びつけて考えることはできないかもしれない。つまり、全体としては善いものも含んでいる行為の余力としての業（カルマン）と、汚れとしての罪とは、物質という共通点をもってはいるものの、それらの意味的な範囲がぴったり符合するとは思えない。しかし、思考の方向性としてはおおよそ同じ方向を向いているだろう。おそらく出発点を異にするこのふたつの物質とそれらの除去法が、「物質である」あるいは「誓戒を守らないこと＝悪」という共通項を手がかりに、結びつけて考えられ、苦行の体系の中に滅罪行為（プラーヤシュチッタ）が組み込まれたという可能性は心に留めておきたい。つまり

● 誓戒違反 ⇒ 悪い行為（業）⇒ 業の流入・束縛 ⇒ 業の停止・滅尽 ＝ 苦行

● （誓戒を含む）ルール違反 ⇒ 汚れ ⇒ 汚れの除去 ＝ プラーヤシュチッタ

というそれぞれの因果の連なりが、構造上の類似点にもとづいて同一線上で語られているということである。

さて、『タットヴァ経』における滅罪行為（プラーヤシュチッタ）に話を戻すと、内的苦行の列挙に続く個所では、この滅罪行為は、さらに以下のような九つの下位区分をもつと定義されている。

- ●告白（ālocana アーローチャナ）
- ●改悔（pratikramaṇa プラティクラマナ）
- ●その両者（tad-ubhaya タッド・ウバヤ）
- ●愛用物の離棄（viveka ヴィヴェーカ）
- ●身体の放棄（vyutsarga ヴュトサルガ）
- ●苦行（tapas タパス）
- ●法臘の削減（cheda チェーダ）
- ●別住（parihāra パリハーラ）
- ●僧籍復帰（upasthāpanā ウパスターパナー）

これら九つの滅罪行為の項目もまた、本稿の後半においてその内容が詳しく検討されるのでここでは名前を列挙するにすぎないが、先述の内的・外的苦行同様、いくつかの差異はありつつも、白衣派では『ウッタラッジャーヤー』『ヴァヴァハーラ（*Vavahāra*）』、空衣派では『ムーラーチャーラ（*Mūlācāra*）』といった、『タットヴァ経』以前に成立したとされるジャイナ教聖典においてすでに見られる（安藤一九九六：一二四頁、Caillat 1975: 93）。

　このように、業の流入を停止するための行為や、業を滅尽するための苦行は、最終目的である解脱へといたる唯一の道である。冒頭にみたジャイナ教出家修行者の振る舞いは、この解脱をゴールとする教義の中に位置づけることができる。同時に、『タットヴァ経』で説かれる業の体系や苦行の原理は、「彼らがなぜそんなことをするのか？」にたいする答えともなるであろう。しかし、これまで見てきたように『タットヴァ経』の記述は、スートラ（sūtra）とよばれる短い文言によって構成されているため、経の本体には、出家者の生活における事細かな指示は説かれていない。それが積極的に説かれているのは、『タットヴァ経』の諸注釈文献や、むしろ『タットヴァ経』よりも古くに成立したと考えられている諸聖典においてである。誓戒の定義や艱難の列挙、内的・外的苦行のリストなどでも見たように、『タットヴァ経』で説かれる、苦行を含めた実践に焦点をあてるならば、これらの聖典からの影響が強く意識されるべきであろう。したがって、次では、これまで何度か登場した『ダサヴェーヤーリヤ』を中心に、出家修行者たちに課せられた振る舞いのルールについて概観しておこう。

二、諸聖典における振る舞いのルール

出家修行者の日々の生活を規定するルールを含むテキストについて、白衣派で伝承されている諸聖典のなかでとくに注目すべきは、初学者が学ぶべき基本的なことがらを扱う先述の『ダサヴェーヤーリヤ』や『ウッタラッジャーヤー』である。なかでも、出家修行者たちの行動規則は、前者を熟読することが最適であると河﨑（二〇二二：一八頁）は触れている。同じ個所で河﨑は、代表的な修行項目として、以下の四つを挙げている。

大誓戒　用心
防護　苦行

ただ『ダサヴェーヤーリヤ』のなかでは、これらの項目について構造的に整理されて語られているわけではなく、時には内容的な重複も見られる。また、ジャイナ教聖典に共通して見られる、同じ表現を何度も繰り返す傾向も随所に存在するので、ここではすべてを紹介することはできないだろう。以下では、十二の章のタイトルによって内容を概観したのち、そのなかでも本稿の後半部との関わりが予想される「乞食行」と題された第五章をとりあげて、托鉢（乞食）の際に守らねばならない具体的な規定をいくつか紹介しておきたい。『ダサヴェーヤーリヤ』全体は、以下の十二の章によって構成されている（八木二〇二二）。

第一章　木の花
第二章　沙門行を始める前に
第三章　低劣な行い
第四章　種の生類（＝霊魂）に関わる〔法の制定〕
第五章　乞食行
第六章　大いなる正行の話／〔ジナの〕教えの目的を望むものたち〔の正行〕
第七章　言葉の清浄さ
第八章　正行による抑制
第九章　教導あるいは礼節に対する集中
第一〇章　真の托鉢僧
第一一章（＝補遺第一章）　法楽
第一二章（＝補遺第二章）　単独行

各章の内容を、『ダサヴェーヤーリヤ』の翻訳を手がけた八木綾子の解説に従いながら概観しておくと、第一章は出

家生活を始めたばかりの修行者が持つべき基本的な心構えを説く。第二章も、出家生活（沙門行）を始める際の心構えを説くが、とくに、心→思念→欲望→享受→愛着と嫌悪→苦という、苦に至る一連の因果関係がテーマとなっているという。第三章は、正しくない振る舞いに相当する違反事項や禁止されている行為を説く。第四章の前半部分では、生き物としてのジーヴァを、自然界に存在する地水火風という四つの生命原理からなる生命体と植物・動物という六種に分類する考え方が説かれ、後半部分では先述の五大誓戒と夜食の禁止が説かれている。前半部分と後半部分との関連を見いだすならば、「六つの生類に関して、誓戒をどのように守るべきか」が説かれていると理解できる（八木二〇二二：四八八～四八九頁）。第五章は後述するが、托鉢の際の規定が述べられている。第六章は、誓戒の遵守をはじめとして、多岐にわたる正しい振る舞いが述べられており、それまでの章の内容と重複する部分を含んでいる。第七章は、出家修行者が使うべき正しい言葉が、具体的な例とともに説かれて、続く第八章では、心の正しさが説かれている。第九章では、師匠から弟子への教導と、弟子から師匠への礼節が説かれている。第一〇章では、それぞれの詩節の末尾が「～するものは、真の托鉢者である」という文言で締めくくられ、托鉢者（修行者）としての理想の姿が説かれている。補遺として扱われる最後の二章は、挫折をしてしまった出家修行者を励まし再び堅固な状態にすることが主題である。以上のような内容から構成されている『ダサヴェーヤーリヤ』のなかで、今回は、第五章の托鉢の規定に注目しておきたい。というのも、本稿の後半部分、償いの行為を列挙するなかで、この托鉢の規定を知る者が、特定の罰則を課されるに値する者として登場するからである。以下ではやはり、そのすべてを紹介することはせずに、容易にイメージできそうな具体的な規定をいくつか紹介しておこう。

行路や訪れる場所について

まず、どのような道を歩むべきかについて、「窪地・平坦でないところ・木片・ぬかるみを避けるべきである。他の道があれば、［そのような場所を、木や石を渡して］橋のように用いて行くべきではない」（八木二〇二二：二三八頁）と説かれる。これは、このような足もとの悪い場所で転んでしまえば、生き物たちを傷つけてしまう、という理由にもとづく規定で、歩きづらい道を歩くべきではないと数詩節にわたって説かれている。また、おそらく同様の理

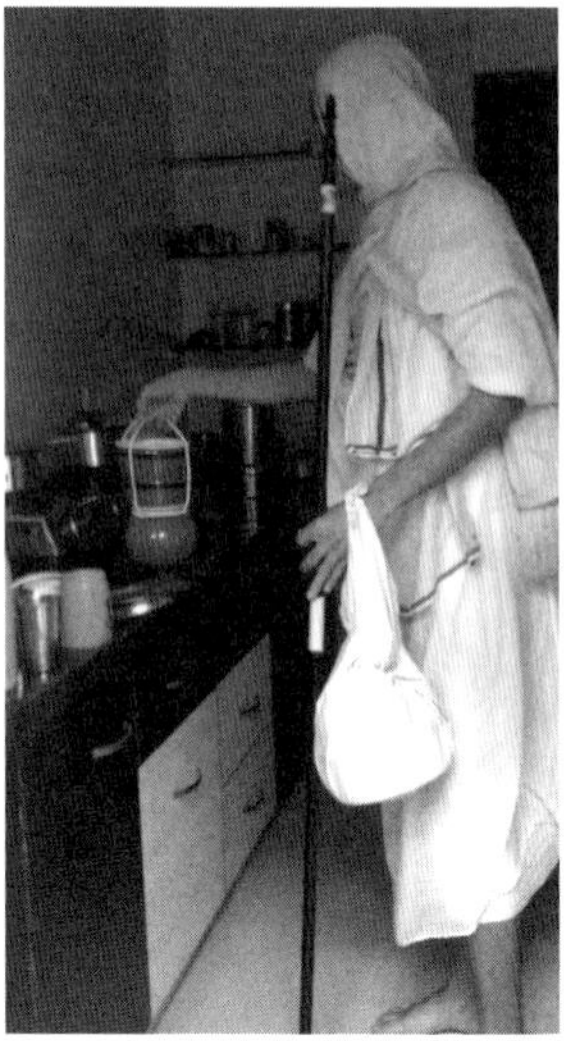

図1　托鉢をおこなっている出家修行者

由から、「木炭・灰の堆積・もみ殻の堆積・牛糞を、自制者は埃のついた足で跨ぐべきではない」とか、「雨が降っているときに、霧がかかっているときに、大風が吹いているときに、鳥や虫たちがいるときに、行くべきでない」といったことも指示されている。また、近づくべきではない場所として、「遊廓の周辺に行くべきでない」といったことや、「犬・出産して間もない雌牛・荒々しい水牛や馬や象・子供たちの遊び場・口論・戦い」の場を避けることが命じられる。これは誓戒違反につながる行為は避けるべきであるという理由や、意図しないトラブルに巻き込まれないようにすることが目的である。避けるべき場所に関連して、暗い倉庫などは、どんな生き物がいるかわからないので避けるべきである。また、倉庫にいる雄羊・羊・講師を跨いだり追い払って入るべきではないとも言われている。

どのように受け取るべきか

飲食物などの施しを受け取るときには、集中して、湿った土と種子や草を避けるべきである、と説かれる（八木二〇二二：二四〇頁）。これもまた、植物を含む生き物をむやみに傷つけないための規定であることが予想される。托鉢者たちは、殺生の可能性のない適切なものを在家信者たちから受け取ることが求められるが、受け取る際の在家信者の振る舞いにも注意を向けなければならない。例えば、在家信者の女性が食べものを運んでいる時に、食べものをこぼしてしまったならば、その者から食べものを受け取ることは適切ではないとされる。あるいは、運んでくる時に、生き物たちや植物を踏みつけてしまったならば、その者から受け取ることは適切ではない。これらは、食べものを運んでいる際に、生き物を傷つけてしまった可能性があるからである。生き物を傷つける者からの施しは受けることが禁じられている。また、食べものを運んでくる際に、適切なものと適さないものをより分けて、適さないものを地面に投げ捨てるような者も、生き物を傷つける者として見なされるので、そのような者から施しを受けることはできない。

どのようなものを受け取るべきか

特定の者のために用意された食べものや、出家修行者のためにあらかじめ買ってきて作られたもの、清浄なものと不浄なものが混ざった食事、遠くからわざわざ持ってこられたもの、増量して作られたもの、掛け買いで用意されたもの、在家信者と出家修行者の両方のために作られた共用の食事などは受け取るべきではないとされる（八木二〇二二：二四三頁）。この規定を守るためには、托鉢者は、食事を持ってきた者に、その食べものが誰のために作られたものなのか、誰が用意したのか、といった質問をして、与え手に過失がないかどうかを調べるべきであるとされている。また、球根・根菜・果実・切られただけの生の薬物・生の瓜・生姜といった特定の種類の植物や、店にある大麦の粉・ナツメの粉・ゴマのケーキ・粗糖・お菓子・その他の嗜好品といった製品などが禁止されている。

以上のような数例によってだけでも、不殺生をはじめとする誓戒に違反する可能性をできるだけ排除するために、いかに事細かにルールが決められていたかが確認できよう。

ただ、『ダサヴェーヤーリヤ』などの聖典にせよ『タットヴァ経』にせよ、そこで説かれている規定は、出家者としての心構えや、生活の規定が中心で、「律」という語によって想起されるような罰則規定とそれにもとづく償いの行為（プラーヤシュチッタ、滅罪行為）を詳しく述べるものではない。初学者など一般の修行者に向けた、「～すべし」「～するな」というルールと、それに違反した際の罰則規定は明確に区別されて、聖典の体系の中で全く異なる領域を占めている。白衣派聖典のなかでも罰則規定の詳細、そして教団運営の具体的な方法を語るものは、チェーヤスッタ（Cheyasutta）と呼ばれる別のテキスト群である。この明確な区別は、チェーヤスッタの性格によるものと思われる。チェーヤスッタの性格について触れる前に、まずは白衣派聖典のなかのチェーヤスッタとよばれるテキスト群の内訳について簡単に確認しておきたい。

三、チェーヤスッタ（チェーダスートラ）

ジャイナ教白衣派内で伝えられている聖典（āgama アーガマ）の総数は、四十五部であると説明されることが多いが、いくつか存在している白衣派のすべてのグループによって承認されているわけではない。また、いつ頃、どのようにして四十五という数に定まったのかということについても、実のところあまりよくわかってはいないのが現状である。白衣派のなかでも、尊像（mūrti ムールティ）を崇拝（pūjā プージャー）するためにムールティプージャカ（Mūrtipūjaka）と呼ばれている伝統に属していた学僧ジャンブヴィジャヤ師（Jambuvijaya 一九二三—二〇〇九）は、聖典の大きな区分を以下のような名前とし、それぞれに含まれるテキストの数を数えている。つまり、アンガ（Aṅga）と呼ばれるテキストのグループには十一のテキストが含まれ、ウヴァンガ（Uvaṅga）と総称されるグループには十二のテキストが含まれるとしている。アンガという語は、一般的には肢（手足）を意味するが、ジャイナ教聖典のアンガは、実質的な開祖とみなされているマハーヴィーラ（Mahāvīra）のことばを含んでいるため、諸聖典の中核を担う部分である。ウヴァンガは、アンガと対をなしてアンガを補助する役目を与えられているが、現存しているテキストでは両者の内容的な関連はさほど見いだせない。また、チェーヤ（Cheya）というグループには六つのテキストが、さらには、ムーラ（Mūla）とよばれるものには四つのテキストが含まれている。両者のカテゴリーの名称が意味するところは後ほど明らかとなる。パインナ（Paiṇṇa）には十のテキストが、そしてチューリヤー（Cūliyā）と呼ばれるグループには二つのテキストが含まれ、聖典の総数が四十五となる（Jambuvijaya 1993: 7-8）。しかしこの分類方法は、ムールティプージャカだけが認めるところであり、同じ白衣派内でも偶像崇拝を認めないスターナカヴァーシー（Sthānakavāsī）は、上に列挙したグループのうちはじめの四つ、すなわち、アンガ、ウヴァンガ、チェーヤ、ムーラのみが、アーガマを構成するテキストであると見なしている（Kapadia 2010: 29）。ムールティプージャカのリストにしたがうならば、これらの総数は、三十三部となるはずだが、スターナカヴァーシーと、白衣派のもう一つの派テーラーパンタ（Therāpantha）は、それよりもさらに少ない三十二部のテキストのみを数えているにすぎない（Jainpedia の Cheda-sūtra の項）。この数の差違の原因のひとつが、チェーヤに含まれるテキストの差である。そしてその差異は、チェーヤと総称されるグループに含まれるテキストの性質や、個々のテキストの内容に起因すると考えられる。したがって、以下では、チェーヤの性質についての考察と、それぞれのテキストの紹介を順次おこなっていきたい。

そもそも、チェーヤ（サンスクリット語ではチェーダ）という言葉は、一般的には「切断」を意味するが、左記のごとくテキストの総称として使用される場合には、ジャイナ教に特有の意味を持っているようにも思われる。このチェーヤという言葉の意味について、いくつかの仮説が考えられてきた。

ひとつは、チェーヤという総称が、そこに含まれているテキストに登場する用語にちなんでいるという考え方である。チェーヤスッタのうちのひとつ、『ヴァヴァハーラ』には、後に見るように十の滅罪行為（プラーヤシュチッタ）が列挙されているが、その七番目がまさに「チェーヤ」と呼ばれるものである。したがって、チェーヤスッタのチェーヤとは、この滅罪行為の名に由来するとワルター・シュブリング（一八八一―一九六九）は考えていた（Schubring 2000: 79）。『ヴァヴァハーラ』で規定されている滅罪行為としてのチェーヤは、違反を犯してしまった出家者の教団内における出家期間を部分的に短縮し、出家者としてのランクを「格下げ」することである。シュブリングはさらに、チェーヤの次に位置づけられている八番目の滅罪行為の名称がムーラ（mūla 出家期間全体の消去）であることに注目して、聖典内の別のテキスト群の名称であるムーラと結びつけようとしているが、ここに含まれているテキストの内容は、滅罪行為としてのムーラや、教団の運営に関する規定とは全く関係のないものであることが指摘されている。むしろ、内容的な観点にもとづくと、ムーラは先述のとおり、一般的な意味である「根本」を指し、初学者が学ぶべき「根本的」あるいは「基本的」なテキストの総称と考えるのが妥当なようである。このように、ムーラという滅罪行為の名称がテキストの総称とは何の繋がりもないことから考えると、チェーヤスッタのチェーヤもまた同様に、滅罪行為のチェーヤとは無関係である可能性が高い。

ふたつめの考え方は、チェーヤスッタの性質に注目したものである。チェーヤスッタは、「～することは適している」「～することは適さない」といった命令や禁止事項を多く含むが、それに違反した際の滅罪行為（プラーヤシュチッタ）もまた、大きな部分を占めている。後に見るように、そこで語られている滅罪行為の実態は、さまざまな条件を勘案しながら、違反者に対していかに適切に罰を与え、償いの行為によって浄化された状態で日常の修行生活や集団へ復帰させるかに主眼が置かれたものである。したがって、多種多様な条件とともに数多くの例外規定が述べられており、違反者を罰することはもとより、情状酌量の余地を与えたり、条件次第では罰を減免したりといった、「救済」の面が非常に色濃い。このために、ジャイナ教の教義に精通していない初学者や一般の出家修行者がこのテキストの内容に触れると、誤解を抱いてしまうことになるから、チェーヤスッタのひとつ『ニシーハ』を目にしたり学んだりすることは禁じられている、と注釈は述べている（Fujinaga et al. 2014）。滅罪行為を主な話題とするこれらテキストは、学習者や一般の出家修行者たちに向けて作られたものではなかったのである。近年でも、これらを一般の修行者が学ぶことは推奨されず、また、出家修行者でないものの手によるテキスト校訂を通じて仔細に内容が検討されたり、流布されることを避けるような風潮もあったことがポール・ダンダス（一九五二―二〇二二）によって報告されている（Dundas 2002: 178）。このような事情をふまえて、チェーヤスッタに属するテキストは、他の聖典とは明確に区別されており、それゆえにチェーヤとは、まさに字義どおり、他の聖典から「切り離された」テキストという意味であると、ジャイナ教白衣派聖典の研究者であるカパディアも考えていたようである（Kapadia 2010: 39）。このような滅罪行為に関する内容は一般の出家者たちの目から遠ざけられているというチェーダの性質に加えて、先ほどの節でも述べたように、初学者向けのテキストや『タットヴァ経』のような多くの信者の目に触れるテキストにおいては滅罪行為に関する規定は深く追求されないこと、そしてさらには、滅罪行為を規定するテキスト（とくに『ヴァヴァハーラ』）には多くの例外規定が含まれていること、また、滅罪行為を違反者に課すのは、教団の指導者など熟達した出家者であること等を総合的に考慮すると、チェーヤスッタは、「いかなる罪に対していかなる罰則（滅罪行為）が適用されるべきなのか」という判決を言い渡す側の参考資料やマニュアルのような扱いであった可能性が考えられる。「ヴァヴァハーラ（サンスクリット語ではヴャヴァハーラ）」という語は一般的には「裁判」を意味しうるが、ジャイナ教の戒律の体系においても、まさにこのような「判決」や「手順」を意味するのである。以上のことから白衣派の伝統における出家者の振る舞いにまつわる状況を推察すると、一般の出家修行者たちは、新参者となった際には「ムーラ」の諸テキストの学習や同じグループの先達からの直接指導によって日々の振る舞いを学び、そして、指導者となった者たちは、「チェーヤ」にしたがって、出家修行者たちの中の違反者を裁断する、という明確な区別が存在していたであろう。このような性質をもつチェーヤに含まれるテキストは、具体的にはどのような話題を扱うものであろうか。以下では、白衣派の三派が認めるチェーヤとは何か、あるいは聖典として認められないテキストにはどのような特徴があるのかといった問題を心に留めながら、チェーヤに含まれる個々のテキストを簡単に紹介しておきたい。

チェーヤスッタに含まれるテキスト

　先に述べた白衣派の三派のうちで、共通してチェーヤスッタとして承認されているのは、以下の四つである（奥田一九六八：六六七頁）。

- 『アーヤーラダサーオー（Āyāradasāo）』
- 『カッパ（Kappa）』
- 『ヴァヴァハーラ（Vavahāra）』
- 『ニシーハ（Nisīha）』

そして、ムールティプージャカは、これら四つに加えて、『ジーヤカッパ（Jīyakappa）』と『マハーニシーハ（Mahānisīha）』の二つもチェーヤに含まれるとしている。ここでは、それぞれのテキストの特徴について簡単に紹介しておこう。

『アーヤーラダサーオー』

　まずは、『アーヤーラダサーオー』と呼ばれるテキストについて。アーヤーラ（サンスクリット語ではアーチャーラ）とは「出家修行者の振る舞い」のことで、これは、その名の示すとおり、「出家者の行いに関する一〇の章」を含んでいる。韻文を含んでいる点で、他の三つとは異なっている。また、第六章では、在家信者について語る点や、第八章は、マハーヴィーラの生涯を記した「カルパスートラ」という独立したテキストとして扱われるという点が特徴的である。

『カッパ』『ヴァヴァハーラ』

　『カッパ』は先述の「カルパスートラ」と区別されて『ブリハットカルパ（Bṛhatkalpa）』という名でも呼ばれている。これと『ヴァヴァハーラ』はそれぞれ、六章、一〇章から成り、聖典の中でも最も古い部類に属すると考えられている。どちらも、男性出家者や女性出家者が従うべきルールや禁止事項について書かれたテキストで、互いに重複する部分を含んでいるが、後者はその名が示すように、（そして先述のとおり）どのように滅罪行為（プラーヤシュチッタ）の「手順」を行使するかということに特に重点を置いている。

『ニシーハ』

『ニシーハ』というテキストの名前については、プラークリット語の「禁止（ニセーハ）」と「勉強の場所（ニシーヒヤ）」とが混ざった結果であるとも考えられている。このテキストの作成年代は、先の三つの経典よりも新しいと考えられている。二十の章からなり、主題は、滅罪行為のひとつである「隔離（パリハーラ）」についてである。『ブリハットカルパ』以降の三つは、すべて散文で記されている。


『ジーヤカッパ』

他のチェーヤ所収のテキストと異なり、『ジーヤカッパ』については、作者の名前が知られている。この作品は、ジナバドラ（Jinabhadra, 六世紀ごろ）によって書かれたもので、他のテキストよりも成立はかなり遅いと考えられている。また、『ジーヤカッパ』は、全体が韻文のスートラによって構成されている点が特徴でもある。


『マハーニシーハ』

『マハーニシーハ』は、韻文と散文の混合体で、しかも韻文の部分は他のテキストからの引用がほとんどであって、それらの集合体のようなスタイルであるため、他のテキストとは性質がかなり違っている。また、偶像崇拝についての言及もある故に、偶像崇拝を認めていないスターナカヴァーシー等からその権威を否定されている。

以上のように、チェーヤスッタに含まれている諸テキストは、白衣派内でも伝承が確定しない部分もあるうえ、作者や成立年代など、不明な点が数多く存在している。

四、『ヴァヴァハーラ』注釈文献における戒律と苦行

チェーヤスッタのそれぞれのテキストの内容については、短い文章の集成であるスートラ本文のみからでは理解することが困難である。これらは、注釈文献によって初めてその意図が明らかになると考えられている。ただ、河崎（二〇一四：一三二頁）が指摘しているように、注釈者の資質とは、スートラをはじめとした注釈の対象となる短い文章や文言から、いかに望ましい意味を引き出せるか、というところにあるため、注釈者の理解が必ずしも本文のオリジナルの意図を反映したものであるとは限らない。注釈文献で開示されている意味は、その時代の要請を強く反映したものである点には注意が必要であろう。以下では、これら注釈文献によって示された十の滅罪行為について紹介して

いきたいが、そのための前提となる情報として、まずは、白衣派に伝わる聖典の注釈文献の概要について述べておくことにしたい。

白衣派の伝統では、聖典には歴史的に古い順から、「ニッジュッティ（Nijjutti）」「バーサ（Bhāsa）」「チュンニ（Cuṇṇi）」「ティーカー（Ṭīkā）」という四つのタイプの注釈が存在するとされている。これら注釈文献は、すべての聖典に対して付されているわけではないが、チェーヤスッタに含まれるテキストのうち『カッパ』『ヴァヴァハーラ』『ニシーハ』『ジーヤカッパ』の四つのテキストについては、バーサの存在することが確認されている。バーサより古いとされるニッジュッティは、バーサの中に組み込まれる形で存在し、独立したテキストとして伝承されてはいない。また、バーサおよびニッジュッティは、ジャイナ・マハーラーシュトリーという地方語で書かれた韻文の注釈である。『カッパ・バーサ』の作者はサンガダーサ（Saṅghadāsa, 六世紀ごろ）であるとされている。『ジーヤカッパ・バーサ』は、スートラ本文と同じジナバドラによるものであるということが伝えられている。他のバーサの作者は、明らかにはなっていない。このバーサおよびニッジュッティに対する注釈として、チュンニ、ティーカーが作られた。以下ではそれぞれの特徴について順に紹介していこう。

まずはチュンニという注釈についてである。チュンニは、不明な点が多いが、もっとも代表的な特徴は、サンスクリット語と地方語が混合したかたちで記されているという点である。この特徴は、チェーヤスッタに含まれるテキストに限らず、白衣派聖典のチュンニ全般に共通して見られるものである。作者については、『カッパ・チュンニ』は、プラランバスーリ（Pralambasūri）によるもの、『ニシーハ・チュンニ』はジナダーサ（Jinadāsa）、『ジーヤカッパ・チュンニ』はシッダセーナ（Siddhasena）作であると言われている。『ヴァヴァハーラ・チュンニ』はテキストとしては現存するものの作者は不明のままである。その特異なスタイルの故か、これまでチュンニを対象とした研究にはあまり進展が見られず、バーサの理解には、サンスクリット語による注釈であるティーカーのほうが重視されてきたことは本書所収の河﨑豊の論考においても指摘されているとおりである。

つぎは、ティーカーと呼ばれるサンスクリット語の注釈である。これは、バーサにたいする注釈文献で、時代的にはチュンニよりも新しいためか、それらの作者についても明らかなものが多い。『カッパ』の序盤と、『ヴァヴァハーラ』に対するティーカーは、マラヤギリ（Malayagiri, 十二世紀ごろ）によるものである。『カッパ』のティーカーは、のちにクシェーマキールティ（Kṣemakīrti）によって引き継がれた。『ニシーハ』のティーカーは存在せず、『ジーヤカッパ』のティーカーは、シュリーチャンドラ（Śrīcandra）によるものである。

以上、カタカナの固有名詞を数多く紹介せざるを得なかったが、時代の変遷に従って、大きく分けて四種類の注釈文献が作成されたこと、そして、『ヴァヴァハーラ』は「ニッジュッティ」をはじめとするこれら四つの注釈文献を備えていることが確認できた。以下で紹介する違反行為とそれにたいする十の滅罪行為の定義は、『ヴァヴァハーラ』バーサおよびティーカーにおける記述にもとづくものである。『ヴァヴァハーラ』スートラの第一番目が開始されるに先立って、バーサは序文のような役割をもつ注釈を付した。それがピーティカー（Pīṭhikā）と呼ばれる個所である。このピーティカー部分では、スートラ本文全体、あるいはそれに付随する注釈全体にわたって詳細に論じられる違反行為や滅罪行為の基本的な定義が簡潔にまとめられている。本稿では、『ヴァヴァハーラ』のピーティカー部分のバーサやティーカーの理解に沿って、これら十の滅罪行為についての基本的な理解を目指したい。フランスにおけるジャイナ教研究の泰斗であったコレット・カヤ（Colette Caillat 一九二一―二〇〇七）は『ヴァヴァハーラ』の注釈にもとづきつつも、関連テキストを広く対象として、ジャイナ教の伝統における十の滅罪行為を詳細に論じているので、以下の内容についてより深い理解を求める場合は、これを参照されたい。

また、以下では、単なるルールの列挙に終始することを避けて、「どのような付加的な条件によって罪の重い軽いが変化するのか」についても見ていきたい。

違反行為とは

『ヴァヴァハーラ』のバーサおよびティーカーでは、まずはじめに、違反行為には、適切なことをしようとして違反してしまう場合と、悪意があってわざと違反する場合の二種類が存在していると定義される。これらの違いによって、課される罰が異なってくることは後にみるとおりである。ここでは、この定義にしたがって、

● 違反行為がうっかりなされたものなのか、意図的なものなのか

これを罰の軽重を左右する付加的な条件の一つ目として挙げておこう。

また、違反行為は、根本的徳目を対象とするものと、副次的徳目を対象とするものの二つとして定義することもできるという。根本的徳目とは、誓戒のことである。誓戒はここでは「夜食の禁止」を含まない五つが言及される。これらがジャイナ教の教義の「根本的」なものとして認識されていることはこれまでにみてきたとおりである。誓戒に対する違反はまたさらに、「企画」「実行」「完了」の三つの段階に区別される。原語は『タットヴァ経』第六章の悪しき行為の三つの段階「企画」「準備」「着手」と同一であるが、『ヴァヴァハーラ』の注釈では、これらの三段階は「準備」や「着手」という語によって示される内容とは少し異なっている。「殺生」という根本的な違反行為を例に説明される個所では、二番目の段階は死に至らしめない程度に痛めつけることであり、三番目の段階は死に至らしめることである。

そして、副次的徳目とは、托鉢の際に気をつけなければならない二十二の事項や、『タットヴァ経』においても定義されていた紀律や用心のことである。例えば、托鉢中には、特別に招待された食事をとることは禁止されている。この禁止事項について、最終的な段階を「実際に食べてしまうこと」とすると、そこに至るまでいくつかの段階があると考えるのである。親族などの近しい関係の在家信者によって、「あなたのために食事を準備したので来てください」と招待された時に、それに同意し、でかける準備をする段階、それが一つ目の段階である。そこからさらに進んで、足を踏み出し、往来に出て約束の場所に向かい、器を差し出す。これらの一連の動作が、二つ目の段階にあるとされる。そして、差し出した器で食事をうけとり、持ち帰って口に運ぶまでの動作が、三つ目の段階と見なされる。最後の四つめの段階は、その食事を口にして飲み下す段階である。以上のことから、根本的徳目の三段階にせよ、副次的徳目の四段階にせよ、

●違反にいたる段階の、どの段階なのか

が重要な条件として考慮に入れられている。これを二つ目の条件として挙げておこう。

十の滅罪儀礼

『ヴァヴァハーラ』バーサの第五十三詩節目は、ジャイ

ナ教白衣派の伝統における十の滅罪行為のリストとして、最もよく知られたものである。

一　告白（āloyana アーローヤナ、サンスクリット語ではアーローチャナ）
二　反省（paḍikkamaṇa パディッカマナ、サンスクリット語ではプラティクラマナ）
三　混合（mīsa ミーサ、サンスクリット語ではミシュラ）
四　放棄（vivega ヴィヴェーガ、サンスクリット語ではヴィヴェーカ）
五　身体放捨（kāussagga カーウッサッガ、サンスクリット語ではカーヨトサルガ）
六　苦行（tavo タヴォー、サンスクリット語ではタパス）
七　出家期間の短縮（cheya チェーヤ、サンスクリット語ではチェーダ）
八　出家期間の根本的な削減（mūla ムーラ）
九　一時追放（anavaṭṭhāya アナヴァッターヤ、サンスクリット語ではアナヴァスタープヤ）
一〇　追放（pārañciya パーラーンチヤ、サンスクリット語ではパーラーンチカ）

以下では、これらの十の滅罪行為について、定義を概観しながら、どのような条件によって、罪の軽重が考慮されるのかみていきたい。なお、それぞれの項目に付された番号は、対応する『ヴァヴァハーラ』バーサの詩節を指す。

一：「告白」（五四―五九）

まずは、「告白とは何か」「誰の前でおこなうべきなのか」「どんな行為において生じるのか」について、順番に説明がなされる。

「告白とは何か」

滅罪行為としての告白は、必須の用務の前か、用務が完了した後か、用務の前と後の両方に、師匠の面前で、言葉で自らが行ったことを包み隠さず報告することである、と定義される。また、この滅罪行為は、他の滅罪行為とともに行われる場合もある。その際には、まずはじめに告白がなされるべきであるから、告白は十の滅罪行為の筆頭に位置し、最も重視されている。

「誰の前で行うべきなのか」

これは必ず指導者などの熟達者とよばれる者たちの前でなされるべきであり、非熟達者の前では行うべきではないと定義されている。ただし、別の意見として、彼ら熟達者が出かけていて不在にしている時などには、非熟達者の前で告白を行ってもよい、という意見も存在していたことが言及されている。

「どんな用務において生じるのか」

日常的に発生する、移動をともなう用務において、師匠のもとを離れて用務を行い、帰ってきた際に「告白」をすることが求められている。移動をともなう用務は、托鉢・排泄・学習のための移動・その他という項目ごとに説明される。ここでの托鉢とは、自らにとって有益なものである、布・器・寝床・敷き物・足拭き等の資具類や、他人にとって有益なものである、布・器・飲食物・薬といったものを獲得するために出かけることである。学習のための移動は、ヴィハーラ（vihāra）と呼ばれている。これは、滞在場所において学習が困難になった際に、別の場所に行き、目的が達成されたのちに帰ってくることである。その他にも、寺院への参拝や、借りたものを返却すること、といった用務で出かけて戻った際に、告白をおこなう。告白は滅罪行であるから、なにか違反行為が発生した時に行うべきものであるはずなのだが、違反が生じたかどうかわからない程軽微なものを浄化することが目的であるため、これらの用務に対して、正しく意識が向けられていて、一見すると違反がないと思われるような場合にこそ告白することが勧められる。

二：「反省」（六〇―九八）

二番目の滅罪行為である「反省」は、いかなる違反行為に際して課されるのであろうか。「反省」は、『タットヴァ経』の業の遮断の項目でも述べられていた紀律と用心が、うっかり行われなかった場合、あるいは、行うべきであると知らずに行われなかった場合に課される。あるいはまた、先達が行ってきた慣習とも言うべきことがらを、うっかり、あるいは知らずに行わなかった場合にも、この滅罪行が相応しいとされている。ただし、いずれの場合においても、生き物を傷つける、という重大な誓戒違反に至らなかった場合に限定されている。紀律と用心については、すでに触れたが、ここで改めてその内容と、それらに対する違反行為について順番に確認しておこう。

紀律について

紀律とは、身口意の行為を正しく抑制することであったが、そのような紀律に対する違反として、ここでは、「心で悪いことが考えられる」「口によって悪い言葉が語られる」「身体によって悪い振る舞いがなされる」ことであるとされる。また、師など目上の者たちに対して、憎しみ等の悪い感情を抱く、同様に目上の者たちに虚偽を述べる、目上の者たちの前を遠慮なく通るといった場合も、紀律の違反に相当すると見なされている。

用心について

用心とは、先述のとおり、歩く時、談話する時、托鉢する時、ものを受け取る時と置く時、排泄の時に、生き物を傷つけたりその他の誓戒を破ってしまわないように留意することである。ここでは、それらの用心に対する違反として、「歩行に留意せず話をしながら歩く」「談話の際に、在家者のような打ち解けた話し方で話す」「大声で話す」、「托鉢の際にさまざまな留意事項に意識が向いていない」「容器を受け取ったり置いたりする時に、生き物を傷つけないように掃かない」「生き物を傷つけないように（排泄する場所を）検分することなしに処理してしまう」といった行動が列挙されている。また、その他の違反行為として、男性出家者であれば、女性の話をする、食事についての話（おそらく食事の内容や味についての話）をする、盗っ人の話をする等、誓戒への違反にたいして関心を向けることも禁じられていた。あるいはより直接的に、怒り、慢心、欺き、貪欲の感情を抱くことや、感覚器官の対象に執着することが、ここでは「反省」に相当する違反行為として制限されている。

先達の慣習

さて、紀律や用心の他には、先達が行ってきた慣習を実践しない場合にも、反省による滅罪が必要とされている。「先達が行ってきた慣習」としたのは、バーサでは「踏襲のヨーガ（yoga）」と呼ばれるもので、マラヤギリの注釈では「踏襲のヴィナヤ（vinaya）」と言い換えられているものである。マラヤギリによると、この「踏襲のヨーガ」あるいは「踏襲のヴィナヤ」という項目には、本来「知に関するヴィナヤ」「見（信仰）に関するヴィナヤ」「行いに関するヴィナヤ」という項目も含意されているという。これら三項目は、さらにそれぞれ八つの下位区分によって詳説される。そこで繰り広げられる詳細な議論に話題が逸れてしまうのをここでは避け、概要を紹介しておくと、八つの「知に関するヴィナヤ」とは、学習に適した時間を守った

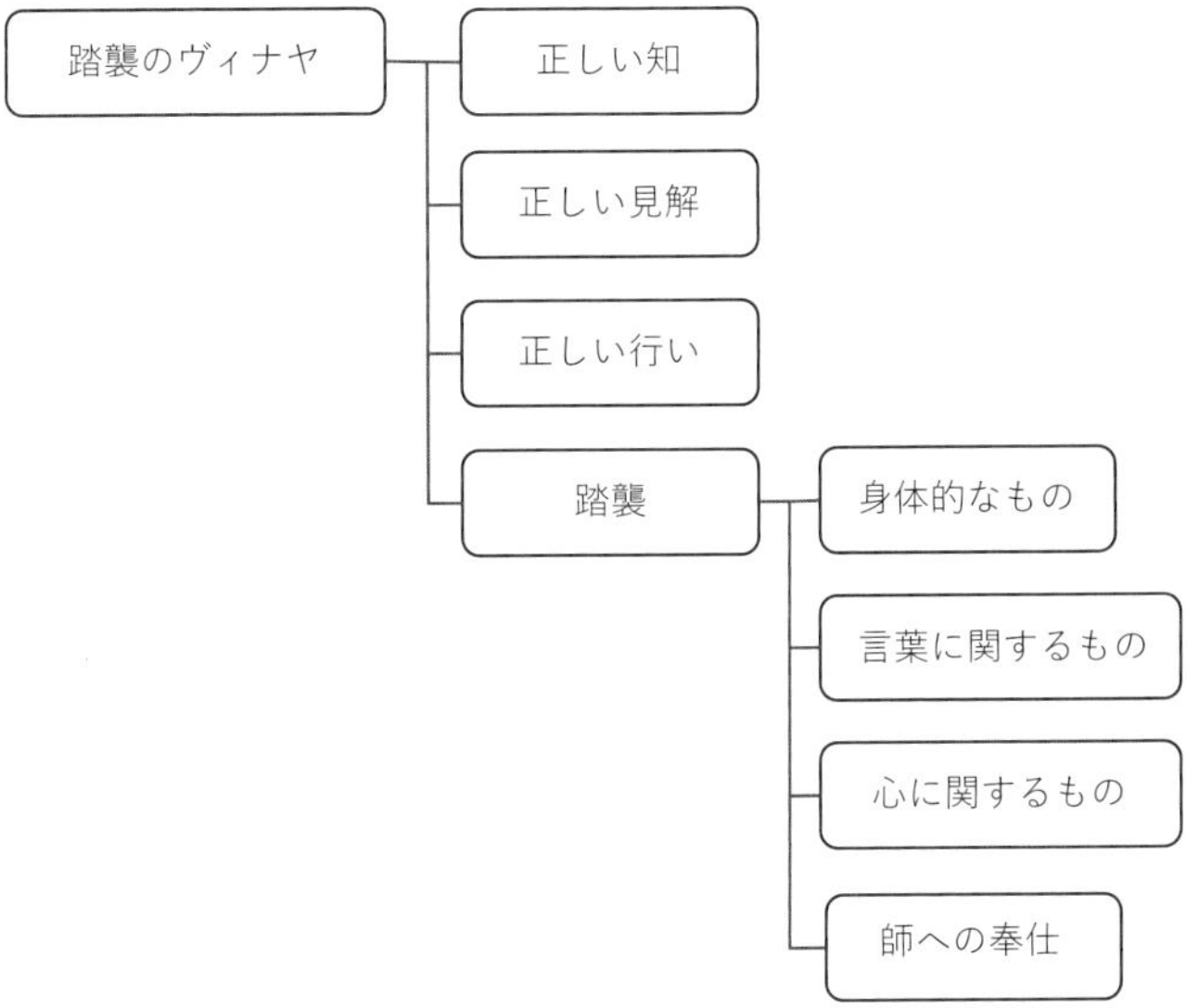

図2

り、教師に対する礼節を守ったり、教師を敬ったりすることで、知識の獲得に際して為さねばならない礼儀作法のようなものであると理解できる。また「信仰に関するヴィナヤ」とは、教えに対する疑いや迷いを抱かないことと定義されている。八つの「行いに関するヴィナヤ」とは、直前で登場した三つの紀律と五つの用心にほかならない。このように、ひとつの項目を定義する用語として、何度も同じものが重複して登場することはジャイナ教文献全般において珍しいことではない。

　そして最後に、もともとの項目である「踏襲のヨーガ」「踏襲のヴィナヤ」についての説明が続けられている。これは、先の三つとは異なり、四つの下位区分が設けられている。つまり、身口意の三つと、「奉仕についてのヴィナヤ」と呼ばれる項目がこの「踏襲のヴィナヤ」を構成している。身体に関する「踏襲のヴィナヤ」とは、敬うべき教師がやってきた時に起立をする、対面して質問などの受け答えをする時には合掌をする、教師が座るための椅子を持ってくる、あるいは、教師に対して礼拝したり、出迎え、見送りをしたりすることである、とされている。これらもまた、先ほど述べた身口意の紀律や、学習に際して行うべき礼儀作法と内容的に近いことが認められる。口（ことば」に関する「踏襲のヴィナヤ」とは、有益なことを話したり、適切なことを話したりといった、話の内容にかかわることがらや、荒々しくないことばを話すといった話し方の作法にかかわることがらである。これもまた同様に、先述の「談話の時の用心」によって意図された行為の範疇に近いことがわかる。意（こころ）に関する「踏襲のヴィナヤ」は、悪い瞑想に向かう心を停止し、良い瞑想から生じる心を増幅させること、と定義されている。最後、四つ目の「奉仕についてのヴィナヤ」に関しては、下位区分としてさらに七つもの項目が列挙されている。これもまた教師に対する奉仕の作法を述べたもので、教師のすぐ側で活動をし、教師の身振り手振りに注視して、かすかな意図を読み取り、すぐさま望みをかなえることや、食、道具、滞在場所に関して教師の意思を尊重することの重要性が説かれている。また、托鉢が得難い時には自らが探索に出かけることも奉仕のひとつである。教師がおこなう食事などについて、適切な時間や場所を心得ておくことや、いかなる場合においても従順でいることもまた奉仕であるとされている。

以上のように、「ヴィナヤ」は多くの意味を包括する用語であるために、それに相当する現代常用の日本語を充てるのは非常に難しい。金倉が『タットヴァ経』に登場する「ヴィナヤ」という語を「端然」と翻訳したことを踏まえつつ、『ヴァヴァハーラ』の当該の文脈に限っていうと、出家修行者が目上の者たちに対して振る舞うべき礼儀作法といった意味として理解できるだろう。

これまでの内容をまとめておくと、学習や信仰、日々の振る舞いの基本的なことがらを実践しない場合や、日常的に行われている慣例に従わない場合には、反省と呼ばれる滅罪行為が必要となる。

ただし、反省を要する違反行為はこれだけではない。反省に相当する違反として挙げるべき項目の最後は、副次的徳目における違反である。副次的徳目とは、違反行為の定義において登場した項目であったが、これには四つの段階があった。このうちの、一つ目の段階と二つ目の段階までの行為が、反省に相当するレベルの違反行為である、とされている。ここでは、三つ目以降の段階へと進んでしまった者たちとは罪の重さという点で明確に区別されているので、先ほど挙げた

● 違反にいたる段階の、どの段階なのか

という条件が罪の軽重を左右している実際の例として考えることができる。

反省を要する違反行為の具体的な内容は、およそ以上のとおりである。ただ、この滅罪行為の冒頭部分でも言及したように、これらの違反にたいして無条件に反省が適用されるわけではなくて、これらの違反行為が、「うっかり」もしくは「知らずに」なされ、しかも生き物を傷つけることのない場合に限って、反省をおこなうべきであると言われているのである。意図的にこれらの違反行為を行ってしまった場合は、より重い滅罪行為、具体的には六番目の「苦行」が相当すると考えられていた。ここでも、第一番目に挙げた条件である

● 違反行為がうっかりなされたものなのか、意図的なものなのか

の適用の実例をみることができる。ただし、注釈によると、この「苦行」というより重い措置は、与えられることもあれば与えられないこともあるという。ここにはまた別の条件である

● 集団生活なのか、単独生活なのか

が関わってくる。出家生活を単独でおこなうことと、集団でおこなうことにどのような違いがあるのだろうか。以下では、ジャイナ教の出家修行者にとっての単独生活と集団生活の差について紹介しておこう。

ジャイナ教の出家修行生活は、安全面等の理由から何名かの集団でおこなうのが一般的であるが、過去にマハーヴィーラが単独で生活していたことにならって単独で修行したり、滅罪行為の一環で隔離されて単独で生活することもあった。集団での修行生活を「スタヴィラ・カルパ (sthavira-kalpa)」、単独生活を「ジナ・カルパ (jina-kalpa)」という。たった一人で生活することは、集団生活よりも過酷であり、その過酷さに耐え得る者たちには、より完全で厳格な滅罪行為が求められるのである。上述の場合では、意図的に違反行為を犯してしまった際により厳格な六番目の「苦行」が課せられるのは、単独で修行をおこなっている者に限定される。つまり、集団生活を行っている者たちは、単独行の者たちよりも弱いと見なされて、意図的にこれらの行為を犯してしまったとしても、より重い罰を課せ

られることはないということになる。

ところで、この反省という滅罪行為はいかなるものであろうか。一番目の滅罪行為である告白は、あったことをそのまま告白することであるからその行為の内容について理解は容易であるが、反省とはいったい具体的にはどのような内容を伴うものなのだろうか。現代的な感覚での反省と同様に、心の中だけで反省するだけなのだろうか。『ヴァヴァハーラ』の諸注釈は、「ミッチャーミ・ドゥッカダム(micchāmi dukkhaḍam)」というフレーズを述べ反省の意図を示すこととしている。このフレーズは、ジャイナ教徒にとって一年で最も重要な期間であるパリューシャン(paryūṣaṇa)で、出家・在家問わず皆が連呼するものと同じものである。彼らは、この機会に一年間積み重ねてきた大小の罪をこのフレーズとともに反省する。ジャイナ教の哲学文献だけではなく現代のジャイナ教白衣派の生活にも造詣の深い山口英一の理解によると、このフレーズの意味は、「(私がなした)悪い行いが私にとって些細なことでありますように」というものである（山口一九九九：五一頁）。また、カヤは、「悪い行いがすべて無駄に終わりますように (May all that evil have been done in vain.)」という解釈を示している (Caillat 1975: 133)。日々の修行生活においても、一定の重さの違反を犯してしまった際には、このフレーズとともに反省がなされ、それによって罪の汚れが浄化されるのである。

三：「混合」（九九—一〇七）

三つ目の滅罪行為「混合」は、一つ目の告白と二つ目の反省を併せておこなうことであるから混合と呼ばれている。告白と反省のそれぞれに対応する違反行為の重さに差があったことから、混合に相当する違反行為の深刻さは、自然とそれぞれで定義されていたものよりも重大なものであることが予想される。『ヴァヴァハーラ』で規定されている混合に相当する違反行為とは、根本的徳目である誓戒に違反してしまうことにほかならない。ここでは、それらに対する滅罪行為がどのような場合に課せられるのかが以下のとおり定義されている。

- ●誓戒に対する違反が疑わしい時
- ●うっかり誓戒に違反してしまった時
- ●苦しんでいるものが違反してしまった時
- ●災難時にやむを得ず違反してしまった時

おおきく分けて以上の四つの場合に混合、すなわち告白と反省が併せておこなわれるべきであるとされているのである。以下ではそれぞれ順番に具体例を踏まえながら説明していこう。

「疑わしい時」

誓戒に対する違反が疑わしい時とは、たとえば五大誓戒のうちの「不殺生」について、「自分は殺生をしてしまったのか、あるいはしていないのか」が疑わしい場合であるとされている。ここでは、「夜食の禁止」を含む六つの誓戒について、「はたして自分が違反してしまったのかどうか」よくわからない時には、師匠の前でありのままを告白し、師によって「違反である」と指摘されると反省しなければいけない、と説明されている。判断がつかない、よくわからない時にこそ、師の前で告白しなければいけないというのは、まさに告白においても見たとおりである。一つ目の告白のみが求められる場合には、殺生などではない、もっと些細な違反が想定されていたが、ここでは、殺生などの根本的徳目や、用心などの副次的徳目に違反した場合が想定されている。

「うっかり違反した時」

また、違反しないように気をつけていても、うっかり違反してしまったときにも、この滅罪行為が相当すると定義されている。これと関連して、たとえば夜盗などに襲われた時や、荒ぶった象が迫ってきた時、また、灯火などに触れてしまった時には、慌てて逃げようとしたり、とっさのことで混乱して、知らず知らずに殺生などを犯してしまうかもしれない、といった場合が想定されている。そのような場合も混合によって過失が浄化されるという。うっかり違反した時、という状況は先の反省においても語られたが、反省の場合は誓戒の違反にいたらない程度の罪であり、混合の場合は、誓戒の違反にいたった場合、という区別があることをここでは確認しておきたい。

「苦しい時」「災難時」

飢えや渇きに苦しんでいる時、意図せずに違反をしてしまった場合や、災難時において違反してしまった場合も同様に混合という滅罪行為が課される。ここでの災難は、さらに四種に分類されている。すなわち、(一)ものに関する災難、つまりものとしての必需品が得られない場合と、(二)場所に関する災難、つまり孤立した村などに来てしまった場合、(三)時間に関する災難、つまり飢饉などの場合、そして(四)状態に関する災難、つまり重病などの場合が想定されている。これらの災難において、意図せずに違反してしまった場合は、混合が相応しい。

以上のように、この三番目の滅罪行為は、根本的徳目としての誓戒を守れなかった場合に適用されるものであるが、先に触れたように誓戒だけではなく、用心などの副次的な徳目を同様の諸理由によって守れなかった場合も適用される。ここではとくに「歩行に関する用心」を例にあげつつ、誓戒の場合と同様の説明がなされている。これまで何度か登場したように、歩行に関する用心とは、歩行中に小さな生き物などを踏みつけて傷つけないように注意することであったが、何かしらの脅威から慌てて逃げる場合には、これを守れず、殺生が生じるかもしれない、というわけである。あるいは、飢えや渇きに苦しんで、朦朧としている時には、用心せずに歩みを進めてしまうかもしれない。以上の項目については、用心を守れないことのなかでも、結果的に誓戒の違反に帰結した場合に限って、同じ滅罪行為が適用されると理解できよう。

四：放棄（一〇八—一〇九）

四つ目の滅罪行為として「放棄」が定義されている。これは、熟達者たちが、滞在場所や寝具、食べもの、飲み物を獲得したときに、それが不適切なものであったり、好ましくないものであると知った場合に、それらを放棄する、といったものである。ここでは、「熟達者（gīyattha ギーヤッタ）」なる者たちが言及される。これは、先述の『ダサヴェーヤーリヤ』などの聖典において規定されている、寝具や衣や器、飲食物などを托鉢によって求める際のルールや「チェーヤスッタ」に精通している者のことであり、彼らしか獲得したものが適切であるかどうかは判断できないので、この滅罪行為が適用される対象として「熟達者たち」が言及されているのであろう。では、どのような状況において、滞在場所などを獲得した「後で」それが不適切であると知るのであろうか。注釈では、具体的な例によって以下のように示されている。

例えば、食べものを受け取る際には、太陽が出ている間（日中）でなくてはならない。しかし、太陽が昇っているかどうか微妙な時、または、太陽が沈んでしまったか微妙な時に、山に太陽が隠れていたり、日食によって太陽が隠れてしまったり、雲や霧などに隠れて見えなくなってしまう。その際、太陽がすでに昇っている、またはまだ沈んでいないと考えて、食べものを受け取り、その後に、その受け取った時が、太陽がまだ昇っていない時間、または、太陽がすでに沈んでしまった時間であった、つまり適切ではない時間であったことを知る、といった状況が想定されている。この場合、不適切な時間帯に獲得してしまった食べものは放棄されねばならないのである。

五：身体放捨（一一〇—一二四）

「身体放捨」とは、カーヤ・ウトゥサルガ（kāyotsarga）という原語に対する訳語である。これは、河崎（二〇二四）によると、「不動で一定の姿勢を保ち」「身体を放棄すべき存在と念じる」ことである。この振る舞いは、ジャイナ教徒の活動のあらゆる局面で実践される、災いを取り除く方法であるが、これが出家修行者のさまざまな状況における滅罪行為としても有効であるという。

例えば、托鉢などの用務のために師のもとを離れて戻ってくる時に、歩行に関する過失が生じた際、定められた時間この身体放捨を実践する。その時間は二十五呼吸分であると定められている。このように、身体放捨は過失の種類によって、それぞれ異なる時間が設定されている。以下に、いくつかの状況で求められる身体放捨の時間を紹介しておこう。排泄物を処理する際にも、歩行に関する過失を防ぐために二十五呼吸分の身体放捨が必要とされる。経典を読誦したり教えを授けたりした後におこなう身体放捨は、二十七呼吸分が基準であるとされている。また、外に出かけた際に、別の用務が発生したり、不吉な出来事や凶兆が見られた際には、八呼吸分の身体放捨によって、清浄な精神が保たれるという。この場合、一度目、三度目と同じ状況に陥った際には、それぞれ、二倍、三倍の長さの身体放捨が実行される。この滅罪行為で注目すべきことがらは、出家修行者の振る舞いに関するルールが、夢の中にまで及んでいる点である。夢の中で「夜食の禁止」を除いた五つの誓戒に違反してしまった場合、目覚めた後に一〇〇呼吸分の身体放捨がなされるべきであるという。この場合の違反は、先にも触れた「自ら行う」「他人に行わせる」「他人が行うのを容認する」という三つともである。ただし、（理由は述べられていないが）五つの誓戒のうちで、不淫の誓戒違反を夢の中で「自ら行う」場合は、二十七呼吸分の身体放捨が滅罪行為であるとされている。これらの他に、船で海を渡ったり、川を運行したりした際にも身体放捨が課せられるという点も注目されうる。

六：苦行＝断食（一二五—一三三）

第六番目の滅罪行為として規定されている「苦行（タパス）」は、もっとも軽い制限である「滋養物を摂らないこと」から、「六ヶ月」までの、食事に関する何らかの制限のことを指すが、『ヴァヴァハーラ』の注釈文献ではもっぱら期間のみが主題となっていて、その具体的な内容については判然としない部分が多い。

たとえば、用心のなかでも、ものを取ったり置いたりする時の用心が不完全であった場合には、「五昼夜」もしくは「軽い一ヶ月」という苦行期間が設定されている。ここでの「軽い」あるいは後に出てくる「重い」とは、その期間のなかで実践される滅罪行為の厳格さに強弱のあることを示すものである。「軽い一ヶ月」とは、一ヶ月間のうちで、時間的・内容的にやや緩やかな苦行を実践することであろう。また、出家修行者たちが、自らの滞在場所に出入りする際に挨拶をしないといった場合には、「五昼夜」という期間の滅罪行為に相当するとされている。苦行に相当すると考えられていた違反は、日常のあらゆる行為に及んでおり、つばを吐く時や、身体を掻く時、布などの必需品を移動させる時、自らが異なる性質の場所へ移動する時に、用心が不完全な場合は、不完全さの度合いによって「五昼夜」もしくは「軽い一ヶ月」が課される。用心が守られなかった場合の滅罪行為は、これまでに反省や混合において定義されていた。前者の場合は、なされた違反が意図的なのか否かという条件によって差別化されていたことを確認したが、後者については、苦行との関連が明確ではない。

ちなみに、これらの「苦行」に相当する罪が、三回連続して生じた場合には、罰が「苦行」から同期間の「チェーヤ（出家期間の部分的な削減）」へと移行する。これは、

● その違反が初犯なのか再犯なのか

という条件によって、罪の重さが左右される例として見なすことができるだろう。『ヴァヴァハーラ』の冒頭部分では、「チェーヤ」以降の滅罪行為は、基本的にこの条件によってなかば機械的に列挙されているにすぎない。

七：出家期間の短縮（一三四）

「チェーヤ（切断）」は、のこりの出家期間を清浄なままで守るために、悪くなったこれまでの出家期間の一部の切り離しを行うことである、とされる。どのような状況がこの「チェーヤ」に相当するかは、直前に述べたとおり、基

地水火風、単一の植物身

	一日	二日	三日	四日	五日	六日	七日	八日
擦る	1L	1G	4L	4G	6L	6G	1Ch	4Ch
痛めつける	1G	4L	4G	6L	6G	1Ch	4Ch	6Ch
殺す	4L	4G	6L	6G	1Ch	4Ch	6Ch	M

無数の植物身

	一日	二日	三日	四日	五日	六日	七日	八日
擦る	1G	4L	4G	6L	6G	1Ch	4Ch	
痛めつける	4L	4G	6L	6G	1Ch	4Ch	6Ch	
殺す	4G	6L	6G	1Ch	4Ch	6Ch	M	

二つの感覚器官をもつもの

	一日	二日	三日	四日	五日	六日	七日	八日
擦る	4L	4G	6L	6G	1Ch	4Ch		
痛めつける	4G	6L	6G	1Ch	4Ch	6Ch		
殺す	6L	6G	1Ch	4Ch	6Ch	M		

三つの感覚器官をもつもの

	一日	二日	三日	四日	五日	六日	七日	八日
擦る	4G	6L	6G	1Ch	4Ch			
痛めつける	6L	6G	1Ch	4Ch	6Ch			
殺す	6G	1Ch	4Ch	6Ch	M			

四つの感覚器官をもつもの

	一日	二日	三日	四日	五日	六日	七日	八日
擦る	6L	6G	1Ch	4Ch				
痛めつける	6G	1Ch	4Ch	6Ch				
殺す	1Ch	4Ch	6Ch	M				

五つの感覚器官をもつもの

	一日	二日	三日	四日	五日	六日	七日	八日
擦る	6G							
痛めつける	1Ch							
殺す	M	一時追放	追放					

※1, 4, 6 は月数を、L は「軽い」Gは「重い」を意味する

本的には苦行に相当する違反行為を繰り返した場合であると考えられる。

八：出家期間の根本的な削減

九：一時追放

十：追放（一三五）

　これら三つの滅罪行為は、もっとも重い滅罪行為であるはずだが、『ヴァヴァハーラ』バーサのわずか一詩節において定義されているにすぎない。ここでは、「殺生」に関して、「軽くこする」「痛めつける」「殺す」という三つの程度と、それが一日〜八日まで繰り返される場合に分けて、それぞれの場合が網羅されている。さらには、「殺生」の対象が、感覚器官の数などにもとづいて六つに分類され、やはり機

械的に場合分けが行われている（表を参照）。これらの滅罪行為が課される状況については以上のとおりであるが、それぞれの滅罪行為の内容についても簡単に紹介しておこう。八番目の滅罪行為である「ムーラ（出家期間の根本的な削減）」は、「チェーヤ」が与えられたのちに、さらに誓戒に対する違反が生じた場合に課せられる。九番目の「一時追放」は、何度も再犯を繰り返し、もはや更生させることもできない状態の者に課せられるもので、一時的に出家生活を止めさせることである。この場合、一定期間が経過すると、過失を消化して再び出家の生活に復帰する。最後の「追放」は、復帰することも許されない状態を指す。これらの、期間が主題となっている苦行以下の滅罪行為が課せられるに際して重視されるのが、罪あるいは罰の「合算」という考え方である。以下ではその基本的な考え方を紹介しておこう。

「合算」と「上限を設けること」（一三六―一五〇）

例えば、「一ヶ月」に相当する滅罪行為が課されたのち、「四ヶ月」に相当する違反が生じ、またさらに「四ヶ月」に相当する違反が生じた場合、これらの違反行為は合算されて「九ヶ月」に相当すると見なされる。ただし、もう一つの条件「上限を設けること」によって、「六ヶ月」にまで期間が短縮される。この六ヶ月という単位は、マハーヴィーラがおこなった滅罪行為の最長期間にもとづくと考えられている。合算によって長期間にわたる滅罪行為が設定されても、このルールによっていかなる滅罪行為も六ヶ月を超えることはない。

以上、『ヴァヴァハーラ』バーサおよびティーカーの序文にしたがって、もっとも基本的な十の滅罪行為の定義を概観した。しかし、これらの項目は聖典期の初期のころから確定されたものというわけではなかった。最後に、カヤによって指摘されている六番目の滅罪行為の歴史的な変遷について触れておきたい。

六番目の滅罪行為：パリハーラからタパスへ

六番目の滅罪行為として先に紹介した「苦行」は、もともと「パリハーラ（parihāra 隔離）」と呼ばれる別の内容の滅罪行為であって、かなり早い時期に、「パリハーラ」は「苦行」へと移行したのではないか、と考えられている。その要因として、以下のような経緯が想定されている。

マハーヴィーラの時代には、「ジナ・カルパ」つまり単独での修行生活が行われていたが、徐々に集団での生活へと移行した、ということは先にも述べたとおりである。マハーヴィーラが生きていたころやそれに近い時代でも、この単独での行動は相当過酷であったであろうことは想像に難くない。それゆえ、集団からの隔離を意味する「パリハーラ」が滅罪行為のひとつとして設定され、ある程度の効果を有していたはずである。しかし、集団での生活がより一般的になり、単独での生活がほとんど行われなくなった時に、この「パリハーラ」は、相対的により難易度の高い滅罪行為として見なされるようになったのではないだろうか。直前で見たように、六番目の「チェーヤ」以降の滅罪行為における定義は具体性を欠き、機械的に列挙されているに過ぎないことから考えても、これらの重大な滅罪行為は実際に課せられることはほとんどなかったのではないか、とカヤ（Caillat 1975: 99）は考察している。「パリハーラ」もまた、左記のような状況において、これらに匹敵するかあるいはこれらを上回る強度の滅罪行為として認識されるにいたって、より軽度な「苦行（断食）」へと入れ替えが行われたのではないか、ということである。さらには、「パリハーラ」から「苦行」への変遷だけではなく、規定されているルールがその時代の要請をうけながら、全体的に徐々に軟化する傾向にあると考えられている。

以上、「苦行」と「戒律」の関係に注目しながら、戒律の体系の中心的な話題である滅罪行為について、『ヴァヴァハーラ』の諸注釈にもとづきながら概観してきた。本稿で対象としてきた諸注釈のうち、バーサおよびニッジュッティは、『ヴァヴァハーラ』のスートラ本文同様、それだけで理解するのは難しく、チュンニやティーカーといった後代の注釈に依拠しなくてはならない。しかし、これまで何度か触れてきたように、それぞれの注釈は、バーサやニッジュッティの意味を明らかにすると同時に、その時代の影響を反映したものでもある。したがって、より広い文献を対象とした研究が、それぞれの時代の「意図」を明らかにし、カヤによって示されたようなルールの歴史的な変遷をより明らかにするであろう。

まとめ

最後にまとめとして、はじめに提示しておいた全体の見取り図を振り返っておきたい。まず最初の出発点として、「苦行」と「戒律」との関係という視点を設定して『タットヴァ経』をとりあげた。『タットヴァ経』で説かれている七つのタットヴァからなる教義のなかで第三番目の業の漏入と、第五番目と六番目の業の漏入の停止と滅尽に関する定義をたどることによって、苦行と誓戒と誓戒に違反した際の罰則の位置づけを確認できた。苦行や誓戒を実践するのは、ほかでもない解脱にいたるために欠かせないものであった。次には、『タットヴァ経』よりも前に成立したとされる『ダサヴェーヤーリヤ』において、誓戒をはじめとした出家修行者の振る舞いの規定について、とくに托鉢の際の振る舞いを具体的に示した。これによって、ジャイナ教の戒律の一翼を担う、振る舞いに関する規定、とくに誓戒をいかにして遵守するのかといったイメージがより明瞭となったはずである。最後には、ジャイナ教聖典のなかでも「律」に相当する部分と見なされているチェーヤに注目し、そこに含まれている『ヴァヴァハーラ』に対する注釈文献を取り上げて、戒律のもうひとつの要素である、ルール違反に対する罰則の体系を概観した。『タットヴァ経』では、滅罪行為（プラーヤシュチッタ）は内的苦行の下位区分に位置づけられていたが、『ヴァヴァハーラ』においては、逆にその内に苦行を含むという関係が確認できた。このように、苦行の体系の中に含まれる滅罪行為と、滅罪行為の中に現れる「苦行（断食）」の両者を確認することで、相互の関係（の一部）が明らかになったのではないだろうか。以上、本稿によって、ジャイナ教の実践の背景にある教義に対するイメージが少しでも鮮明となれば本稿の目的はある程度達成されたといってよい。

第六章　ジャイナ教在家信者の戒律

堀田和義

はじめに

今から二五〇〇年ほど前である紀元前六～五世紀頃、インド東北部（現在のビハール州あたり）においてジャイナ教が誕生した。ジャイナ教が誕生した時代と地域は、仏教のそれと大きく重なっている。当時のインドでは、ヴェーダ（Skt. Veda）という権威ある聖典を読誦し、その聖典にもとづく祭式の執行を独占することができたために社会的に最上位の身分であったバラモン（Skt. brāhmaṇa）という司祭を中心とした「バラモン教（Eng. Brahmanism）」という宗教、文化体系が大きな力を持っていた。このバラモン教に対して様々な形で異を唱えたシュラマナ（Skt. śramaṇa, 漢字文化圏では「沙門《しゃもん》」という音写語で呼ばれることが多い）と呼ばれる一群の思想家、宗教家たちがいた。このシュラマナたちの運動は、広い意味でのバラモン教の内部から発生した可能性と、まったく文化を異にする地域から発生した可能性とが考えられる。それらのうち、ジャイナ教と仏教だけは二十一世紀の今日まで生き残ったが、その他の多くは一過性のものであったと考えられ、時代とともに消えていった。ジャイナ教と仏教は、このように誕生した時代と地域を同じくしていたため、多くの共通点があるが、その中でも、本稿で述べる内容との関係で重要なものに、世俗を離れて修行者となる出家という制度がある。出家そのものは、おそらくシュラマナたちの宗教に共通のものであったと考えられるが、前記のような理由により、ジャイナ教と仏教以外の宗教の資料はほとんど残っていないため、その詳細を知ることはできない。

バラモン教は、司祭階級のバラモンを頂点として、その下に、王族、戦士階級のクシャトリヤ（Skt. kṣatriya）、庶民階級のヴァイシャ（Skt. vaiśya）、奉仕階級のシュードラ（Skt. śūdra）を置く身分制度を前提としている。この身分制度は世襲によるものであり、家柄や生まれといったものが重要になってくる。そのため、バラモンが家を捨てることはなく、司祭とは言っても、基本的に在家者であった。出家をするとしても、その前に結婚し、子どもをもうけ、跡継ぎを確保することが求められた。したがって、バラモン教は、大きな枠組みとしては、在家の宗教と言うことができる。

一方、ジャイナ教や仏教というのは、様々な境遇への生まれ変わりを繰り返す輪廻《りんね》転生《てんしょう》からの脱却である解脱（Skt. mokṣa）を求め、世間を厭い離れる気持ちが生じたならば、速やかに出家して、修行に努めることを良しとする。紀元前後二世紀頃の成立で、バラモン／ヒンドゥー教（後代になると、インドの様々な土着的要素を取り込んで、ヒンドゥー教と呼ばれるようになるが、ヒンドゥー教と呼ばれているものの核にはバラモン教的な要素が残っているため、両方の要素を含むような場合には、以下においてもこのような表記を用いる）徒の社会規範を体系的に記した『マヌ法典（*Manusmṛti*）』で確立され、ヴェーダ学習をする時期、結婚して家庭生活を営む時期、セミリタイアして森などで暮らす時期、遍歴遊行の旅に出て野垂れ死にを目指す時期というように段階を踏んで出家すべきであるとする四住期《しじゅうき》説などは、家長の生き方と相容れないこのような禁欲主義的な生き方とのせめぎ合いの中で整えられたと考えられている（渡瀬一九八二）。もちろん、ジャイナ教や仏教にも、段階を踏んで出家する人たちはいるが、これらの宗教の中心に出家修行者がいることに変わりはない。彼らは出家しているため、世間的な活動に携わることなく、修行に集中する。そうでなければ、出家した意味がない。しかし、霞を食って生きるわけにもいかないので、当然、その修行生活を支える存在が必要になってくる。それが在家信者という存在である。宗教者としてのレヴェルは、一見すると、出家修行者の方が「上」で、在家信者を教え導いているような形になるが、その出家修行者は、在家信者のサポートなしでは生きられないという、何とも不思議な共存関係ができあがったわけである。

　ジャイナ教の在家信者は、現代人の多くがそうであるように、俗世間での日常生活を営むために、出家修行者のような厳しい戒律を守ることができない。しかしながら、戒律を一切守ることなくただ出家修行者のサポートに徹しているわけではない。彼らとて、出家修行者と同じ宗教を奉じる身であり、遠い将来に――場合によっては、何度か生まれ変わってからかもしれないが――出家して、修行に励む身となる可能性もある。そのようなわけで、在家信者には、在家信者なりの戒律というものが必要になってくる。

一、ジャイナ教在家信者の行動規範

シュラーヴァカ・アーチャーラ文献

　ジャイナ教の戒律の最も基本となるものは、出家修行者、在家信者の区別なく、すべての信者が守るべきものであり、(一)不殺生《ふせっしょう》、(二)不妄語《ふもうご》、(三)不偸盗《ふちゅうとう》、(四)不邪淫《ふじゃいん》、(五)無所有《むしょゆう》という五つから構成されている（それぞれの原語は文献によって様々であるが、比較しやすいように、仏教でよく用いられる訳語を当てた）。ひと目見てわかるように、これらの五つは、仏教の「五戒」（こちらについては、本書の「総説」を参照）と非常によく似ているが、このあたりのことは、後ほど詳しく述べよう。

　一方で、出家修行者に固有の戒律もある。ジャイナ教の出家修行者は、出家して俗世間を離れており、世間的なしがらみには縛られなくなるが、最初期の出家修行者のように単独で修行するわけではなく、出家者集団という新しい共同体に属することになる。共同体に属する限り、自分勝手に生きることは許されない。したがって、乱暴な言い方かもしれないが、出家修行者に固有の戒律というのは、俗世間のしがらみを離れた出家修行者に新たにまとわり付くしがらみと言える。ジャイナ教と仏教の出家者向けの戒律（本邦では、しばしば「律」と呼ばれる）の詳細については、本書の他の論考に譲り、本稿では、ジャイナ教の戒律、なかでも在家信者が守るべき戒律に焦点を絞ることにする。

　ジャイナ教には、在家信者の戒律を含む行動規範を広く論じたシュラーヴァカ・アーチャーラ（Skt. Śrāvakācāra）文献と呼ばれる文献群がある。文字通りには教えを聞く者を意味する「シュラーヴァカ」は在家信者を指し、「アーチャーラ」は正しい行いを意味する。ジャイナ教の在家信者の行動規範は、それだけを主題とする独立の文献もあれば、論書の中の一部分で論じられていたり、叙事詩や説話などの一部分であったりと様々であるが、本稿では、シュラーヴァカ・アーチャーラ文献という言葉を、それらすべてをまとめて呼ぶために用いる。

シュラーヴァカ・アーチャーラ文献のほとんどは、出家修行者によって書かれたものであり、インドのバラモンを中心とした宗教や学問で用いられたサンスクリット語のほか、サンスクリット語とは異なる俗語のプラークリット語でも書かれている。在家信者の中にもサンスクリット語で著作を著すような者がわずかにいたが、すべての在家信者がこれらの文献を直接読むことができたとは思えない。というのも、サンスクリット語は、高い教養を持った人間だけが扱うことのできた言語だからである。そのため、これらの文献は、出家者集団の維持、存続を目的とした、ある種の説法マニュアルの類いだったのではないかと思われる。多くの文献で、出家修行者の生活基盤となる在家信者からの寄進の功徳の説明に力が入っているのも、そのような理由によるものであろう。

シュラーヴァカ・アーチャーラ文献は、サンスクリット語とプラークリット語で書かれたものだけでも、七十種類ほどの存在が確認できる。そのため、それ以外のインド語(例えば、カンナダ語やタミル語など)で書かれた文献や現代に書かれた文献、写本の状態で眠っている文献などを加えれば、ゆうに百種類を超えるのではないかと思われる。これは、かなりの数と言えるのではないだろうか。

サマンタバドラ著『宝箱にもとづく在家信者の行動規範』

シュラーヴァカ・アーチャーラ文献が論じる内容は多岐に渡っている。また、ジャイナ教の教義のどのような枠組みの中で、どのような位置付けで論じるかといった点も様々である。しかしながら、多くの文献が必ずと言ってもよいほど論じているのは、在家信者の行動規範の中でも、前述した最も基本となる五つの戒律と、それを補助する「徳を増大させる戒律(Skt. guṇavrata, 以下、徳戒と略す)」と呼ばれる三つの戒律と「学習のための戒律(Skt. śikṣāvrata, 以下、学習戒と略す)」と呼ばれる四つの戒律を合わせた十二の戒律である。この十二の戒律こそが、在家信者の戒律の要である。五つの戒律の項目は出家修行者と共通であるため、同じシュラーヴァカ・アーチャーラ文献に属する文献であっても、文献による異同はないが、三つの徳戒、四つの学習戒に関しては、文献によって、列挙する順番や項目が異なることもしばしばである。このような文献ごとの相違は、別の機会に譲ることにして、本稿では、特に、ジャイナ教の学僧で、『アープタ・ミーマーンサー

（Skt. *Āptamīmāṃsā*, 信頼できる人の考察）』などといったジャイナ教認識論についての著作もあるサマンタバドラ（Skt. Samantabhadra, 七世紀頃）が著した『ラトナカランダ・シュラーヴァカ・アーチャーラ（Skt. *Ratnakaraṇḍaśrāvakācāra*, 宝箱にもとづく在家信者の行動規範）』（以下、『宝箱』と略す）という文献を取り上げる。この文献は、シュラーヴァカ・アーチャーラ文献を代表するもののひとつであり、研究者がジャイナ教の在家信者の行動規範を論じる際にしばしば用いられるものである。ちなみに、ジャイナ教は、白い衣を身に着ける者たち（Skt. Śvetāmbara）（白衣派《びゃくえは》）と裸形を実践する者たち（Skt. Digambara, 直訳は空間を身に着ける者たち）（空衣派《くうえは》）の二つに大きく分かれているが、サマンタバドラは、空衣派に属している。また、『宝箱』には、同じく空衣派に属する学僧プラバーチャンドラ（Prabhācandra, 十一世紀）の手になる注釈書（書名は伝わっていないため、以下、『宝箱注』とする）があるため、原文だけでは理解が困難な箇所は、この注釈書の解釈にもとづいて見ていくことにする。

『宝箱』は、一五〇の詩節で構成されている。韻文で書かれているのは、インドの多くの文献がそうであるように、暗記を目的としているためである。全体をいくつの章に分けるかに関しては、版本によって異なることもあるが、本稿では最もスタンダードな版本（一九二五―二六年にMāṇikacandra Digambara Jainagranthamālā Samiti から出版された*Śrīsamantabhadrasvāmiviracito Ratnakaraṇḍaśrāvakācāraḥ Śrīprabhācandrācāryanirmitaṭīkayopetaḥ* という版本）を底本とし、その版本の七章に分ける説を採用する。以下に、『宝箱』の全体の構成を挙げておこう。※（　）内の番号は、詩節の番号を表す。

第一章　正しい見解の説明（一～四十一）
第二章　正しい認識の説明（四十二～四十六）
第三章　小さな戒律の説明（四十七～六十六）
第四章　徳戒の説明（六十七～九十）
第五章　学習戒の説明（九十一～一二一）
第六章　断食死（Skt. sallekhanā）の説明（一二二～一三五）
第七章　十一の階梯の説明（一三六～一四七）
結　び（一四八～一五〇）

これらすべての章を論じるには、かなりの紙幅を必要とし、また、それらのなかには戒律と直接関係のない章も含まれている。そこで、本稿では、これらの章のうち、戒律に直接関わる第三章から第六章までを、すなわち、在家信者の戒律の要である五つの小さな戒律、三つの徳戒、四つの学習戒、および断食死（断食による死）を扱う『宝箱』第三章から第六章の内容を原典の記述に沿って紹介し、他の章に関しては、その概要をまとめて紹介するだけにとどめておく。

なお、以下で引用する『宝箱』本文の翻訳は、すべて筆者によるものである。翻訳の中で用いる括弧に関する規則は、以下の通りである。

・〔　〕……注釈書などにもとづく筆者による補いを示す。
・（＝　）……指示代名詞その他が指すものを示す。
・〈　〉……ひとまとまりの用語であることを示す。

また、翻訳においても、地の文においても、複数の項目が列挙される場合には、それぞれの項目に（一）、（二）、（三）……というように筆者が独自に番号を振っている。

二、正しい見解と正しい認識

ジャイナ教の三つの宝

『宝箱』の冒頭において、著者サマンタバドラは、ジャイナ教の事実上の開祖であり、この世界に存在するものすべてを認識することのできる一切知者であるヴァルダマーナに敬礼した後、輪廻転生をもたらす要因である業（Skt. karman）を滅ぼすことで、生き物を輪廻転生の苦しみから救い出して最上の安楽に据える法（Skt. dharma）を教示することを宣言する。このような宣言は、論書などの冒頭で、自分が信仰する神などに敬意を表したり、その論書の中心となるテーマが何であるかを表明したりするという、インドの学問的伝統に則ったものである。ひと口に「輪廻転生」と言っても、インドにおいては、宗教ごとにシステムが大きく異なる。ジャイナ教の場合、生き物の主体である個我（Skt. jīva, 生き物の主体であり、死後には別の身体に移動して輪廻転生する存在）の生まれ変わり先は、人間、神、地獄の住者、動植物という四つが想定されている。また、ここでの「法」とは、仏教で三宝と呼ばれている仏（Skt. buddha）・法（Skt. dharma）・僧（Skt. saṃgha）の「法」と同じく、その宗教の教えそのものと言える。『宝箱』では、正しい見解、正しい認識、正しい行いの三つが法であると述べられる。そして、それとは反対のもの、すなわち、誤った見解、誤った認識、誤った行いが、輪廻転生を繰り返さねばならなくなる要因であるとされる。正しい見解、正しい認識、正しい行いの三つは、他の文献において、三つの宝や解脱への道などとも呼ばれる。『宝箱』の書名も、この三つの宝を納めた箱をイメージしていると思われる。
以上のことをまとめると、次のようになる。

〈正しい見解、正しい認識、正しい行い〉＝法➡輪廻転生からの解脱

〈誤った見解、誤った認識、誤った行い〉＝非法➡輪廻転生の繰り返し

輪廻転生から解脱するためには、このように正しい見解、正しい認識、正しい行いの三つが揃ってなければならない。そして、本稿で扱うジャイナ教の在家信者の戒律は、これらのうちの正しい行いに大きく関わるものである。

正しい見解

『宝箱』では、「正しい見解」とは「八つの要件を備え、三つの迷妄を離れ、〔八つの〕驕りなしに、真の神格、聖典、苦行者を信仰すること」と定義される。この定義に関しては、いろいろと説明すべき点はあるが、まず押さえておくべきは、次の点である。

「正しい見解＝真の神格、聖典、苦行者を信仰すること」

これは、仏教で言うところの帰依《きえ》三宝、すなわち、仏、法、僧への帰依に相当し、「正しい信仰」とも呼ばれる。

ここでの「神格」というのは、様々な欠点がなく、一切知者であり、聖典の主であるとされている。また、自分のためではなく、欲望なしに、正しい者たちに有益なことを教示する者とも表現される。一方、「聖典」というのは、この神格が発見したものであり、排斥されることがなく、直接的な認識や間接的な認識と矛盾せず、真実を教示し、全生類にとって有益で、悪しき道を滅ぼすものであるという。そして、「苦行者」というのは、感覚器官の対象に対する欲望の支配を克服し、世間的活動を離れ、執着がなく、知識、瞑想、苦行を宝とする者と述べられる。ひと言で言うならば、出家修行者である。続いて「八つの要件」、「三つの迷妄」、「八つの驕り」についても、ざっと確認しておこう。

八つの要件というのは、（一）真実に対する疑いのないこと、（二）快楽（Skt. sukha）に対する欲求のないこと、（三）三つの宝で浄化された身体に対する嫌悪のないこと、（四）迷いのない見解を備えていること、（五）清浄な道に対する誤った非難を隠すこと、（六）正しい見解や行いから逸脱した者を元の状態に戻すこと、（七）同朋を慈しむこと、（八）ジャイナ教の宗教的完成者であり、欲望などに打ち勝った者であるジナ（Skt. jina）の教義を宣伝することという八つを指す。『宝箱』では、アンジャナチャウ

ラ（Skt. Añjanacaura）、アナンタマティ（Skt. Anantamati）、ウッダーヤナ（Skt. Uddāyana）、レーヴァティー（Skt. Revatī）、ジネーンドラバクタ（Skt. Jinendrabhakta）、ヴァーリシェーナ（Skt. Vāriṣeṇa）、ヴィシュヌ（Skt. Viṣṇu）、ヴァジュラ（Skt. Vajra）という、これら八つの要件のそれぞれを備えていることによって有名になった人物の名前が列挙されているが、これらの人物が実在の人物であったのかどうかは分からない。『宝箱』では、これら「八つの要件」を欠くと、正しい見解は、繰り返される再生を断ち切ることができないと述べられている。これら八人の人物の物語については、機会を改めて、別稿にて紹介したい。

「三つの迷妄」というのは、（一）世間的慣習に関する迷妄（例えば、ヒンドゥー教で広く行われている、身を清めるための沐浴など）、（二）神格に関する迷妄（現世利益を求めて、欲望、憎悪によって汚された神格を崇拝すること）、（三）師に関する迷妄（執着があり、世間的活動、殺生などを行い、輪廻転生の渦中にある異教徒を尊敬すること）の三つである。「輪廻転生の渦中にある異教徒」という表現に関しては、「例えば、仏教の開祖であるブッダは解脱したとされているので、異教徒であっても尊敬して良いのか」という疑問が生じるかもしれないが、ジャイナ教の教義上、異教徒が解脱していることはあり得ないため、「輪廻転生の渦中にある者＝異教徒」と理解するべきであろう。

また、「八つの驕り」とは、（一）知識があること、（二）敬意を払われていること、（三）家柄が良いこと、（四）出自が良いこと、（五）能力が高いこと、（六）繁栄していること、（七）苦行を実践していること、（八）身体が優れていることという八つにもとづく自惚れを指す。

ジャイナ教の三つの宝の中でも、正しい見解は、正しい認識と正しい行いよりも高い地位を得ており、「解脱への道の船頭」と呼ばれる。そして、正しい見解がなければ、正しい認識と正しい行いが生じ、存続し、増大し、実りをもたらすことはないとされる。また、正しい見解に並ぶ優れたものは、過去、現在、未来という三時、上方世界、中間世界、下方世界を合わせた三界において他に何もなく、逆に、誤った見解に並ぶほど劣ったものも何もないという。また、正しい見解によって清められた個我は、たとえ戒律を保持していなくても（！）、地獄の住者や動植物をはじめとする劣った存在に生まれ変わることがないとされ、活力、威光、知性、武勇、名声、繁栄、勝利、財産を手に入れ、高貴な家柄に生まれ、大きな目的を達成して、人間の中の最上者になるとされる。他にも、天界において神や天女の集まりの中で長きにわたって楽しむ、古代インドの理想的な国王で、諸侯たちがその足元にひれ伏すという転輪王になるなどとも述べられる。さらには、世間の者たちを庇護する救済者（ジナ）になる、解脱を獲得するといった究極的な目標の達成まで提示される。

もちろん、正しい見解を備えた者すべてがそのような道筋をたどるわけではないであろうが、「千里の道も一歩から」ということで、解脱を獲得したジナたちであっても、その第一歩は、「正しい見解」の獲得であったことを示していると考えられる。

正しい認識

次に、「正しい認識」について見ておこう。『宝箱』では、正しい認識についての説明は、三つの宝の中でも最も短い。単に「〔ものの本質を〕過不足なく、錯誤もなく、疑いもなく、ありのままに知るもの」と定義されているばかりである。そして、その正しい認識というのは、次の四つの分野を理解するものであるとされる（『宝箱』四十三〜四十六）。『宝箱』の説明では少し言葉が足りず、各分野の具体的な中身が分かりにくいので、本稿の筆者が言葉を補って説明すると、それは次の通りである。

（一）第一の解説……ジナやそれ以外のジャイナ教の六十三聖人の事績などを述べた物語。
（二）専門的な事柄の解説……宇宙論、天文学、業に関する論、数学等。
（三）行いの解説……出家修行者と在家信者の行動規範。
（四）実体（Skt. dravya）の解説……存在論、認識論などの哲学的分野。

正しい認識によって理解されるものであるこれら四つの分野は認識対象であるが、古代インドの諸思想では、その認識対象を正しく認識するための認識手段（Skt. pramāṇa）に関する議論が盛んであり、ジャイナ教においても、この分野の文献が数多く著された。正しい認識に関する『宝箱』の説明が簡潔であるのも、詳細は認識だけを主題として詳しく論じたそれらの文献に譲るといった姿勢であると思われる。

一方、本稿が扱う在家信者の行動規範は、右の分類で言えば、（三）の中に含まれる。

三、正しい行い①——五つの小さな戒律

大きな戒律と小さな戒律

これまで「正しい見解」、「正しい認識」について解説し

てきたが、引き続き「正しい行い」について解説しよう。『宝箱』第三章の冒頭では、次のように述べられる。

> 迷妄という闇を取り除いて〔正しい〕見解を獲得したことにより、正しい認識を獲得した善き者は、欲望と憎悪を鎮めるために〔正しい〕行いを受け入れる。
> （『宝箱』四十七）

この記述からは、正しい行いを受け入れるには、正しい見解、正しい認識の獲得が前提となっていることがわかる。そして、正しい行いは、以下のように定義される。

> 悪業の〔漏入する〕水路である殺生、虚偽、盗み、性交、所有を厭い離れることが、正しい認識を備えた者にとっての〔正しい〕行いである。（『宝箱』四十九）

したがって、正しい行いというのは、以下の五つとなる。

（一）殺生を厭い離れること（不殺生）
（二）虚偽を厭い離れること（不妄語）
（三）盗みを厭い離れること（不偸盗）
（四）性交を厭い離れること（不邪淫）
（五）所有を厭い離れること（無所有）

以上の（一）〜（五）の五つの術語について説明しておくと、『宝箱』では「〜を厭い離れること」という説明的な呼び方がなされているが、注釈書やその他の文献では、他にも様々な呼び方が用いられる。一例を挙げるならば、（一）は、『宝箱注』では、「不殺生（Skt. ahiṃsā）という小さな戒律」と言い換えられている。

仏教に通じた読者であれば、これら五つが、仏教の「五戒」に相当していることに気付かれるかもしれない。仏教では、仏教徒が守るべき基本的な戒律として、（一）不殺生（生き物を殺してはならない）、（二）不偸盗（盗みをはたらいてはならない）、（三）不邪淫（よこしまな性行為をしてはならない）、（四）不妄語（偽りを語ってはならない）、（五）不飲酒（酒を飲んではならない）という五つが定められている。本稿では、以下において、ジャイナ教の五つの戒律についての解説を試みるが、その際には、様々な名で呼ばれるそれぞれを、便宜上、仏教の五戒に合わせて「不殺生戒」「不妄語戒」……「無所有戒」という呼び方で統一することにする。

以下に、ジャイナ教の戒律と仏教の五戒の対照表を挙げよう。

列挙する順番は異なっているが、中身に関しては、五つのうちの四つまでが共通であり、五番目だけが異なっている。すなわち、ジャイナ教の場合は、五番目が無所有になっているのに対して、仏教の場合には、不飲酒になっている。それでは、ジャイナ教では酒を飲んで良いのかと言うと、決してそのようなことはない。ジャイナ教においても、飲酒は厳しく禁止されており、五つの戒律の中には含められなかっただけである。

　これらの五つの戒律とよく似たものは、インドの宗教の多数派であるバラモン／ヒンドゥー教の文献にも見られる。例えば、紀元前五〇〇年前後の成立と考えられる『チャーンドーギヤ・ウパニシャッド（Skt. *Chāndogyopaniṣad*）』という文献には、（一）苦行、（二）布施、（三）正直、（四）不殺生、（五）真実語という五つの徳を列挙している箇所がある。また、二世紀頃の成立と考えられる『バウダーヤナ・ダルマスートラ（Skt. *Baudhāyanadharmasūtra*）』という法経には、「大きな戒律」として、（一）不殺生、（二）真実、（三）不偸盗、（四）性行為の回避という四つの項目が見られる。ジャイナ教と仏教の間で共通している四つと一致している点は興味深い。そして、最も注目すべきは、インドの代表的な瞑想法であるヨーガの研究を中心に据えるヨーガ学派の教義の根幹となる経典『ヨーガ・スートラ』の記述である。『ヨーガ・スートラ』は、（一）不殺生、真実語、不偸盗、不邪淫、無所有からなる心構え（禁戒、Skt. yama）、（二）心身の清浄、満足、苦行、勉学、神を念じることからなる準備的な実践（勧戒、Skt. niyama）、（三）安定した快適な坐り方（坐法、Skt. āsana）、（四）呼吸を整える方法（調気、Skt. prāṇāyāma）、（五）感覚器官とその対象の切り離し（制感、Skt. pratyāhāra）、（六）心を一点に集中すること（凝念、Skt. dhāraṇā）、（七）統一された想念の持続（静慮、Skt. dhyāna）、（八）主体が空となり、対象のみが輝くこと（三昧、Skt. samādhi）という八つの部門から成るヨーガを説くが、実践の準備段階である（一）が、

ジャイナ教の五つの戒律	**仏教の五戒**
不殺生	不殺生
不妄語	不偸盗
不偸盗	不邪淫
不邪淫	不妄語
無所有	不飲酒

ジャイナ教の五つの戒律と順番も完全に一致しているのである。

もっとも、この完全な一致の背景や理由に関しては、影響関係なども含めて、詳しいことがわかっていない。今後の研究の進展によって解明されることが期待される。

さて、ここで議論している五つの戒律は、ジャイナ教徒の出家修行者と在家信者の両者に共通するものであるが、俗世間を捨てて出家し、遍歴遊行の生活を送る出家修行者と出家生活を送らない在家信者では、まったく同じというわけにはいかない。それでは、出家修行者と在家信者の間で、何がどう異なるのだろうか。『宝箱』においては、そのことは次のように表現される。

> その〔正しい〕行いには完全なものと部分的なものがあり、完全なものは、あらゆる執着を離れた出家修行者のもので、部分的なものは、執着のある在家信者のものである。
> （『宝箱』五十）

「完全なもの」という表現に関しては、少し説明が必要かもしれない。どのような点で完全なのかと言うと、五つの戒律を完全に守るのである。そのように「完全に」守ることが求められるため、同じ五つの戒律であっても、出家修行者が保持するものは「大きな戒律」と呼ばれる。少し先取りすることになるが、この大きな戒律の定義を見ておこう。

> 殺生などの五つの悪業を、心、言葉、身体により、〔自身が〕行ったり、〔他者に〕行わせたり、〔他者が行うのを〕容認したりしないというあり方で放棄することが、偉大な者たちの大きな戒律である。
> （『宝箱』七十二）

古代インドの諸思想において、人間の行為は、身体によるもの、言葉によるもの、心によるものという三種類に分類される。仏教で言うところの、いわゆる「身口意《しんくい》の三業《さんごう》」である。ジャイナ教の教義においても、人間の行為は、同じように三種類に分類される。ここで述べられているように、殺生などの五つの悪業を「身体、言葉、心」によって、「しない、させない、するのを認めない」というように、三×三＝九通りのあり方で放棄するのが大きな戒律である。

一方、在家信者が保持する「部分的なもの」は、次のように定義される。

在家信者の〔正しい〕行い（＝部分的な行い）は三種類であり、小さな戒律、徳戒、学習戒から成る。三者は順に、五種類、三種類、四種類であると言われている。

（『宝箱』五十一）

大きな殺生、大きな虚偽、大きな盗み、大きな性交、大きな執着（＝所有）という悪業を離れることが小さな戒律である。

（『宝箱』五十二）

ここではまず、前述のように、在家信者の戒律には、いわゆる五つの戒律だけではなく、三種類の徳戒、四種類の学習戒というものもあることが示されている。これまでに、既に五つの小さな戒律の具体的な内容については少し確認したが、徳戒、学習戒については、まだその具体的な内容を確認していない。それらについては、これより順を追って説明するとして、ここでは、議論をより分かりやすくするために、『宝箱』で述べられている小さな戒律、徳戒、学習戒の内容をあらかじめ具体的に図示しておこう。それは以下の通りである。

五つの小さな戒律	三つの徳戒	四つの学習戒
不殺生	方位に関する戒律	場所制限に関する戒律
不妄語	無意味な毀傷《きしょう》に関する戒律	サーマーイカ行に関する戒律
不偸盗	消耗品と耐久品の制限に関する戒律	布薩に関する戒律
不邪淫		奉仕に関する戒律
無所有		

徳戒と学習戒については、後ほど詳しく説明することにして、五つの戒律の説明を続けよう。まず注目すべきは、殺生、虚偽、盗み、性交、執着のいずれにも「大きな」という形容詞が付されていることである。ジャイナ教では、「大きな」悪業というのは、世間的な倫理においても罪と考えられているものであり、一方、「小さな」悪業というのは、ジャイナ教の倫理という限られた枠組みの中において罪になると考えられているものである。その結果、出家修行者が守るべき大きな戒律は小さな悪業までも離れ、在家信者が守るべき小さな戒律は大きな悪業を離れるというように、戒律の大きさと離れるべき悪業の大きさが逆の関係になっている。

図１　テーラーパンタ派男性出家修行者の托鉢の様子

以下においては、『宝箱』の記述に従って、五つの戒律それぞれの具体的な内容を見ていくことにしよう。

不殺生戒

まずは、不殺生戒である。一番目に挙げられているところに、五つの戒律の中でもひときわ重要であることが窺われる。『宝箱』では、不殺生戒を〈大きな殺生を厭い離れること〉と表現している。

〈心、言葉、身体という〉三つの行為に関して、「〔自身が〕行った、〔他者に〕行わせた、〔他者が行うのを〕容認した」というように意図的な形で、動くことのできる生物を殺めないことを、賢者たちは〈大きな殺生を厭い離れること〉と言う。（『宝箱』五十三）

ここでのポイントは、対象が「動くことのできる生物」とされている点である。ジャイナ教では、感覚器官の数にもとづいて、生き物を一つの感覚器官を持つものから五つの感覚器官を持つものまでの五種類に分けている。そして、これらのうち、一つの感覚器官を持つもの（植物など）が動くことのできない生物、二つ以上の感覚器官を持つものが動くことのできる生物に相当する。俗世間において日常生活を送る在家信者にとって、すべての生物の殺生を避けることは困難であり、特定の生き物の殺生に関しては、ある程度、仕方ないことと考えられる。そこで、動くことのできる生物の殺生を避けることが、在家信者の不殺生戒となる。

ジャイナ教では、出家修行者だけでなく、在家信者も菜食主義を徹底しているが、もし動くことのできない生物の殺生まで禁じられたならば、何も食べられなくなってしまう。出家修行者は、在家信者の家をまわって食べ物をもらう乞食によって食事を集めるため、在家信者が動くことのできない生物の殺生も離れた場合には、出家者集団も成り立たないことになる。かつて筆者は「乞食は、動くことのできない生物の殺生を、他者に行わせた、もしくは他者が行うのを容認したことになるのではないか」という疑問を抱き、インドにおいて、ジャイナ教の出家修行者にこのことを尋ねたことがある。これに対する出家修行者の回答は「私たち出家修行者は、在家信者が彼ら自身のために用意した食べ物の余りをもらっている。それは私たち出家修行者のために用意された物ではない」というものであった。

正直に言うと、この回答には納得ができなかった。質問の形を変えて何度か同じことを尋ねてみたが、返ってくる答えは、いつも同じような納得のいかないものであった。筆者の語学的な能力の不足に原因があったのかもしれないが、今では、彼らジャイナ教の出家修行者たちは、このような回答を繰り返すほかなかったのではないかとも思っている。筆者の抱いた疑問を突き詰めて考えてしまうと、他者である在家信者が実際にどのような意図で食事を用意したのかを知ることはできないため、乞食という行為には常に疑問が付きまとうことになり、出家修行者には食べられる物がなくなってしまうからである。もっとも、筆者が観察した限り、ジャイナ教徒が肉を食べることはまずない。仏教はその点に関して、もう少し柔軟であったようであるが（船山二〇二〇、三二一～三二三頁）、ジャイナ教は肉食を禁ずることに関しては徹底している。そういった意味では、「どのような条件であっても、肉の提供は受けない」という最後の一線は厳守されていると言えるだろう。

ちなみに、インド独立運動の英雄ガーンディー（Mohandās Karamcand Gāndhī, 一八六九－一九四八）は、イギリスに抵抗する際に行った運動を「非暴力運動」と称したが、これは「不殺生」という語の原語の「アヒンサー」と同じ言葉を用いている。ガーンディー自身はヒンドゥー教徒であったが、彼が生まれたグジャラート（Gujarāt）州（インド西部にあり、アラビア海に面した州）は、インドの中でもジャイナ教徒が多い州のひとつである。そのため、ガーンディーはジャイナ教の影響も強く受けている（藤永二〇一四）。

出家修行者の場合には、小さな虫さえも不殺生の対象となるため、ジャイナ教では、常時、それらを吸い込まないようにマスクを着用し、踏みつぶさないように箒を携帯している宗派もある。もちろん、現実には、これによって百パーセント殺生を回避できるとは考えられないが、マスクや箒というのは、不殺生を常に心掛けていることを象徴するアイテムなのであろう。

さて、『宝箱』においては、在家信者のそれぞれの戒律には、実際にどのような行為をした場合に戒律に違反したことになるのかを例示する「違反行為」と呼ばれるものが、五つずつ規定されている。不殺生戒の場合には、以下のように述べられている。

〈大きな殺生を厭い離れること〉の五つの違反行為とは、(一) 切断すること、(二) 束縛すること、(三) 苦痛を与えること、(四) 過重な荷を積むこと、(五) 摂食を妨げることである。

(『宝箱』五十四)

これらをざっと眺めただけでも、少なくとも二つの不可解な点に気付かされよう。例えば、(三) はかなり範囲が広く、他の (一)、(二)、(四)、(五) を含みうるものとなっている。また、これら五つの行為以外にも、違反行為になりそうな行為を想定することは可能であるが、それらについては一切触れられていない。

このようなことは、これから見ていく残り四つの戒律の違反行為にも当てはまる。違反行為の数は五つとされているが、これは「五」という数字がはじめにあって、無理にその数字に合わせて作られたと考えられるため、あまり厳密なものとは言えない。そのため、細かい点には必要以上に立ち入らないが、違反の具体例としては参考になる部分もあるため、適宜紹介することにする。

不妄語戒

次に、不妄語戒を見ていこう。不妄語戒は、『宝箱』においては、〈大きな虚偽を厭い離れること〉と表現されている。

大きな偽りを〔自身が〕語らず、他者に語らせないこと、また、たとえ真実であっても〔他者に〕害が及ぶならば、〔自身が〕語らず、他者に語らせないことを、優れた人たちは〈大きな虚偽を厭い離れること〉と言う。

(『宝箱』五十五)

「大きな偽り」というのは、空衣派の学僧プラバーチャンドラの注釈書では、それを述べたら、自身や他者が王などによって逮捕されたり、処刑されたりするような偽りのことであると説明される（『宝箱注』四三頁、一九〜二〇行目）。また、「たとえ真実であっても他者に害が及ぶならば」という部分に関して、注釈書は「この者は泥棒である」という告発などを念頭に置いていると解釈している（『宝箱注』四三頁、二一〜二二行目）。それでは、真実であっても、それを口にした場合に他者に害が及ぶような場合には、どうするべきであろうか。ここでは明言されていないが、嘘をつくわけにもいかないため、沈黙することが、戒律を守ることになると思われる。なお、この戒律は、「不妄語（虚偽を厭い離れること、Skt. anṛta-virati）」という否定的な呼び方もあるが（例えば、『タットヴァールタ・スートラ（*Tattvārthasūtra*）』七・一）、肯定的に「真実（本当のことを言うこと）」と呼ぶこともある（例えば、『ダルマサングラハ・シュラーヴァカ・アーチャーラ（*Dharmasaṃgrahaśrāvakācāra*）』三・四十九）。その場合の原語は「サティヤ（Skt. satya）」である。インドの国章には、国家のモットーである「真実だけが勝利する（サティヤム・エーヴァ・ジャヤテー）」という言葉が添えられているが、この文言においても同じ「真実」という言葉が使われている。

なお、先の「不殺生戒」と同様に、この「不妄語戒」に関しても、『宝箱』は、次のように五つの違反行為を列挙している。

真実〈に関する小さな戒律〉の五つの違反行為とは、（一）非難、（二）秘密の暴露、（三）告げ口、（四）文書偽造、（五）委託物の騙取である。（『宝箱』五十六）

ここで挙げられている五つの違反行為は、具体的であって、特に説明を要するようなものではないであろう。そのため、ここではこれ以上は説明をせず、続いて「不偸盗戒」についての解説に移ることにしよう。

不偸盗戒

小さな戒律の三番目は、不偸盗戒である。『宝箱』では〈大きな盗みを厭い離れること〉と呼ばれ、次のように定義されている。

預けられた物であれ、落とされた物であれ、完全に忘れられた物であれ、与えられていないならば、他者の

図2　托鉢の際に用いる水瓶（現在は、軽くて丈夫なプラスチック製が用いられる）

財産を奪わず、〔第三者に〕与えもしないことが、〈大きな盗みを厭い離れること〉である。（『宝箱』五十七）

この戒律を理解するためのポイントは、「与えられていないならば」という点だと思われる。「私はこれをあなたに譲ります」という形で明確に譲渡されていない物を奪ったり、人に与えたりすることが禁止されているのである。現代風に言うならば、「所有権の移転」がなされていないものを受け取ることの禁止が定められていると言えよう。仏教の不偸盗戒も、漢訳仏典で「不与取」と表現されることがあるが、まさにこれと同じ考え方である。この考え方を厳密に適用するならば、公有地などにおける水や薪などを採取することは、部分的に戒律を守る在家信者の場合には認められても、完全に戒律を守る出家修行者の場合には認められないことになる。それでは、出家修行者は、飲み水や生活用水をどのようにして手に入れるのだろうか。この問題を解決するのが、在家信者から出家修行者への施しという行為である。出家修行者は生産的な活動に従事しないため、食事をはじめとする多くのものを在家信者からの提供に頼っており、一方、在家信者にとっては、この布施という行為が功徳を積むための機会となっている。出家修行者は、食べ物だけでなく水も在家信者からの提供を受けているのである（第五節「奉仕に関する戒律」を参照）。

例えば、筆者は、二〇〇五年にインド北西部にあるラージャスターン州の小さな町ラードゥヌーンを訪れたが、そこで見たジャイナ教の出家修行者は、一日に二度の乞食で食事を集める際に、大きな水瓶に水の提供も受けていた。

なお、不偸盗戒に関する五つの違反行為は、次のように述べられている。

不盗〔に関する小さな戒律〕の五つの違反行為とは、(一) 盗みを教唆すること、(二) 盗品を受け取ること、(三) 不正取引、(四) 類似品を混ぜること、(五) 過剰に計量することと過少に計量することである。
(『宝箱』五十八)

注釈書では、これらのうちの (三) を「不適切な方法で物を手に入れること」であると述べた後、実に興味深いことに、先行する文献に倣って「格差のある国への侵犯」という言葉で言い換えている (『宝箱注』四五頁、四~五行目)。これは、どういったことを指すかと言うと、経済格差のある貧しい国で、自国では高価に販売されている物を安く手に入れることを意味する。これまた現代風に言うならば、フェアトレードにもとづかない商取引といったところであろうか。『宝箱注』を著したとされるプラバーチャンドラは十一世紀の人物とされている。となれば、遅くとも十一世紀には、このような経済格差を考慮した考え方がインドには既に存在したことになる。

不邪淫戒

次に、四番目の不邪淫戒を見ていこう。『宝箱』の定義は、次のようになっている。

悪業に対する恐れゆえに、他人の妻へ向かったり、〔他者を〕他人の妻へと向かわせたりしないことが、〈他人の妻を厭い離れること〉(=性的禁欲) であり、〈自身の妻に満足すること〉とも言う。(『宝箱』五十九)

冒頭の「悪業に対する恐れゆえに」という一節の意味するところは、この『宝箱』の記述だけでは、あまり明確ではないかもしれない。そこで、注釈書を見てみると、そこでは「王に対する恐れからではなく」と説明されている (『宝箱注』四五頁、一七~一八行目)。この注釈書の理解によるかぎり、王が定めた法律に違反することを恐れてではなく、あくまでも悪業を得ることを恐れてという意味のようである。また、ここでの「他人の妻」という言葉は、解釈のうえで少し問題になる。というのも、「他人の妻ではなく、未婚の女性が相手ならば良いのか」という疑問が生じるからである。そのような疑問を想定し、それを排除するためか、注釈書では「他人のものになっていても、そうでなくても」と述べている（『宝箱注』四五頁、一五行目）。かつ、ここで述べられている「他人の妻」云々という表現は、ジャイナ教以外の文献にも見られるが、おそらくはこの語によって、自分の妻以外のすべての女性を表現しているのだと考えられる。部分を表す言葉によって全体を指し示す、いわゆる提喩的表現（例えば、「ビールを飲みに行きましょう」と言っても、日本酒やワインも飲んだりするように、「ビール」という言葉でアルコール飲料全体を指し示すようなもの）である。現代人の我々から見れば、「他人の妻を厭い離れること」、そして、それを言い換えたものである「自身の妻に満足すること」という表現は、あくまでも男性を読者、もしくは聞き手として想定した表現であるが、現代の政治的、社会的に公正かつ中立な表現に改めるならば、〈他人のパートナーを厭い離れること〉〈自分のパートナーに満足すること〉といったところであろうか。また、性行為と殺生を繋げて、不殺生のために性的禁欲が必要であることを説く文献も見られる（例えば、『ヨーガ・シャーストラ（*Yogaśāstra*）』）。なぜ、性行為が殺生に繋がるのかと言うと、女性器の中には微細な生き物がいて、性交によりその微細な生き物が傷付けられるからであるという。かなり突飛な話のように思われるかもしれないが、女性器内にいるというこの微細な生き物は、ヴァスバンドゥ（世親）が著した仏教教理に関する綱要書『阿毘達磨倶舎論（Skt. *Abhidharmakośabhāṣya*）』や性愛学（Skt. Kāmaśāstra, ヒンドゥー教の三大目的である法、実利、性愛のうちの性愛について探求する学問分野で、『カーマ・スートラ（*Kāmasūtra*）』に代表される）の文献にも見られる。しかし、それを殺生の文脈に結び付けたのは、ジャイナ教の独創かもしれない。それでは、顕微鏡なども存在しない時代に、ジャイナ教はどうやって微細な生き物の存在を知ったのであろうか。この点については、ヴァルダマーナは一切知者だから分かったのだというように説明される。一切知者は、何でもお見通しなのである。

ちなみに「不邪淫戒」の原語は「ブラフマ・チャリヤ（Skt. brahmacarya）」という言葉が用いられることが多いが、これはもともとバラモン教で用いられていたものである。バラモン教においても、「ブラフマ・チャリヤ」という語は、時代と文脈に応じて様々な意味を持っていたが、主として、禁欲的な修行も含む、ヴェーダ学生としての生活を指していた（梶原二〇二一）。ジャイナ教や仏教ではこれを換骨奪胎して取り入れており、性的禁欲だけを指すようになったと考えられる。

不邪淫戒にも、次のように五つの違反行為が定められている。

不淫（＝性的禁欲）に関する五つの違反行為とは、（一）他者の結婚を全面的に手伝うこと、（二）性器以外で楽しむこと、（三）下品な身振りをしたり言葉を発したりすること、（四）性欲が過剰なこと、（五）淫らな女に近付くことである。（『宝箱』六十）

（一）はいささか意外な感じもするが、ジャイナ教の教説においては好ましくないとされている。筆者にも、その理由はよく分からない。注釈書を見てもその理由については何も説かれていない。そのような行為の中に、それを行う人自身の性的欲望の発露を見るのであろうか。ちなみに仏教の律にも、男女の仲をとりもってはいけないという規則があり、仏教にも同様の考え方があったと思われる（岸野二〇二〇：一一五〜一一六頁）。なお、（二）から（五）に関して、注釈書では、残念ながら（?）、複合語などを逐語的に分解するのみで、詳しい説明がなされていないため、先へ進むことにする。

無所有戒

五番目は無所有戒である。まずは、その定義となる一節を見てみよう。

財産、穀物などという所有物を制限して、それより多くを求めないことが所有物の制限であり、欲望の制限とも言う。（『宝箱』六十一）

注釈書によれば、「財産」は牛などを、「穀物」は米などを指す（『宝箱注』四六頁、一七〜一九行目）。また、『宝箱注』の同じ箇所において、「など」という語により、女召使、男召使、妻、家屋、土地、物、金、卑金属、装飾品、衣服等が包摂されるという説明もなされている。ジャイナ教における執着は、外的な執着と内的な執着の二種類に分けられているが（例えば、『プルシャールタ・シッディ・ウパーヤ（*Puruṣārthasiddhyupāya*）』一一五）、ここで列挙されているものは、外的な執着（の対象）と呼ばれているものに相当する。もう一方の内的な執着というのは、誤謬や性的な欲望などといったものが含まれる（『プルシャールタ・シッディ・ウパーヤ』一一六）。性的な欲望の対象は、サンスクリット語などの名詞の文法的な性と同じく、男性、女性、中性とされているが、中性というのが具体的にどのようなものであるのかという点についての説明はない。

それでは、話を『宝箱』の「無所有戒」に戻そう。この戒律のポイントは「所有物を制限して、それより多くを求めないこと」という点である。無所有というのは、本来は、文字通り「所有しないこと」である。ジャイナ教においては、所有は、物に対する執着を生み出すために望ましくないものと見なされている。そのため、この戒律によって所有についての制限が設けられているのである。近年、「断捨離」や「ミニマリスト」などといった考え方が普及しているため、所有が執着を生み出すという点は、現代人にも実感できるかもしれない。

ここで説かれている「無所有戒」は、在家信者向けのものであるため、「無所有」の部分的な実践を求めている。そのため「所有を制限して、それより多くを求めないこと」という限定的な内容になっているのである。無所有を部分的に守るという表現は、いささか明確でないところがあるため、在家信者の場合には、「無所有」ではなく、「無執着」と表現した方が適当かもしれない。本稿が取り上げている『宝箱』およびその注釈書は、空衣派が伝持する文献であることは既に述べた通りであるが、いま一方の白衣派が伝持した聖典の一つで、在家信者の行動規範を主要なテーマとする『ウヴァーサガ・ダサーオー（Pkt. *Uvāsagadasāo*）』（在家信者に関する十の物語）には、「〇〇一つを除き、〇〇の類いを放棄します」などというように、それぞれの物について個別に所有可能な数の上限を決めている例が見られる。現代のジャイナ教徒たちの場合は、おそらく所得のうち、自分の自由にできる金額の上限を決め、それ以上は布施するというあり方をとっていると思われる。

ちなみに、ジャイナ教には、非常に立派な寺院がたくさんあるが、それらも、このような在家信者からの布施によって建てられている。また、寺院内にある巡礼者用の宿泊施設には、各部屋の入口に「〇〇州の〇〇さんの寄付による」といったことが記されている。ジャイナ教白衣派の枝派に、尊像崇拝を認めず、出家修行者が滞在する僧堂を所有しない、テーラーパンタ派という宗派があるが、二〇〇五年に、筆者はその宗派が創建した大学であるジャイン・ヴィシュヴァ・バーラティーに三か月ほど滞在していたことがある。その大学のキャンパス内のゲストハウスの名前にも寄付者の名前が付けられていたし、学生寮の各部屋の入口にも寄付者の名前が刻まれていた。また、布施の使い道は、教団の施設だけではない。ジャイナ教徒の多い地域では、動物の病院や保護施設などの充実も図られており、そのような施設の建設にも、在家信者の布施が使われている。

一方、無所有戒を全面的に守らなければならない出家修行者は、一部の必要品を除いて、基本的に物を所有しない。例外的なものとしては、衣、杖、箒、塵払い、口を覆う布やマスク、水差し、乞食用の鉢などがある。ただし、白衣派、空衣派のそれぞれもいくつかの枝派に分かれており、宗派によって出家修行者の所持品も異なるため、所有が認

図3　オールド・デリーのジャイナ教寺院の敷地内にある鳥の病院

められるものについても、宗派ごとに異なっている。例えば、白衣派の枝派であるスターナク・ヴァーシン派やテーラーパンタ派という宗派では、出家修行者が口を覆うマスクを常時着用するため、マスクの所持が認められているが、ムールティ・プージャカ派という宗派では、出家修行者がマスクを着用しないため、その所持は認められず、手で持って口を覆う布を所持している。

他方、空衣派は、「空間を衣とする者たち」を意味するその宗派名が示す通り、衣を不要と考え（ただし、空衣派の出家修行者の全員が全裸であるわけではなく、見習い僧などは、褌のようなものを着用していたりする。また、空衣派の公式見解では、女性の身体は裸形に耐えられないため、女性の出家修行者はいないことになっているが、「事実上の」出家修行者は存在しており、衣を着用している）、また、乞食の際には、自分の手を鉢として施食を受けるため、衣や乞食用の鉢を所有しない。塵払いなどは、虫を殺さないよう追い払うのに用いるなど、不殺生をサポートするものであるがゆえに必要であると考えられている。

無所有戒に関しても、他の戒律と同様、五つの違反行為が規定されている。それらを確認しておこう。

所有物の制限に関する五つの違反行為も、(一)〔動物を〕酷使すること、(二)過剰な収集、(三)過剰な落胆、(四)過剰な貪欲、(五)〔動物に〕過重な荷を積むことであると確定される。

(『宝箱』六十二)

これら五つの違反行為のうち、(二)と(四)については、その意味するところは比較的明瞭であるため、特に説明する必要もないであろう。一方、難解であるのは、(一)、(三)、(五)の三者である。(一)は、一見、無所有との関連が薄いように思われるが、注釈書によれば、「貪欲や熱望を鎮めるために所有物を制限しているのに、再び貪欲ゆえに、牡牛などが容易に行けるであろう道以上に荷を運ばせること」とされる(『宝箱注』四七頁、四~六行目)。(三)に関する注釈書の説明は難解であり、詳細は不明である(『宝箱注』四七頁、八~一〇行目)。(五)は、貪欲ゆえに、牛やロバなどの動物に過剰に荷を負わせることを指すが、この項目は、先述した不殺生戒の違反行為にも含まれている。ジャイナ教では、欲望と殺生の間に密接な関係があると考えられており(例えば、『サルヴァールタ・シッディ』二七四頁、五~六行目)、そのことを示唆している可能性もあって興味深い。

小さな戒律の果報

以上で、小さな戒律のそれぞれの説明がひと通り終わったが、この後の部分では、小さな戒律の果報、すなわち小さな戒律を保持することによってどのような良いことがあるのかが述べられる。それらは次の通りである。

違反することがなければ、五つの小さな戒律という宝は神の世界をもたらす。そこ(=神の世界)においては、直観知、八種の性質、神々しい身体が獲得される。

(『宝箱』六十三)

「神の世界」というのは、いわゆる天界のことであり、物理的には我々人間が住んでいる地上よりもずっと上にあるとされる神々が住む場所である。あくまでも、在家信者が保持する小さな戒律の果報であるため、輪廻転生からの解脱ではなく、現在の生まれである人間よりも良い生まれとして、天界における神々としての再生が説かれているのである。天界への再生は、ジャイナ教徒にとっての最終目標ではない。だが、それが人間の世界への再生よりも安楽なものであることは確かであろう。しかしながら、皮肉なもので、安楽すぎると修行などの努力をする機会を失ってしまい、解脱することができない。いずれまた人間の世界に戻ってきて大きな戒律を保持し、厳しい修行を経なければ、解脱への道は開けてこないのである。また、「直観知」というのは、ジャイナ教が古くから考える直接的な認識、すなわち感覚器官を通さない認識の一種で、神や地獄の住者には本来的に備わっており、人間や動物の場合には、業を滅ぼしたり、抑制したりすることによって生じる特別な認識である。そして、「八種の性質」というのは、身体を非常に小さくする神通力などのことで、これも普通の人間には備わっていない特別なものである。「神々しい身体」というのも、普通の人間の身体を構成する（一）乳糜《にゅうび》、（二）血液、（三）肉、（四）脂肪、（五）骨、（六）髄、（七）精液という七つの要素を欠いた身体のことで、これまた普通の人間の身体とは異なる。（七）が含まれていることから、「女性の場合には、どうなるのか」という疑問が生じるかもしれない。この点については、『宝箱』に明記されていないため、確かなことは分からない。しかしながら、著者であるサマンタバドラが属する空衣派では――現代のジェンダー観から見れば、かなり問題のある見解のように思えるかもしれないが――女性の身体は解脱に適さず、男性に生まれ変わってからしか解脱できないと考えるため、女性の身体のことを想定していない可能性も考えられる。また、これら七つの要素を欠いている点については、神々の身体は、生殖活動を経ることなく、突発的に発生すると考えられている点も関連すると思われる。

　そして、実際に小さな戒律を保持したことによって有名になった人物の名前が挙げられる。

> マータンガ（＝チャーンダーラ）〔のヤマパーラ〕、ダナデーヴァ、さらにヴァーリシェーナ、ニーリー、ジャヤは、〔小さな戒律の保持により〕このうえない優れた尊敬を獲得した。（『宝箱』六十四）

注釈書では、ヤマパーラは不殺生戒、ダナデーヴァは不妄語戒、ヴァーリシェーナは不偸盗戒、ニーリーは不邪淫戒、ジャヤは無所有戒によって有名になったとされ、それぞれのエピソードが紹介されている（『宝箱注』四八頁以下）。

　また、逆に、五つの悪業によって、すなわち五つの小さな戒律を守らなかったことによって有名になった人物の名前も挙げられる。

ダナシュリー、サティヤゴーシャ、〔ヴァッツァ国のある〕苦行者、警察署長〔のヤマダンダ〕、シュマシュルナヴァニータは、順に〔殺生などの悪業によって苦しみを経験した者の例として〕挙げられるべきである。
（『宝箱』六十五）

ダナシュリーは殺生、サティヤゴーシャは虚偽、ヴァッツァ国のある苦行者は盗み、警察署長のヤマダンダは邪淫、シュマシュルナヴァニータは所有で有名になったとされ、この五人に関しても、注釈書でそれぞれのエピソードが紹介されている（『宝箱注』五二頁、一〇行目以下）。これらの人物が実在の人物であったのかどうか分からない点は、正しい見解のところで列挙された、八つの要件を備えた人物の場合と同様であり、『宝箱』の他の箇所で列挙される人物に関してもその点は同様である。

八つの根本的美徳

『宝箱』では、小さな戒律の説明の最後に八つの根本的美徳というものに言及している。その中身は、以下のようなものである。

五つの小さな戒律、酒の放棄、肉の放棄、蜂蜜の放棄を、最高の沙門（筆者注：ここでの「沙門」とは、ジャイナ教の出家修行者を指す）たちは、在家信者の八つの根本的美徳と言う。
（『宝箱』六十六）

在家信者の八つの根本的美徳の中身に関しては、文献ごとにかなりの異同が見られる（堀田二〇一二）。他の文献では、八つの中のいくつかが、賭博の禁止、ウドゥンバラ樹等の果実を食べることの禁止などと入れ替わることもある。しかしながら、『宝箱』の分類では、五つの小さな戒律に酒の放棄、肉の放棄、蜂蜜の放棄の三つを合わせた八つとなっており、五つの小さな戒律に含まれなかった不飲酒が、ここに現れている。ジャイナ教において飲酒が禁止される主な理由は、酒によって心が迷い、法を忘れた者は、恐れることなく殺生を犯すというものと考えられるが（『プルシャールタ・シッディ・ウパーヤ』六十二）、酒は生命体の源であり、それらを飲む者たちには必然的に殺生が生じるとも述べられる（『プルシャールタ・シッディ・ウパーヤ』六十三）。

「酒の放棄」に続く「肉の放棄」と「蜂蜜の放棄」は、明らかに不殺生を目的としている。しかし、死肉の場合であっても、また、蜂の巣から自然に落ちた蜂蜜であっても食べてはいけないと述べられている（『プルシャールタ・シッディ・ウパーヤ』六十六、七十）。理由は先と同じく、それらの中に微細な生き物がいるからとされる。

以上が、『宝箱』第三章に見られる在家信者の小さな戒律の内容である。

四、正しい行い②——三つの徳戒

『宝箱』は、三つの徳戒についての説明の冒頭で、次のように述べている。

〔八種の〕美徳を増大させるがゆえに、高貴な者たちは、方位に関する戒律、無意味な毀傷《きしょう》に関する戒律、消耗品と耐久品の制限を徳戒と言う。（『宝箱』六十七）

ここでは、「徳戒」という語の語源と、（一）方位に関する戒律、（二）無意味な毀傷に関する戒律、（三）消耗品と耐久品の制限に関する戒律という徳戒の内訳が述べられている。「八種の美徳」というのは、注釈書によれば、前述した在家信者の八つの根本的美徳、すなわち、五つの小さな戒律、酒の放棄、肉の放棄、蜂蜜の放棄を指す。

以下においては、（一）、（二）、（三）という、これら三つの徳戒について詳しく見ていこう。

方位に関する戒律

『宝箱』は、方位に関する戒律を、次のように定義している。

小さな悪業をも避けるために、死に至るまで諸方位を制限し、「私はこれよりも外側には行かない」と誓うことが、方位に関する戒律である。（『宝箱』六十八）

ここで言う「諸方位」というのは、『宝箱』六十九に「十の方位」と表現されていることから、北、南、東、西という四つの方位に、北東、南東、南西、北西という四つの副次的方位と、上方、下方の一つを合わせたものを指すと考えられる。「死に至るまで」とあるから、期間は一生である。このようにすれば、制限された範囲の外側では、小さな悪業すら犯さずに済むというわけである。もっとも、方位を制限すると言っても、何らかの目印が必要になってくる。そこで、『宝箱』は次のように述べる。

十の方位を制限する際には、よく知られた海、川、森、山、国、ヨージャナ（Skt. yojana）が境界であると言われる。（『宝箱』六十九）

制限した範囲をうっかり越えてしまわないように、よく知られた海、川、森、山、国といったものが目印とされるようである。「よく知られた」という点については、誰によく知られているのかということを、注釈書では「戒律を授ける者と受け取る者にとってよく知られた」ものであると解釈している（『宝箱注』六〇頁、一九〜二二行目）。また、注釈書ではここで初めて「戒律を授ける者」という言葉が出てくるが、シュラーヴァカ・アーチャーラ文献には、どのようなシチュエーションで、誰が誰に戒律を授けるのかという具体的な記述は見られない。シュラーヴァカ・アーチャーラ文献の読み手や聞き手には自明のことであったと思われるが、出家修行者がこれから在家信者となる者に戒律を授けるものと推測される。

先に引用した『宝箱』の一節において、海、川、森などの最後に列挙されている「ヨージャナ」というのは、少し分かりにくいが、これは距離の単位であり、およそ一四・五キロメートルに相当する。多くの漢訳仏典で「由旬《ゆじゅん》」と音写されるものである。しかし、海、川、森、山、国と並んで距離の単位が出てくるのは不自然である。そこで、ある研究者は、その方位によく知られた海や川などがない場合にヨージャナをもって制限すると解釈し（Pannālāl 1972）、別の研究者は里程標のようなものと解釈する（Sogani 1967）。このように、この「ヨージャナ」が何を指すのかという点について、研究者の間でも意見が分かれている。

続いて、『宝箱』では、方位に関する戒律を守ることによって、どのような果報があるのかが述べられる。

境界の外側では、小さな悪業をも厭い離れているから、方位に関する戒律を保持している者の小さな戒律は五つの大きな戒律へと変化する。（『宝箱』七十）

前述の通り、出家修行者が守る大きな戒律は、どのような場所であっても、小さな悪業にいたるまで避けなければならないが、小さな戒律の場合は、大きな悪業を厭い離れることに主眼が置かれている。しかし、この戒律によって方位の制限をした場合、そもそも境界の外側へ行くことがないため、そこでは物理的に小さな悪業さえも犯しようがないというのが、ジャイナ教のロジックであろう。そのため、部分的ではあるものの、大きな戒律に変化すると言われているのである。
なお、方位に関する戒律にも、五つの違反行為が定められている。これについては、次のように説明される。

（一）上方の境界侵犯、（二）下方の境界侵犯、（三）水平方向の境界侵犯、（四）領域の拡大、（五）境界の忘却が、方位に関する戒律の五つの違反行為と考えられている。
（『宝箱』七十三）

「境界侵犯」と言った場合、自分が戒律を守る範囲を境界を越えて拡張するというようにポジティブな解釈も可能であるが、『宝箱』では、人は境界の外では戒律に違反してしまうものであるということが前提とされているようであり、違反行為と考えられている。この五つの違反行為は、前述の通り、はじめに「五」という数字ありきで説かれているものであるため、重複とも言えるような項目が含まれている。例えば、（一）〜（三）をわざわざ分けて、別々の違反行為とする必要があるとは筆者には思えない。また、（五）に関しても、それが（一）、（二）、（三）とどのように異なるのか、筆者にはよく分からない。いずれにしても、制限した領域の境界を越えてしまうことが戒められていると考えられる。

無意味な毀傷に関する戒律

徳戒の二番目は、無意味な毀傷に関する戒律である。『宝箱』では、それを次のように定義している。

方位の境界内において、無意味で悪業と結び付いた活動を厭い離れることを、戒律保持者の第一人者たちは無意味な毀傷に関する戒律と知る。
（『宝箱』七十四）

「方位の境界内において」とあるのは、先の方位に関する戒律が、制限した境界の外側での悪しき活動を厭い離れるものであったのに対し、この無意味な毀傷に関する戒律は、制限した境界の内側での悪しき活動を厭い離れるものであることを示す。それでは、「無意味な毀傷」とは、いったいどのようなものであろうか。次に、その具体例が列挙される。

棍棒を持たない者たちは、（一）悪しき教え、（二）凶器の提供、（三）悪しき考え、（四）悪しきことの聴聞、

（五）軽率な行動という五つを無意味な毀傷と言う。

（『宝箱』七十五）

「棍棒を持たない者たち」という表現の「棍棒」というのは、注釈書によれば身体、言葉、心の悪しき活動を意味する。棍棒や杖などのように、他者を傷付けるがゆえに、「棍棒」と表現される。そして、「棍棒を持たない者たち」というのは、具体的には「教団長（Skt. gaṇadhara）」と呼ばれるジャイナ教の事実上の開祖であるヴァルダマーナの高弟たちを指すとされる（『宝箱注』六三頁、六～七行目）。そして、この詩節では、その「棍棒を持たない者たち」が「無意味な毀傷」とみなす行為が五種類に分けられて説かれている。次に、これら五つの中身を見ていこう。まずは、一番目の「悪しき教え」の定義である。

動物に苦しみを与えるような行いや商売、殺生、世間的活動、詐欺などを引き起こす話を繰り返すことが、悪しき教えであると知られるべきである。

（『宝箱』七十六）

「動物に苦しみを与えるような行い」の具体例として、注釈書では、象の調教などを挙げている（『宝箱注』六三頁、一四行目）。また、「世間的活動」というのは、農業などであるとされる（『宝箱注』六三頁、一七行目）。ジャイナ教においては、地中の生き物などを傷付けるおそれがあるため、農業への従事も、できれば避けるべきであるとされている。例えば、この点については、バラモン／ヒンドゥー教にも、同様の考え方が見られる（『マヌ法典』一〇・八三）。次に、（二）の「凶器の提供」の定義を見てみよう。

殺害の原因である斧、剣、鋤、火、武器、尖った物（Skt. śṛṅgin）、鎖などを与えることを、賢者たちは凶器の提供と言う。

（『宝箱』七十七）

「武器」というのは、注釈書では、短剣や棍棒などであると説明される（『宝箱注』六四頁、八～九行目）。「尖った物」と直訳したものは、動物の角などと解釈する研究者もいるが（藤永一九九九；Jain 1931; Bharatasāgara et al. 1991, Jaykumār 2006）、注釈書では、それを抽象的な表現として捉えていたのか、具体的な先の尖った物ではなく、「毒」となっている（『宝箱注』六四頁、九行目）。続いては、（三）の「悪しき考え」であるが、それは次のように定義されている。

憎悪ゆえに殺害、束縛、切断などを考えたり、欲望ゆえに他人の妻などを〔よこしまな気持ちで〕思ったりすることを、ジナの教説に精通した者たちは、悪しき考えであると言う。（『宝箱』七十八）

これは、文字通り、悪いことを考えることを意味する。これについては、説明は不要であろう。次は、（四）の「悪しきことの聴聞」である。

世間的活動、執着、大胆さ、誤った教え、憎悪、欲望、驕り、愛欲によって心を汚す教典に耳を傾けることが、悪しきことの聴聞である。（『宝箱』七十九）

「世間的活動」に関しては、『宝箱』七十六と同様である。「大胆さ」というのは、注釈書では、英雄譚などで説かれる極めて稀有な行為と説明される（『宝箱注』六五頁、五～六行目）。「誤った教え」というのは、インド哲学のヴェーダーンタ（Skt. Vedānta）学派アドヴァイタ（Skt. Advaita）派の教えや仏教が代表例として挙げられるが（『宝箱注』六五頁、六～七行目）、要するにジャイナ教以外の教えということである。続いて「驕り」云々に関しては、バラモンの権威を誇示するような文献が想定されているが（『宝箱注』六五頁、八～九行目）、具体的にどのような文献を指すのかは不明である。最後に、「愛欲」云々というのは、『カーマ・スートラ』に代表される性愛学の文献が想定されている。

続いて最後の（五）の「軽率な行為」を見てみよう。それは、次のように説明される。

無益に地、水、火、風を扱うこと、木を切断すること、〔自身が〕徘徊したり〔他者を〕徘徊させたりすることを軽率な行為と言う。（『宝箱』八十）

「扱うこと」というのは少し分かりにくいが、注釈書では、地面を掘ったり、水を撒いたり、火を起こしたり、風を起こしたりすることと言い換えられている。前述のように、ジャイナ教では、生き物を動くことのできない生物と動くことのできる生物の二つに大きく分けるが、ここで挙げられている地、水、火、風、木といった元素的なものは、動くことのできない生物に分類される。出家修行者の大きな戒律の場合には、これらを傷付けることも禁止されるが、在家信者の場合は致し方ないとされる。しかしながら、ここで述べられているように、「無益に」、すなわち意味もなく、めったやたらと傷付けることは禁止されている。地などにも生命があるというジャイナ教のこのような考え方は、かつてはアニミズム（イギリスのエドワード・バーネット・タイラー（Edward Burnett Tylor, 1832–1917）という高名な文化人類学者が提唱した言葉で、人間以外の様々なものに魂などが存在するという考え方）的（Eng. animistic）、または、物活論的（Eng. hylozoistic, 物質が生命、魂などを持つとする考え方で、イギリスの哲学者ラルフ・カドワースが、ギリシア語で物質を意味するヒュレー（hylē）と生命を意味するゾーエー（zōē）を組み合わせて作った語とされる）なものと解釈されていたが（例えば、Jacobi 1884）、このような見解の背後には、宗教が「アニミズム→多神教→一神教」というように進化するという西洋中心主義的な偏った見方もあると思われる。実際には、「地、水、火、風という物質に霊魂が宿っている」といったアニミズム的な発想ではなく、「物質由来の身体を備えている人間と同様、地、水、火、風なども生き物である」というのがジャイナ教の考え方なのであろう。

そして、最後には、五つの違反行為が列挙される。

無意味な毀傷を厭い離れることの五つの違反行為とは、（一）下品な身振りをすること、（二）下品な言葉を用いること、（三）饒舌、（四）必要以上の物品を享受すること、（五）よく吟味せず、余計に物事を行うことである。（『宝箱』八十一）

これらの五つに関しては、特に難解だと思われるものはないので、説明は省略しておく。

消耗品と耐久品の制限に関する戒律

徳戒の三番目は、消耗品と耐久品の制限に関する戒律である。まずは、『宝箱』の定義を見てみよう。

〔方位に関する戒律の〕境界内においても、欲望による〔対象への〕執着を少なくするため、たとえ目的に適ったものであっても感覚器官の対象を制限することが、消耗品と耐久品の制限である。（『宝箱』八十二）

先の方位に関する戒律の境界の外側では、小さな悪業も犯さないため、出家修行者の大きな戒律に匹敵することが述べられていたが、境界内でも、なるべく悪業を犯さないようにする必要がある。そのために、消耗品と耐久品という二種類のものの制限が説かれるが、ここでの「消耗品」「耐久品」というのは、本稿の筆者が仮に当てた訳語に過ぎず、もとのサンスクリット語においては、それぞれ「享受の対象（直訳）」「副次的な享受の対象（直訳）」となっている。『宝箱』では、両者の中身を、次のように定義している。

五つの感覚器官の対象で、食べ物などのように、享受した後で捨てられるものが享受の対象（消耗品）であり、衣服などのように、享受した後で再び享受されるものが副次的な享受の対象（耐久品）である。

（『宝箱』八十三）

この定義を見れば分かるように、現代の日本語で言うところの「消耗品」「耐久品」とはずれがある。『宝箱』で言及されている「消耗品」は、一度だけの使用にしか耐えないものを指し、注釈書では、具体例として食物、花、香、香油などが挙げられている。日本語の「消耗品」は、例えば、鉛筆や消しゴムなどのように、複数回使用されるものも含むので、「使い捨て」などの方が近いかもしれない（ただし、日本語では食べ物を「使い捨て」とは言わないので、このあたりは、現代日本語への翻訳が難しいところである）。一方、「耐久品」は、複数回の使用に耐えるものを指し、注釈書では具体例として、衣服、装身具などが挙げられている。この後、『宝箱』では、放棄すべき消耗品について述べられるが、放棄すべき理由とともに、それらを列挙しておこう。

- 蜂蜜（動くことのできる生物の殺生を回避するため）
- 肉（動くことのできる生物の殺生を回避するため）
- 酒（不注意を回避するため）
- 大根（得るものが少ないにもかかわらず殺生が多いため）
- 湿り気を帯びた（＝生の）生姜（得るものが少ないにもかかわらず殺生が多いため）
- 新鮮なバター（得るものが少ないにもかかわらず殺生が多いため）
- ニンバ樹（Skt. Nimba, インドセンダン。常緑の高木で、香りの強い白い花をつける）の花（得るものが少ないに

もかかわらず殺生が多いため）

●ケータカ樹（Skt. Ketaka, キミガヨラン。茎の高さは二メートルくらいで、高く伸びた花柄に釣鐘状の白い花を多数吊り下げる）の花（得るものが少ないにもかかわらず殺生が多いため）

大根からケータカ樹の花までは、いずれもその中に微細な生き物を多く含むと考えられていたようである。注釈書によれば、「ニンバ樹」というのは提喩的表現であって、他のあらゆる種類の花を含むとされる。

『宝箱』では、他にも、望ましくないもの（注釈書によれば、腹痛の原因となって、健康に適さないものなどのことであり、具体例は挙げられていない）や、使用すべきでないもの（注釈書によれば、識者が用いないもののことであり、具体例としては、牛の尿、駱駝の乳、貝殻の粉末、ターンブーラ、吐瀉物、唾液、小便、大便、痰などが挙げられている）も放棄すべきであると言われる（『宝箱注』六八頁、三〜七行目）。

それでは、消耗品と耐久品の制限は、どれくらいの期間にわたって実践されるのだろうか。その点について、『宝箱』では、一時的制限と終身制限の二種類があると述べられている。一時的制限というのは、具体的には、当日、一日、一夜、半月（＝十五日）、一か月、一季（＝二か月）、半年（＝六か月）というように時間を限定して実践するものである。一方、終身制限というのは、命ある限り、すなわち生涯にわたって実践するものである。両者の使い分けに関して、『宝箱』は何も述べていないが、おそらくは、在家信者がどちらかを任意に選択できるものであろう。

『宝箱』においては、この消耗品と耐久品の制限に関する戒律に関しても、最後に五つの違反行為が列挙されている。

（一）〔感覚器官の〕対象という毒に無関心でないこと、（二）〔かつて享受した感覚器官の対象を〕想起すること、（三）〔現在の感覚器官の対象を繰り返し〕過度に求めること、（四）〔未来の感覚器官の対象を〕過度に求めること、（五）〔限られた時間であっても〕過度に〔執着して消耗品と耐久品を〕享受することという五つが、消耗品と耐久品の制限に関する戒律の違反行為であると言われる。（『宝箱』九十）

「〔感覚器官の〕対象という毒」という表現は、少し説明が必要であろう。サンスクリット語では感覚器官の対象を「ヴィシャヤ（Skt. viṣaya）」、毒を「ヴィシャ（Skt. viṣa）」と言う。どちらも人間にとって有害であると考えられているため、しばしば語呂合わせで、「感覚器官の対象《ヴィシャヤ》という毒《ヴィシャ》」と表現されるのである。（二）〜（四）は過去、現在、未来という三つの時に関して述べられているが、述べられている通りに解釈するならば、過去の感覚器官の対象は思い出すだけでも違反行為になり、現在と未来の感覚器官の対象は、過度に求めることで違反行為になるわけである。一方、（五）は、期間の制限を守っていても、その期間内に過度に享受することのようであるが、筆者には（三）との違いが分からない。

五、正しい行い③——四つの学習戒

『宝箱』第五章は、三つの徳戒に続いて、四つの学習戒を説明する。その冒頭では、四つの学習戒の内訳について、次のように述べている。

（一）場所制限、（二）サーマーイカ行、（三）布薩《ふさつ》、（四）奉仕という四つが学習戒であると説かれている。

（『宝箱』九十一）

以下においては、これら（一）〜（四）の四つについて順を追って詳しく見ていこう。

場所制限に関する戒律

場所制限の定義は、以下の通りである。

小さな戒律を保持する者（＝在家信者）が、〔方位に関する戒律で制限された〕広い場所を、日ごとに時間を制限して〔さらに〕縮小することが、場所制限である。

（『宝箱』九十二）

この場所制限は、徳戒に含まれる方位に関する戒律を前提としていると考えられる。方位に関する戒律は、死に至るまで諸方位を制限して、そこから外に出ないことを誓うものであったが、場所制限は、その規模を空間的、時間的に、さらに縮小、短縮するものである。したがって、当然、この制限も方位に関する戒律の場合と同様に、境界を定める必要が出てくるが、場所制限の境界としては、（一）家、（二）宿営地（Skt. hāri）、（三）村、（四）田畑、（五）川、（六）森、（七）ヨージャナという七つが挙げられている。（二）の原語の意味に関しては、研究者の間でも解釈が分かれているが、ここでは、注釈書の解釈に従って「宿営地」という意味で解釈しておく。

　先の方位に関する戒律の境界は、海、川、森、山、国、ヨージャナだったが、それと比べてみると、この場所制限に関する戒律の境界は、川、森、ヨージャナという三つが共通している。それら以外のものを見てみると、方位に関する戒律は、海、山、国であるのに対し、場所制限に関する戒律の場合は、家、宿営地、村、土地となっており、わずかにではあるが、方位に関する戒律の方が範囲が広いように思われる。また、方位に関する戒律の実践期間が一生であるのに対して、場所制限に関する戒律では、『宝箱』九十四で、一年、一季、半年、一か月、四か月、半月、一星宿期（Skt. rkṣa）というように期間が定められている。このうち「一星宿期」という言葉については、少し説明が必要であろう。筆者が「一星宿期」という訳語を当てたものの原語は「星宿」、すなわち月の軌道の周辺にある二十七、もしくは二十八の明るい恒星で、月の宿として選ばれたものであるが（矢野一九九二）、ここでは期間を表す言葉として用いられているので、月が恒星上を一周するおよそ二十七・三日という意味で筆者は解釈した。いずれの期間にするのかという点については、注釈書にも説かれていない。おそらく、実践者が自ら選ぶものと考えられる。なお、必ずしもすべての戒律について果報が述べられているわけではないが、この場所制限については、戒律の持つ意味が分かりにくいため、その果報が以下のように述べられている。

> 境界の外側では、五つの大きな悪業と五つのそうでない（＝小さな）悪業を正しく放棄しているので、場所制限によっても大きな戒律が確立される。
>
> （『宝箱』九十五）

これも、すでに見た方位に関する戒律の場合と同じ発想である。制限した境界の外側では、大きな悪業も小さな悪業も犯しようがないため、出家修行者の大きな戒律を守っているのと同じことになると言うのである。

　この戒律の違反行為は、以下の通りである。

（一）〔目的を遂げるため、他者を境界の外に〕行かせること、（二）〔境界の外の人に〕声〔を掛けること〕、（三）〔境界の外から物を〕持って来させること、（四）〔境界の外の人に〕身振りを示すこと、（五）〔境界の外の人に〕物を投げることという五つが、場所制限〔に関する戒律〕の違反行為であると説かれている。

（『宝箱』九十六）

（一）は、自分は制限された場所にいて、その外にいる者に「これをしろ」と命令すること、（二）は、制限された場所の外で仕事をしている者に対して声を掛けて命令すること、（三）は、制限された場所の外に、目的を持って「これを持って来い」と命令すること、（四）は、制限された場所にいる者が、その外で仕事をしている者に自分の身体による合図を示して命令すること、（五）は、制限された場所にいる者が、その外で仕事をしている者に、土塊などを投げて命令することと注釈書において説明される。「説かれている」と述べられているが、注釈書では、誰が説いているのかといった点については何も説明されていない。

サーマーイカ行に関する戒律

次に、二番目のサーマーイカ行に関する戒律を見ていこう。『宝箱』では、そもそも「サーマーイカ行」が何であるのかということが次のように説かれている。

あらゆる場所において、時間の満了まで五つの悪業を残らず放棄することを、聖典を知る者たちはサーマーイカ行と言う。

（『宝箱』九十七）

「あらゆる場所において」とあるが、少し後の箇所では「人里離れた場所、森、家、寺院（Skt. caityālaya）などといった煩いのない場所において」と述べられている（『宝箱』九十九）ため、サーマーイカ行を実践する環境が整っている場所ならば、それはどこでなされても良いと考えられる。ちなみに、注釈書では、前述の場所制限に関する戒律の場合は、境界の外側だけにおいて五つの悪業を放棄するが、サーマーイカ行の場合は、境界の外側だけでなく内側でも放棄するということが述べられている（『宝箱注』七三頁、一六〜一七行目）。

次に、「時間の満了まで」とあるが、『宝箱』九十八では、サーマーイカ行を行う時間の長さに関して、（一）髪を結ぶ時間、（二）拳を握る時間、（三）衣服を縛る時間、（四）蓮華座（様々な異説があるが、ハタ・ヨーガの代表的な文献である『ハタ・ヨーガ・プラディーピカー（*Haṭhayogapradīpikā*）』一・四十四では、左腿の上に右足をのせ、右腿の上に左足をのせ、背後からまわした両手でしっかりと両足の親指をつかんで、顎を心臓のあたりにあてて鼻頭を凝視する体位と説明される）を組む時間、（五）直立する時間、（六）普通の坐を組む時間と表現している。いずれも、ある種の時間の長さを表す単位だと思われるものの、詳しいことは分かっていない。それでは、このサーマーイカ行は、いつ実践するのであろうか。この点については、『宝箱』一〇〇に、「断食の日や一食の日に」と書かれている。ジャイナ教では、悪業を人為的に振り払う苦行を重視するため、その主な手段として断食や減食が行われるが、それらを行う日に、サーマーイカ行も行うのである。一方、『宝箱』一〇一では、「五つの戒律を完全なもの（＝大きな戒律）にする原因であるから、〔断食の日、一食の日だけではなく〕毎日でも」とも述べられる。したがって、サーマーイカ行は、一応、実践すべき日は決まっているけれども、いつでも実践して良いということになる。

それでは、このサーマーイカ行というのが、具体的に、どのように実践されるものであるのかを見ていこう。まず、『宝箱』一〇〇では、「〔身体、言葉による〕活動と心の動揺を離れ、心〔の働き〕を止滅することによって、サーマーイカ行を実践すべきである」と言われる。また、『宝箱』一〇一では、「作法に則り、怠ることなく、心を集中して、サーマーイカ行を高めるべきである」とも言われていることから、心の働きを落ち着け、心を集中させるといった、瞑想の類いであると思われる。その瞑想の類いであろうサーマーイカ行のさらに具体的な詳細は、『宝箱』において次のように説かれている。

> サーマーイカ行を受け入れて、揺るぎない瞑想を実践し、沈黙行を行っている者は、寒さ、暑さ、虻、蚊という艱難と災難とに耐えるべきである。
>
> （『宝箱』一〇三）

この記述からは、サーマーイカ行が、瞑想や沈黙の実践を含むもの、もしくは、瞑想や沈黙の実践と密接に関連し、それらと同時に実践されるべきものであると考えられる。ちなみに、『宝箱』一〇三では、艱難の実例として、「寒さ、暑さ、虻、蚊」だけが挙げられているが、白衣派聖典『ウッタラッジャーヤー』（*Uttarajjhāyā*, 根本経典と呼ばれるグループに属し、ジャイナ教の教義や修行の基本について記されているため、出家修行者が入門後すぐに学ぶとされる）第二章では、出家修行者が耐えるべき二十二種類の艱難辛苦として、（一）飢え、（二）渇き、（三）寒冷、（四）酷暑、

（五）虻と蚊、（六）裸、（七）不快、（八）婦女、（九）遊行、（十）禅坐、（十一）臥処、（十二）罵言、（十三）虐待、（十四）乞食、（十五）施物の不得、（十六）病気、（十七）草による刺傷、（十八）汚物、（十九）表敬、（二十）知〔に対する自負〕、（二十一）無知、（二十二）信仰〔に対する疑い〕が列挙されている。一方、「災難」の方は、注釈書では、（一）神によって引き起こされるもの、（二）人間によって引き起こされるもの、（三）動物によって引き起こされるものという三種類が挙げられている。これと似たような考え方は、インドのバラモン／ヒンドゥー教を代表する六つの哲学学派の一派であり、精神的な存在と物質的な存在の二元論にもとづいて宇宙の開展を説くサーンキヤ学派の文献『サーンキヤ・カーリカー（*Sāṃkhyakārikā*）』の第一詩節に対する注釈などにも見られる。そこでは、「災難」ではなく、「苦しみ」と表現されるが、その苦しみを、（一）自身に由来するもの、（二）動物に由来するもの、（三）神に由来するものに分類している（金倉一九八四：二六頁、一三行目以下）。

さて、瞑想すると言っても、漠然と瞑想するわけではない。その瞑想には思念を向ける何らかの対象がある。それに関しては、『宝箱』に次のように記されている。

サーマーイカ行の時には、「拠り所がなく、不浄であり、無常であり、苦しみから成り、個我とは異なる輪廻転生に私は住しているが、解脱はそれ（＝輪廻転生）とは反対のものである」と瞑想すべきである。

（『宝箱』一〇四）

注釈書では、輪廻転生というのは、危険から守ってくれるような拠り所がないから「拠り所がなく」、不浄な原因から生じ、不浄な結果をもたらすから「不浄であり」、神、人間、動植物、地獄という、ジャイナ教で考えられている四つの生まれ変わり先をさまよう時間は限定されていて永遠ではないから「無常であり」、苦しみの原因であるから「苦しみから成り」、個我そのものではないから「個我とは異なる」と説明される（『宝箱注』七六頁、八〜一一行目）。要するに、サーマーイカ行における瞑想では、輪廻転生の苦しさや寄る辺なさを思念すると同時に、解脱がその対極にあることを思念するのである。

このサーマーイカ行にも、以下のような五つの違反行為が規定されている。

（一）言葉の悪しき働き、（二）身体の悪しき働き、

（三）心の悪しき働き、（四）軽視、（五）忘却という五つがサーマーイカ行の違反行為であると、究極的な見地から述べられている。（『宝箱』一〇五）

（一）～（三）は、前にも述べた、身体的な行為、言葉による行為、心による行為という三種類の人間の行為に関して、悪しき働きをすることである。（四）と（五）は、文字通り、サーマーイカ行に関する戒律を軽視したり、忘却したりすることであろう。注釈書では、この箇所の文脈に合わせて、前者が「努力の欠如」、後者が「専心しないこと」と言い換えられている（『宝箱注』七六頁、二一～二二行目）。ちなみに、（四）と（五）は、この後で述べる布薩に関する戒律、奉仕に関する戒律の違反行為にも同じものが見られる。

布薩に関する戒律

次に、三番目の布薩《ふさつ》（Skt. proṣadha）に関する戒律を見ていこう。布薩というのは、ヴェーダ聖典の規定にもとづいて実行される、バラモン教の神々を祀る祭式の前日に行われる準備の儀式に由来し、ジャイナ教や仏教が誕生する以前より行われてきたものである（田中一九八五）。ジャイナ教や仏教でも、形を変えつつ、そのような伝統が受け継がれて今日に至っている。『宝箱』における布薩の定義は、次の通りである。

節目（＝十四日目）と八日目に、また、〔その他の〕あらゆる時に〔戒律を実践しようという〕欲求によって四種類の食べ物を拒絶することが、布薩であると知られるべきである。（『宝箱』一〇六）

まず、「節目（＝十四日目）と八日目」という点について説明しよう。これは、月の満ち欠けと関係している。インドでは一か月を、白分《はくぶん》（Skt. śuklapakṣa）と呼ばれる、月が満ちていく半月と、黒分《こくぶん》（Skt. kṛṣṇapakṣa）と呼ばれる、月が欠けていく半月の二つに分けるが、八日目と十四日目というのは、その白分と黒分のそれぞれの八日目と十四日目を指す。つまり、ジャイナ教の布薩は、上弦の月の日、満月の日、下弦の月の日、新月の日に実践されるのである。続いて「欲求によって」を説明すると、それは注釈書によれば、世間的な慣習に従って行うのではなく、自ら実践しようと欲して行うことを指す（『宝箱注』七七頁、七～八行目）。また、「四種類の食べ物」というのは、注釈書では、

（一）食べる物、（二）飲む物、（三）嚙む物、（四）舐める物の四つを指し（『宝箱注』七七頁、五～六行目）、（一）は煮た米、インゲン豆など、（二）は飲むのに適したバターミルクなど、（三）は砂糖菓子、（四）については、その具体例として rabra を挙げている（筆者には、この rabra が何を指しているのかよく分からない。識者のご教示を請う）（『宝箱注』七八頁、一～二行目）。

先に引用した『宝箱』一〇六に見られる布薩の定義においては、「四種類の食べ物を拒絶すること」と説明されているため、食べ物のことばかりが強調されているように見受けられるかもしれない。ところが『宝箱』は、その直後に、食べ物以外にも放棄すべき対象があることを説いている。それは次の通りである。

> 断食〔の日〕には、五つの悪業、身体の装飾、世俗的活動、香、花、沐浴、眼膏、嗅ぎ煙草を放棄すべきである。（『宝箱』一〇七）

> 断食している者は、渇して両耳により法という甘露を飲むべきであり、他者に飲ませるべきである。また、怠ることなく知識と瞑想に専念すべきである。（『宝箱』一〇八）

この記述からは、布薩が、単に食べ物を断つだけでなく、五つの悪業、身体を飾る物の類い、日常の雑務から離れ、自らが教えを聞き、他者にも聞かせ、瞑想などに専念するものであることがわかる。

「香、花」というのは、注釈書によれば、提喩的表現であって、欲望の原因となる歌や踊り（仏教で言うところの「歌舞音曲《かぶおんぎょく》」）なども含むとされている（『宝箱注』七七頁、一三～一四行目）。

そして、例のごとく、布薩にも五つの違反行為が定められている。

> （一）目視せず、払い清めることもなしに〔物を〕手に取ること、（二）〔地面を〕目視せず、払い清めることもなしに排泄すること、（三）〔地面を〕目視せず、払い清めることもなしに〔物を〕拡げること、（四）軽視、（五）忘却。以上が布薩の五つの違反行為である。（『宝箱』一一〇）

注釈書によれば、（一）の「目視」というのは、生き物がいるかいないかを目で見て確認すること、「払い清めること」というのは、柔らかい道具を用いて払い除けることを意味する（『宝箱注』七八頁、一〇～一一行目）。（四）、（五）は、先のサーマーイカ行の違反行為の（四）、（五）と同じであると思われる。すなわち、布薩の実践を軽視したり、忘れたりすることであろう。

在家信者による以上のような布薩の実践は、仏教にも似たものが見られる。例えば、『スッタ・ニパータ』という、日本でも比較的よく読まれている初期経典があるが、その中の「ダンミカ」という経には、次のような記述が見られる。

四〇〇　（1）生きものを害してはならぬ。（2）与えられないものを取ってはならぬ。（3）嘘をついてはならぬ。（4）酒を飲んではならぬ。（5）淫事たる不浄の行いをやめよ。（6）夜に時ならぬ食事をしてはならぬ。

四〇一　（7）花かざりを着けてはならぬ。芳香を用いてはならぬ。（8）地上に床を敷いて臥すべし。これこそ実に八つの項目より成るウポーサタ（斎戒）であるという。苦しみを終滅せしめるブッダが宣示したもうたものである。

四〇二　そうしてそれぞれ半月の第八日、第十四日、第十五日にウポーサタを修せよ。八つの項目より成る完全なウポーサタを、きよく澄んだ心で行え。また特別の月においてもまた同じ。

（中村一九八四：八三頁）

ここに見られるのは、いわゆる八斎戒《はっさいかい》（仏教の五戒に、装身具をつけず、歌舞音曲に触れないこと、高くて広い寝台で寝ないこと、昼過ぎに食事をしないことの三つを合わせたもの。詳細は本書の「総説」を参照）に相当し、仏教でも暦の節目の日に在家信者が同様のことを実践していたのがわかる。しかし、仏教においては、布薩は出家者集団の儀礼としてバラモン教やジャイナ教とは異なった形での発展を遂げた。そのため、日本も含めて、仏教が伝播した各地域で行われてきた布薩は、罪を告白する懺悔式、出家修行者たちの結束のための象徴的儀式としての性格が強い。また、仏教の出家者集団の布薩も、伝承によれば、そもそもビンビサーラ王や在家信者の要望で始まったとされ、またそこで行われる内容にも在家信者の意見が取り入れられるなど、本来は在家信者を意識した宗教行事であったとみられる（佐々木一九八七）。

奉仕に関する戒律

在家信者の十二の戒律の最後は奉仕に関する戒律であり、次のように定義される。

> 苦行を財とし、美徳の宝庫である出家修行者に、見返りとしての物や行為を期待することなく、法のために、財力に応じて〔食べ物などを〕布施することが奉仕（Skt. vaiyāvṛtya）である。
> （『宝箱』一一二）

この戒律の名前を、布施のほぼ同義語である「客人に分かち与えること」としている文献（例えば、『チャーリトラ・サーラ（*Cāritrasāra*）』）もあるが、『宝箱』では、「奉仕」という言葉を用いて、より広いものを想定している。次の詩節では、奉仕の具体的内容が述べられる。

> 美質に対する信愛ゆえに、自制者たちの苦難を取り除くこと、足をマッサージすること、その他のあらゆる支援をすることが、奉仕である。
> （『宝箱』一一二）

「美質に対する信愛ゆえに」というのは、注釈書では、「慣習や目に見える果報に対する期待によってではなく」と説明される（『宝箱注』七九頁、一七～一八行目）。「自制者たち」というのは、感覚器官の抑制に代表される自制を実践している者たちであり、一般には出家修行者を指すと考えられるが、注釈書では、在家信者も含むとされている（『宝箱注』七九頁、一七～二〇行目）。足をマッサージするというのは意外な感じもするが、ジャイナ教の出家修行者は、町から町へ、村から村へと徒歩で遍歴遊行しているので、そのような奉仕も必要になるのであろう。

一方、奉仕の中心となる布施に関しては、次のように述べられている。

> 七つの美質を備えた清浄な者が、九つの善業をもって、殺傷と世間的活動を離れた高貴な者たちに敬意を表することが、布施であると認められている。
> （『宝箱』一一五）

注釈書によれば、「七つの美質」とは、（一）信仰、（二）満足、（三）信愛、（四）知識、（五）貪欲でないこと、（六）寛容、（七）真実の七つを指す。（七）は真実を語る

図4　勉強する男性出家修行者

こと、偽りを語らないことである。一方、「九つの善業」とは、（一）歓迎、（二）高い座、（三）足洗い用の水、（四）崇拝、（五）敬礼、（六）心の浄化、（七）言葉の浄化、（八）身体の浄化、（九）食物の浄化の九つを指すという。（六）～（八）は、布施を行う者が、自分自身の心、言葉、身体を浄化したうえで、布施に臨むべきことを説いていると考えられる。

　それでは、具体的に、どのような物を布施するのであろうか。その点について、『宝箱』は、次のように述べる。

賢者たちは、（一）食事、（二）薬、（三）道具（Skt. upakaraṇa）、（四）滞在場所の布施により、奉仕を四種類のものとして説く。
（『宝箱』一一七）

「食事」と「薬」は明白である。「道具」というのを、注釈書では、知識を補助する道具などと説明している（『宝箱注』八二頁、五行目）。ジャイナ教の出家修行者は、遍歴遊行の途中や、雨季で移動できない四か月間などに、努めてジャイナ教の教義の勉強をするが、その際に用いる勉強道具の類い（例えば、筆記用具、書見台など）と思われる。また、住処を持たず、遍歴遊行を続ける出家修行者には、安心して夜を越すことのできる滞在場所などの提供が重要である。なお、これら四種類の布施によって有名になった在家信者に関しても、『宝箱』一一八で、食事の布施で有名になったシュリーシェーナ（Skt. Śrīṣeṇa）、薬の布施で有名になったヴリシャバセーナー（Skt. Vṛṣabhasenā）、道具の布施によって有名になったカウンデーシャ（Skt. Kauṇḍeśa）、滞在場所の布施によって有名になったシューカラ（Skt. Śūkara）といった在家信者の名前が挙げられており、注釈書には、それぞれについてのエピソードが記されている（『宝箱注』八二頁、一一行目以下）。

また、奉仕の果報についても、『宝箱』一一四～一一六に詳しく記されている。例えば、家事によって蓄積された業を滅ぼす、高貴な家柄が得られる、享楽、尊敬、美貌、名声が得られるなどと言い、偉大さと繁栄を伴う望ましい多くの果報がもたらされるとも言っている。ここでは、他の戒律に比べて、その果報の説明が、布施を強く催促しているかのごとく、かなりしつこく感じられるのは、筆者だけであろうか。現実的な問題として、布施を含む奉仕は、出家者集団の維持、存続にとって最も重要な要素であることを考慮すると、筆者が受ける印象もあながち的外れではないのかもしれない。

なお、奉仕に関する戒律にも、次のような五つの違反行為が規定されている。

> 実に、（一）緑色の物によって〔食べ物などを〕包むこと、（二）緑色の物の上に〔食べ物などを〕置くこと、（三）軽視、（四）忘却、（五）嫉妬というこれら五つが奉仕の違反行為として述べられている。
>
> （『宝箱』一二一）

（一）と（二）の「緑色の物」というのを、注釈書では、蓮の葉などと解釈している（『宝箱注』八八頁、一一行目）。他の文献の記述などを参考にすると、これらの物は生き物を伴っているがゆえに、それで食べ物などを包むことや、その上に食べ物を置くことが禁止されていると考えられる（『タットヴァールタ・スートラ』七・三十六）。（三）の軽視、（四）の忘却は、先に見たサーマーイカ行や布薩の違反行為にも含まれている。また、（五）の嫉妬というのは、他の布施者の布施や美徳に対するものを指すとされる（『宝箱注』八八頁、一四～一五行目）。

ちなみに、『宝箱』では、奉仕に関する戒律の五つの違反行為を説く前に、ジャイナ教における宗教的完成者であるジナに対する崇拝の重要性にも言及している。それは次の通りである。

> 神々の中の神（ジナ）の足に対する崇拝を、敬意をもって、絶えず増強すべきである。〔その足は〕如意《にょい》牛《ぎゅう》（Skt. kāmaduh）であって、欲望を焼き尽くし、〔その崇拝は〕あらゆる苦しみを取り除く。
>
> （『宝箱』一一九）

「足に対する崇拝」というのは、少し説明が必要かもしれない。インドへ行くとしばしば目にするが、インドでは尊敬する人の足に手で触れて敬意を表する習慣がある。ここでの記述も、そのような習慣を前提としている。また、「如意牛」というのは、インドの神話に出てくる、様々な願いを叶えてくれる牛のことである。なお、尊者の崇拝の果報により有名になった者としては、『宝箱』百二十で、ラージャグリハの町でヴァルダマーナに会えた喜びに酔って、一輪の花をもってジナの足を崇拝したカエル（！）が言及されている。人間ではなく、両生類のカエルが尊者に対する崇拝で有名になったというのは珍しいもので興味深い（筆者にも、なぜ犬でもなく蛇でもなくカエルであるのかはよく分からない）。

六、理想の死に方としての断食死

『宝箱』では、在家信者の十二の戒律について述べた後で、ジャイナ教の理想的な死に方とされる断食死の説明に一章を割いているが、これを学習戒に含める文献（例えば、『チャーリトラ・プラーブリタ（Skt. *Cāritraprābhṛta*）』）も多い。また、この断食死は、ジャイナ教の白衣派、空衣派という宗派両方が権威を認めているという点で最も有名な綱要書『タットヴァールタ・スートラ』の注釈書などにも、すでにその是非をめぐる議論が見られるが、断食死に関しては、現代においてもしばしば大きな騒動（例えば、裁判所が断食死を禁止し、それに対してジャイナ教徒がデモを行って抗議するといったことなど）が起こり、国際ニュースで取り上げられることがある（BBC News: India top court lifts ban on Jains' santhara death fast）。その断食死を『宝箱』は、次のように定義している。

> 高貴な者たちは、対抗策のない災難、飢饉、老齢、苦痛に際して、法のために身体を放棄することを断食死と言う。（『宝箱』一二二）

この一節の重要な点は、「対抗策のない災難、飢饉、老齢、苦痛」というように、断食死を実践できる条件が厳密に定められている点である。「災難」というのは、注釈書では、サーマーイカ行に関する戒律のところでも出てきたように、（一）動物によって引き起こされるもの、（二）人間によって引き起こされるもの、（三）神によって引き起こされるものの三種類があるとされる（『宝箱注』八九頁、六行目）。先の『宝箱』一〇三に対する注釈では、「神↓人間↓動物」の順で提示されており、ここで提示されている順番と異なっているが、その理由は明らかでない。また「法のために」という表現に見られる「法」という語は、注釈書では、ジャイナ教の三つの宝（第二節「ジャイナ教の三つの宝」を参照）を指すと解釈されている（『宝箱注』八九頁、八〜九行目）。この断食死について『宝箱』は具体的な手順を説いているが、その最初の手順は、次のように説明される。

> 愛着、憎しみ、執着、所有を放棄した後、清浄な心持ちで親類と従者たちを許し、優しい言葉によって〔自身も〕許しを請うべきである。（『宝箱』一二四）

> 〔また〕これまでに〔自身が〕行い、〔他者に〕行わせ、〔他者が行うのを〕容認したすべての罪を正直に反省し、死に至るまで、残らず大きな戒律を保持すべきである。（『宝箱』一二五）

ここで、断食死を実践している者が、小さな戒律ではなく、大きな戒律を保持するとされている点は注目に値する。というのも、これは、最後の段階で断食死を実践すれば、在家信者であっても出家修行者と同等の境地に至ることを表しており、これまでの人生における出家修行者と在家信者の違いを無化すると考えられるからである。

続けて、次のように言われる。

> 悲しみ、恐怖、落胆、愛着、心の曇り、嫌悪を捨て、心の堅固さを現し、聖典という甘露によって心を清らかにすべきである。（『宝箱』一二六）

ここまでが、いわば断食死の準備段階である。そしてこの後に、いわゆる断食死の具体的な手順が述べられる。

> 徐々に食べ物を断って、滑らかな飲み物を増やすべきである。さらに、滑らかな〔飲み物〕も断った後は、徐々に粗い飲み物を増やすべきである。（『宝箱』一二七）

> 粗い飲み物も断った後、能力に応じて断食も行い、五つの敬礼文に心を集中し、あらゆる努力を傾けて身体を放棄すべきである。（『宝箱』一二八）

注釈書によれば、「滑らかな飲み物」というのは牛乳などを、「粗い飲み物」というのは、米などで作った酸っぱい飲み物など、もしくは清らかな水を指す。「五つの敬礼文」というのは、以下に記すようなジャイナ教における五種類の最高位者に対する敬礼文である。

①ナモー・アラハンターナン（アルハット（Skt. arhat）に敬礼）。
②ナモー・シッダーナン（完成者に敬礼）。
③ナモー・アーヤリヤーナン（師匠に敬礼）。
④ナモー・ウヴァッジャーヤーナン（教師に敬礼）。
⑤ナモー・ローエー・サッヴァサーフーナン（世におけるすべての出家修行者に敬礼）。

アルハットというのはジナ、救済者とも呼ばれ、解脱しているけれども身体を備えている者のことであり、完成者というのは解脱して身体を離れて、個我だけとなった者のことである。また、師匠というのは出家修行者グループの指導者であり、教師というのは若い出家修行者に聖典について教授する出家修行者である。この五敬礼文は、五敬礼文に続けて唱えられる詩節によれば、すべての悪業を滅ぼし、あらゆる吉祥なものの中でも最も吉祥なものであると言われ、ジャイナ教を代表するマントラ（Skt. mantra, 祈禱や瞑想などの際に唱えられる呪文のようなもの）として非常に人気がある。

断食死にも、他の戒律と同様、以下のような五つの違反行為が定められている。

（一）生を望むこと、（二）死を望むこと、（三）恐怖、（四）友人を思い出すこと、（五）未来の享楽を望むことというのが断食死の五つの違反行為であると、ジナの王たちによって説かれている。（『宝箱』一二九）

断食死を実践する際に、なぜ（二）が違反行為に相当するのかという疑問が生じるかもしれないが、この点については、先の『宝箱』一二二における「法のために」という表現を思い出してほしい。この表現と併せて考えるならば、死そのものが目的ではないため、それを望むことが禁止されていると考えられる。また（四）は、おそらく、生への執着に繋がるため、広い意味で（一）に含まれるために禁止されているのであろう。

この断食死は、自らの意志で食を断ち、死に至るまで断食を続けるため、「自己に対する殺生」に相当するのではないかという批判を浴びてきたようであり、『タットヴァールタ・スートラ』の注釈書などには、そのような批判者の見解が見られる（『サルヴァールタ・シッディ』二七四頁、一行目以下）。死に繋がるような行為を自発的に実践することは、ヒンドゥー教や仏教などにも見られるため（例えば、ヒンドゥー教では、人生の最終段階に遍歴遊行の旅に出て、野垂れ死にすることを勧めており、仏教では、極端な例ではあるが、布施などのために自身の命を差し出す例が見られる）、このような批判を行ったのは、インド社会の世俗的な立場の者たちであったと考えられる。いかなる形であれ、殺生を徹底的に回避しているジャイナ教徒にとって、このような批判は耐えがたいものであると言えよう。このような批判は、たびたび蒸し返される。断食死をめぐる長い議論の歴史から学ぶことはほとんどなく、今もなお議論は平行線をたどっており、将来、再燃する可能性も高い。

しかしながら、本稿で見たように、実践にあたっての条件が厳密に定められていること、断食の実践を開始する前に心を清めなければならないこと、ジャイナ教の敬礼文に心を集中して身体を（命をではない！）放棄すること、そして、死を望むことが違反行為として明確に定められていること等を考慮するならば、それは「断食死」という言葉におさまり切らない、死を迎えるための聖なる儀礼であって、少なくとも筆者には、殺生とはほど遠いように思われる。

七、在家信者の十一の階梯

『宝箱』では断食死に続いて「在家信者の十一の階梯」というものについて説かれるが、それが説かれるのは何も『宝箱』に限った話ではない。「在家信者の十一の階梯」は、シュラーヴァカ・アーチャーラ文献全般において、しばしば在家信者の十二の戒律と並んで説かれている。おそらく両者は、在家信者にとって同等の重要性を持つものと考えられているのであろう。『宝箱』は、その「在家信者の十一の階梯」を次のように定義している。

> 神聖な者（救済者）たちによって、在家信者の十一の階梯が説かれている。そこ（＝在家信者の十一の階梯）においては、実に、各々の〔階梯に関する〕性質が、以前の〔階梯に存する〕性質とともに、順次、増大しつつ確立している。
>
> （『宝箱』一三六）

この説明ではやや分かりにくいが、在家信者が順次のぼっていくべき十一の階梯があり、それぞれの階梯では、前の階梯よりもその性質が増大しているという意味であると考えられる。文献によって中身は多少異なるが、『宝箱』の説明にもとづいて十一の階梯を列挙するならば、次のようになる。

【十一の階梯】

（一）正しい見解の階梯
（二）戒律を守る階梯
（三）サーマーイカ行を実践する階梯
（四）布薩を実践する階梯
（五）生き物を含む物を放棄する階梯
（六）夜食を放棄する階梯
（七）不邪淫を実践する階梯
（八）世間的活動を放棄する階梯
（九）所有物を放棄する階梯
（十）容認を放棄する階梯
（十一）準備された食物を放棄する階梯

最初の階梯である（一）は「正しい見解の階梯」と呼ばれ、正しい見解によって清められ、輪廻転生、身体、享楽を厭い離れ、五種類の最高位者の足を避難所とし、真実の道に依拠する段階とされる（『宝箱』一三七）。（二）は、棘（虚偽、欲念、誤った見解の三つのこと）がなく、違反行為もなく、五つの小さな戒律と七つの良い習慣（三つの徳戒と四つの学習戒を合わせたもののこと）を備えた段階を指す（『宝箱』一三八）。（三）は、三回の合掌の旋回を四度、敬礼を四度行い、身体放棄行（不動の姿勢を保ち、身体を放棄すべきものと念じることで、物理的にも精神的にも身体を放棄することを意図し、苦行と瞑想の両要素を兼ね備えた修行。河﨑二〇二四）により立ち、生まれたままの姿（裸形のこと）であり、座っての敬礼を二度行い、身体、言葉、心という三つの活動に関して清浄で、日に三度の敬礼をする者の段階である（『宝箱』一三九）。（四）は、毎月四つの暦の節目すべてに、自身の能力を隠すことなく、一意専心して、布薩を実践する段階である（『宝箱』一四〇）。（五）は、憐れみを体現し、根、果実、野菜、若芽、筍、球根、花、種を生のままで食べない段階である（『宝箱』一四一）。（六）は、生き物に対して憐れみの心を持ち、食べる物、飲む物、噛む物、舐める物を夜間に摂らない段階を指す（『宝箱』一四二）。（七）は、汚れた物を原因とし、汚れた物の源であり、汚れた物を滴らせ、悪臭を放ち、嫌悪感を催させるような身体（具体的な説明はないが、人間の身体の中には、他者から見れば汚いと感じられる分泌物や排泄物が詰まっているという考え方かと思われる）を見て、愛欲を厭い離れる段階である（『宝箱』一四三）。（八）は、生命を傷付ける原因となるような勤め、農業、商業などといった世間的活動をやめる段階のこととされる（『宝箱』一四四）。（九）は、十種類の外的な物に対する執着（第三節「無所有戒」を参照）を捨てて、無執着を喜び、自己本来の姿にとどまって、満足を専らとする段階のことである（『宝箱』一四四）。（十）は、世間的活動、執着、俗世の事柄を容認せず、平等な知性を備えた段階を指す（『宝箱』一四六）。そして、（十二）が、家から聖者の森へ行き、師のもとで戒律を保ち、乞食で得た物を食し、苦行を実践し、衣の一片を身に纏う段階とされる（『宝箱』一四七）。

以上の十一の階梯を概観すると、「戒律を守る階梯」が二番目に位置付けられているにもかかわらず、その後の三番目以降に、戒律と重複するような階梯がいくつか見られることが分かる。このことからは、この十一の階梯は、もともと戒律とは別のルーツから出てきた、もしくは戒律を取り込むような形で整えられたなどの可能性が考えられるが、その詳細はまだ明らかになっていない。

戒律と十一の階梯との最も大きな違いは、違反行為に関する記述がない点である。十二の戒律の記述には違反行為に関する説明が伴い、戒律を完全に守ることができない状況が想定されているが、十一の階梯の場合はそのようなものが見られない。ちなみに、白衣派聖典『ウヴァーサガ・ダサーオー』では、富裕な商人であるアーナンダをはじめとするジャイナ教の在家信者たちは、みな家督を息子に相続するなどした後、家を出てから十一の階梯を実践していることが説かれている。このことからは、十一の階梯が十二の戒律より一段階上のものであったことを窺い知ることができる。

むすび

以上、十二の戒律を中心に、ジャイナ教の在家信者の戒律を見てきた。最後に、結びに代えて、ジャイナ教の出家修行者と在家信者の関係について、戒律という観点から窺い知られる特徴的な点について指摘しておきたい。

本稿でも述べたように、ジャイナ教の五つの戒律の内容は、出家修行者も在家信者も同じであり、それを守るレヴェルに両者の違いが見られた。しかしながら、『宝箱』では、方位に関する戒律、場所制限に関する戒律などの説明において、空間を制限することにより、境界の外側では出家修行者と同じ大きな戒律を保持していると述べられていた。また、消耗品と耐久品の制限に関する戒律、布薩に関する戒律、サーマーイカ行に関する戒律などでは、時間を制限することによって大きな戒律に近付けるという方法がとられていた。また、ジャイナ教の理想の死に方である断食死を実践する際にも、出家修行者と同じ大きな戒律を保持することになると述べられていた。これらの記述からは、たとえ在家信者の戒律であっても、それを守ることにより、一時的に出家修行者と同じ状態になりうるという発想が窺える。このことに鑑みると、ジャイナ教における出家修行者と在家信者の違いというのは、我々が思っている以上にわずかなものなのかもしれない。付言すると、ジャイナ教には、個我の浄化のレヴェルを、迷える異教徒から一切知者に至るまでの十四段階で示した性質の階位（Skt. guṇasthāna）というものがある（Glasenapp 1915）。そこでは、在家信者は第五の階位に、出家修行者は第六の階位に位置しており、そこから最終目標までの道のりを考えると、両者の間には極めてわずかな差しかない。

『宝箱』における各戒律の果報に関する記述を見ていても、ジャイナ教の出家修行者と在家信者の間には、得られる果報に関して大差はないという印象を受けるのは筆者だけであろうか。たとえそれが現世ではないとしても、在家信者もいずれは出家修行者となり、いつかは解脱を獲得することを前提とした書き方がなされているように見受けられるのである。

以上のことを踏まえると、ジャイナ教の在家信者の行動規範が、ややもすればストイック過ぎるように見えることにも納得がいくだろう。ジャイナ教において、すべての在家信者は出家修行者の予備軍として扱われており、両者の間にある差異も、長い階梯の途中のほんのグラデーションに過ぎないと言えよう。

コラム　佐々木　閑

戒律研究の意義と面白さ

本書は、仏教、ジャイナ教というインド由来の二つの宗教において、修行者たちが日々の暮らしの中で守らねばならない規則を、この分野の最先端にいる気鋭の研究者たちが論じるものです。昔の修行者たちは普段、どのような規則を守り、どのように暮らしていたのかを、様々な資料を使って解明していこうというのが目的です。普通「宗教関係の本」と言うと、深い思想や重々しい哲学に関するあれこれを語るというイメージが付いてくるのですが、そういった個々人の精神性ではなく、それぞれの宗教が持つ組織としての活動形態に注目しているのが本書の特徴です。

もちろん、本書と同じように宗教を一個の組織運動として理解していこうとする研究は昔からありました。しかしそういった研究の多くは、本道としての思想研究を陰で支える補助学として軽視される傾向にありました。修行者がどうやってご飯を食べているかとか、周囲の人たちとどういうお付き合いをしているか、などという問題は、その宗教の本質には関わらない些末事であり、そのようなことをいくら調査しても、その宗教の実態に迫ることはできない、という通念はとても強かったのです。

宗教を、組織の運営形態という視点から見ていくことの重要性が意識されるようになったのは最近のことです。特にオウム真理教事件がその契機となりました。一九八〇年代から九〇年代にかけてオウム真理教が世に現れた時、高名な宗教学者も含めて多くの著名人たちが、その奇矯な言動に目を奪われ、これを称讃しました。教祖麻原彰晃（松本智津夫）の、一見すると真理を洞察しているかのような言辞や空中浮遊パフォーマンスの面白さに注目して、オウム真理教こそが現代のワンダーランドだ、これこそが新しい宗教の姿だと持ち上げたのです。

しかしそういった魅力的な教祖の姿が人気を博していたまさにその時、その裏側で、教団は信者から布施を搾り取り、自由を奪い、敵対者や反抗するメンバーたちを殺害していたのです。オウム真理教が凄まじい殺人教団であることが判明し、世の非難を浴びるようになると、それまでこれを称讃していた有名人たちは口をつぐみ、あるいはしらを切って逃げ回り、大いに醜態をさらしました。

このような愚かしい状況を振り返って見れば、その根本には、宗教を組織運営の視点から正確に理解するという姿勢が欠如していたという事実が見えてきます。どれほど深遠な思想を説き、ありがたい救済の論理を開陳していても、その教団全体が間違った方針で運営されていたならば、時には劣悪な殺人教団にもなり得るということを、オウム真理教事件が実証したのです。宗教というのは単なる哲学、思想なのではなく、特殊な世界観を共有する人たちが集まり、一丸となって活動する組織運動なのだから、その組織の実態を凝視せずしてその宗教を理解することはできないという、今になって思えばあたりまえの事実に、このとき世の人たちが気付いたのです。

それから三十年以上が経ち、宗教研究の方向性も随分変わったように思います。変容の波は、仏教やジャイナ教といった、古代インドで生まれ、現在もまだ生き続けている宗教を研究する領域にも及んできていて、これらの宗教を具体的な生活の側面から調べていこうとする研究者の数も増えてきました。学生の時、たまたまのご縁で仏教の戒律研究に足を踏み入れ、それからは「日陰の補助学」をとぼとぼ歩いてきた身にとっては、とてもうれしい状況です。

宗教を、教団全体の生活面から見ていくことの重要性はお分かりいただけたと思いますが、では実際に大昔の宗教教団の生活状況を調べようとすれば、どのような方法を使えばよいのでしょうか。どういった資料を調べれば、二〇〇〇年以上昔の教団の暮らしぶりを知ることができるのでしょうか。

この点について、仏教とジャイナ教は大変恵まれた状況にあります。どちらの宗教にも、そのメンバーたちが日々どういった生活を送るべきかを事細かに定めた規則が綿々と伝わっていて、それを見ていくことで昔の暮らしの実態を知ることができるのです。そういった規則を語る文献を精密に解読し、時にはその情報を他の、たとえば考古学的発掘で分かった事実などと照らし合わせていけば、随分詳細なところまで当時の生活状況を解明することができます。生活状況が分かれば、それぞれの宗教がどういった方針で組織運営されていたかが分かります。それはすなわち、仏教、ジャイナ教という古代インド宗教を、組織運営の面から理解するということになるのです。

仏教とジャイナ教が、なぜそういったメンバーたちの生活規則を定める資料を現代にまで伝えているのかというと、それには明確な理由があります。それは、仏教もジャイナ教も「出家」という原理に基づいて成り立っている宗教だからです。出家というのは、世俗の価値観で生きることができない人、世俗の価値観から離脱して生きたいと願う人が、実際に世俗の生活を放棄し、全く異なる価値観で暮らす人たちの組織へと参入する行為を指します。つまり、異なる価値観で暮らす人たちが作る島社会のメンバーになるのです。

こうして出家した人は、当然ですが、その島社会のメンバーとしてふさわしい独自のライフスタイルを送ることが義務づけられます。出家した人だからこそ、出家者独自の生活規範が課せられるのです。そしてこの出家者のための生活規範には、大きく異なる二つの種類があります。

一つは、出家者自身がその島社会の価値観に正しく順応した人物となるための規則。簡単に言えば、自分を正しく変えていくための、自己向上のための規則です。仏教でしたらこれを「戒」と言います。「殺生しない」「嘘をつかない」といった訓誡的な定めを、心がけとして守っていくのです。これを守ることで、その人は、仏教ならばブッダが説いた最高の状態に、ジャイナ教ならばマハーヴィーラが説いた最高の状態に到達できるということになります。

そしてもう一つの生活規範は、自己の向上ではなく、その島社会を守り、存続させていくことを目的とする規則です。少し詳しく説明しましょう。出家という行為は、世俗的価値観で動いている一般社会から離脱して、その世俗的価値観とは違う別の価値観で運営される島社会に参入することだと言いました。しかしそれは、一般社会と縁を切るという意味ではありません。むしろ逆で、出家者が参入した島社会は、周囲の一般社会と良好な関係を保つようにしなければ、たちまち周囲からの圧力によって潰されてしまいます。周囲の一般社会から「悪辣な教団である」「社会に害をなす教団である」と認定されれば、その途端に教団は維持運営のための糧を断たれ、立ちゆかなくなってしまうからです。その実例が、日本の社会を敵にまわして暴れ回り、その結果として十年ももたずに壊滅したオウム真理教です。

このような事態を防ぐためには、教団が周囲の一般社会との間で摩擦を起こさないような防護策を設定しておく必要があります。どうすればよいかと言うと、メンバー一人ひとりの日常の行動を細部に至るまで規制し、決して一般社会から非難されるようなおこないをしないように厳しく統制するのです。こういうシステムを整備することによって、島社会としての出家世界は、世俗的価値観で運営される一般社会の中にありながら、存続を許されることになります。この第二番目の種類の規則は、単なる心がけではなく、修行者の一挙手一投足を規制する法律ですから、その数は膨大なものとなり、全体として一個の法体系を形作ることになります。仏教もジャイナ教も、このような視点からきわめて稠密で合理的な法体系を作り上げ、それを大切に守ってきました。これは世界的に見ても希有な事例です。

本書を執筆した最先端の研究者たちは、こういった領域に身を置き、事実発見のために精進している人たちです。仏教は言うまでもなくアジア社会全体に強い影響力を持ち、現代ではアジア以外の地域にまで多くの信者を持つようになった巨大宗教ですし、ジャイナ教は今もインド国内において強大な基盤を持つ大宗教です。その二つの宗教の、いまだ解明されていない日常規則の実態を理解することができれば、その分、それらの宗教がどういった方針、理念で運営されていたのかをより正確に理解できるようになり、ひいては、これらの宗教の本質が一層精密に理解できるようになる、という構造です。本書執筆者の皆さんの研究者としての立ち位置と、その重要性が分かっていただけるものと思います。

オウム真理教を引き合いに出して言うなら、「麻原が定めたオウム真理教の内部規定を細部にわたって調査し、オウム真理教がどういった方法で維持され、拡大していったかを理解することで、オウム真理教という宗教団体の実態を解明する」ということになります。きわめて正当で合理的な作業ですね。本書の執筆者の皆さんは、仏教、ジャイナ教という二つの重要な宗教について、この作業を続けている人たちなのです。こういった点をご承知おきいただいたうえで、本書の各論考を丹念にお読みいただければ幸甚です。

最後に付言として、戒律研究が持つもう一つの重要性について述べておきましょう。宗教教団というものが、複数の人間によって維持される共同体組織である以上、同じ一つの宗教教団であっても、そこで語られる思想や哲学は種々様々に変化していきます。時代の流れの中で、各世代のメンバーたちが、それぞれの個性に応じて見解を表出していけば、否応なく教えは多様化していかざるを得ません。

たとえば「仏教の教えとはなにか」と問うてみても、それが、違った人が違った時代、違った場所で考えた多様なアイデアの束である以上、「これが仏教の教えです」と言って一個の教えを確信を持って示すことなどできません。時間軸に沿って、様々な思想が束になった巨大なケーブルが、しかもその束の中身を時々刻々と変容させながら続いているというイメージです。その思想の束を丁寧に分析し、その流れを分かりやすく合理的に解説していこうというのが「宗教思想を歴史的に解明する」という作業の本質です。これは宗教研究の王道ですから、誰もが重視すべき必須の作業です。

しかし問題は、この方法だけに頼っていたのでは、その宗教が「組織として」どのような変遷の歴史を辿ってきたかを明らかにすることは難しい、という点にあります。その宗教の組織としての在り方が時間とともにどう変容していったのかを示す情報は、そういった思想の束をいくら分析してもさほど得られません。もちろん、思想を語る中に、組織運営の具体的様子を示す情報がたまたま見出されるということはあります。しかし、もともとが人間の世界観や死生観を語ろうとする言説の中に、それを語っている人が属する組織の運営形態を示す情報が含まれることは稀なのです。

そして、そういう、宗教教団の歴史的変遷を組織という視点から知るという作業に効果を発揮するのが戒律研究なのです。戒律は、その宗教教団が教団全体として承認する規則ですから、一個人の思惑で易々と変えられるものではありません。もしそれが変えられるとするなら、それは、教団組織全体が承認したうえで全メンバーに適用される規則変更として、変えられるはずです。思想が個々人の思いによって容易に変容していくのとは違って、戒律の規則は、組織全体の在り方と同期しながらゆっくり変わっていくのです。ですから、戒律の歴史的変容過程を調べていけば、それがそのまま、その教団組織の歴史的変容過程の解明へと繋がっていきます。つまり、戒律研究は、教団全体の変容過程、すなわち教団史解明と直接結びついているということなのです。

戒律研究が持つ、別の効用についてお話ししました。これは一例にすぎません。教団史研究だけでなく、使い方を工夫すれば他にもいろいろな分野で戒律研究の成果は応用できます。随分長い間日陰に置かれていた分野ですが、これからいよいよ、その本当の力が発揮されることになるでしょう。戒律研究に携わる方々のますますのご精進を期待し、ご研究の発展を祈念いたします。

参考文献

【総説：岸野亮示】

青野（二〇二〇）青野道彦『パーリ仏教戒律文献における懲罰儀礼の研究』山喜房佛書林。

石上（二〇一七）石上善應『一百四十五箇条問答：法然が教えるはじめての仏教』筑摩書房。

織田（一九一七）織田得能『仏教大辞典』大倉書店。

大竹（二〇二〇）大竹晋『セルフ授戒で仏教徒：五戒・八戒・菩薩戒、インド直伝実践マニュアル』国書刊行会。

勝本（二〇〇三）勝本華蓮「十善業道という戒」『印度学仏教学研究』第五二巻・第一号、四一～四三頁。

加藤（一九九七）加藤栄司「義浄の死」『東方』第一三号、一〇八～一二二頁。

岸野（二〇二〇）岸野亮示「律に説かれる宗教活動：インドにおける「行像」」船山徹編、岸野亮示・ジャクリーン・I・ストーン著（中山慧輝訳）『現世の活動と来世の往生』臨川書店、五～一二〇頁。

岸野（二〇二四）岸野良治「「根本説一切有部律」に説かれる病者にまつわる諸規定について：クスリ、酒、売買」『日本仏教学会年報』八八、三三～八〇頁。

『原始仏典（第三巻・長部経典Ⅲ）』中村元監修、森祖道・浪花宣明編集、中村元・浪花宣明・岡田行弘・岡田真美子訳『原始仏典（第三巻・長部経典Ⅲ）』春秋社、二〇〇四。

『広辞苑』（第七版）新村出編『広辞苑』（第七版）岩波書店、二〇一八。

櫻部（一九六九）櫻部建『倶舎論の研究界・根品』法蔵館。

櫻部文鏡（一九二八）櫻部文鏡「西蔵律典研究豫報」『大谷學報』第九巻・第四号、八〇五～八二四頁。

佐々木（一九八七）佐々木閑「Uposatha と Pātimokkhuddesa」『仏教史学研究』第三〇巻・第一号、一～一八頁。

佐々木（一九九九）佐々木閑『出家とはなにか』大蔵出版。

佐々木（二〇一一）佐々木閑「大乗仏教起源論の展望」高崎直道監修、桂紹隆・斎藤明・下田正弘・末木文美士編『シリーズ大乗仏教１：大乗仏教とは何か』春秋社、七四～一一二頁。

佐々木（二〇一三）佐々木閑『本当の仏教を学ぶ一日講座：ゴータマは、いかにしてブッダとなったのか』ＮＨＫ出版。

サッチャーナンディー（二〇二三）「『パーリ律』比丘尼犍度の翻訳と注解［Ⅰ］」『龍谷大学佛教学研究室年報』第二七号、五八～七九頁。

サッチャーナンディー（二〇二四）「『パーリ律』比丘尼犍度の翻訳と注解［Ⅱ］」『龍谷大学佛教学研究室年報』第二八

号、一～三六頁。

佐藤（一九九五）佐藤達玄「中国仏教における戒律の歩み」『駒澤大学佛教学部論集』二六号、一～一二頁。

塚本（一九七六）塚本啓祥『アショーカ王碑文』第三文明社。

長井（一九三六）長井眞琴『南方所傳佛典の研究』中文館書店。

中村（一九八四）中村元訳『ブッダのことば：スッタニパータ』岩波書店。

中村（二〇〇一）中村元『広説佛教語大辞典』東京書籍。

『南伝大蔵経』高楠順次郎監修『南伝大蔵経』全六五巻、大正新脩大藏經刊行會、一九三五～一九四一年。

馬場（二〇〇八）馬場紀寿『上座部仏教の思想形成：ブッダからブッダゴーサへ』春秋社。

馬場（二〇二二）馬場紀寿『仏教の正統と異端：パーリ・コスモポリスの成立』東京大学出版会。

平川（一九六〇）平川彰『律蔵の研究』春秋社。

平川（一九六四）平川彰『原始仏教の研究：教団組織の原型』春秋社。

平川（一九九三）平川彰『二百五十戒の研究Ⅰ』春秋社。

平川（一九九八）平川彰『比丘尼律の研究』春秋社。

平田（一九九五）平田昌司「唐代小説史における根本説一切有部律」『中國文學報』第五〇号、四四～五四頁。

藤吉（一九六四）藤吉慈海「文献解題：南方仏教の聖典の戒律」『東南アジア研究』二巻一号、一一九～一二五頁。

船山（二〇一一）船山徹「大乗戒：インドから中国へ」高崎直道監修、桂紹隆・斎藤明・下田正弘・末木文美士編『シリーズ大乗仏教３：大乗仏教の実践』春秋社、二〇六～二四〇頁。

船山（二〇二〇）船山徹『菩薩として生きる（シリーズ実践仏教第一巻）』臨川書店。

船山（二〇二四）「前近代中国の仏典漢訳：翻訳法と翻訳不可能性の具体的事例」京都・宗教系大学院連主催の講演会（二〇二四年二月十日、大谷大学）における発表用資料。

本庄（二〇一五）本庄良文「第二章　小さき章」荒牧典俊・本庄良文・榎本文雄訳『スッタニパータ［釈尊のことば］全現代語訳』講談社、七四～一〇五頁。

本庄（二〇二三）本庄良文「師友にめぐまれて：印度学・仏教学・浄土学の五十年」『佛教大学仏教学会紀要』二八、四一～七二頁。

松田（二〇一〇）松田和信「中央アジアの仏教写本」『新アジア仏教史05中央アジア：文明・文化の交差点』佼成出版社、一一九～一五八頁。

松田（二〇一一）松田和信「アフガニスタン写本からみた大乗仏教：大乗仏教資料論に代えて」高崎直道監修、桂紹隆・斎藤明・下田正弘・末木文美士編『シリーズ大乗仏教1：大乗仏教とは何か』春秋社、一五一～一八四頁。
水野（一九七二） 水野弘元『仏教要語の基礎知識』春秋社。
御牧（一九八七） 御牧克巳「チベット語仏典概観」長野泰彦・立川武蔵編『北村甫退官記念論文集：チベットの言語と文化』冬樹社、二七七～三一一頁。
森（一九九三） 森章司「戒律概説」森章司編『戒律の世界』北辰堂、五～六〇頁。
森祖道（一九八四） 森祖道『パーリ仏教註釈文献の研究』山喜房佛書林。
李（二〇一七） 李薇「律蔵における四波羅夷経分別の研究」博士論文（花園大学）。
Clarke (2014) Shayne Clarke, *Vinaya Texts*. Gilgit Manuscripts in the National Archives of India, Facsimile Edition. Volume I. New Delhi and Tokyo: The National Archives of India and The International Research Institute for Advanced Buddhology at Soka University.
Clarke (2021) Shayne Clarke. "On Some Curious Cases Where the Buddha Did Not Make a Rule: Palliative Care, Assisted Suicide, and Abortion in an Indian Buddhist Monastic Law Code." *International Journal of Buddhist Thought & Culture*. Vol.31. No.1: 13–113.
von Hinüber (1996) Oskar von Hinüber. *A Handbook of Pāli Literature*. Berlin & New York: Walter de Gruyter.
Hirakawa (1982) Hirakawa Akira, *Monastic Discipline For the Buddhist Nuns*. Patna: Kashi Prasad Jayaswal Research Institute.
Kishino (2013) Kishino Ryōji. "A Study of the *Nidāna*: An Underrated Canonical Text of the *Mūlasarvāstivāda-vinaya*." Ph.D. dissertation, University of California, Los Angeles.
Kishino (2016) Kishino (2016) Ryōji Kishino. "A Further Study of the *Muktaka* of the *Mūlasarvāstivāda-vinaya*: A Table of Contents and Parallels,"『佛教大学仏教学会紀要』21: 227–283.
Kishino (2018) Kishino Ryōji "From Gyōnen 凝然 to Hirakawa Akira 平川彰：a Cursory Survey of the History of Japanese *Vinaya* Studies with a Focus on the Term *Kōritsu* 広律."『佛教大学仏教学会紀要』23: 85–118.
S. Prebish (1994) Charles S. Prebish. *A Survey of Vinaya Literature*. Taipei: Jin Luen Publishing House.
Salomon (2004) Richard Salomon. "Gāndhārī, Buddhist Literature In." *Encyclopedia of Buddhism*, vol. 2. Edited by Robert E. Buswell Jr. New York: Macmillan REference USA, 299–301.
Schopen (2004) Gregory Schopen. "Mahāyāna." *Encyclopedia of*

Buddhism, vol. 2. Edited by Robert E. Buswell Jr. New York: Macmillan REference USA, 492–499.

Silk (2004) Jonathan Silk. "Buddhist Studies." *Encyclopedia of Buddhism*, vol. 1. Edited by Robert E. Buswell Jr. New York: Macmillan REference USA, 94–99.

【第一章：岸野亮示】

青野（二〇二〇） 青野道彦『パーリ仏教戒律文献における懲罰儀礼の研究』山喜房佛書林。

岩本（一九六八） 岩本裕『目連傳説と盂蘭盆』法藏館。

『エジャートン』 →Edgerton (1953)

岡野（二〇一三） 岡野潔「Kalpalatā と Avadānamālā の研究（4）：Nārakapūrvika, Pretībhūtamahardhikā など」『南アジア古典学』第八号別冊、一六一～二六四頁。

織田（一九一七） 織田得能『仏教大辞典』大倉書店。

鎌田（一九八一） 鎌田茂雄『八宗綱要：仏教を真によく知るための本』講談社。

岸野（二〇二〇） 岸野亮示「律に説かれる宗教活動：インドにおける「行像」」船山徹編・岸野亮示・ジャクリーン・I・ストーン著（中山慧輝訳）『現世の活動と来世の往生』臨川書店、五～一二〇頁。

岸野（二〇二二） 岸野良治「金亀《きんき》山福王寺が所蔵する『小部《しょうぶ》類集《るいしゅう》』に含まれている「律蔵《りつぞう》目録」について：近世後期の律理解」『京都薬科大学紀要』第三巻第一号、七九～九一頁。

『広説仏教語大辞典』 →中村（二〇〇一）

岸野（二〇二四） 岸野良治「「根本説一切有部律」に説かれる病者にまつわる諸規定について：クスリ、酒、売買」『日本仏教学会年報』八八、三三～八〇頁。

佐々木（一九九九） 佐々木閑『出家とはなにか』大蔵出版。

佐藤（一九七二） 佐藤密雄『律蔵（佛典講座４）』大蔵出版。

静谷（一九七八） 静谷正雄『小乗仏教史の研究：部派仏教の成立と変遷』百華苑。

『ジャータカ全集』 中村元監修・補註『ジャータカ全集』全一〇巻、春秋社、一九八四年。

杉本（一九九三） 杉本卓洲『新国訳大蔵経（インド撰述部・本縁部２）：撰集百縁経』大蔵出版。

鈴木（一九九六） 鈴木良明『近世仏教と勧化：募縁活動と地域社会の研究』岩田書院。

大正新脩大蔵経 『大正新脩大藏經』全一〇〇巻、大正一切經刊行會、一九二四～一九三四年。

辻（一九七四） 辻直四郎『サンスクリット文法』岩波書店。

出本（一九九八） 出本充代「Avadānaśataka の梵漢比較研究」博士論文、京都大学大学院文学研究科。

中村（一九七二）　中村元『原始仏教の生活倫理：原始仏教5（中村元選集第一五巻）』春秋社。

中村（二〇〇一）　中村元『広説仏教語大辞典』東京書籍。

長澤（一九九六）　長澤和俊『法顕伝・訳注解説：北宋本・南宋本・高麗大蔵経本・石山寺本四種影印とその比較研究』雄山閣。

奈良（一九八八）　奈良康明『釈尊と仏弟子の物語2：仏弟子と信徒の物語：アヴァダーナ』筑摩書房。

『南伝』　高楠順次郎監修『南伝大蔵経』全六五巻、大正新脩大藏經刊行會、一九三五〜一九四一年。

西本（一九三〇）　西本龍山『国訳一切経・インド撰述部・律部九』大東出版社。

西本（一九三一）　西本龍山『国訳一切経・インド撰述部・律部一一』大東出版社。

西本（一九三三）　西本龍山『国訳一切経・インド撰述部・律部一三』大東出版社。

『巴英辞典』　→ Thomas Willam Rhys Davids and William Stede (1921–25)

『パーリ語辞典』　→水野（一九六八）

干潟（一九七二）　干潟龍祥『ジャータカ概観（第二版・補訂版）』春秋社。

平川（一九九三）　平川彰『二百五十戒の研究1（平川彰著作集第一四巻）』春秋社。

平川（一九九八）　平川彰『比丘尼律の研究（平川彰著作集第一三巻）』春秋社。

平川（一九八〇）　平川彰『八宗綱要（上）』大蔵出版。

平林（二〇二二）　平林二郎「仏教と仏教学の現在」現代研究会編『現代宗教論：歴史の曲がり角におけるスピリチュアリティ』三恵社、四七〜七五頁。

『仏教大辞典』　→織田（一九一七）

船山（二〇一三）　船山徹『仏典はどう漢訳されたのか』岩波書店。

船山・吉川（二〇〇九）　船山徹・吉川忠夫訳『高僧伝（一）』岩波書店。

松尾（一九九五ａ）　松尾剛次『鎌倉新仏教の誕生：勧進・穢れ・破戒の中世』講談社。

松尾（一九九五ｂ）　松尾剛次『勧進と破戒の中世史：中世仏教の実相』吉川弘文館。

松尾（二〇〇八）　松尾剛次『破戒と男色の仏教史』平凡社。

水野（一九六八）　水野弘元『パーリ語辞典』春秋社。

八尾（二〇一三）　八尾史『根本説一切有部律薬事』連合出版。

山崎（二〇二四）　山崎一穂『クシェーメーンドラの仏教美文詩の研究』山喜房佛書林。

吉澤（二〇一二）　吉澤秀知「Bhikṣuṇī-Vinaya 訳註（1）」『多

田孝文名誉教授古稀記念論文集東洋の慈悲と智慧』山喜房佛書林、一四七～一六〇頁。
吉澤（二〇一五a） 吉澤秀知「Bhikṣuṇī-Vinaya 訳註（2）」『綜合佛教研究所年報』第三七号、八七～一一〇頁。
吉澤（二〇一五b） 吉澤秀知「Bhikṣuṇī-Vinaya 訳註（4）」『小澤憲珠名誉教授頌寿記念論文集：大乗仏教と浄土教』ノンブル社、一一五～一三五頁。
吉澤（二〇一六） 吉澤秀知「Bhikṣuṇī-Vinaya 訳註（3）」『綜合佛教研究所年報』第三八号、二二九～二五四頁。
Clarke (2014) Shayne Clarke, *Vinaya Texts*. Gilgit Manuscripts in the National Archives of India, Facsimile Edition. Volume I. New Delhi and Tokyo: The National Archives of India and The International Research Institute for Advanced Buddhology at Soka University.
Clarke (2015) Shayne Clarke, "*Vinaya*s." In *Brill's Encyclopedia of Buddhism. Vol. 1: Literature and Languages*, ed. Jonathan A. Silk, 60–87. Leiden and Boston: Brill.
Derge *The Nyingma Edition of the sDe-dge bKa'-'gyur.* Oakland: Dharma Pub. 1980.
Edgerton (1953) Franklin Edgerton, *Buddhist Hybrid Sanskrit Grammar and Dictionary*. Vol. 2: Dictionary. New Haven: Yale University Press.
Feer (1891) Léon Feer, *Avadâna-Çataka, Cent Légendes bouddhiques* (Annales du Musée Guimet XVIII), Leroux: Paris.
GMNAI Vol.1 → Clarke (2014)
GMs III, 2 N. Dutt, *Giligit Manuscripts*, Vol. III, Pt. 2, Srinagar: Research Department, 1942.
Hirakawa (1982) Hirakawa Akira, *Monastic Discipline for the Buddhist Nuns*. Patna: Kashi Prasad Jayaswal Research Institute.
Horner (1942) [1969] I. B. Horner, *The Book of the Discipline* (*Vinaya-piṭaka*), vol. III (suttavibhaṅga), London: The Pali Text Society.
JA V. Fausbøll, *The Jātaka, together with its commentary, being tales of the anterior births of Gotama Buddha*, 7 vols., London: The Pali Text Society, 1962–64.
Kishino (2013) Kishino Ryōji. "A Study of the *Nidāna*: An Underrated Canonical Text of the *Mūlasarvāstivāda-vinaya*." Ph.D. dissertation, University of California, Los Angeles.
Kishino (2018) Kishino Ryōji. "From Gyōnen 凝然 to Hirakawa Akira 平川彰：a Cursory Survey of the History of Japanese *Vinaya* Studies with a Focus on the Term *Kōritsu* 広律."『佛教大学仏教学会紀要』23: 85–118.
Nolot (1991) Édith Nolot, *Règles de discipline des nonnes*

Bouddhistes, *Le Bhikṣuṇīvinaya de l'école Mahāsāṃghika-Lokottaravādin*, College de France, Publications de l'institut de civilisation indienne, Facsicule 60, Paris: Diffusion de Boccard.

Thomas Willam Rhys Davids and William Stede (1921–25 [1986]) *Pali-English Dictionary*. London: The Pali Text Society.

Rotman (2021) Andy Rotman, *Hungry Ghosts*. Somerville: Wisdom Publications.

Roth (1970) Gustav Roth, *Bhikṣuṇīvinaya, Including Bhikṣuṇī-prakīrṇaka and a summary of the Bhikṣu-prakīrṇaka of the Ārya- mahāsāṃghika-lokottaravādin,* Tibetan Sanskrit Works Series, vol.XII, Patna: K. P. Jayaswal Research Institute.

Schopen (1995) Gregory Schopen, "Deaths, Funerals, and the Division of Property in a Monastic Code." *Buddhism in Practice*. Princeton: Princeton University Press, 473–502.

Schopen (Forthcoming) Gregory Schopen, "On Buddhist Image Processions and Monastic Fund Drives in Early and Medieval India." *A Forest of Knowledge: a Collection of Essays on Texts and Images in Celebration of Professor Koichi Shinohara's Eightieth Birthday*. Edited by Jinhua Chen. Singapore: World Scholastic Publishers.

Sp *Samantapāsādikā: Buddhaghosa's commentary on the Vinaya Piṭaka.* Edited by Junjirō Takakusu and Nagai Makoto. 8 vols., vol. 8 being an index compiled by Hermann Kopp. London: The Pali Text Society, 1924 [1975–76].

Speyer J. S. Speyer, *Avadānaçataka, a century of edifying tales belonging to the Hīnayāna* (Bibliotheca Buddhica III). 2 vols. St.-Pétersbourg: Commissionnaires de l'Académie impériale des sciences, 1902–09.

Takahata (1954) Takahata Kanga, *Ratnamālāvadāna: a garland of precious gems or a collection of edifying tales, told in a metrical form, belonging to the mahāyāna*. Tokyo: the Toyo Bunko.

Vin. H. Oldenberg, *The Vinaya Piṭakaṃ*, 5 vols., London: The Pali Text Society 1879–83.

【第二章：八尾史】

アイマー（一九八六）　ヘルムート・アイマー（岡田行弘訳）「西蔵大蔵経甘殊爾の戒律部におけるテキストの配列順序」『仏教学』二〇、一～一〇頁。

上田（一九三四—一九三五）　上田天瑞『國譯一切經　律部五—七』大東出版社。

上田・渡邊・宮本（一九三六—一九四〇）　上田天瑞・渡邊照宏・宮本正尊『律藏』五巻、高楠博士功績記念會纂訳、高楠順次郎監修『南傳大藏經』大正新脩大藏經刊行會、第一—五巻。

辛島編（二〇〇四） 辛島昇編『南アジア史』新版世界各国史七、山川出版社。

菅野（一九九八） 菅野龍清「大荘厳論訳者再考」『印度學佛教學研究』四七巻一号、七九〜八二頁。

岸野（二〇二〇） 岸野亮示「律に説かれる宗教活動——インドにおける「行像」」『現世の活動と来世の往生』シリーズ実践仏教Ⅱ、臨川書店、五〜一二〇頁。

境野（一九二九—一九三三） 境野黄洋『國譯一切経 律部一—四』大東出版社。

生野（二〇一二） 生野昌範「*Vinayavibhaṅga* の新出梵文写本断簡」『印度學佛教學研究』六一巻一号、一九一〜一九五頁。

生野（二〇一六） 生野昌範「*Vinayavibhaṅga* の梵文写本断簡における問題点」『印度學佛教學研究』六四巻二号、八二五〜八三〇頁。

生野（二〇一八a） 生野昌範「新出サンスクリット語写本断簡に見られる諸文献」『印度學佛教學研究』六七巻一号、九〇〜九五頁。

生野（二〇一八b） 生野昌範「アメリカ合衆国ヴァージニア州のプライベート・コレクションにおける新出サンスクリット語写本断簡集」『国際仏教学研究所紀要』一、六一〜七五頁。

生野（二〇二〇a） 生野昌範「『根本説一切有部律』に属する *Vinayavibhaṅga*, Pāyattikā 第6条のサンスクリット語断簡」『国際仏教学大学院大学研究紀要』二四、二七〜七〇頁。

生野（二〇二〇b） 生野昌範「*Vinaya-uttaragrantha* の *Upāli-paripṛcchā*, Prātideśanikā 第2—4条に相当するサンスクリット語断簡」『国際仏教学研究所紀要』三、九一〜一二〇頁。

ジン（二〇一三） モニカ・ジン（檜山智美訳）「インド説話文学の伝播と変容について—「井戸のなかの男」の寓話—」野元晋編『宗教思想の絵画表現—ユーラシアの東と西 1—』平成二一年度—平成二五年度文部科学省私立大学戦略的研究基盤形成支援事業慶應義塾大学EIRI「15—17世紀における絵入り本の世界的比較研究の基盤形成」研究会、三五〜七八頁。

杉田（二〇〇七） 杉田英明「中東世界における「二鼠譬喩譚」——佛教説話の西方伝播——」『比較文學研究』八九、六八〜一〇一頁。

高楠・渡邊編（一九二四—一九三四） 高楠順次郎・渡邊海旭編『大正新脩大藏經』一〇〇巻、大正一切經刊行會。

出本（一九九八） 出本充代『*Avadānaśataka* の梵漢比較研究』

博士学位論文、京都大学。

西本（一九三〇―一九三二）　西本龍山『國譯一切經　律部八―十一』大東出版社。

西本（一九三二）　西本龍山『國譯一切經　律部十三―十四』大東出版社。

西本（一九三三―一九三八）　西本龍山『國譯一切經　律部十九―二十一』大東出版社。

馬場（二〇一〇）　馬場紀寿「初期経典と実践」『新アジア仏教史3　インドⅢ　仏典からみた仏教世界』佼成出版社、六七～一〇三頁。

平岡（二〇〇〇）　平岡聡『説話の考古学　インド仏教説話に秘められた思想』大蔵出版。

福田（二〇一七）　福田琢「阿毘達磨仏説論と第一結集伝説」『同朋仏教』五三、二〇一七、一六〇～一三七頁。

本庄良文（一九八三）「ウパーイカーの引く童受の喩鬘論断章」『浄土宗教学院研究所報』五、一二～一六頁。

本庄（二〇一四）　本庄良文『倶舎論註ウパーイカーの研究　訳註篇』二巻、大蔵出版。

松田（二〇二三a）　松田和信「バーミヤン出土仏教写本研究の二〇年」『仏教東漸の道　インド・中央アジア篇』シルクロード研究論集第一巻、東洋哲学研究所、一五三～一七六頁。

松田（二〇二三b）　松田和信「スコイエン写本のアシュヴァゴーシャ――荘厳経論（*Sūtrālaṃkāra*）のクシャーナ貝葉断簡発見記」『印度學佛教學研究』七二巻一号、三六～四四頁。

美濃（一九三〇）　美濃晃順『國譯一切經　本縁部八』大東出版社、一九三〇。

八尾（二〇〇七）　八尾史「根本説一切有部律における経典引用の問題――*Mahādevasūtra* の事例」『佛教研究』三五、一九五～二一五頁。

八尾（二〇一三）　八尾史『根本説一切有部律薬事』連合出版。

八尾（二〇一九）　八尾史「仏典の切れはしを読む方法――「根本説一切有部律薬事」新出サンスクリット写本の研究とデジタルデータ」下田正弘・永崎研宣編『デジタル学術空間の作り方：仏教学から提起する次世代人文学のモデル』文学通信、一八三～一九八頁（ＰＤＦ公開：https://repository.bungaku-report.com/htdocs/index.php）。

八尾（二〇二〇）　八尾史「根本説一切有部律にもとづく阿含経典の復元：律の文脈の観点から」『対法雑誌』一、九一～一一七頁。

山極（一九九二）　山極伸之「根本説一切有部律犍度部の研究（3）―*Pāṇḍuloh takavastu* と *Avadānaśataka* の関係―」『印度學佛教學研究』四〇巻二号、一三二～一三七頁。

米澤（二〇〇二） 米澤嘉康「ウメ字梵文写本の Vinayasūtra 及び Vinayasūtravṛtti」『印度學佛教學研究』五〇巻二号、二五一～二五五頁。
羅（二〇〇八） 罗鸿「德光律师考略」『南亚研究』二〇〇八年第二期、六九～七四頁。
呉（二〇二〇） 吴娟「印度佛教《根本説一切有部律・衣事》梵藏本探析」『中華文史論叢』二〇二〇年第二期、二七一～三〇一頁。
Allon et al.（2006） Mark Allon, Richard Salomon, Geraldine Jacobsen, and Ugo Zoppi. "Radiocarbon Dating of Kharoṣṭhī Fragments from the Schøyen and Senior Manuscript Collections," *Manuscripts in the Schøyen Collection: Buddhist Manuscripts* III. Oslo: Hermes Publishing, pp. 279–291.
Bodhi Translation Committee（2014） Bodhi Translation Committee. "Dharmaguptaka Vinaya,"（https://dharmaguptakavinaya.wordpress.com/downloads/, last visited September 8, 2023）.
Clarke（2002） Shayne Clarke. "The *Mūlasarvāstivādin Vinaya*: A Brief Reconnaissance Report"『櫻部建博士喜寿記念論集・初期仏教からアビダルマへ』平樂寺書店、四五～六三頁。
Clarke（2014） Shayne Clarke. *Vinaya Texts*. Gilgit Manuscripts in the National Archives of India: Facsimile Edition, vol. 1. New Delhi: The National Archives of India, Tokyo: The International Research Institute for Advanced Buddhology, Soka University.
Clarke（2015） Shayne Clarke. "Vinayas," *Brill's Encyclopedia of Buddhism*, vol. 1. Leiden: Brill, pp. 60–87.
Dutt（[1942–1950] 1984） Nalinaksha Dutt. *Gilgit Manuscripts*, vol. 3 in 4 parts. Delhi: Sri Satguru Publications. 1984（first published in 1942–1950）.
Edgerton（[1953] 1998） Franklin Edgerton. *Buddhist Hybrid Sanskrit Grammar and Dictionary*, 2 vols. Delhi: Motilal Banarsidass, 1998（first published in 1953）.
Eimer（1983） Helmut Eimer. *Rab tu 'byuṅ ba'i gži: Die tibetische Übersetzung des Pravrajyāvastu im Vinaya der Mūlasarvāstivādins*. Wiesbaden: Otto Harrassowitz.
Gnoli（1977–1978） Raniero Gnoli. *The Gilgit Manuscript of the Saṅghabhedavastu: Being the 17th and Last Section of the Vinaya of the Mūlasarvāstivādin*. 2 vols. Serie Orientale Roma 49（1–2）. Roma: Istituto Italiano per il Medio ed Estremo Oriente.
Gnoli（1978） Raniero Gnoli. *The Gilgit Manuscript of the Śayanāsanavastu and the Adhikaraṇavastu: Being the 15th and 16th Sections of the Vinaya of the Mūlasarvāstivādin*. Serie Orientale Roma 50. Roma: Istituto Italiano per il Medio ed Estremo Oriente.

Hahn (1982) Michael Hahn. "Kumāralātas Kalpanāmaṇḍitikā Dṛṣṭāntapaṅkti: Nr. 1 Die Vortüglichkeit des Buddha," *Zentralasiatische Studien* 16, pp. 309–336.

Hartmann and Wille (2014) Jens-Uwe Hartmann and Klaus Wille. "The Manuscript of the *Dīrghāgama* and the Private Collection in Virginia," Paul Harrison and Jens-Uwe Hartmann ed. *From Birch Bark to Digital Data: Recent Advances in Buddhist Manuscript Research. Papers Presented at the Conference Indic Buddhist Manuscripts: The State of the Field, Stanford, June 15–19 2009*. Vienna: Verlag der Österreichische Akademie der Wissenschaften, pp. 137–155.

Heirman (2002) Ann Heirman. *Rules for Nuns According to the Dharmaguptakavinaya*. 3 vols. Buddhist Tradition Series 47–49. Delhi: Motilal Banarsidass.

Horiuchi (2019) Toshio Horiuchi. "Kumāralāta," Jonathan A. Silk, Oskar von Hinüber, Vincent Eltschinger ed. *Brill's Encyclopedia of Buddhism, vol. 2 Lives*. Leiden: Brill, pp. 293–297.

Horner ([1938–1965] 1992–1993) Isaline Blew Horner. *The Book of the Discipline*, 6 vols. London: The Pali Text Society, 1992–1993 (first published in 1938–1965).

Huber (1904) Édouard Huber. "Études de Littérature bouddhique," *Bulletin de l'Ecole française d'Extrême-Orient* 4, pp. 698–726.

Huber (1908) Édouard Huber. *Aśvaghoṣa, Sūtrālaṃkāra, traduit en français sur la version chinoise de Kumārajīva*. Paris: Ernest Leroux.

Kishino (2013) Ryōji Kishino. *A Study of the Nidāna: An Underrated Canonical Text of the Mūlasarvāstivāda-vinaya*. PhD diss., University of California, Los Angeles.

Kishino (2016) Ryōji Kishino. "A Further Study of the *Muktaka* of the *Mūlasarvāstivāda-vinaya*: A Table of Contents and Parallels," *The Bulletin of the Association of Buddhist Studies, Bukkyo University* 21, pp. 227–283.

Lévi (1908) Sylvain Lévi. "Aśvaghoṣa, le Sūtrālaṃkāra et ses sources," *Journal Asiatique*, pp. 57–184.

Loukota (2019) Diego Loukota Sancremente. *The Goods that Cannot Be Stolen: Mercantile Faith in Kumāralāta's Garland of Examples Adorned by Poetic Fancy*. Ph.D. diss., University of California, Los Angeles UCLA.

Loukota (2021) Diego Loukota Sancremente. "The Vicissitudes of Supply Chain Translation: The Chinese Version of Kumāralāta's *Garland of Examples* Attributed to Kumārajīva," Riccardo Moratto and Martin Woesler ed., *Diverse Voices in Chinese Translation and Interpreting: Theory and Practice*. Singapore:

Springer Singapore Pte Ltd., pp. 45–61.

Lüders (1926) Heinrich Lüders. *Bruchstücke der Kalpanāmaṇḍitikā des Kumāralāta.* Kleinere Sanskrit-texte, Heft II. Leipzig: Deutsche Morgenländische Gesellschaft in Kommission bei Brockhaus.

Luo (2011) Hong Luo. "The Recensions of Guṇaprabha's *Vinayasūtra*: Towards an Editorial Policy for the Critical Edition of the Sanskrit Text." *Annali - Rivista del Dipartimento di Studi Asiatici e del Dipartimento di Studi e Ricerche su Africa e Paesi Arabi, Università degli Studi di Napoli L'Orientale, Napoli* 67, pp. 171–186.

Oldenberg ([1879–1883] 1982–1997) H. Oldenberg. *The Vinaya Piṭakaṃ*, 5 vols. London and Oxford: The Pali Text Society, 1982–1997 (first published in 1879–1883).

Panglung (1981) Jampa Losang Panglung. *Die Erzählstoffe des Mūlasarvāstivāda-Vinaya: Analysiert auf Grund der tibetischen Übersetzung*. Studia Philologica Buddhica: Monograph Series 3. Tokyo: The Reiyukai Library.

Raghu Vira and Lokesh Chandra ([1959–1974] 1995) Raghu Vira and Lokesh Chandra. *Gilgit Buddhist Manuscripts*. 3 vols. Delhi: Sri Satguru Publications. 1995 (first published in 1959–1974).

Schlingloff (1977) Dieter Schlingloff. "König Prabhāsa und der Elephant," *Indologica Taurinensia* V, pp. 139–152.

Schlingloff (1987) Dieter Schlingloff. *Studies in the Ajanta Paintings: Identifications and Interpretations*. Delhi: Ajanta Publications.

Schopen (2001) Gregory Schopen. "Dead Monks and Bad Debts: Some Provisions of a Buddhist Monastic Inheritance Law," *Indo-Iranian Journal* 44, pp. 99–148.

Silk (2008) Jonathan A. Silk. *Managing Monks: Administrators and Administrative Roles in Indian Buddhist Monasticism*. Oxford: Oxford University Press.

Strauch (2008) Ingo Strauch. "The Bajaur Collection of Kharoṣṭhī manuscripts — a preliminary survey," *Studien zur Indologie und Iranistik* 25, pp. 103–136.

Tomomatsu (1931) Entai Tomomatsu. "Sūtrālaṃkāra et Kalpanāmaṇḍitikā," *Journal Asiatique* 219, pp. 135–337.（再録）友松圓諦『仏教に於ける分配の理論と実際　中』春秋社、一九七〇。

Yamagiwa (2007) Nobuyuki Yamagiwa. "Vinaya Manuscripts: State of the Field," *Indica et Tibetica: Festschrift für Michael Hahn zum 65. Geburtstag von Freunden und Schülern überreicht*. Wien: Arbeitskreis für tibetische und buddhistische

Studien Universität Wien, pp. 607–616.
Yao (2022) Fumi Yao. "The Formation of the Buddha's Former Life Stories in the *Bhaiṣajyavastu* of the Mūlasarvāstivāda *Vinaya*," *Journal of the International Association of Buddhist Studies* 45, pp. 343–385.
Yao (forthcoming a) Fumi Yao. "The *Kalpanāmaṇḍitikā Dṛṣṭānta-paṅkti* and the Mūlasarvāstivāda *Vinaya*: With a Focus on the Story of King Prabhāsa," Hiromi Habata and Satomi Hiyama (eds.), *Variety of Jātaka and Avadāna transmission*. New Delhi: DEV Publication.
Yao (forthcoming b) Fumi Yao. "The *Bhaiṣajyavastu* of the Mūla-sarvāstivāda *Vinaya*," *Manuscripts in the Schøyen Collection: Buddhist Manuscripts* VI. Oslo: Hermes Publishing.
Yonezawa (2016) Yoshiyasu Yonezawa. "sTeng lo tsā ba Tshul khrims 'byung gnas: Tibetan Translator of the *Vinayasūtravṛtty-abhidhāna-svavyākhyāna*," *Journal of Indian and Buddhist Studies* 64 (3), pp. 105–112.
Yuyama (1979) Akira Yuyama. *Systematische Übersicht über die buddhistische Sanskrit-Literatur. Erster Teil: Vinaya-Texte*. Wiesbaden: Franz Steiner Verlag GMBH.

[本文中に直接引用していない参考文献]

エンデ、ミヒャエル（田村都志夫編訳）『ものがたりの余白 エンデが最後に話したこと』岩波書店、二〇〇〇。

岡野潔「インド仏教文学研究史６：Jaatakamaalaa 文学の研究史」http://gdgdgd.g.dgdg.jp/campu-literature-index.html（最終アクセス二〇二四年三月三日）。

岡野潔「インド仏教文学研究史８・初期 Avadaana 文献の研究史」http://gdgdgd.g.dgdg.jp/early-avadana-index.html（最終アクセス二〇二四年三月三日）。

岡野潔「ハリバッタ・ジャータカマーラー研究（一）：第一～第五話和訳」『哲學年報』七七、二〇一八、七七～一三五頁。

加藤昌嘉『揺れ動く『源氏物語』』勉誠出版、二〇一一。

加藤昌嘉『『源氏物語』前後左右』勉誠出版、二〇一四。

ＳＡＴ大藏經テキストデータベース研究会「ＳＡＴ大正新脩大藏經テキストデータベース２０１８版（SAT 2018)」、https://21dzk.l.u-tokyo.ac.jp/SAT2018/master30.php（最終アクセス二〇二三年九月八日）。

田川建三『書物としての新約聖書』勁草書房、一九九七。

干潟龍祥『本生経類の思想史的研究』山喜房佛書林、一九七八。

八尾史「根本説一切有部律薬事の新出写本―現存状況、構成の問題、ギルギット写本との関係」『佛教學』六〇、二〇一九、一～一九頁。

Straube, Martin. "Narratives: South Asia," *Brill's Encyclopedia of*

Buddhism, vol. 1 Literature and Languages*. Leiden: Brill, 2015, pp. 489–506.

Wille, Klaus. *Die handschriftliche Überlieferung des Vinayavastu der Mūlasarvāstivādin*. Stuttgart: Franz Steiner Verlag, 1990.

Yao, Fumi. "A Brief Note on the Newly Found Sanskrit Fragments of the *Bhaiṣajyavastu* of the *Mūlasarvāstivāda-vinaya*," *Journal of Indian and Buddhist Studies* 61（3）, 2013, pp. 72–77.

Yao, Fumi. "A Preliminary Report on the Newly Found Sanskrit Manuscript Fragments of the *Bhaiṣajyavastu* of the Mūlasarvāstivāda *Vinaya*," *Indian Logic* 8, 2015, pp. 289–303.

Yao, Fumi. "Two Sanskrit Manuscripts of the Mūlasarvāstivādin *Bhaiṣajyavastu* from Gilgit," *WIAS Research Bulletin* 10, 2018, pp. 91–102.

【第三章：青野道彦】

（辞典類）

『パーリ語辞典』 Margaret Cone（ed.）, *A Dictionary of Pāli*, Part I: a-kh. Oxford: Pali Text Society, 2001; Part II: g-n. Bristol: Pali Text Society, 2010; Part III: p-bh. Bristol: Pali Text Society, 2020.

『パーリ文献協会パーリ語・英語辞典』 T. W. Rhys Davids and W. Stede（eds）, *The Pali Text Society's Pali–English Dictionary*, London: Pali Text Society, 1921–1925.

『批判的パーリ語辞典』 Vilhelm Trenckner et al.（ed.）, *A Critical Pāli Dictionary*, vol. 1–3, Copenhagen: Royal Danish Academy, 1924–.

（一次資料）

『大正新脩大蔵経』 高楠順次郎・渡邊海旭都監『大正新脩大蔵経』全一〇〇巻、大正一切経刊行会、一九二四〜一九三四。

Gilgit Manuscripts Nalinaksha Dutt（ed.）, *Gilgit Manuscripts* III–2, Srinagar/Kashmir, 1942.

Samantapāsādikā Junjiro Takakusu, Makoto Nagai, and Kogen Mizuno（eds）, *Samantapāsādikā*, 7 vols., London: Pali Text Society, 1924–1947.

＊*Samantapāsādikā* の翻訳に際しては、この Pali Text Society 版を底本としたが、それ以外にシンハラ版（Simon Hewavitarne Bequest 版）、タイ版（https://84000.org/）、ビルマ版（Chaṭṭha Saṅgāyana Tipiṭaka Version 4）も適宜参照した。

Vajirabuddhiṭīkā *Vajirabuddhiṭīkā*, Rangoon: Buddhasāsanasamiti Muddaṇayantālaya, 1960.

Vimativinodanīṭīkā *Vimativinodanīṭīkā*, 2 vols., Rangoon: Buddhasāsanasamiti Muddaṇayantālaya, 1960.

Vinayapiṭaka Hermann Oldenberg（ed.）, *The Vinaya Pitakam*, 5 vols., London: Williams and Norgate, 1879–1883.

Vinayasaṅgahaṭṭhakathā *Pāḷimuttakavinayavinicchayasaṅgaho*, Colombo (Kolamba nagara): Jinālaṅkāra Press (Muddā-yantālaya), 1898 (BE 2442).
Vinaya Texts Shayne Clarke (ed.), *Vinaya Texts* (Gilgit Manuscripts in the National Archives of India. Facsimile Edition, vol. 1), New Delhi: The National Archives of India, Tokyo: The International Research Institute for Advanced Buddhology, 2014.

（二次資料）

青野（二〇二〇）青野道彦『パーリ仏教戒律文献における懲罰儀礼の研究』山喜房仏書林。

青野（二〇二四）青野道彦「乾季における比丘の居住形態—定住か、はたまた遊行か」『東洋文化研究所紀要』第一八四冊、三二一〜七二頁。

梶谷（二〇二三）梶谷懐「コンヴェンション（慣習）としての所有制度」岸政彦・梶谷懐編『所有とは何か』（中公選書）、中央公論新社、一四三〜一九八頁。

岸野（二〇二〇）岸野亮示「律に説かれる宗教活動—インドにおける行像」船山徹編『現世の活動と来世の往生』（シリーズ実践仏教Ⅱ）、臨川書店、五〜一二〇頁。

佐々木（一九九九）佐々木閑『出家とはなにか』大蔵出版。

佐々木（二〇〇〇）佐々木閑「『無一物』と『自活の放棄』」『印度哲学仏教学』第一五号、二一一〜二三四頁。

佐藤（一九六三）佐藤密雄『原始仏教教団の研究』山喜房仏書林。

島田（二〇一〇）島田明「造形と仏教」奈良康明・下田正弘編『仏教の形成と展開』（新アジア仏教史02インドⅡ）佼成出版社、二六九〜三二六頁。

鷹巣（二〇〇三）鷹巣信孝『所有権と占有権—物権法の基礎理論』成文堂。

平岡（二〇〇九）平岡三保子『インド仏教石窟寺院の成立と展開』山喜房仏書林。

平川（二〇〇〇ａ）平川彰『原始仏教の教団組織Ⅰ』（平川彰著作集第一一巻）春秋社。

平川（二〇〇〇ｂ）平川彰『原始仏教の教団組織Ⅱ』（平川彰著作集第一二巻）春秋社。

宮坂（一九六〇）宮坂宥勝「初期パーリ仏典にみられる古代インドの金属文化」『密教文化』第四八〜五〇号、一九六〜二一〇頁。

森（一九八四）森祖道『パーリ仏教註釈文献の研究—アッタカターの上座部的様相』山喜房仏書林。

山極（二〇〇一）山極伸之「パーリ律経分別にみられる浄法」『仏教学浄土学研究—香川孝雄博士古稀記念論集』永田文昌堂、二〇三〜二一二頁。

山崎（一九七六）　山崎元一「古代インドの村落と土地所有」辛島昇（編）『インドにおける村落共同体の研究』東京大学出版会、一〜三〇頁。

Hinüber (2006)　Oskar von Hinüber, "Everyday Life in an Ancient Indian Buddhist Monastery," *Annual Report of the International Research Institute for Advanced Buddhology at Soka University* 9.

Horner (2004)　Isaline blew Horner, *The Book of the Discipline* (*Vinaya-piṭaka*), vol. II, Oxford: Pali Text Society.

Chung Jin-il (2006)　Chung Jin-il, "More Fragments of Karmavācanā Texts," in J. Braarvig et al. (eds), *Manuscripts in the Schøyen Collection: Buddhist Manuscripts*, vol. 3, Oslo: Hermes Publishing, pp. 177–187.

de Jong (1973)　J. W. de Jong, "Review: Oskar von Hinüber, *Studien zur Kasussyntax des Pāli, besonders des Vinaya-piṭaka*," *Indo-Iranian Journal* 15–1, pp. 64–66.

Kieffer-Pülz (1992)　Petra Kieffer-Pülz, *Die Sīmā: Vorschriften zur Regelung der buddhistischen Gemeindegrenze in älteren buddhistischen Texten*, Berlin: Dietrich Reimer Verlag.

Kieffer-Pülz (2013)　Petra Kieffer-Pülz, *Verlorene Gaṇṭhipadas zum buddhistischen Ordensrecht: Untersuchungen zu den in der Vajirabuddhiṭīkā zitierten Kommentaren Dhammasiris und Vajirabuddhis*, 3 vols., Wiesbaden: Harrassowitz.

Kieffer-Pülz (2022)　Petra Kieffer-Pülz, "The Owner of a Residential Building or Monastery (sāmi[ka], āvāsasāmika, vihārasāmi[ka]) in the Theravāda Tradition," in Indes Konczak-Nagel, Satomi Hiyama and Astrid Klein (eds), *Connecting the Art, Literature, and Religion of South and Central Asia: Studies in Honour of Monika Zin*, Delhi: Dev Publishers, pp. 189–198.

Nattier (2003)　Jan Nattier, *A Few Good Men: The Bodhisattva Path according to the Inquiry of Ugra*, Honolulu: University of Hawai'i Press.

Norman (1993)　K. R. Norman, *Collected Papers*, vol. IV, Oxford: Pali Text Society.

Oberlies (2019)　Thomas Oberlies, *Pāli Grammar: The Language of the Canonical Texts of Theravāda Buddhism*, Bristol: Pali Text Society.

Schopen (1996)　Gregory Schopen, "The Lay Ownership of Monasteries and the Role of the Monk in Mūlasarvāstivādin Monasticism," *Journal of International Association of Buddhist Studies* 19–1, pp. 81–126 (=Schopen 2004: 219–259).

Schopen (2004)　Gregory Schopen, *Buddhist Monks and Business Matters*, Honolulu: University of Hawai'i Press.

Wijesekera (1993)　O. H. de A. Wijesekera, *Syntax of the Cases in*

the Pali Nikayas, Kelaniya: Postgraduate Institute of Pali and Buddhist Studies, University of Kelaniya.
Wu Juan（2022） Wu Juan, "The Relationship between the Cīvaravastu of the Mūlasarvāstivāda Vinaya and Chapter 36 of Yijing's Nanhai jigui neifa zhuan: A Re-examination," *Indo-Iranian Journal* 65-1, pp. 32-84.

【第四章：河﨑豊】

本文へ掲出

【第五章：上田真啓】

（一次資料）

『ヴァヴァハーラ』 Śrīman Malayagirisūri viracitavivaraṇayuta niryuktibhāṣyasametam śrī vyavahārasūtram saṃpādaka: ācārya vijaya Municandrasūri prakāśaka: ācāryaśrī oṃkārasūrijñāna-mandir subhāṣacok, gopīpura, sūrat, 2010.

（二次資料）


安藤（一九九七） 安藤嘉則「仏教とジャイナ教との対論―苦行の問題をめぐって」『日本仏教学会年報』第六二号、一一七～一三二頁。

宇野（一九八六） 宇野淳『ジャイナ教の研究』広島インド学研究叢書、第一号。

奥田（一九六七） 奥田清明「チェーヤ・スッタの特質」『印度學仏教學研究』第一五巻第二号、六六七～六七〇頁。

金倉（一九四四） 金倉圓照『印度精神文化の研究：特にヂャイナを中心として』培風館。

河﨑（二〇一四） 河﨑豊「Vyavahāra 註釈文献群が記す討論術」『中央学術研究所紀要』第四三号、一三一～一四四頁。

河﨑（二〇一八） 河﨑豊「科学研究費助成事業　研究成果報告書（課題番号：15K16620、研究課題名：『タットヴァールタスートラ』シッダセーナ注を中心とするジャイナ教の戒律解釈史研究）」。

河﨑（二〇二二） 河﨑豊「解説」河﨑豊・藤永伸編『ジャイナ教聖典選』国書刊行会、三～二八頁。

河﨑（二〇二四） 河﨑豊『Kāyotsarga 研究資料集』（「アーヴァシュヤカ文献を中心とする「身体放棄行」というジャイナ教瞑想法の総合的研究」成果報告書）。

後藤（二〇〇九） 後藤敏文「「業」と「輪廻」―ヴェーダから仏教へ」『印度哲学仏教学』第二四号、一六～四一頁。

阪本（二〇一五） 阪本（後藤）純子『生命エネルギー循環の思想―「輪廻と業」理論の起源と形成』（RINDAS 伝統思想シリーズ二四）、龍谷大学現代インド研究センター。

ダルリンプル（二〇二二） ウィリアム・ダルリンプル著（パロミタ友美訳）『９つの人生』集英社。

土橋（一九七九）　土橋恭秀「Hiṃsā の大小について」『印度學仏教学研究』第五四号、二七〜三二頁。
八木（二〇二二）　八木綾子「第四章『ダサヴェーヤーリヤ』」河﨑豊・藤永伸編『ジャイナ教聖典選』国書刊行会、二二三〜二九六頁。
山口（一九九九）　山口英一「白衣派ジャイナ教尊像崇拝派に見るパリユーシャン儀礼」『ジャイナ教研究』第五巻、二九〜五二頁。
山崎（二〇二二）　山崎守一「第三章『ウッタラッジャーヤー』（抄）」河﨑豊・藤永伸編『ジャイナ教聖典選』国書刊行会、一二三〜二二〇頁。
渡瀬（一九九〇）　渡瀬信之『マヌ法典：ヒンドゥー教世界の原型』中央公論社。
Caillat（1975）　Colette Caillat, *Atonements in the Ancient Ritual of Jaina Monks*, L. D. Series vol. 45, L. D. Institute of Indology, Ahmedabad.
Dundas（2002）　Paul Dundas *The Jains*（second edition）, Routledge.
Fujinaga et al.（2014）　Shin Fujinaga, Yutaka Kawasaki, Ayako Yagi, and Kazuyoshi Hotta 'Vyavahārasūtra Bhāṣya Pīṭhikā', *Buddhist and Jaina Studies; Proceedings of the Conference in Lumbini*（*Feb. 2013*）, ed. by J. Soni, M. Pahlke and C. Cüppers, Lumbini International Research Institute, Lumbini, Nepal.
Jambuvijaya（1993）　Muni Jambuvijaya The Jaina Āgama Series, in: *Jain Studies in Honor of Jozef Deleu*, pp.1–12.
Kapadia（2010）　Kapadia, Hiralal Rasikdas, *A History of the Canonical Literature of the Jainas*,（revised by the author）, Prakrit Text Society Series 43, Prakrit Text Society, Ahmedabad.
Schubring（2000）　*The Doctrine of the Jainas: Described after the Old Sources*.

【第六章：堀田和義】

（一次文献）

Cāritraprābhṛta in Aṣṭapāhuḍa of Kundakunda, Ed. Pannālāla Sāhityācārya, Sonāgira: Bhāratīya Anekānta Vidvat Pariṣad, 1989.
Puruṣārthasiddhyupāya of Amṛtacandra, Ed. Ṭoḍaramala, Śrīmadrājacandrajainaśāstramālā 7, Agāsa: Śrīparamaśrutaprabhāvakamaṇḍala, 1977.
Sarvārthasiddhi of Pūjyapāda, Ed. Pūlacandra Siddhāntaśāstrī, Jñānapīṭha Mūrtidevī Granthamālā: Saṃskṛta Granthāṅka 13, Vārāṇasī: Bhāratīya Jñānapīṭha Prakāśana, 1971.
Tattvārthasūtra → *Sarvārthasiddhi of Pūjyapāda*

Yogaśāstra of Hemacandra, Ed. Olle Qvarnström, Pandit Nathuram Premi Research Volume 29, Mumbai: Hindi Granth Karyalay, 2012.

（二次文献）

梶原（二〇二一） 梶原三恵子『古代インドの入門儀礼』法蔵館。

金倉（一九八四） 金倉圓照『真理の月光』講談社。

河﨑（二〇二四） 河﨑豊『Kāyotsarga 研究資料集』。

岸野（二〇二〇） 岸野亮示「律に説かれる宗教活動：インドにおける「行像」」船山徹編『現世の活動と来世の往生』（シリーズ実践仏教II）臨川書店、五～一二〇頁。

佐々木（一九八七） 佐々木閑「uposatha と pātimokkhuddesa」『仏教史学研究』第三〇巻・第一号、一～二二頁。

田中（一九八五） 田中純男「ウパヴァサタ（Upavasatha）の意義」『壬生台舜博士頌寿記念 仏教の歴史と思想』二七七～二九四頁。

中村（一九八四） 中村元『ブッダのことば：スッタニパータ』岩波文庫。

藤永（一九九九） 藤永伸「サマンタバドラ研究（10）」『都城工業高等専門学校研究報告』第三三号、七九～八三頁。

藤永（二〇一四） 藤永伸「ガンディーとジャイナ教：その思想交流」（RINDAS 伝統思想シリーズ十八）龍谷大学現代インド研究センター。

船山（二〇二〇） 船山徹『菩薩として生きる』（シリーズ実践仏教I）臨川書店。

堀田（二〇一一） 堀田和義「宗教的生命倫理に基づく食のタブー：禁止された食物と不殺生」『死生学研究』第一六号、一七二～一九四頁。

矢野（一九九二） 矢野道雄『占星術師たちのインド：暦と占いの文化』中公新書。

渡瀬（一九八一） 渡瀬信之「Dharmasūtra において見出される Āśrama 観」『東海大学紀要 文学部』第三六輯、一～一八頁。

Bharatasāgara et al. (1991) Bharatasāgara & Syādvādamatī. *Śrī Samantabhadrācārya Viracita Ratnakaraṇḍa Śrāvakācāra*. Sonāgira: Bhāratavarṣīyānekānta Vidvad Pariṣad.

Glasenapp (1915) Helmuth von Glasenapp. *Die Lehre vom Karman in der Philosophie der Jainas: nach den Karmagranthas dargestellt*. Leipzig: Otto Harrassowitz.

Jacobi (1884) Hermann Jacobi. *Gaina Sūtras Part II*. Oxford: Clarendon Press.

Jain (1931) Champat Rai Jain. *The Ratna Karaṇḍa Śrāvakāchāra or The Householder's Dharma of Śrī Sāmantabhadrāchārya*. Bijnor: The Jaina Parishad Publishing House.

Jaykumār (2006) Jalaj Jaykumār. *Ācārya Samantabhadra's Ratnakaraṇḍa Śrāvakācāra.* Mumbai: Hindī Granth Kāryālay.
Pannālāl (1972) Pannālāl. *Svāmīsamantabhadraviracita Ratnakaraṇḍaśrāvakācāra Ācārya Prabhācandraracita saṃskṛtaṭīkā tathā hindīrūpāntara sahita.* Vārāṇasī: Vīra Sevā Mandirtraṣṭ Prakāśan.
Sogani (1967) Kamal Chand Sogani. *Ethical Doctrines in Jainism.* Solapur: Jaina Samskriti Samrakshaka Sangha.

（ウェブサイト）

BBC News: India top court lifts ban on Jains' santhara death fast https://www.bbc.com/news/world-asia-india-34105602（最終アクセス二〇二四年七月九日）

［本文中に直接引用していない参考文献］

上田真啓『ジャイナ教とは何か：菜食・托鉢・断食の生命観』風響社、二〇一七。

宇野智行「不殺生と不注意（pramāda）」『印度学仏教学研究』第六二巻・第一号、二〇一三、二三〇～二三六頁。

金倉圓照『印度精神文化の研究：特にヂャイナを中心として』培風館、一九四四。

河﨑豊『白衣派ジャイナ教聖典に現れる在家信者に関する記述についての基礎的研究』（大阪大学提出課程博士論文）二〇〇三。

河﨑豊「ウヴァーサガダサーオー第一章」河﨑豊・藤永伸編『ジャイナ教聖典選』国書刊行会、二〇二二、二九七～三一五頁。

佐保田鶴治『ヨーガ根本経典』平河出版社、一九七三。

佐保田鶴治『続・ヨーガ根本経典』平河出版社、一九七八。

杉岡信行「ジャイナ教の六生類：sattha と daṇḍa」『ジャイナ教研究』第二三号、二〇一七、一～一七頁。

谷川泰教「原始ジャイナ教」『岩波講座東洋思想第五巻　インド思想一』岩波書店、一九八八、六二～八六頁。

長崎法潤『ジャイナ認識論の研究』平楽寺書店、一九八八。

西岡直樹『定本　インド花綴り』木犀社、二〇〇二。

藤永伸「ジャイナ教の生命観」『日本佛教学会年報』第五五号、一九九〇、五七～六八頁。

藤永伸「ジャイナ教徒の職業と社会活動」『ジャイナ教研究』第二号、一九九六、五三～六七頁。

藤永伸「サマンタバドラ研究（9）」『都城工業高等専門学校研究報告』第三二号、一九九八、七三～八一頁。

藤永伸『ジャイナ教の一切知者論』平楽寺書店、二〇〇一。

堀田和義「死に至る断食：聖なる儀礼か自殺か？」『死生学研究』第一〇号、二〇〇八、七六～九六頁。

堀田和義「ジャイナ教在家信者の倫理と〈布薩〉：シュラーヴァカ・アーチャーラ文献を中心として」（東京大学提出

課程博士論文）二〇一二。

堀田和義「地水火風は生きているか？：「ジャイナ教＝アニミズム」説の再検討」『印度学仏教学研究』第六六巻・第二号、二〇一八、四二一～四六頁。

マジュプリア、T・C（西岡直樹訳）『ネパール・インドの聖なる植物〈新装版〉』八坂書房、一九九六。

山崎守一『沙門ブッダの成立：原始仏教とジャイナ教の間』大蔵出版、二〇一〇。

渡瀬信之『マヌ法典』平凡社、二〇一三。

（ウェブサイト）

Jainpedia: The Jain Universe Online　https://jainpedia.org/（最終アクセス二〇二四年七月九日）

あとがき

本書の出版は、二〇二二年に開催された日本印度学仏教学会第七十三回学術大会におけるパネル発表に端を発している。それは「戒律から見えるインド仏教とジャイナ教の諸相」というタイトルのもと、戒律研究に耳目を集めることを目的に、わたしが企画したものであった。内容としては、わたしと青野道彦氏と八尾史氏が仏教の戒律についての発表をおこない、上田真啓氏と河﨑豊氏と堀田和義氏がジャイナ教の戒律に関する発表をおこない、そして、最後にフロアを交えて様々な議論を交わすというものであった。本書におさめられている六篇の論考はそのときの発表内容に基づくものである。わたしの大それた企画に賛同し力を貸してくださった、戒律研究の同士である青野氏と八尾氏、かつての職場における大先輩である河﨑氏と堀田氏、そして同じインド学研究室の偉大なる後輩である上田氏に、この場を借りてお礼を申し上げる。

パネル発表の当日、同時刻には、他にもパネル発表が複数あり、なかには「大御所」の集う重厚なパネルもあった。われわれのパネルは、若手――インド学の世界においては四十代はまだまだ若手――のみから成る、しかも戒律というマイナーなテーマのものであったので、どれだけの人に参加してもらえるのか甚だ不安であったが、蓋を開けてみると、多数の方が集まってくださり、活発な議論が展開された。まずは、あの場に来てくださった全ての方々にお礼を申し上げたい。そして、なかでも積極的に議論に参加しパネルを盛り上げてくださった馬場紀寿先生と名和隆乾先生、発表後に暖かい励ましの言葉をかけてくださった宮崎泉先生と山崎一穂先生には、とくにお礼申し上げたい。また、この四名の先生方からは、本書におさめられた拙稿に関しても的確で有益なご助言の数々を賜った。この点についても、この場を借りてお礼申し上げる。

パネル発表を終えたあと、思いもかけず、たくさんの方に集まっていただいたことに気を大きくしたわたしは、各人の発表を一冊の本にして提示できないかと考え、二〇二〇年に船山徹先生の「実践仏教シリーズ」でお世話になり、その精緻なお仕事ぶりと高潔なお人柄が記憶に新しかった、臨川書店の工藤健太さんに図々しくも駄目元でご相談してみたところ、工藤さんからは「わたしも同世代ですから、応援しますよ」と、ご快諾いただくことができた。敏腕エディターとして数多くの企画をてがけて多忙を極めておられるなか、われわれの意を汲んで、一肌も二肌も脱いでくださった工藤健太さんに心よりお礼申し上げる。

本書の完成が近づくにつれ、戒律に通じた大御所にもコラムというかたちで、ご助力いただけないかということになり、真っ先に名前があがったのが、船山徹先生と佐々木閑先生である。船山先生は、さきの「実践仏教シリーズ」においてわたしを執筆者の一人として工藤さんに推薦してくださったのだが、もともとは、わたしの学部生時代からの恩師の一人であり、卒業論文の副査をつとめていただいたこともある。また、佐々木先生は、言わずと知れた戒律研究のトップランナーであり、新聞やテレビやYoutubeなど、さまざまな媒体においてもご活躍であるが、先生もまた、わたしが学部生のときから、研究会や酒宴などを通じて、わたしの研究活動をアシストし続けてくださっている恩師である。コラムの執筆についてご相談してみたところ、お二人とも、二つ返事で、ご快諾してくださった。ご厚情を賜った船山徹先生と佐々木閑先生にも、この場を借りてお礼申し上げたい。

本書は、このように数多くの方々の友愛と助力が結集することによって世に出るはこびとなった。本書を手にしてくださる方々におかれては、そのことも少し心に留めていただければ幸いである。なお、本書は、JSPS科研費（基盤研究（C）：22K00065）による研究成果の一部である。また、本書の装丁（および拙稿の挿絵）は、クリエイターの物人緒実氏による描き下ろし作品である。

岸野亮示

執筆者一覧

【本文：執筆順】

岸野亮示（きしの　りょうじ）
一九七七年京都市生まれ。京都大学文学部卒業。同大学大学院文学研究科修士課程修了、博士課程指導認定退学。カリフォルニア大学ロサンゼルス校（ＵＣＬＡ）博士。京都薬科大学一般教育分野講師。専攻は仏教学。主要著書に『シリーズ実践仏教Ⅱ：現世の活動と来世の往生』（二〇二〇　臨川書店）がある。

八尾　史（やお　ふみ）
一九八一年東京都生まれ。東京大学大学院人文社会系研究科博士課程修了、博士（文学）。東京大学大学院人文社会系研究科准教授。専攻は仏教学。主要著書に『根本説一切有部律薬事』（二〇一三　連合出版）がある。

青野道彦（あおの　みちひこ）
一九七六年埼玉県生まれ。東京大学大学院人文社会系研究科博士課程修了、博士（文学）。駒澤大学仏教学部仏教学科講師。専攻は仏教学（戒律文献）。主要著書に『パーリ仏教戒律文献における懲罰儀礼の研究』（二〇二〇　山喜房佛書林）がある。

河﨑　豊（かわさき　ゆたか）
一九七五年大阪市生まれ。大阪大学大学院文学研究科博士後期課程修了。博士（文学）。東京大学アジア研究図書館助教。ジャイナ教出家修行者の戒律と修行道の変遷を主に研究している。主要著書に『ジャイナ教聖典選』（共編、二〇二二　国書刊行会）がある。

上田真啓（うえだ　まさひろ）
一九八〇年大阪市生まれ。京都大学文学部卒業。同大学大学院文学研究科修士課程修了、博士課程指導認定退学。立命館大学文学部非常勤講師。専攻はインド古典学（ジャイナ教）。主要著書に『ジャイナ教とは何か：菜食・托鉢・断食の生命観』（二〇一七　風響社）がある。

堀田和義（ほった　かずよし）
一九七七年名古屋市生まれ。中央大学文学部、東京大学

文学部卒業。東京大学大学院人文社会系研究科博士課程修了。博士（文学）。駒澤大学仏教学部仏教学科講師。専攻はインド古典学（ジャイナ教）。主要著書に『ジャイナ教聖典選』（共著、二〇二二 国書刊行会）がある。

【コラム：執筆順】

船山 徹（ふなやま とおる）

一九六一年栃木県生まれ。京都大学大学院文学研究科博士後期課程中退。京都大学人文科学研究所教授。プリンストン大学、ハーヴァード大学、ライデン大学、スタンフォード大学等において客員教授を歴任。専門は仏教学。主要著書に『梵網経の教え：今こそ活かす梵網戒』（二〇二三 臨川書店）、『仏典はどう漢訳されたのか：スートラが経典になるとき』（二〇一三 岩波書店）、『高僧伝』全四冊（共訳、二〇一二 岩波文庫）など多数。

佐々木 閑（ささき しずか）

一九五六年福井県生まれ。京都大学工学部工業化学科および文学部哲学科仏教学専攻卒業。京都大学大学院文学研究科博士課程満期退学。米国カリフォルニア大学バークレー校留学を経て、花園大学文学部仏教学科教授。二〇二二年定年退職後、同大学特別教授。文学博士。専門は仏教哲学、古代インド仏教学、仏教史。主要著書に『出家とはなにか』（一九九九 大蔵出版）、『インド仏教変移論』（二〇〇〇 大蔵出版）、『仏教の誕生』（二〇二〇 河出新書）など多数。

戒律研究へのいざない

二〇二四年九月三十日　初版発行

編　者　岸　野　亮　示

発行者　片　岡　　敦

印刷
製本　創栄図書印刷株式会社

606-8204　京都市左京区田中下柳町八番地

発行所　株式会社　臨　川　書　店

電話（〇七五）七二一－七一一一
郵便振替　〇一〇七〇－二－八〇〇

カバー・第一章イラスト：物人緒実

落丁本・乱丁本はお取替えいたします
定価はカバーに表示してあります

ISBN 978-4-653-04583-0　C0015